The Wehrmacht At War 1939 – 1945

The Wehrmacht At War 1939 – 1945

The Units and Commanders of the German Ground Forces during World War II

by Andris J. Kursietis

1999 Aspekt

Acknowledgements

Above all, I must thank my wife, Rosemarie, for her patience, understanding and support during the two and half years that it took to put this book together. Without her encouragement, I would not have been able to finish this monumental task. A big thank you must also go to military researcher James J. Webb of Denver, Colorado, for his input and ideas which have added valuable elements to the contents of this work. Finally, I would be remiss in not recognizing the assistance of the librarians of Wauwatosa Public Library, Wisconsin, whose efforts on my behalf enabled me to access many vital resources from across the USA.

This book is dedicated to W.K., the inspiration behind it.

Also by Andris J. Kursietis:

The Royal Hungarian Armed Forces, 1919-1945
The Fallen Generals
La Regia Marina 1919-1945
The Hungarian Army & Its Leadership in World War II

The Wehrmacht at War
ISBN 90-75323-38-7
Aspekt
Amersfoortsestraat 27
3769 AD Soesterberg
The Netherlands
© Andris J. Kursietis,1999
aspekt@knoware.nl

All rights reserved. No reproduction, copy or transmission of this publication may be made without written permission.

Index

Introduction   6
Table of ranks   7
Table of abbreviations   7
CHAPTER I: ARMY ORDER OF BATTLE   9
  High Command   11
  Theater Commands   14
  Army Groups   16
  Armies   23
  Corps I – CI   33
  Miscellaneous Corps   65
  Luftwaffe Field Corps   67
  Ad hoc Corps   68
  Military Districts   73
  Divisions 1 – 999   77
  Miscellaneous Divisions   229
  Luftwaffe Field Divisions   240
CHAPTER II: SS ORDER OF BATTLE   247
  Armies   249
  Corps   250
  Divisions   255
CHAPTER III: BIOGRAPHIES OF ARMY GENERALS   271
  Generalfeldmarschall   275
  Generaloberst   280
  General der Infanterie, Artillerie, etc.   291
APPENDICES   385
  A: Seniority list of Generals   387
  B: List of sources   396

Introduction

The German Army ground forces during World War II provided Hitler with an impressive tool with which to fulfill his political and military ambitions. Without diminishing the role the Air Force (Luftwaffe), and to a lesser extent the Navy (Kriegsmarine), it is undeniable that the ground forces formed the backbone of a huge military machine that fought a bloody and costly war that was intended to spread the rule of the Third Reich across half the globe, but which ended in a crushing defeat on the Reich's home territory. During six years of combat, almost 10,000,000 men served in Army and SS Divisions on several fronts, commanded by veteran Generals and young firebrands alike. The bitterness of the battles is reflected in the losses incurred (around 3,700,000 soldiers killed or missing), including the loss of over 300 Generals in combat (see 'The Fallen Generals' by Andris J. Kursietis).

Many books have been written over the years on the German Army order of battle, some more detailed than others. A particular favorite of this author is Dr. Samuel Mitcham's 'Hitler's Legions', which shows impressive research as regards the history of the units comprising Hitler's ground forces, and which provided much useful information in the compiling of this book. However, even Dr. Mitcham bemoans the lack of existance of a chronological listing of the commanders of the units, and it is this important gap in the data available to serious historians of the German Army during World War II that I have tried to fill in this book.

Chapter I of the book contains a listing of all the ground units that made up the German Army (Heer), from Army Group down to Division level, together with their commanders. Although this book is principally about the Army's ground forces, the part played in infantry battles by the infamous Waffen SS is not insignificant, therefore the Waffen SS units (Armies, Corps and Divisions) have been listed in Chapter II, also with a chronological table of commanders. Chapter III of the book contains biographical information on the military careers of the senior German Army Generals, those who held the ranks of Generalfeldmarschall, Generaloberst and General der Infanterie (Artillerie, Kavallerie, etc...). Although it would have been interesting to include biographies of all the Army Generals, and even the SS Generals, the volume of such information would require a separate book, a project that I have left for the future.

Table of Ranks

German   *U.S.*

ARMY

Generalfeldmarschall	General of the Army
Generaloberst	General
General der Infanterie, Artillerie etc.	Lieutenant-General
Generaloberstabsarzt	Lieutenant-General (Medical Service)
Generalleutnant	Major-General
Generalstabsrichter	Major-General (Legal Service)
Generalmajor	Brigadier-General
Generalveterinär	Brigadier-General (Veterinary Service)
Oberst	Colonel
Oberstleutnant	Lieutenant-Colonel
Major	Major
Hauptmann	Captain
Oberleutnant	1st Lieutenant
Leutnant	2nd Lieutenant

SS

Reichsführer SS	General of the Army
Oberstgruppenführer	General
Obergruppenführer	Lieutenant-General
Gruppenführer	Major-General
Brigadeführer	Brigadier-General
Oberführer	–
Standartenführer	Colonel
Obersturmbannführer	Lieutenant-Colonel
Sturmbannführer	Major
Hauptsturmführer	Captain
Obersturmführer	1st Lieutenant
Untersturmführer	2nd Lieutenant

LIST OF ABBREVIATIONS

C-in-C:	Commander-in-Chief (Armies, Army Groups)
C.O.:	Commanding Officer (Brigades, Divisions)
GdA:	General der Artillerie
GdGbgsTr.:	General der Gebirgstruppen

GdI:	General der Infanterie
GdKav:	General der Kavallerie
GdPi.:	General der Pioniere
GdPzTr.:	General der Panzertruppen
Gen.obst.arzt:	Generaloberstabsarzt
Gen.obst.int.:	Generaloberstabsintendant
Gen.obst.richter:	Generaloberstabsrichter
Gen.obst.vet.:	Generaloberstabsveterinär
Gen.Ob.:	Generaloberst
GFM:	Generalfeldmarschall
Glt.:	Generalleutnant
Gm.:	Generalmajor
G.O.C.:	General Officer Commanding (Corps)
O.C.:	Officer Commanding (Battalions; Regiments)

CHAPTER I:
ARMY ORDER OF BATTLE

This Chapter presents the High Command of the German Army, and lists the major units with their commanders during the war years. The units are not broken down by category (Infantry, Panzer, Panzer Grenadier, Mountain, etc...) but are presented in numerical order. For example, all Divisions numbered 1. (1. Infantry, 1. Panzer, 1. Mountain, etc...) are listed consecutively, followed by all Divisions numbered 2., etc.

Although they were not combat units, the Military Districts (Wehrkreise) and their commanders have also been included, as they provided the basis for the recruitment and training of active-service field units.

Furthermore, although the Luftwaffe Field Divisions were made up of Air Force personnel, and largely commanded by Air Force officers, these Divisions fought as infantry units, attached to Army higher commands, and accordingly have been included in a separate listing.

Finally, a comment needs to be made concerning the High Command in the days leading up Germany's capitulation on May 8, 1945 and the transition period following the end of the war. Before he committed suicide on April 30, Adolf Hitler wrote a testament that handed over the reins of military and political command to his last Commander-in-Chief of the Navy, Großadmiral Karl Dönitz. Dönitz exercised that command up until May 23, 1945 when the Allies arrested the acting Government and took over control of Germany themselves. During this 23-day transition, Großadmiral Dönitz (in agreement and coordination with the Allied commanders after May 8) made several changes in the High Command and the various theater commands that were maintained to control the Wehrmacht units that were scattered across Western Europe. Even though such appointments were made following the end of hostilities in Europe, they are included in this book.

High Command

Chief of Armed Forces High Command (Oberkommando der Wehrmacht)
1 Sep 1939 – 13 May 1945: Generalfeldmarschall Wilhelm **KEITEL**
13 May 1945 – 23 May 1945: Generaloberst Alfred **JODL**

Commander-in-Chief of the Army
1 Sep 1939 – 19 Dec 1941: Generalfeldmarschall Walter von **BRAUCHITSCH**
19 Dec 1941 – 30 Apr 1945: Adolf **HITLER**
30 Apr 1945 – 8 May 1945: Generalfeldmarschall Ferdinand **SCHÖRNER**

Chief of General Staff of the Army (Oberkommando des Heeres)
1 Sep 1939 – 24 Sep 1942: Generaloberst Franz **HALDER**
24 Sep 1942 – 1 Jul 1944: Generaloberst Kurt **ZEITZLER**
1 Jul 1944 – 21 Jul 1944: Generalleutnant Adolf **HEUSINGER** *(Acting)*
21 Jul 1944 – 28 Mar 1945: Generaloberst Heinz **GUDERIAN**
28 Mar 1945 – 8 May 1945: General der Infanterie Hans **KREBS**

Deputy Chief of General Staff of the Army (Oberquartiermeister):

Oberquartiermeister I (Operations)
1 Sep 1939 – 10 Feb 1940: General der Infanterie Karl-Heinrich von **STÜLPNAGEL**
10 Feb 1940 – 30 May 1940: General der Infanterie Friedrich **MIETH**
30 May 1940 – 1 Jan 1942: Generalfeldmarschall Friedrich **PAULUS**
17 Jan 1942 – 24 Sep 1942: General der Infanterie Günther **BLUMENTRITT**
24 Sep 1942 – 22 Jul 1944: Generalleutnant Adolf **HEUSINGER**
22 Jul 1944 – 17 Feb 1945: General der Panzertruppen Walther **WENCK**
17 Feb 1945 – 1 Apr 1945: Generalmajor Ivo-Thilo von **TROTHA** (?)

Oberquartiermeister II (Training)
1 Sep 1939: Generalleutnant Hans-Heinrich **SIXT von ARMIN**
1 Sep 1939 – 21 Oct 1939: General der Infanterie Karl-Heinrich von **STÜLPNAGEL**
21 Oct 1939: POSITION LAPSED

Oberquartiermeister III (Organization & Technical Matters)
1 Sep 1939 – 5 Nov 1940: General der Infanterie Otto **STAPF**
5 Nov 1940: POSITION LAPSED

Oberquartiermeister IV (Intelligence)
1 Sep 1939 – 5 Jan 1941: General der Infanterie Kurt von **TIPPELSKIRCH**
5 Jan 1941 – 10 Jan 1943: General der Infanterie Gerhard **MATZKY**

Oberquartiermeister V (Army Historian)
  1 Sep 1939 – 13 Jun 1941:   General der Infanterie Waldemar **ERFURTH**

Theater Commands

Commander-in-Chief, East (Oberost)
1 Oct 1939 – 15 Oct 1939: Generalfeldmarschall Gerd von **RUNDSTEDT**
15 Oct 1939 – 20 Oct 1939: General der Infanterie Curt **LIEBMANN**
20 Oct 1939 – 5 May 1940: Generaloberst Johannes **BLASKOWITZ**
5 May 1940 – 21 Jul 1940: General der Kavallerie Curt Ludwig Freiherr von **GIENANTH**
21 Jul 1940: POSITION LAPSED

Commander-in-Chief, North
2 May 1945 – 23 May 1945: Generalfeldmarschall Ernst **BUSCH**

Commander-in-Chief, South
1 Jan 1942 – 26 Jun 1943: Generalfeldmarschall (LW) Albert **KESSELRING**
26 Jun 1943 – 1 May 1945: POSITION LAPSED
1 May 1945 – 15 May 1945: Generalfeldmarschall (LW) Albert **KESSELRING**
15 May 1945 – 19 May 1945: Generaloberst (LW) Otto **DEßLOCH**
19 May 1945 – 23 May 1945: General der Kavallerie Siegfried **WESTPHAL**

Commander-in-Chief, West
1 Oct 1940 – 1 May 1941: Generalfeldmarschall Gerd von **RUNDSTEDT**
1 May 1941 – 15 Mar 1942: Generalfeldmarschall Erwin von **WITZLEBEN**
15 Mar 1942 – 2 Jul 1944: Generalfeldmarschall Gerd von **RUNDSTEDT**
2 Jul 1944 – 16 Aug 1944: Generalfeldmarschall Günther von **KLUGE**
16 Aug 1944 – 5 Sep 1944: Generalfeldmarschall Walter **MODEL**
5 Sep 1944 – 9 Mar 1945: Generalfeldmarschall Gerd von **RUNDSTEDT**
10 Mar 1945 – 1 May 1945: Generalfeldmarschall (LW) Albert **KESSELRING**
1 May 1945 – 15 May 1945:
15 May 1945 – 19 May 1945: General der Kavallerie Siegfried **WESTPHAL**

Gerd von Rundstedt

Commander-in-Chief, Northwest
20 Mar 1945 – 2 May 1945:   Generalfeldmarschall Ernst **BUSCH**
2 May 1945:   COMMAND UPGRADED TO C-IN-C, NORTH

Commander-in-Chief, Southeast
1 Jan 1943 – 26 Aug 1943:   Generaloberst (LW) Alexander **LÖHR**
26 Aug 1943 – 21 Mar 1945: Generalfeldmarschall Maximilian Freiherr von **WEICHS**
21 Mar 1945 – 8 May 1945:   Generaloberst (LW) Alexander **LÖHR**

Commander-in-Chief, Southwest
26 Jun 1943 – 9 Mar 1945:   Generalfeldmarschall (LW) Albert **KESSELRING**
9 Mar 1945 – 8 May 1945:   Generaloberst Heinrich von **VIETTINGHOFF-SCHEEL**

Army Groups

Army Group A
(Formed in October 1939 from Army Group South)
15 Oct 1939 – 1 Oct 1940:   Generalfeldmarschall Gerd von **RUNDSTEDT**
1 Oct 1940:   REDESIGNATED HIGH COMMAND WEST
Jul 1942:   REFORMED FROM ARMY GROUP SOUTH
10 Jul 1942 – 10 Sep 1942:   Generalfeldmarschall Wilhelm **LIST**
10 Sep 1942 – 21 Nov 1942:   Adolf **HITLER**
21 Nov 1942 – Jun 1943:   Generalfeldmarschall Ewald von **KLEIST**
Jun 1943 – Jul 1943:   General der Gebirgstruppen Hubert **LANZ**
Jul 1943 – 25 Mar 1944:   Generalfeldmarschall Ewald von **KLEIST**
25 Mar 1944 -31 Mar 1944:   Generalfeldmarschall Ferdinand **SCHÖRNER**
31 Mar 1944:   REDESIGNATED AS ARMY GROUP SOUTH UKRAINE
Sep 1944:   REFORMED FROM ARMY GROUP NORTH UKRAINE
28 Sep 1944 – 17 Jan 1945:   Generaloberst Josef **HARPE**
17 Jan 1945 – 26 Jan 1945:   Generalfeldmarschall Ferdinand **SCHÖRNER**
26 Jan 1945:   REDESIGNATED ARMY GROUP CENTER

Area of Operations:
Sep 1939 – May 1940:   *Western Front*
May 1940 – Oct 1940:   *France*
Jul 1942 – 1943:   *Southern sector, Eastern Front*
1943 – 1944:   *Caucasus; Crimea*
1944:   *Ukraine*
Sep 1944 – Jan 1945:   *Poland; Carpathians; Slovakia; Silesia*

Army Group B
(Formed in October 1939 from Army Group North)
3 Oct 1939 – 1 Apr 1941:   Generalfeldmarschall Fedor von **BOCK**
1 Apr 1941:   REDESIGNATED ARMY GROUP CENTER
Jul 1942:   REFORMED FROM ARMY GROUP SOUTH
15 Jul 1942 – 10 Jul 1943:   Generalfeldmarschall Maximilian Reichsfreiherr von **WEICHS**
10 Jul 1943 – 17 Jul 1944:   Generalfeldmarschall Erwin **ROMMEL**
17 Jul 1944 – 15 Aug 1944:   Generalfeldmarschall Günther von **KLUGE**
15 Aug 1944 – 17 Aug 1944:   Oberstgruppenführer SS Paul **HAUSSER**
17 Aug 1944 – 17 Apr 1945:   Generalfeldmarschall Walter **MODEL**
17 Apr 1945:   DISBANDED

Area of Operations:
Oct 1939 – Oct 1940:   Western Front; Holland & Belgium; France
Oct 1940 – Apr 1941:   Poland
Jul 1942 – Jul 1943:   Southern sector, Eastern Front; Stalingrad
Jan 1944 – Dec 1944:   France; Normandy
Dec 1944:   Ardennes
Jan 1945 – Apr 1945:   Western Front, defense of Germany

Army Group C
1 Sep 1939 – May 1941:   Generalfeldmarschall Wilhelm Ritter von **LEEB**
May 1941:   REDESIGNATED ARMY GROUP NORTH
Nov 1943:   REFORMED
21 Nov 1943 – 9 Mar 1945:   Generalfeldmarschall (LW) Albert **KESSELRING**
10 Mar 1945 – 8 May 1945:   Generaloberst Heinrich von **VIETINGHOFF-SCHEEL**

Area of Operations:
Sep 1939 – Apr 1941:   Southern sector, Western Front
Apr 1941 – May 1941:   East Prussia
Nov 1943 – May 1945:   Italy

Army Group D
(Formed in October 1940)
26 Oct 1940 – 4 Feb 1942:   Generalfeldmarschall Erwin von **WITZLEBEN**
4 Feb 1942 – 15 Mar 1942:   Generaloberst Johannes **BLASKOWITZ**
15 Mar 1942 – 2 Jul 1944:   Generalfeldmarschall Gerd von **RUNDSTEDT**
Jul 1944 – 16 Aug 1944:   Generalfeldmarschall Günther von **KLUGE**
17 Aug 1944 – 4 Sep 1944:   Generalfeldmarschall Walter **MODEL**
4 Sep 1944 – 9 Mar 1945:   Generalfeldmarschall Gerd von **RUNDSTEDT**
9 Mar 1945 – 8 May 1945:   Generalfeldmarschall (LW) Albert **KESSELRING**

Area of Operations:
Oct 1940 – May 1945:   Western Front

Army Group E
(Formed in December 1942 from 12. Army)
31 Dec 1942 – 8 May 1945:   Generaloberst (LW) Alexander **LÖHR**

Area of Operations:
Aug 1942 – May 1945:   Balkans; Aegean; Croatia

Army Group F
(Formed in July 1943)
26 Jul 1943 – 25 Mar 1945:   Generalfeldmarschall Maximilian Reichsfreiherr von **WEICHS**
25 Mar 1945:   DISBANDED

Area of Operations:
Aug 1943 – Mar 1945:   Balkans

Army Group G
(Formed in April 1944)
10 May 1944 – 21 Sep 1944:	Generaloberst Johannes **BLASKOWITZ**
21 Sep 1944 – 23 Dec 1944:	General der Panzertruppen Hermann **BALCK**
24 Dec 1944 – 28 Jan 1945:	Generaloberst Johannes **BLASKOWITZ**
28 Jan 1945 – 4 Apr 1945:	Oberstgruppenführer SS Paul **HAUSSER**
4 Apr 1945 – 8 May 1945:	General der Infanterie Friedrich **SCHULZ**

Area of Operations:
Apr 1944 – 1945:	Southern France
1945:	Southern Germany

Army Group H
(Formed in November 1944)
1 Nov 1944 – 28 Jan 1945:	Generaloberst (LW) Kurt **STUDENT**
28 Jan 1945 – 21 Mar 1945:	Generaloberst Johannes **BLASKOWITZ**
21 Mar 1945:	REDESIGNATED HIGH COMMAND NORTH-WEST

Area of Operations:
Nov 1944 – 1945:	Holland
1945:	Northern Germany

Army Group Center
(Formed in April 1941 from Army Group B)
1 Apr 1941 – 19 Dec 1941:	Generalfeldmarschall Fedor von **BOCK**
19 Dec 1941 – 28 Oct 1943:	Generalfeldmarschall Günther von **KLUGE**
28 Oct 1943 – 27 Jun 1944:	Generalfeldmarschall Ernst **BUSCH**
27 Jun 1944 – 17 Aug 1944:	Generalfeldmarschall Walter **MODEL**
17 Aug 1944 – 25 Jan 1945:	Generaloberst Georg-Hans **REINHARDT**
26 Jan 1945 – 8 May 1945:	Generalfeldmarschall Ferdinand **SCHÖRNER**

Hermann Balck

Area of Operations:
Apr 1941 – Aug 1944:   Central sector, Eastern Front
Aug 1944 – May 1945:   East Prussia; Poland; Silesia; Czechoslovakia

Army Group North
1 Sep 1939 – 3 Oct 1939:   Generalfeldmarschall Fedor von **BOCK**
3 Oct 1939:   REDESIGNATED ARMY GROUP B
May 1941:   REFORMED FROM ARMY GROUP C
May 1941 – 16 Jan 1942:   Generalfeldmarschall Wilhelm Ritter von **LEEB**
16 Jan 1942 – 9 Jan 1944:   Generalfeldmarschall Georg von **KÜCHLER**
9 Jan 1944 – 31 Mar 1944:   Generalfeldmarschall Walter **MODEL**
31 Mar 1944 – 1 Jul 1944:   Generaloberst Georg **LINDEMANN**
1 Jul 1944 – 25 Jul 1944:   Generaloberst Johannes **FRIEßNER**
25 Jul 1944 – 17 Jan 1945: Generalfeldmarschall Ferdinand **SCHÖRNER**
18 Jan 1945 – 25 Jan 1945: Generaloberst Heinrich von **VIETINGHOFF-SCHEEL**

25 Jan 1945:   REDESIGNATED ARMY GROUP COURLAND
Jan 1945:   REFORMED FROM ARMY GROUP CENTER
27 Jan 1945 – 10 Mar 1945: Generaloberst Dr. Lothar **RENDULIC**
12 Mar 1945 – 5 Apr 1945:   Generaloberst Walter **WEISS**
5 Apr 1945:   DISBANDED; USED TO FORM NEW 12. ARMY

Area of Operations:
Sep 1939 – Oct 1939:   Poland
May 1941 – Jan 1945:   Northern sector, Eastern Front
Jan 1945 – Apr 1945:   East Prussia

Army Group South
1 Sep 1939 – 15 Oct 1939:   Generalfeldmarschall Gerd von **RUNDSTEDT**
15 Oct 1939:   REDESIGNATED ARMY GROUP A
Jun 1941:   REFORMED
10 Jun 1941 – 1 Dec 1941:   Generalfeldmarschall Gerd von **RUNDSTEDT**
1 Dec 1941 – 16 Jan 1942:   Generalfeldmarschall Walter von **REICHENAU**
16 Jan 1942 – 13 Jul 1942: Generalfeldmarschall Fedor von **BOCK**
13 Jul 1942:   SPLIT INTO ARMY GROUPS A & B
Feb 1943:   REFORMED FROM ARMY GROUP DON
Feb 1943 – 31 Mar 1944:   Generalfeldmarschall Erich von **MANSTEIN**
31 Mar 1944 – 4 Apr 1944:   Generalfeldmarschall Walter **MODEL**
4 Apr 1944:   REDESIGNATED ARMY GROUP NORTH UKRAINE

Sep 1944:   REFORMED FROM ARMY GROUP SOUTH UKRAINE

Sep 1944 – 28 Dec 1944:   Generaloberst Johannes **FRIESSNER**
28 Dec 1944 – 25 Mar 1945: General der Infanterie Otto **WÖHLER**
25 Mar 1945 – 2 Apr 1945:   Generaloberst Dr. Lothar **RENDULIC**
2 Apr 1945 – 8 May 1945:   General der Infanterie Friedrich **SCHULZ**

Area of Operations:
Sep 1939 – Oct 1939:   Poland
Jun 1941 – Jul 1942:   Southern sector, Eastern Front
Feb 1943 – Apr 1944:   Southern sector, Eastern Front
Sep 1944 – Apr 1945:   Hungary
Apr 1945 – May 1945:   Austria

Army Group Africa
(Formed in January 1943)
1 Jan 1943 – 9 Mar 1943: Generalfeldmarschall Erwin **ROMMEL**
9 Mar 1943:   REDESIGNATED ARMY GROUP TUNIS

Area of Operations:
Jan 1943 – Mar 1943:   North Africa

Army Group Courland
(Formed in January 1945 from Army Group North)
15 Jan 1945 – 27 Jan 1945: Generaloberst Dr. Lothar **RENDULIC**
27 Jan 1945 – 10 Mar 1945: Generaloberst Heinrich von **VIETINGHOFF-SCHEEL**
10 Mar 1945 – 25 Mar 1945: Generaloberst Dr. Lothar **RENDULIC**
25 Mar 1945 – 8 May 1945:   Generaloberst Carl **HILPERT**

Area of Operations:
Jan 1945 – May 1945:   Courland, Latvia

Army Group Don
(Formed in November 1942 from 11. Army)
22 Nov 1942 – Feb 1943:   Generalfeldmarschall Erich von **MANSTEIN**
Feb 1943:   REDESIGNATED ARMY GROUP SOUTH

Erich von Manstein

Area of Operations:
Nov 1942 – Feb 1943:   Southern sector, Eastern Front

Army Group East Prussia
(Formed in April 1945)
5 Apr 1945 – 8 May 1945:   Generaloberst Walter **WEIß**

Area of Operations:
Apr 1945 – May 1945:   East Prussia

Army Group Ostmark
(Formed in April 1945)
2 Apr 1945 – 8 May 1945:   Generaloberst Dr. Lothar **RENDULIC**

Area of Operations:
Apr 1945 – May 1945:   Austria

Army Group North Ukraine
(Formed in April 1944 from Army Group South)
4 Apr 1944 – 27 Jun 1944:   Generalfeldmarschall Walter **MODEL**
28 Jun 1944 – 28 Sep 1944:   Generaloberst Josef **HARPE**
28 Sep 1944:   REDESIGNATED ARMY GROUP A

Area of Operations:
Apr 1944 – Sep 1944:   Ukraine; Galicia; Carpathians

Army Group South Ukraine
(Formed in March 1944 from Army Group A)
31 Mar 1944 – 25 Jul 1944:   Generalfeldmarschall Ferdinand **SCHÖRNER**
25 Jul 1944 – Sep 1944:   Generaloberst Johannes **FRIEßNER**
Sep 1944:   ABSORBED INTO ARMY GROUP SOUTH

Area of Operations:
Mar 1944 – Sep 1944:   Romania

Army Group Tunis
(Formed in March 1943 from Army Group Africa)
9 Mar 1943 – 12 May 1943:   Generaloberst Hans-Jürgen von **ARNIM**
12 May 1943:   SURRENDERED IN NORTH AFRICA

Area of Operations:
Mar 1943 – May 1943:   North Africa

Army Group Upper Rhine
(Formed in January 1945)
23 Jan 1945 – 28 Jan 1945:   Oberstgruppenführer SS Paul **HAUSSER**
28 Jan 1945:   REDESIGNATED ARMY GROUP VISTULA

Area of Operations:
Jan 1945:   Western Prussia

Army Group Vistula
(Formed in January 1945 from Army Group Upper Rhine)
28 Jan 1945 – 20 Mar 1945:   Reichsführer SS Heinrich **HIMMLER**
20 Mar 1945 – 28 Apr 1945:   Generaloberst Gotthard **HEINRICI**
28 Apr 1945 – 29 Apr 1945:   General der Infanterie Kurt **TIPPELSKIRCH**
29 Apr 1945 – 8 May 1945:   Generaloberst (LW) Kurt **STUDENT**

Area of Operations:
Jan 1945 – May 1945:   Western Prussia; Pomerania; Berlin

Armies

1. Army
1 Sep 1939 – 26 Oct 1940:	Generalfeldmarschall Erwin **WITZLEBEN**
26 Oct 1940 – 1 May 1944:	Generaloberst Johannes **BLASKOWITZ**
1 May 1944 – 2 Jun 1944:	General der Panzertruppen Joachim **LEMELSEN**
2 Jun 1944 – 5 Sep 1944:	General der Infanterie Kurt von der **CHEVALLERIE**
5 Sep 1944 – 30 Nov 1944:	General der Panzertruppen Otto von **KNOBELSDORFF**
30 Nov 1944 – 28 Feb 1945:	General der Infanterie Hans von **OBSTFELDER**
28 Feb 1945 – 6 May 1945:	General der Infanterie Hermann **FOERTSCH**
6 May 1945 – 8 May 1945:	General der Kavallerie Rudolf **KOCH-ERPACH**

Area of Operations:
Sep 1939 – May 1940:	*Western front*
May 1940 – Aug 1944:	*France*
Aug 1944 – May 1945:	*Saarland; southern Germany*

1. Panzer Army
(Formed in October 1941 from Panzer Group 1)
5 Oct 1941 – 21 Nov 1942:	Generalfeldmarschall Ewald von **KLEIST**
21 Nov 1942 – 29 Oct 1943:	Generaloberst Eberhard von **MACKENSEN**
29 Oct 1943 – 21 Apr 1944:	Generaloberst Hans-Valentin **HUBE**
21 Apr 1944 – 18 May 1944:	General der Infanterie Kurt von der **CHEVALLERIE**
18 May 1944 – 15 Aug 1944:	Generaloberst Erhard **RAUS**
15 Aug 1944 – 19 Mar 1945:	Generaloberst Gotthard **HEINRICI**
19 Mar 1945 – 3 Apr 1945:	General der Panzertruppen Walther **NEHRING**
3 Apr 1945 – 8 May 1945:	General der Infanterie Wilhelm **HASSE**

Area of Operations:
Oct 1941 – Feb 1944:	*Southern sector, Eastern Front*
Feb 1944 – May 1945:	*Ukraine; southern Poland; Slovakia*

1. Parachute Army
(Formed in September 1944)
4 Sep 1944 – 1 Nov 1944:	Generaloberst (LW) Kurt **STUDENT**
1 Nov 1944 – 28 Mar 1945:	General der Fallschirmjägertruppen Alfred **SCHLEMM**
28 Mar 1945 – 10 Apr 1945:	General der Infanterie Günther **BLUMENTRITT**
10 Apr 1945 – 28 Apr 1945:	Generaloberst (LW) Kurt **STUDENT**
28 Apr 1945 – 8 May 1945:	General der Infanterie Erich **STRAUBE**˙

Area of Operations:
Sep 1944 – May 1945:	*Low Countries; northwestern Germany*

2. Army
(Formed in October 1939)

14 Oct 1939 – 20 Oct 1939:	Generaloberst Johannes **BLASKOWITZ**
20 Oct 1939 – 15 Nov 1941:	Generalfeldmarschall Maximilian Reichsfreiherr von **WEICHS**
15 Nov 1941 – 25 Dec 1941:	Generaloberst Rudolf **SCHMIDT**
25 Dec 1941 – 15 Jul 1942:	Generalfeldmarschall Maximilian Reichsfreiherr von **WEICHS**
15 Jul 1942 – 3 Feb 1943:	Generaloberst Hans von **SALMUTH**
3 Feb 1943 – 12 Mar 1945:	Generaloberst Walter **WEISS**
12 Mar 1945 – 8 May 1945:	General der Panzertruppen Dietrich von **SAUCKEN**

Area of Operations:

Oct 1939:	Poland
Oct 1939 – May 1941:	Western Front; Poland
May 1941 – Sep 1944:	Balkans; central sector, Eastern Front
Sep 1944 – May 1945:	Poland; East Prussia

2. Panzer Army
(Formed in October 1941 from Panzer Group 2)

5 Oct 1941 – 25 Dec 1941:	Generaloberst Heinz **GUDERIAN**
25 Dec 1941 – 10 Apr 1943:	Generaloberst Rudolf **SCHMIDT**
11 Apr 1943 – 6 Aug 1943:	General der Infanterie Heinrich **CLÖßNER**
6 Aug 1943 – 14 Aug 1943:	Generalfeldmarschall Walter **MODEL**
14 Aug 1943 – 24 Jun 1944:	Generaloberst Dr. Lothar **RENDULIC**
24 Jun 1944 – 17 Jul 1944:	General der Infanterie Franz **BOEHME**
18 Jul 1944 – 8 May 1945:	General der Artillerie Maximilian de **ANGELIS**

Area of Operations:

Oct 1941 – Nov 1943:	Central sector, Eastern Front
Nov 1943 – Nov 1944:	Balkans
Nov 1944 – May 1945:	Croatia; southern Hungary

3. Army

1 Sep 1939 – 5 Nov 1939:	Generalfeldmarschall Georg von **KÜCHLER**
5 Nov 1939:	DISBANDED

Area of Operations:

Sep 1939 – Nov 1939:	Poland

3. Panzer Army
(Formed in October 1941 from Panzer Group 3)

5 Oct 1941 – 15 Aug 1944:	Generaloberst Georg-Hans **REINHARDT**
15 Aug 1944 – 9 Mar 1945:	Generaloberst Erhard **RAUS**
9 Mar 1945 – 8 May 1945:	General der Panzertruppen Hasso-Eccard von **MANTEUFFEL**

Area of Operations:

Oct 1941 – Oct 1944:	Central sector, Eastern Front
Oct 1944 – May 1945:	Poland; East Prussia; northeastern Germany

4. Army

1 Sep 1939 – 19 Dec 1941:	Generalfeldmarschall Günther von **KLUGE**
19 Dec 1941 – 20 Jan 1942:	General der Gebirgstruppen Ludwig **KÜBLER**
20 Jan 1942 – 6 Jun 1942:	Generaloberst Gotthard **HEINRICI**
6 Jun 1942 – 15 Jul 1942:	Generaloberst Hans von **SALMUTH**
15 Jul 1942 – Jun 1943:	Generaloberst Gotthard **HEINRICI**
Jun 1943 – 31 Jul 1943:	Generaloberst Hans von **SALMUTH**
31 Jul 1943 – 4 Jun 1944:	Generaloberst Gotthard **HEINRICI**
4 Jun 1944 – 30 Jun 1944:	General der Infanterie Kurt von **TIPPELSKIRCH**
30 Jun 1944 – 7 Jul 1944:	Generalleutnant Vinzenz **MÜLLER**
7 Jul 1944 – 18 Jul 1944:	General der Infanterie Kurt von **TIPPELSKIRCH**
18 Jul 1944 – 29 Jan 1945:	General der Infanterie Friedrich **HOßBACH**
29 Jan 1945 – 27 Apr 1945:	General der Infanterie Friedrich-Wilhelm **MÜLLER**
27 Apr 1945:	DISBANDED

Area of Operations:

Sep 1939 – Oct 1939:	Poland
Oct 1939 – Jun 1941:	Western Front; France
Jun 1941 – Jul 1944:	Central sector, Eastern Front
Jul 1944 – Apr 1944:	East Prussia

4. Panzer Army

(Formed in January 1942 from Panzer Group 4)

1 Jan 1942 – 7 Jan 1942:	Generaloberst Erich **HOEPNER**
8 Jan 1942 – 31 May 1942:	Generaloberst Richard **RUOFF**
31 May 1942 – 26 Nov 1943:	Generaloberst Hermann **HOTH**
26 Nov 1943 – 18 May 1944:	Generaloberst Erhard **RAUS**
18 May 1944 – 28 Jun 1944:	Generaloberst Josef **HARPE**
28 Jun 1944 – 5 Aug 1944:	General der Panzertruppen Walther **NEHRING**
5 Aug 1944 – 21 Sep 1944:	General der Panzertruppen Hermann **BALCK**
21 Sep 1944 – 8 May 1945:	General der Panzertruppen Fritz-Hubert **GRAESER**

Area of Operations:

Jan 1942 – Jun 1942:	Central sector, Eastern Front
Jun 1942 – Feb 1943:	Southern sector, Eastern Front; Stalingrad
Feb 1943 – Jul 1944:	Southern sector, Eastern Front; Ukraine
Jul 1944 – May 1945:	Poland; Upper Silesia

5. Army

1 Sep 1939 – 30 Oct 1939:	General der Infanterie Curt **LIEBMANN**
30 Oct 1939:	DISBANDED

Area of Operations:

Sep 1939 – Oct 1939:	Western frontier, Germany

5. Panzer Army

(Formed in December 1942)

3 Dec 1942 – 20 Feb 1943:	General der Artillerie Heinz **ZIEGLER**
20 Feb 1943 – 28 Feb 1943:	Generaloberst Hans-Jürgen von **ARNIM**
28 Feb 1943 – 9 May 1943:	General der Panzertruppen Gustav von **VAERST**

9 May 1943:	SURRENDERED IN AFRICA
Jul 1944:	REFORMED FROM PANZER GROUP WEST
2 Jul 1944 – 9 Aug 1944:	General der Panzertruppen Heinrich **EBERBACH**
9 Aug 1944 – 9 Sep 1944:	Oberstgruppenführer SS Josef **DIETRICH**
9 Sep 1944 – 8 Mar 1945:	General der Panzertruppen Hasso-Eccard von **MANTEUFFEL**
8 Mar 1945 – 17 Apr 1945:	Generaloberst Josef **HARPE**
18 Apr 1945:	DESTROYED IN THE RUHR POCKET, GERMANY

Area of Operations:

Dec 1942 – May 1943:	*Tunisia*
Jul 1944 – Aug 1944:	*Normandy*
Aug 1944 – Apr 1945:	*Western Germany; Ardennes; Ruhr pocket*

6. Army

(Formed in October 1939 from 10. Army)

20 Oct 1939 – 1 Jan 1942:	Generalfeldmarschall Walter von **REICHENAU**
1 Jan 1942 – 31 Jan 1943:	Generalfeldmarschall Friedrich **PAULUS**
31 Jan 1943 – 5 Mar 1943:	DESTROYED AT STALINGRAD
Mar 1943:	REFORMED
5 Mar 1943 – 22 Nov 1943:	Generaloberst Karl **HOLLIDT**
22 Nov 1943 – 19 Dec 1943:	General der Artillerie Maximilian de **ANGELIS**
19 Dec 1943 – 8 Apr 1944:	Generaloberst Karl **HOLLIDT**
8 Apr 1944 – 17 Jul 1944:	General der Artillerie Maximilian de **ANGELIS**
17 Jul 1944 – 22 Dec 1944:	General der Artillerie Maximilian **FRETTER-PICO**
23 Dec 1944 – 8 May 1945:	General der Panzertruppen Hermann **BALCK**

Area of Operations:

Oct 1939 – May 1940:	*Western Front*
May 1940 – Jun 1941:	*Belgium; France*
Jun 1941 – Jan 1943:	*Southern sector, Eastern Front; Stalingrad*
Mar 1943 – May 1945:	*Southern sector, Eastern Front; Hungary*

Josef (Sepp) Dietrich

6. Panzer Army
(Formed in October 1944)
26 Oct 1944 – 8 May 1945: Oberstgruppenführer SS Josef **DIETRICH**
2 Apr 1945: REDESIGNATED 6. SS PANZER ARMY

Area of Operations:
Oct 1944 – Jan 1945: *Western Germany; Ardennes*
Jan 1945 – May 1945: *Hungary; Austria*

7. Army
(Formed in October 1939)
25 Oct 1939 – 28 Jun 1944: Generaloberst Friedrich **DOLLMANN**
29 Jun 1944 – 23 Aug 1944: Oberstgruppenführer SS Paul **HAUSSER**
23 Aug 1944 – 24 Aug 1944: General der Panzertruppen Hans Freiherr von **FUNCK**
24 Aug 1944 – 30 Aug 1944: General der Panzertruppen Heinrich **EBERBACH**
30 Aug 1944 – 20 Feb 1945: General der Panzertruppen Erich **BRANDEN-BERGER**
22 Feb 1945 – 25 Mar 1945: General der Infanterie Hans **FELBER**
25 Mar 1945 – 8 May 1945: General der Infanterie Hans von **OBSTFELDER**

Area of Operations:
Oct 1939 – May 1940: *Western Germany*
May 1940 – Dec 1944: *France; Normandy*
Dec 1944: *Ardennes*
Jan 1945 – May 1945: *Southern Germany; Czechoslovakia*

8. Army
1 Sep 1939 – 14 Oct 1939: Generaloberst Johannes **BLASKOWITZ**
14 Oct 1939: DISBANDED
Jul 1943: REFORMED
30 Jul 1943 – 15 Aug 1943: General der Panzertruppen Werner **KEMPF**
15 Aug 1943 – 28 Dec 1944: General der Infanterie Otto **WÖHLER**
28 Dec 1944 – 8 May 1945: General der Gebirgstruppen Hans **KREYSING**

Area of Operations:
Sep 1939 – Oct 1939: *Poland*
Jul 1943 – Aug 1944: *Southern sector, Eastern Front*
Aug 1944 – May 1945: *Carpathians; Transylvania; Hungary*

9. Army
(Formed in April 1940)
30 Apr 1940 – 14 May 1940: Generaloberst Adolf **STRAUSS**
14 May 1940 – 29 May 1940: Generaloberst Johannes **BLASKOWITZ**
29 May 1940 – 15 Jan 1942: Generaloberst Adolf **STRAUSS**
15 Jan 1942 – 1 Sep 1942: Generalfeldmarschall Walter **MODEL**
1 Sep 1942 – 1 Dec 1942: Generaloberst Heinrich von **VIETTINGHOFF-SCHEEL**
1 Dec 1942 – 4 Nov 1943: Generalfeldmarschall Walter **MODEL**
4 Nov 1943 – 30 Nov 1943: Generaloberst Josef **HARPE**

30 Nov 1943 – 9 Jan 1944:	Generalfeldmarschall Walter **MODEL**
9 Jan 1944 – 20 May 1944:	Generaloberst Josef **HARPE**
20 May 1944 – 27 Jun 1944:	General der Infanterie Hans **JORDAN**
27 Jun 1944 – 21 Sep 1944:	General der Panzertruppen Nikolaus von **VORMANN**
21 Sep 1944 – 9 Jan 1945:	General der Panzertruppen Smilo Freiherr von **LÜTTWITZ**
9 Jan 1945 – 8 May 1945:	General der Infanterie Theodor **BUSSE**

Area of Operations:

May 1940 – Jun 1941:	France
Jun 1941 – Jul 1944:	Central sector, Eastern Front
Jul 1944 – Mar 1945:	Poland
Mar 1945 – May 1945:	Berlin

10. Army

1 Sep 1939 – 20 Oct 1939:	Generalfeldmarschall Walter von **REICHENAU**
20 Oct 1939:	REDESIGNATED 6. ARMY
Aug 1943:	REFORMED
15 Aug 1943 – 26 Oct 1944:	Generaloberst Heinrich von **VIETTINGHOFF-SCHEEL**
26 Oct 1944 – 15 Feb 1945:	General der Panzertruppen Joachim **LEMELSEN**
15 Feb 1945 – 8 May 1945:	General der Panzertruppen Traugott **HERR**

Area of Operations:

Sep 1939 – Oct 1939:	Poland
Aug 1943 – May 1945:	Italy

11. Army

(Formed in October 1940)

25 Oct 1940 – 12 Sep 1941:	Generaloberst Eugen Ritter von **SCHOBERT**
12 Sep 1941 – 22 Nov 1942:	Generalfeldmarschall Erich von **MANSTEIN**
27 Nov 1942:	REDESIGNATED ARMY GROUP DON
Oct 1944:	REFORMED
Oct 1944 – Mar 1945:	General der Infanterie Anton **GRASSER**
Mar 1945:	General der Infanterie Otto **HITZFELD**
Mar 1945 – 10 Apr 1945:	General der Artillerie Walther **LUCHT**
10 Apr 1945:	SURRENDERED

Area of Operations:

Oct 1940 – Jun 1941:	Germany
Jun 1941 – Aug 1942:	Southern sector, Eastern Front; Crimea
Aug 1942 – Nov 1942:	Northern sector, Eastern Front
Oct 1944 – Apr 1945:	Poland; eastern Germany
Apr 1945:	Western Front; Ruhr pocket

12. Army

(Formed in October 1939 from 14. Army)

25 Oct 1939 – 29 Oct 1941	Generalfeldmarschall Wilhelm **LIST**
29 Oct 1941 – 8 Aug 1942:	General der Pionere Walter **KUNTZE**

8 Aug 1942 – 31 Dec 1942:   Generaloberst (LW) Alexander **LÖHR**
31 Dec 1942:   REDESIGNATED ARMY GROUP E
Apr 1945:   REFORMED
10 Apr 1945 – 8 May 1945:   General der Panzertruppen Walther **WENCK**

Area of Operations:
Oct 1939 – Jun 1941:   *Germany; western campaign*
Jun 1941 – Aug 1942:   *Balkans*
Apr 1945 – May 1945:   *Berlin*

14. Army
1 Sep 1939 – 25 Oct 1939:   Generalfeldmarschall Wilhelm **LIST**
25 Oct 1939:   REDESIGNATED 12 ARMY
Nov 1943:   REFORMED
5 Nov 1943 – 5 Jun 1944:   Generaloberst Eberhard von **MACKENSEN**
5 Jun 1944 – 15 Oct 1944:   General der Panzertruppen Joachim **LEMELSEN**
15 Oct 1944 – 24 Oct 1944:   General der Panzertruppen Fridolin von **SENGER und ETTERLIN**
24 Oct 1944 – 22 Nov 1944:   General der Artillerie Heinz **ZIEGLER**
22 Nov 1944 – 12 Dec 1944:   General der Panzertruppen Traugott **HERR**
12 Dec 1944 – 22 Feb 1945:   General der Infanterie Kurt von **TIPPELSKIRCH**
22 Feb 1945 – 8 May 1945:   General der Panzertruppen Joachim **LEMELSEN**

Area of Operations:
Sep 1939 – Oct 1939:   *Poland*
Nov 1943 – May 1945:   *Italy*

15. Army
(Formed in January 1941)
15 Feb 1941 – 30 Nov 1942:   Generaloberst Curt **HAASE**
1 Dec 1942 – 1 Aug 1943:   Generaloberst Heinrich von **VIETTINGHOFF-SCHEEL**
1 Aug 1943 – 25 Aug 1944:   Generaloberst Hans von **SALMUTH**
25 Aug 1944 – Apr 1945:   General der Infanterie Gustav-Adolf von **ZANGEN**
Apr 1945:   DESTROYED IN RUHR POCKET, GERMANY

Area of Operations:
Feb 1941 – Oct 1944:   *France*
Oct 1944 – Dec 1944:   *Holland*
Jan 1945 – Apr 1945:   *Western Germany; Ruhr pocket*

16. Army
(Formed in January 1940)
Jan 1940 – 12 Oct 1943:   Generalfeldmarschall Ernst **BUSCH**
12 Oct 1943 – 1 Jun 1944:   General der Artillerie Christian **HANSEN**
1 Jun 1944 – 3 Sep 1944:   General der Infanterie Paul **LAUX**
3 Sep 1944 – 10 Mar 1945:   Generaloberst Carl **HILPERT**
10 Mar 1945 – 16 Mar 1945:   General der Infanterie Ernst-Anton von **KROSIGK**
16 Mar 1945 – 8 May 1945:   General der Gebirgstruppen Friedrich-Jobst **VOLCKAMER von KIRCHENSITTENBACH**

Area of Operations:
Feb 1940 – Jun 1941:   Western Germany; France
Jun 1941 – May 1945:   Northern sector, Eastern Front; Courland, Latvia

17. Army
(Formed in December 1940)
15 Feb 1941 – 25 Nov 1941: General der Infanterie Karl-Heinrich von
                            STÜLPNAGEL
25 Nov 1941 – 20 Apr 1942: Generaloberst Hermann **HOTH**
20 Apr 1942 – 1 Jun 1942:   Generaloberst Hans von **SALMUTH**
1 Jun 1942 – 24 Jun 1943:   Generaloberst Richard **RUOFF**
24 Jun 1943 – 2 Mar 1944:   Generaloberst Erwin **JAENECKE**
2 Mar 1944 – 25 Mar 1944:   Generalfeldmarschall Ferdinand **SCHÖRNER**
31 Mar 1944 – 30 Apr 1944: Generaloberst Erwin **JAENECKE**
1 May 1944 – 25 Jul 1944:   General der Infanterie Karl **ALLMENDINGER**
25 Jul 1944 – 30 Mar 1945: General der Infanterie Friedrich **SCHULZ**
30 Mar 1945 – 3 Apr 1945:   General der Infanterie Wilhelm **HASSE**
3 Apr 1945 – 8 May 1945:

Area of Operations:
Feb 1941 – Jun 1941:   *Germany*
Jun 1941 – Apr 1944:   *Southern sector, Eastern Front; Crimea*
Apr 1944 – May 1945:   *Poland; southern sector, Eastern Front*

18. Army
(Formed in November 1939)
5 Nov 1939 – 16 Jan 1942:   Generalfeldmarschall Georg von **KÜCHLER**
16 Jan 1942 – 29 Mar 1944: Generaloberst Georg **LINDEMANN**
29 Mar 1944 – 2 Sep 1944:   General der Artillerie Herbert **LOCH**
5 Sep 1944 – 8 May 1945:   General der Infanterie Ehrenfried **BOEGE**

Area of Operations:
Nov 1939 – Jun 1941:   *Western Germany; France*
Jun 1941 – May 1945:   *Northern sector, Eastern Front; Courland, Latvia*

19. Army
(Formed in August 1943 from Armee Gruppe Felber)
13 Aug 1943 – 1 Jun 1944:   General der Infanterie Georg von **SODENSTERN**
1 Jun 1944 – 29 Jun 1944:
29 Jun 1944 – 19 Dec 1944: General der Infanterie Friedrich **WIESE**
19 Dec 1944 – 1 Feb 1945:   General der Infanterie Siegfried **RASP**
1 Feb 1945 – 28 Feb 1945:   General der Infanterie Hermann **FOERTSCH**
1 Mar 1945 – 25 Mar 1945:   General der Infanterie Hans von **OBSTFELDER**
25 Mar 1945 – 8 May 1945:   General der Panzertruppen Erich **BRANDEN-
                            BERGER**

Area of Operations:
Aug 1943 – Aug 1944:   *Southern France*
Aug 1944 – May 1945:   *Southern Germany; Austria*

20. Mountain Army
(Formed in January 1942 from Army of Lappland)
15 Jan 1942 – 23 Jun 1944:	Generaloberst Eduard **DIETL**
25 Jun 1944 – 15 Jan 1945:	Generaloberst Dr. Lothar **RENDULIC**
18 Jan 1945 – 8 May 1945:	General der Gebirgstruppen Franz **BOEHME**

Area of Operations:
Jan 1942 – Dec 1944:	*Finland*
Dec 1944 – May 1945:	*Norway*

21. Army (Army of Norway)
(Formed in December 1940 from XXI. Army Corps)
19 Dec 1940 – 18 Dec 1944:	Generaloberst Nikolaus von **FALKENHORST**
18 Dec 1944:	ABSORBED BY 20. MOUNTAIN ARMY
27 Apr 1945:	REFORMED
27 Apr 1945 – 8 May 1945:	General der Infanterie Kurt von **TIPPELSKIRCH**

Area of Operations:
Dec 1940 – Jun 1941:	*Norway*
Jun 1941 – Dec 1944:	*Finland; northern Russia*
Apr 1945 – May 1945	*Berlin*

24. Army
(Formed in April 1945)
Apr 1945 – 8 May 1945:	General der Infanterie Hans **SCHMIDT**

Area of Operations:
Apr 1945 – May 1945:	*Austria; southern Germany*

25. Army
(Formed in November 1944)
10 Nov 1944 – 29 Jan 1945:	Generaloberst (LW) Friedrich **CHRISTIANSEN**
29 Jan 1945 – 21 Mar 1945:	General der Infanterie Günther **BLUMENTRITT**
21 Mar 1945 – 7 Apr 1945:	Generaloberst Johannes **BLASKOWITZ**
7 Apr 1945:	REDESIGNATED 'FORTRESS HOLLAND'

Area of Operations:
Nov 1944 – Apr 1945:	*Holland*

Army of Lappland
(Formed in December 1941)
31 Dec 1941 – 1 Jan 1942:	Generaloberst Nikolaus von **FALKENHORST**
1 Jan 1942:	REDESIGNATED 20. MOUNTAIN ARMY

Area of Operations:
Dec 1941 – Jan 1942:	*Finland*

Panzer Army Afrika
(Formed in August 1941 from the Afrika Korps)
15 Aug 1941 – 9 Mar 1942:	Generalfeldmarschall Erwin **ROMMEL**
9 Mar 1942 – 19 Mar 19:	General der Panzertruppen Ludwig **CRÜWELL**

19 Mar 1942 – 22 Sep 1942:	Generalfeldmarschall Erwin **ROMMEL**
22 Sep 1942 – 24 Oct 1942:	General der Kavallerie Georg **STUMME**
24 Oct 1942 – 25 Oct 1942:	General der Panzertruppen Wilhelm Ritter von **THOMA**
25 Oct 1942 – 2 Nov 1942:	Generalfeldmarschall Erwin **ROMMEL**
26 Nov 1942 – 2 Dec 1942:	General der Panzertruppen Gustav **FEHN**
2 Dec 1942 – 17 Feb 1943:	Generalfeldmarschall Erwin **ROMMEL**
17 Feb 1943 – 23 Feb 1943:	Generalleutnant Karl **BÜLOWIUS**
23 Feb 1943 – 13 May 1943:	Maresciallo d'Italia Giovanni **MESSE**
13 May 1943:	DESTROYED IN NORTH AFRICA

Area of Operations:
Aug 1941 – May 1943:   North Africa

Corps

I Army Corps
  1 Sep 1939 – 25 Oct 1939:   General der Artillerie Walter **PETZEL**
  26 Oct 1939 – 3 Mar 1942:   General der Infanterie Kuno von **BOTH**
  3 Mar 1942 – 1 Apr 1943:   General der Kavallerie Phillip **KLEFFEL**
  1 Apr 1943 – 15 Aug 1943:   General der Infanterie Otto **WÖHLER**
  15 Aug 1943 – 17 Sep 1943: General der Kavallerie Philipp **KLEFFEL**
  17 Sep 1943 – 1 Jan 1944:   General der Infanterie Martin **GRASE**
  1 Jan 1944 – 20 Jan 1944:   Generaloberst Carl **HILPERT**
  20 Jan 1944 – 1 May 1944:   General der Artillerie Walter **HARTMANN**
  1 May 1944 – 1 Aug 1944:   Generaloberst Carl **HILPERT**
  1 Aug 1944 – 9 Jan 1945:   General der Infanterie Theodor **BUSSE**
  20 Jan 1945 – 21 Apr 1945: General der Infanterie Friedrich **FANGOHR**
  21 Apr 1945 – 8 May 1945:   Generalleutnant Christian **USINGER**

Area of Operations:
Sep 1939 – May 1940:   Poland
May 1940 – Jun 1941:   France
Jun 1941 – May 1945:   Northern sector, Eastern Front; Courland, Latvia

I Cavalry Corps
(Formed in June 1944)
  10 Jun 1944 – 8 May 1945:   General der Kavallerie Gustav **HARTENECK**

Area of Operations:
Jun 1944 – May 1945:   Eastern Front

I Mountain Corps
  1 May 1944 – 1 Sep 1944:   General der Artillerie Walter **HARTMANN**

Area of Operations:
May 1944 – Sep 1944:   Eastern Front

II Army Corps
  1 Sep 1939 – 30 Apr 1940:   Generaloberst Adolf **STRAUSS**
  30 Apr 1940 – 21 Jun 1940: General der Infanterie Karl-Heinrich von **STÜLPNAGEL**
  21 Jun 1940 – Jun 1942:   General der Infanterie Walter Graf von **BROCK-DORFF-AHLEFELDT**
  Jun 1942 – 1 Jul 1942:   General der Panzertruppen Otto von **KNOBELSDORFF**
  1 Jul 1942 – 19 Jan 1943:   General der Infanterie Walter Graf von **BROCK-DORFF-AHLEFELDT**

19 Jan 1943 – 1 Jun 1944:	General der Infanterie Paul **LAUX**
1 Jun 1944 – 15 Jul 1944:	
15 Jul 1944 – 15 Jan 1945:	General der Infanterie Wilhelm **HASSE**
15 Jan 1945 – 1 Apr 1945:	General der Infanterie Dr. Johannes **MAYER**
1 Apr 1945 – 8 May 1945:	Generalleutnant Alfred **GAUSE**

Area of Operations:

Sep 1939 – May 1940:	Poland
May 1940 – Jun 1941:	France
Jun 1941 – May 1945:	Northern sector, Eastern Front; Courland, Latvia

III Army Corps

1 Sep 1939 – 13 Nov 1940:	Generaloberst Curt **HAASE**
13 Nov 1940 – 15 Jan 1941:	General der Infanterie Kurt von **GREIFF**
15 Jan 1941 – 31 Mar 1942:	Generaloberst Eberhard von **MACKENSEN**
31 Mar 1942 – 21 Jun 1942:	General der Panzertruppen Leo Freiherr **GEYR von SCHWEPPENBURG**
21 Jun 1942:	REDESIGNATED III PANZER CORPS

Area of Operations:

Sep 1939 – May 1940:	Poland
May 1940 – Jun 1941:	France
Jun 1941 – May 1945:	Southern sector, Eastern Front

III Panzer Corps

21 Jun 1942 – 20 Jul 1942:	General der Panzertruppen Leo Freiherr **GEYR von SCHWEPPENBURG**
20 Jul 1942 – 2 Jan 1943:	Generaloberst Eberhard von **MACKENSEN**
2 Jan 1943 – 20 Oct 1943:	General der Panzertruppen Hermann **BREITH**
20 Oct 1943 – 25 Nov 1943:	General der Artillerie Heinz **ZIEGLER**
25 Nov 1943 – 9 Jan 1944:	General der Infanterie Friedrich **SCHULZ**
9 Jan 1944 – 31 May 1944:	General der Panzertruppen Hermann **BREITH**
31 May 1944 – 29 Jun 1944:	General der Panzertruppen Dietrich von **SAUCKEN**
29 Jun 1944 – 8 May 1945:	General der Panzertruppen Hermann **BREITH**

Area of Operations:

Jun 1942 – Oct 1944:	Southern sector, Eastern Front
Oct 1944 – May 1945::	Hungary; Austria

IV Army Corps

1 Sep 1939 – 18 Oct 1942:	General der Infanterie Viktor von **SCHWEDLER**
1 Nov 1942 – 17 Jan 1943:	Generaloberst Erwin **JAENECKE**
17 Jan 1943 – 31 Jan 1943:	General der Artillerie Max **PFEFFER**
31 Jan 1943 – 1 Mar 1943:	INACTIVE (Destroyed at Stalingrad)
20 Jul 1943 – 2 Sep 1944:	General der Infanterie Friedrich **MIETH**
2 Sep 1944 – 10 Oct 1944:	General der Panzertruppen Ulrich **KLEEMAN**
10 Oct 1944:	REDESIGNATED IV PANZER CORPS

Area of Operations:
Sep 1939 – May 1940:   Poland
May 1940 – Jun 1941:   France
Jun 1941 – Jan 1943:   Southern sector, Eastern Front; Stalingrad
Jul 1943 – Oct 1944:   Southern sector, Eastern Front

IV Panzer Corps
10 Oct 1944 – 27 Nov 1944: General der Panzertruppen Ulrich **KLEEMAN**
27 Nov 1944:   REDESIGNATED PANZER CORPS *'FELD-HERRNHALLE'*

Area of Operations:
Oct 1944 – Nov 1944:   Hungary

V Army Corps
1 Sep 1939 – 8 Jan 1942:   Generaloberst Richard **RUOFF**
12 Jan 1942 – 1 Jul 1943:   General der Infanterie Wilhelm **WETZEL**
1 Jul 1943 – 1 May 1944:   General der Infanterie Karl **ALLMENDINGER**
4 May 1944 – 2 Jun 1944:   General der Infanterie Friedrich Wilhelm **MÜLLER**
2 Jun 1944 – 19 Jul 1944:   General der Infanterie Dr. Franz **BEYER**
19 Jul 1944:   DESTROYED IN THE CRIMEA
Jan 1945:   REFORMED
26 Jan 1945 – 8 May 1945:

Area of Operations:
Sep 1939 – May 1940:   ,Poland
May 1940 – Jun 1941:   France
Jun 1941 – Jul 1944:   Southern sector, Eastern Front; Crimea
Jan 1945 – May 1945:   Western Germany

VI Army Corps
1 Sep 1939 – 31 Dec 1941:   General der Pioniere Otto Wilhelm **FÖRSTER**
31 Dec 1941 – 1 Jan 1942:   Generalfeldmarschall (LW) Wolfram Freiherr von **RICHTOFEN**
1 Jan 1942 – 31 Oct 1942:   General der Infanterie Bruno **BIELER**
1 Nov 1942 – 20 May 1944:   General der Infanterie Hans **JORDAN**
20 May 1944 – 28 Jun 1944: General der Artillerie Georg **PFEIFFER**
28 Jun 1944 – 11 Aug 1944:
11 Aug 1944 – 8 May 1945:   General der Infanterie Horst **GROSSMANN**

Area of Operations:
Sep 1939 – May 1940:   Poland
May 1940 – Jun 1941:   France
Jun 1941 – Jul 1944:   Southern sector, Eastern Front
Jul 1944 – May 1945:   Northern sector, Eastern Front

VII Army Corps
1 Sep 1939 – 1 Feb 1940:   Generaloberst Eugen Ritter von **SCHOBERT**
1 Feb 1940 – 9 Apr 1940:   Generaloberst Gotthard **HEINRICI**
9 Apr 1940 – 25 Oct 1940:   Generaloberst Eugen Ritter von **SCHOBERT**

25 Oct 1940 – 8 Jan 1942:   General der Artillerie Wilhelm **FAHRMBACHER**
8 Jan 1942 – Aug 1944:   General der Artillerie Ernst-Eberhard **HELL**
Aug 1944:   DESTROYED ON THE EASTERN FRONT
Dec 1944;   REFORMED
27 Dec 1944 – 8 May 1945:   General der Panzertruppen Mortimer von **KESSEL**

Area of Operations:
Sep 1939 – May 1940:   Poland
May 1940 – Jun 1941:   France
Jun 1941 – Aug 1944:   Central sector, Eastern Front
Dec 1944 – May 1945:   Silesia

VIII Army Corps
1 Sep 1939 – 25 Oct 1939:   Generalfeldmarschall Ernst **BUSCH**
25 Oct 1939 – 31 Jan 1943:   Generaloberst Walter **HEITZ**
31 Jan 1943:   DESTROYED AT STALINGRAD
Jul 1943:   REFORMED
20 Jul 1943 – 1 Apr 1944:   General der Infanterie Gustav **HOEHNE**
1 Apr 1944 - 15 Apr 1944:   General der Infanterie Johannes **BLOCK**
15 Apr 1944 – 10 Sep 1944:   General der Infanterie Gustav **HOEHNE**
10 Sep 1944 – 19 Mar 1945:   General der Artillerie Walter **HARTMANN**
19 Mar 1945 – 8 May 1945:   General der Artillerie Horst von **MELLENTHIN**

Area of Operations:
Sep 1939 – May 1940:   Poland
May 1940 – Jun 1941:   France
Jun 1941 – Jan 1943:   Southern sector, Eastern Front; Stalingrad
Jul 1943 – Sep 1944:   Eastern Front
Sep 1944 – May 1945:   Central sector, Eastern Front; Poland

IX Army Corps
1 Sep 1939 – 25 Oct 1939:   Generaloberst Friedrich **DOLLMANN**
25 Oct 1939 – 31 Dec 1941:   General der Infanterie Hermann **GEYER**
31 Dec 1941 – 15 Oct 1943:   General der Infanterie Hans **SCHMIDT**
15 Oct 1943 – 3 Dec 1943:   General der Infanterie Heinrich **CLÖßNER**
5 Dec 1943 – 20 Apr 1945:   General der Artillerie Rolf **WUTHMANN**
20 Apr 1945 – 8 May 1945:   Generalleutnant Dr. Hermann **HOHN**

Area of Operations:
Sep 1939 – May 1940:   Germany
May 1940 – Jun 1941:   France
Jun 1941 – Dec 1944:   Central sector, Eastern Front
Jan 1945 – May 1945:   East Prussia; northern Germany

X Army Corps
1 Sep 1939 – 15 Oct 1939:   General der Artillerie Wilhlem **ULEX**
15 Oct 1939 – May 1942:   General der Artillerie Christian **HANSEN**
May 1942 – Jun 1942:   General der Panzertruppen Otto von **KNOBELS-DORFF**
Jun 1942 – 12 Oct 1943:   General der Artillerie Christian **HANSEN**
12 Oct 1943 – 4 Nov 1943:

4 Nov 1943 – 23 Jun 1944:	General der Infanterie Thomas-Emil von **WICKEDE**
25 Jun 1944 – 21 Sep 1944:	General der Infanterie Friedrich **KÖCHLING**
21 Sep 1944 – 31 Dec 1944:	General der Infanterie Hermann **FOERTSCH**
31 Dec 1944 – 8 May 1945:	General der Artillerie Siegfried **THOMASCHKI**

Area of Operations:
Sep 1939 – May 1940:	Poland
May 1940 – Jun 1941:	France
Jun 1941 – May 1945:	Northern sector, Eastern Front; Courland Pocket (Latvia)

XI Army Corps
1 Sep 1939 – 1 Mar 1940:	General der Artillerie Emil **LEEB**
1 Mar 1940 – 6 Oct 1941:	General der Infanterie Joachim von **KORTZFLEISCH**
6 Oct 1941 – 10 Dec 1941:	General der Infanterie Eugen **OTT**
10 Dec 1941 – 6 May 1942:	General der Infanterie Joachim von **KORTZFLEISCH**
12 Jun 1942 – 2 Feb 1943:	Generaloberst Karl **STRECKER**
2 Feb 1943:	SURRENDERED AT STALINGRAD
Mar 1943:	REFORMED
1 Mar 1943 – Oct 1943:	Generaloberst Erhard **RAUS**
Oct 1943 – 5 Dec 1943:	
5 Dec 1943 – 18 Feb 1944:	General der Artillerie Wilhelm **STEMMERMANN**
18 Feb 1944:	DESTROYED AT CHERKASSY
Apr 1944:	REFORMED
1 Apr 1944 – 16 Mar 1945:	General der Infanterie Rudolf **BÜNAU**
16 Mar 1945 – 19 Mar 1945:	General der Artillerie Horst von **MELLENTHIN**
19 Mar 1945 – 6 Apr 1945:	General der Infanterie Rudolf **BÜNAU**
6 Apr 1945 – 8 May 1945:	

Area of Operations:
Sep 1939 – May 1940:	Poland
May 1940 – Jun 1941:	France
Jun 1941 – Jan 1943:	Southern sector, Eastern Front; Stalingrad
Mar 1943 – Apr 1944:	Southern sector, Eastern Front; Cherkassy
Apr 1944 – May 1945:	Poland; Silesia; Czechoslovakia

XII Army Corps
1 Sep 1939 – 9 Apr 1940:	General der Infanterie Walter **SCHROTH**
9 Apr 1940 – 17 Jun 1940:	Generaloberst Gotthard **HEINRICI**
17 Jun 1940 – 19 Feb 1942:	General der Infanterie Walter **SCHROTH**
19 Feb 1942 – 15 Feb 1943:	General der Infanterie Walther **GRAEßNER**
18 Feb 1943 – Sep 1943:	General der Infanterie Kurt von **TIPPELSKIRCH**
Sep 1943:	General der Infanterie Edgar **RÖHRICHT**
Sep 1943 – 4 Jun 1944:	General der Infanterie Kurt von **TIPPELSKIRCH**
4 Jun 1944 – 7 Jul 1944:	Generalleutnant Vinzenz **MÜLLER**
7 Jul 1944:	DESTROYED AT MINSK
Mar 1945:	REFORMED
Mar 1945 – 8 May 1945:	

Area of Operations:
Sep 1939 – May 1940:   Poland
May 1940 – Jun 1941:   France
Jun 1941 – Jul 1944:   Central sector, Eastern Front; Minsk
Mar 1945 – May 1945:   Southwestern Germany; Czechoslovakia

XIII Army Corps
1 Sep 1939 – 20 Oct 1939:   Generalfeldmarschall Maximilian Reichsfreiherr von **WEICHS**
26 Oct 1939 – 25 Oct 1940:   Generaloberst Heinrich von **VIETTINGHOFF**
25 Oct 1940 – 31 Jan 1942:   General der Infanterie Hans **FELBER**
31 Jan 1942 – 21 Apr 1942:
21 Apr 1942 – 20 Feb 1943:   General der Infanterie Erich **STRAUBE**
20 Feb 1943 – 7 Sep 1943:   General der Infanterie Friedrich **SIEBERT**
7 Sep 1943 – 25 Apr 1944:   General der Infanterie Arthur **HAUFFE**
25 Apr 1944 – 5 Jun 1944:   General der Infanterie Johannes **BLOCK**
5 Jun 1944 – 22 Jul 1944:   General der Infanterie Arthur **HAUFFE**
Jul 1944:   DESTROYED ON THE EASTERN FRONT
Dec 1944:   REFORMED FROM CORPS GROUP FELBER
6 Dec 1944 – 12 Feb 1945:   General der Infanterie Hans **FELBER**
12 Feb 1945 – Mar 1945:   Generalleutnant Ralph Graf **d'ORIOLA**
Mar 1945 – 15 Apr 1945:   Generalleutnant Max **BORK**
15 Apr 1945 – 20 Apr 1945:   General der Infanterie Walther **HAHM**
20 Apr 1945 – 25 Apr 1945:   General der Artillerie Walther **LUCHT**
25 Apr 1945:   DESTROYED AT STUTTGART

Area of Operations:
Sep 1939 – May 1940:   Poland
May 1940 – Jun 1941:   France
Jun 1941 – Jul 1944:   Southern sector, Eastern Front
Dec 1944 – Apr 1945:   Western Front; Ardennes; Germany

XIV Panzer Corps
1 Sep 1939 – 14 Sep 1942:   General der Infanterie Gustav von **WIETERSHEIM**
14 Sep 1942 – 17 Jan 1943:   Generaloberst Hans-Valentin **HUBE**
17 Jan 1943 – 29 Jan 1943:   Generalleutnant Helmuth **SCHLÖMER**
29 Jan 1943:   DESTROYED AT STALINGRAD
Mar 1943:   REFORMED
5 Mar 1943 – 2 Sep 1943:   Generaloberst Hans-Valentin **HUBE**
2 Sep 1943 – 1 Oct 1943:   General der Panzertruppen Hermann **BALCK**
1 Oct 1943 – 22 Oct 1943:   Generaloberst Hans-Valentin **HUBE**
22 Oct 1943 – 8 May 1945:   General der Panzertruppen Fridolin von **SENGER und ETTERLIN**

Area of Operations:
Sep 1939 – May 1940:   Poland
May 1940 – Apr 1941:   France
Apr 1941 – Jun 1941:   Balkans
Jun 1941 – Jan 1943:   Southern sector, Eastern Front; Stalingrad
Mar 1943 – Oct 1944:   Western Front

Oct 1944 – May 1945: Northern Italy

XV Army Corps
1 Sep 1939 – Apr 1940: Generaloberst Hermann **HOTH**
Apr 1940: UPGRADED TO 3. PANZER ARMY

Area of Operations:
Sep 1939 – Apr 1940: *Poland; Western Front*

XV Mountain Corps
(Formed in August 1943)
25 Aug 1943 – 10 Oct 1943: General der Infanterie Rudolf **LÜTERS**
1 Nov 1943 – 1 Aug 1944: General der Infanterie Ernst von **LEYSER**
1 Aug 1944 – 8 May 1945: General der Panzertruppen Gustav **FEHN**

Area of Operations:
Aug 1943 – May 1945: *Balkans; Croatia; Dalmatia*

XVI Army Corps
1 Sep 1939 – 22 Jun 1941: Generaloberst Erich **HOEPNER**
22 Jun 1941: UPGRADED TO 4. PANZER ARMY
Jul 1944: REFORMED
4 Jul 1944 – 16 Dec 1944: General der Kavallerie Philipp **KLEFFEL**
16 Dec 1944 – 16 Mar 1945: General der Infanterie Ernst-Anton von **KROSIGK**
16 Mar 1945 – 10 Apr 1945:
10 Apr 1945 – 8 May 1945: Generalleutnant Gottfried **WEBER**

Area of Operations:
Sep 1939 – May 1940: *Poland*
May 1940 – Jun 1941: *France*
Jul 1944 – May 1945: *Northern sector, Eastern Front; Courland Pocket (Latvia)*

XVII Army Corps
1 Sep 1939 – 23 Jan 1942: General der Infanterie Werner **KIENITZ**
23 Jan 1942 – 2 Apr 1942: Generaloberst Karl **HOLLIDT**
2 Apr 1942 – 12 Jun 1942: Generaloberst Karl **STRECKER**
12 Jun 1942 – 23 Nov 1942: Generaloberst Karl **HOLLIDT**
23 Nov 1942 – 7 Dec 1942:
7 Dec 1942 – 5 Mar 1943: General der Infanterie Dietrich von **CHOLTITZ**
5 Mar 1943 – 1 Aug 1943: General der Infanterie Willi **SCHNECKENBURGER**
1 Aug 1943 – 21 Nov 1943: General der Panzertruppen Erich **BRANDENBERGER**
21 Nov 1943 – 27 Apr 1944: General der Gebirgstruppen Hans **KREYSING**
27 Apr 1944 – 25 May 1944: General der Infanterie Dr. Franz **BEYER**
25 May 1944 – 28 Dec 1944: General der Gebirgstruppen Hans **KREYSING**
28 Dec 1944 – 8 May 1945: General der Pioniere Otto **TIEMANN**

Area of Operations:
Sep 1939 – May 1940:	Poland
May 1940 – Jun 1941:	France
Jun 1941 – May 1945:	Southern sector, Eastern Front; Hungary; Silesia

XVIII Army Corps
1 Sep 1939 – 5 Jun 1940:	General der Infanterie Eugen **BEYER**
5 Jun 1940:	REDESIGNATED XVIII MOUNTAIN CORPS

Area of Operations:
Sep 1939 – May 1940:	Poland
May 1940 – Jun 1940:	France

XVIII Mountain Corps
5 Jun 1940 – 15 Jun 1940:	General der Artillerie Hermann Ritter von **SPECK**
15 Jun 1940 – 10 Dec 1943:	General der Gebirgstruppen Franz **BOEHME**
10 Dec 1943 – 23 Jun 1944:	General der Gebirgstruppen Karl **EGLSEER**
23 Jun 1944 – 8 May 1945:	General der Gebirgstruppen Friedrich **HOCHBAUM**

Area of Operations:
Jun 1940 – Jun 1941:	France
Jun 1941 – Nov 1941:	Balkans
Nov 1941 – Jan 1945:	Northern Finland; Norway
Jan 1945 – May 1945:	West Prussia

XIX Army Corps
1 Sep 1939 – 1 Jun 1940:	Generaloberst Heinz **GUDERIAN**
1 Jun 1940:	UPGRADED TO PANZER GROUP GUDERIAN, LATER 2. PANZER ARMY

Area of Operations:
Sep 1939 – May 1940:	Poland
May 1940 – Jun 1940:	France

XIX Mountain Corps
(Formed in November 1942 from Mountain Corps Norway)
10 Nov 1942 – 1 Oct 1943:	Generalfeldmarschall Ferdinand **SCHÖRNER**
1 Oct 1943 – 15 May 1944:	General der Gebirgstruppen Georg Ritter von **HENGL**
15 May 1944 – 1 Dec 1944:	General der Gebirgstruppen Ferdinand **JODL**
1 Dec 1944:	REDESIGNATED ARMY DETACHMENT NARVIK

Area of Operations:
Jan 1942 – Dec 1944:	Northern Finland; Norway

XX Army Corps
(Formed in October 1940)
1 Oct 1940 – 10 Sep 1942:	General der Infanterie Friedrich **MATERNA**
10 Sep 1942 – 14 Feb 1943:	General der Artillerie Rudolf Freiherr von **ROMAN**

14 Feb 1943 – 10 Mar 1943:	General der Infanterie Erwin **VIEROW**
10 Mar 1943 – Dec 1943:	General der Artillerie Rudolf Freiherr von **ROMAN**
Dec 1943 – Jan 1944:	General der Infanterie Edgar **RÖHRICHT**
Jan 1944 – 1 Apr 1945:	General der Artillerie Rudolf Freiherr von **ROMAN**
1 Apr 1945 – 8 May 1945:	General der Kavallerie Karl-Erik **KOEHLER**

Area of Operations:
Sep 1939 – Jun 1941:	*Poland*
Jun 1941 – Apr 1945:	*Central sector, Eastern Front*
Apr 1945 – May 1945:	*Central Germany*

XXI Army Corps
1 Sep 1939 – 19 Dec 1940:	Generaloberst Nikolaus von **FALKENHORST**
19 Dec 1940:	UGPRADED TO ARMY OF NORWAY

Area of Operations:
Sep 1939 – Apr 1940:	*Poland*
Apr 1940 – Dec 1940:	*Norway*

XXI Mountain Corps
(Formed in August 1943)
25 Aug 1943 – 10 Oct 1943:	General der Artillerie Paul **BADER**
10 Oct 1943 – 1 Aug 1944:	General der Panzertruppen Gustav **FEHN**
1 Aug 1944 – 29 Apr 1945:	General der Infanterie Ernst von **LEYSER**
29 Apr 1945 – 8 May 1945:	General der Infanterie Hartwig von **LUDWIGER**

Area of Operations:
Aug 1943 – May 1945:	*Balkans; Albania; Montenegro; Bosnia*

XXII Army Corps
1 Sep 1939 – 5 Mar 1940:	Generalfeldmarschall Ewald von **KLEIST**
5 Mar 1940:	UPGRADED TO PANZER GROUP KLEIST

Area of Operations:
Sep 1939 – Mar 1940:	*Poland*

XXII Mountain Corps
(Formed in February 1943)
22 Feb 1943 – 8 May 1945:	General der Gebirgstruppen Hubert **LANZ**

Area of Operations:
Feb 1943 – May 1945:	*Greece; Yugoslavia; southern Hungary*

XXIII Army Corps
1 Sep 1939 – 21 Oct 1939:	General der Infanterie Erich **RASCHICK**
26 Oct 1939 – 25 Jul 1942:	General der Infanterie Albrecht **SCHUBERT**
25 Jul 1942 – 19 Jan 1943:	Generaloberst Karl **HILPERT**
19 Jan 1943 – 7 Dec 1943:	Generaloberst Johannes **FRIESSNER**
7 Dec 1943 – 2 Feb 1944:	General der Panzertruppen Hans Freiherr von **FUNCK**
2 Feb 1944 – 12 Oct 1944:	General der Pionere Otto **TIEMANN**

12 Oct 1944 – 8 May 1945: General der Infanterie Walter **MELZER**

Area of Operations:
Sep 1939 – Jun 1941: *West Wall*
Jun 1941 – May 1945: *Central sector, Eastern Front*

XXIV Army Corps
1 Sep 1939 – 14 Feb 1940: General der Pionere Walter **KUNTZE**
14 Feb 1940 – 7 Jan 1942: General der Panzertruppen Leo Freiherr **GEYR von SCHWEPPENBURG**
7 Jan 1942 – 21 Jun 1942: General der Panzertruppen Willibald Freiherr von **LANGERMANN und ERLENCAMP**
21 Jun 1942: REDESIGNATED XXIV PANZER CORPS

Area of Operations:
Sep 1939 – Jun 1941: *West Wall*
Jun 1941 – Jun 1942: *Central sector, Eastern Front*

XXIV Panzer Corps
21 Jun 1942 – 3 Oct 1942: General der Panzertruppen Willibald Freiherr von **LANGERMANN und ERLENCAMP**
3 Oct 1942 – 30 Nov 1942: General der Panzertruppen Otto von **KNOBELSDORFF**
30 Nov 1942 – 14 Jan 1943: General der Artillerie Martin **WANDEL**
14 Jan 1943 – 20 Jan 1943: Generalleutnant Arno **JAHR**
20 Jan 1943 – 21 Jan 1943: General der Infanterie Karl **EIBL**
21 Jan 1943 – 9 Feb 1943: Generalleutnant Otto **HEIDKÄMPER**
9 Feb 1943 – 27 Jun 1944: General der Panzertruppen Walther **NEHRING**
27 Jun 1944 – 19 Aug 1944: General der Panzertruppen Fritz-Hubert **GRAESER**
19 Aug 1944 – 19 Mar 1945: General der Panzertruppen Walther **NEHRING**
19 Mar 1945 – 18 Apr 1945: Generalleutnant Hans **KÄLLNER**
18 Apr 1945 – 8 May 1945: General der Artillerie Walter **HARTMANN**

Area of Operations:
Jun 1942 – 1943: *Central sector, Eastern Front*
1943 – Jun 1944: *Southern sector, Eastern Front*
Jun 1944 – Mar 1945: *Southern Poland*
Mar 1945 – May 1945: *Silesia; Czechoslovakia*

XXV Army Corps
1 Sep 1939 – 6 Nov 1939: General der Infanterie Alfred **WÄGER**
6 Nov 1939 – 1 May 1942: General der Infanterie Karl Ritter von **PRAGER**
1 May 1942 – 10 Jun 1944: General der Artillerie Wilhelm **FAHRMBACHER**
10 Jun 1944 – 8 May 1945:

Area of Operations:
Sep 1939 – May 1940: *West Wall*
May 1940 – May 1945: *France; Brittany*

XXVI Army Corps

1 Sep 1939 – 1 Oct 1942:	General der Artillerie Albert **WODRIG**
1 Oct 1942 – 1 Jul 1943:	General der Infanterie Ernst von **LEYSER**
1 Jul 1943 – 19 Aug 1943:	General der Panzertruppen Gustav **FEHN**
19 Aug 1943 – 1 Jan 1944:	
1 Jan 1944 – 15 Feb 1944:	General der Infanterie Martin **GRASE**
15 Feb 1944 – 11 May 1944:	General der Infanterie Anton **GRASSER**
11 May 1944 – 15 Jun 1944:	General der Artillerie Wilhelm **BERLIN**
15 Jun 1944 – 3 Jul 1944:	General der Infanterie Anton **GRASSER**
6 Jul 1944 – 8 May 1945:	General der Infanterie Gerhard **MATZKY**

Area of Operations:

Sep 1939 – May 1940:	*Poland*
May 1940 – Jun 1941:	*France*
Jun 1941 – Feb 1944:	*Northern sector, Eastern Front*
Feb 1944 – May 1945:	*Central sector, Eastern Front*

XXVII Army Corps

1 Sep 1939 – 6 Nov 1939:	General der Infanterie Karl Ritter von **PRAGER**
6 Nov 1939 – 23 Dec 1941:	
23 Dec 1941 – 13 Jan 1942:	Generalleutnant Eccard Freiherr von **GABLENZ**
13 Jan 1942 – 1 Jul 1942:	General der Infanterie Joachim **WITTHÖFT**
1 Jul 1942 – 3 Feb 1943:	Generaloberst Walter **WEISS**
10 Feb 1943 – 8 Jun 1943:	Generalleutnant Karl **BURDACH**
8 Jun 1943 – 9 Jul 1944:	General der Infanterie Paul **VÖLCKERS**
27 Jul 1944 – 21 Oct 1944:	General der Infanterie Hellmuth **PRIESS**
21 Oct 1944 – 26 Oct 1944:	Generalleutnant Vinzenz **MÜLLER**
26 Oct 1944 – 15 Apr 1945:	General der Artillerie Maximilian **FELZMANN**
15 Apr 1945 – 8 May 1945:	General der Infanterie Walter **HOERNLEIN**

Area of Operations:

Sep 1939 – May 1940:	*West Wall*
May 1940 – Jun 1941:	*France*
Jun 1941 – May 1945:	*Central sector, Eastern Front*

XXVIII Army Corps

(Formed in June 1940)

1 Jun 1940 – 20 Jun 1940:	General der Infanterie Walter Graf von **BROCK-DORFF-AHLEFELDT**
20 Jun 1940 – 26 Oct 1940:	General der Artillerie Peter **WEYER**
26 Oct 1940 – 25 Nov 1940:	
25 Nov 1940 – 27 Oct 1941:	General der Infanterie Mauritz von **WIKTORIN**
27 Oct 1941 – 28 Mar 1944:	General der Artillerie Herbert **LOCH**
28 Mar 1944 – 28 May 1944:	General der Infanterie Gerhard **MATZKY**
20 May 1944 – 8 May 1945:	General der Infanterie Hans **GOLLNICK**

Area of Operations:

Jun 1940 – Jun 1941:	*Germany*
Jun 1941 – May 1945:	*Northern sector, Eastern Front; Courland, Latvia; East Prussia*

XXIX Army Corps
(Formed in June 1940)
1 Jun 1940 – 21 May 1943: General der Infanterie Hans von **OBSTFELDER**
21 May 1943 – 21 Nov 1943:
21 Nov 1943 – 30 Jun 1944: General der Panzertruppen Erich **BRANDENBERGER**
2 Jul 1944 – 1 Sep 1944: General der Artillerie Anton Reichard Freiherr von **MAUCHENHEIM von BECHTOLSHEIM**
1 Sep 1944 – 8 May 1945: General der Infanterie Kurt **RÖPKE**

Area of Operations:
Jun 1940 – Jun 1941: *Germany; France; Poland*
Jun 1941 – May 1945: *Southern sector, Eastern Front*

XXX Army Corps
1 Sep 1939 – Feb 1941: General der Artillerie Otto **HARTMANN**
Feb 1941 – 25 Mar 1941:
25 Mar 1941 – 10 May 1941: General der Infanterie Eugen **OTT**
10 May 1941 – 27 Dec 1941: Generaloberst Hans von **SALMUTH**
27 Dec 1941 – Sep 1942: General der Artillerie Maximilian **FRETTER-PICO**
Sep 1942 – 16 Jul 1944:
16 Jul 1944 – 31 Aug 1944: Generalleutnant Georg **POSTEL**
31 Aug 1944: DESTROYED ON THE EASTERN FRONT
Nov 1944: REFORMED
23 Nov 1944 – 16 Dec 1944: Generalleutnant Friedrich-Wilhelm **NEUMANN**
16 Dec 1944 – 8 May 1945: General der Kavallerie Philipp **KLEFFEL**

Area of Operations:
Sep 1939 – May 1940: *Poland*
May 1940 – Apr 1941: *France*
Apr 1941 – Jun 1941: *Balkans*
Jun 1941 – Aug 1944: *Southern sector, Eastern Front*
Nov 1944 – May 1945: *Holland; northwestern Germany*

XXXI Army Corps
(Formed in October 1939)
15 Oct 1939 – 10 Apr 1942: General der Artillerie Leonhard **KAUPISCH**
10 Apr 1942 – 1 Jul 1942: General der Artillerie Kurt **GALLENKAMP**
1 Jul 1942: REDESIGNATED LXXX ARMY CORPS

Area of Operations:
Sep 1939 – Apr 1940: *Poland*
Apr 1940 – Jun 1940: *Denmark; Netherlands*
Jun 1940 – Jul 1942: *France*

XXXII Army Corps
(Formed in October 1939)
25 Oct 1939 – 10 Jan 1940: Generalleutnant Fritz **BÜCHS**
10 Jan 1940 – 1 Mar 1940: General der Infanterie Alfred **BOEHM-TETTELBACH**

5 Mar 1940 – 1 Apr 1942:	General der Kavallerie Günther von **POGRELL**
1 Apr 1942 – 10 Jun 1942:	General der Panzertruppen Adolf **KUNTZEN**
10 Jun 1942 – ? Jun 1942:	General der Infanterie Hans **ZORN**
Jun 1942:	REDESIGNATED LXXXI ARMY CORPS
Mar 1945:	REFORMED
26 Mar 1945 – Apr 1945:	General der Infanterie Friedrich-August **SCHACK**
Apr 1945:	DESTROYED IN RUHR POCKET, GERMANY

Area of Operations:

Sep 1939 – Apr 1940:	*Poland*
Apr 1940 – Jun 1940:	*Denmark*
Jun 1940 – Jun 1942:	*France*
Mar 1945 – Apr 1945:	*Western Front; Ruhr Pocket*

XXXIII Army Corps

1 Sep 1939 – 30 Apr 1942:	General der Kavallerie Georg **BRANDT**
30 Apr 1942 – 25 Sep 1942:	General der Infanterie Walther **FISCHER von WEIKERSTHAL**
25 Sep 1942 – 25 Dec 1943:	General der Artillerie Erwin **ENGELBRECHT**
25 Dec 1943 – Aug 1944:	General der Infanterie Ludwig **WOLFF**
Aug 1944 – 31 Mar 1945:	General der Kavallerie Karl-Erik **KOEHLER**
31 Mar 1945 – 5 Apr 1945:	Generalmajor Friedrich von **UNGER**
5 Apr 1945 – 8 May 1945:	Generalleutnant Friedrich-Wilhelm **NEUMANN**

Area of Operations:

Sep 1939 – Apr 1940:	*Germany*
Apr 1940 – May 1945:	*Central Norway*

XXXIV Army Corps
(Formed in November 1939)

1 Nov 1939 – 6 Nov 1939:	General der Infanterie Hermann **METZ**
6 Nov 1939 – 1 Sep 1941:	General der Infanterie Alfred **WAEGER**
1 Sep 1941 – 13 Sep 1941:	General der Panzertruppen Ferdinand **SCHAAL**
13 Sep 1941 – 23 Dec 1941:	General der Infanterie Alfred **WAEGER**
23 Dec 1941:	DISBANDED
Feb 1944:	REFORMED
24 Feb 1944 – 21 Aug 1944:	General der Infanterie Ludwig **MÜLLER**
21 Aug 1944 – 8 Dec 1944:	General der Infanterie Friedrich-Wilhelm **MÜLLER**
8 Dec 1944 – 8 May 1945:	General der Flieger Hellmuth **FELMY**

Area of Operations:

Sep 1939 – Jun 1941:	*Poland*
Jun 1941 – Dec 1941:	*Central sector, Eastern Front*
Feb 1944 – May 1945:	*Balkans*

XXXV Army Corps
(Formed in October 1939)

Oct 1939 – 1 Sep 1940:	
1 Sep 1940 – 1 Apr 1941:	General der Infanterie Max von **SCHENCKENDORFF**

1 Apr 1941 – 1 May 1941:   General der Kavallerie Rudolf **KOCH-ERPACH**
1 May 1941 – 30 Sep 1942: General der Artillerie Rudolf **KAEMPFE**
30 Sep 1942 – 1 Nov 1942:
1 Nov 1942 – 15 Apr 1943: Generaloberst Dr. Lothar **RENDULIC**
15 Apr 1943 – 5 Aug 1943:
5 Aug 1943 – Jan 1944:   General der Infanterie Friedrich **WIESE**
Jan 1944 – Feb 1944:   General der Infanterie Horst **GROßMANN**
Feb 1944 – 25 Jun 1944:   General der Infanterie Friedrich **WIESE**
25 Jun 1944 – 5 Jul 1944: Generalleutnant Kurt-Jürgen Freiherr von **LÜTZOW**
5 Jul 1944:   DESTROYED ON THE EASTERN FRONT

Area of Operations:
Sep 1939 – Jun 1941:   *Poland*
Jun 1941 – Jul 1944:   *Central sector, Eastern Front*

XXXVI Mountain Corps
(Formed in October 1939 as Corps Command XXXVI)
Oct 1939 – 5 May 1940:   General der Kavallerie Curt Freiherr von **GIENANTH**
14 May 1940 – 30 Nov 1941: General der Infanterie Otto **FEIGE**
Nov 1941:   REDESIGNATED XXXVI MOUNTAIN CORPS
30 Nov 1941 – 10 Aug 1944: General der Infanterie Karl **WEISENBERGER**
10 Aug 1944 – 8 May 1945: General der Gebirgstruppen Emil **VOGEL**

Area of Operations:
Oct 1939 – Apr 1940:   *Germany; Poland*
Apr 1940 – Jun 1941:   *Norway*
Jun 1941 – Sep 1944:   *Finland*
Sep 1944 – May 1945:   *Norway*

XXXVII Army Corps
(Formed in October 1939)
21 Oct 1939 – 1 Mar 1940: General der Infanterie **RASCHICK**
1 Mar 1940 – 25 May 1942: General der Infanterie Alfred **BOEHM-TETTEL-BACH**
25 May 1942:   REDESIGNATED LXXXII ARMY CORPS

Area of Operations:
Oct 1939 – May 1940:   *Germany*
May 1940 – May 1942:   *Netherlands*

XXXVIII Army Corps
(Formed in January 1940)
1 Feb 1940 – 28 Feb 1941: Generalfeldmarschall Erich von **MANSTEIN**
15 Mar 1941 – 23 Apr 1942: General der Infanterie Friedrich-Wilhelm von **CHAPPUIS**
23 Apr 1942 – 29 Jun 1942: General der Infanterie Siegfried **HAENICKE**
29 Jun 1942 – 8 Jan 1945: General der Artillerie Kurt **HERZOG**
8 Jan 1945:   REDESIGNATED XXXVIII PANZER CORPS

Area of Operations:
Jan 1940 – Jun 1940:		Germany
Jun 1940 – Jun 1941:		France
Jun 1941 – Jan 1945:		Northern sector, Eastern Front; Courland, Latvia

XXXVIII Panzer Corps
8 Jan 1945 – 15 Mar 1945:	General der Artillerie Horst von **MELLENTHIN**
15 Mar 1945 – 8 May 1945:

Area of Operations:
Jan 1945 – May 1945:		Northern sector, Eastern Front; Courland, Latvia

XXXIX (Motorized) Army Corps
(Formed in January 1940)
1 Feb 1940 – 10 Nov 1941:	Generaloberst Rudolf **SCHMIDT**
11 Nov 1941 – 9 Jul 1942:	Generaloberst Hans-Jürgen von **ARNIM**
9 Jul 1942:			REDESIGNATED XXXIX PANZER CORPS

Area of Operations:
Jan 1940 – May 1940:		Germany
May 1940 – May 1941:		Holland & Belgium; France
May 1941 – Jun 1941:		East Prussia
Jun 1941 – Jul 1942:		Northern sector, Eastern Front

XXXIX Panzer Corps
9 Jul 1942 – 30 Nov 1942:	Generaloberst Hans-Jürgen von **ARNIM**
1 Dec 1942 – 13 Nov 1943:	General der Artillerie Robert **MARTINEK**
13 Nov 1943 – 18 Apr 1944:	General der Infanterie Carl **PÜCHLER**
18 Apr 1944 – 28 Jun 1944:	General der Artillerie Robert **MARTINEK**
28 Jun 1944 – 29 Jun 1944:	Generalleutnant Otto **SCHÜNEMANN**
29 Jun 1944 – 15 Oct 1944:	General der Panzertruppen Dietrich von **SAUCKEN**
15 Oct 1944 – 21 Apr 1945:	General der Panzertruppen Karl **DECKER**
21 Apr 1945 – 8 May 1945:	Generalleutnant Karl **ARNDT**

Hans-Jürgen von Arnim

Area of Operations:
Jul 1942 – Nov 1944:   Central sector, Eastern Front
Nov 1944 – Jan 1945:   Courland, Latvia; East Prussia
Jan 1945 – May 1945:   Western Front; Ardennes; Germany

XXXX Army Corps
(Formed in January 1940)
15 Feb 1940 – 6 Sep 1941:   General der Kavallerie Georg **STUMME**
6 Sep 1941:   REDESIGNATED XXXX PANZER CORPS

Area of Operations:
Jan 1940 – May 1940:   Germany
May 1940 – Jun 1940:   France
Jun 1940 – Feb 1941:   Poland; Austria
Feb 1941 – Aug 1941:   Romania; Bulgaria; Balkans
Aug 1941 – Sep 1941:   Central sector, Eastern Front

XXXX Panzer Corps
6 Sep 1941 – 14 Jan 1942:   General der Kavallerie Georg **STUMME**
15 Jan 1942 – 15 Feb 1942:   General der Infanterie Hans **ZORN**
15 Feb 1942 – 20 Jul 1942:   General der Kavallerie Georg **STUMME**
20 Jul 1942 – 30 Sep 1942:   General der Panzertruppen Leo Freiherr **GEYR von SCHWEPPENBURG**
30 Sep 1942 – 13 Nov 1942:   General der Panzertruppen Gustav **FEHN**
14 Nov 1942 – 24 Nov 1942:   General der Panzertruppen Heinrich **EBERBACH**
24 Nov 1942 – 30 Sep 1943:   Generaloberst Gotthard **HEINRICI**
1 Oct 1943 – 11 Nov 1943:   Generalfeldmarschall Ferdinand **SCHÖRNER**
12 Nov 1943 – 15 Nov 1943:   General der Panzertruppen Hermann **BALCK**
15 Nov 1943 – 31 Jan 1944:   Generalfeldmarschall Ferdinand **SCHÖRNER**
31 Jan 1944 – 2 Sep 1944:   General der Panzertruppen Otto von **KNOBELSDORFF**
2 Sep 1944 – 8 May 1945:   General der Panzertruppen Siegfried **HENRICI**

Area of Operations:
Sep 1941 – Jun 1942:   Central sector, Eastern Front
Jun 1942 – Apr 1944:   Southern sector, Eastern Front
Apr 1944 – Jul 1944:   Romania
Jul 1944 – May 1945:   East Prussia; Silesia

XXXXI Army Corps
(Formed in February 1940)
15 Feb 1940 – 30 Sep 1941:   Generaloberst Georg-Hans **REINHARDT**
30 Sep 1941 – 13 Oct 1941:   Generalfeldmarschall Walter **MODEL**
13 Oct 1941 – 15 Nov 1941:   General der Panzertruppen Friedrich **KIRCHNER**
15 Nov 1941 – 14 Jan 1942:   Generalfeldmarschall Walter **MODEL**
14 Jan 1942 – 7 Jul 1942:   Generaloberst Josef **HARPE**
7 Jul 1942:   REDESIGNATED XXXXI PANZER CORPS

Area of Operations:
Feb 1940 – May 1940:   Germany
May 1940 – Mar 1941:   Netherlands; France
Mar 1941 – Jun 1941:   Hungary; Yugoslavia
Jun 1941 – Jul 1941:   East Prussia
Jul 1941 – Oct 1941:   Northern sector, Eastern Front
Oct 1941 – Jul 1942:   Central sector, Eastern Front

XXXXI Panzer Corps
15 Jan 1942 – 15 Oct 1943:   Generaloberst Josef **HARPE**
15 Oct 1943 – 19 Jun 1944:   General der Artillerie Helmuth **WEIDLING**
19 Jun 1944 – 1 Jul 1944:   Generalleutnant Edmund **HOFFMEISTER**
1 Jul 1944 – 10 Apr 1945:   General der Artillerie Helmuth **WEIDLING**
10 Apr 1945 – 19 Apr 1945:   Generalleutnant Wend von **WIETERSHEIM**
19 Apr 1945 – 8 May 1945:   Generalleutnant Rudolf **HOLSTE**

Area of Operations:
Jul 1942 – Mar 1945:   *Central sector, Eastern Front; East Prussia*
Mar 1945 – May 1945:   *Eastern Germany; Berlin*

XXXXII Army Corps
1 Sep 1939 – 15 Feb 1940:
15 Feb 1940 – 10 Oct 1941:   General der Pionere Walter **KUNTZE**
10 Oct 1941 – 29 Oct 1941:   Generalleutnant Hans Graf von **SPONECK**
29 Oct 1941 – 31 Dec 1941:   General der Infanterie Bruno **BIELER**
1 Jan 1942 – 22 Jun 1943:   General der Infanterie Franz **MATTENKLOTT**
22 Jun 1943 – 5 Jan 1944:   General der Infanterie Anton **DOSTLER**
5 Jan 1944 – 14 Jun 1944:   General der Infanterie Franz **MATTENKLOTT**
14 Jun 1944 – 23 Jan 1945:   General der Infanterie Hermann **RECKNAGEL**
23 Jan 1945:   DESTROYED IN POLAND

Area of Operations:
Sep 1939 – May 1940:   *Poland*
May 1940 – Jun 1941:   *France*
Jun 1941 – Apr 1944:   *Central sector, Eastern Front*
Apr 1944 – Jan 1945:   *Poland*

XXXXIII Army Corps
(Formed in May 1940)
1 May 1940 – 31 May 1940:   General der Artillerie Hermann Ritter von **SPECK**
31 May 1940 – 17 Jun 1940:   General der Gebirgstruppe Franz **BOEHME**
17 Jun 1)40 – 20 Jan 1942:   Generaloberst Gotthard **HEINRICI**
20 Jan 1942 – 24 Jan 1942:   Generalleutnant Gerhard **BERTHOLD**
1 Feb 1942 – 28 Jun 1943:   General der Infanterie Kurt **BRENNECKE**
28 Jun 1942 – 15 Aug 1942:   General der Infanterie Joachim von **KORTZFLEISCH**
15 Aug 1942 – 23 Jan 1943:   General der Infanterie Kurt **BRENNECKE**
24 Jan 1943 – 25 Mar 1944:   General der Infanterie Karl von **OVEN**
25 Mar 1944 – 3 Sep 1944:   General der Infanterie Ehrenfried **BOEGE**
3 Sep 1944 – 20 Apr 1945:   General der Gebirgstruppen Kurt **VERSOCK**

20 Apr 1945 – 8 May 1945:   Generalleutnant Arthur **KULLMER**

Area of Operations:
May 1940 – Jun 1941:   France
Jun 1941 – Oct 1943:   Central sector, Eastern Front
Oct 1943 – Apr 1945:   Northern sector, Eastern Front
Apr 1945 – May 1945:   Hungary; Austria

XXXXIV Army Corps
(Formed in May 1940)
1 May 1940 – 10 Dec 1941:   General der Infanterie Fritz **KOCH**
10 Dec 1941 – 1 Jan 1942:
1 Jan 1942 – 26 Jan 1942:   General der Infanterie Otto **STAPF**
26 Jan 1942 – 30 Nov 1943: General der Artillerie Maximilian de **ANGELIS**
30 Nov 1943 – 15 Jan 1944: General der Infanterie Friedrich **KÖCHLING**
15 Jan 1944 – 8 Apr 1944:   General der Artillerie Maximilian de **ANGELIS**
8 Apr 1944 – Aug 1944:
Aug 1944:   DESTROYED ON THE EASTERN FRONT

Area of Operations:
May 1940 – Jun 1941:   France
Jun 1941 – Aug 1944:   Southern sector, Eastern Front

XXXXV Army Corps
(Formed in March 1940)
10 Mar 1940 – 13 Nov 1940: General der Infanterie Kurt von **GREIFF**
13 Nov 1940 – 15 Jan 1941:
15 Jan 1941 – 14 Apr 1942: General der Infanterie Kurt von **GREIFF**
14 Apr 1942 – Jun 1942:   General der Infanterie Hans **FELBER**
Jun 1942:   REDESIGNATED LXXXIII ARMY CORPS

Area of Operations:
Mar 1940 – Jun 1942:   West Wall; southern France

XXXXVI Army Corps
(Formed in October 1940)
1 Nov 1940 – 19 May 1941:   Generaloberst Heinrich von **VIETTINGHOFF-SCHEEL**
19 May 1941:   REDESIGNATED XXXXVI PANZER CORPS

Area of Operations:
Oct 1940 – Apr 1941:   Germany
Apr 1941 – May 1941:   Yugoslavia

XXXXVI Panzer Corps
19 May 1941 – 10 Jun 1942: Generaloberst Heinrich von **VIETTINGHOFF-SCHEEL**
10 Jun 1942 – 1 Oct 1942:
1 Oct 1942 – 21 Nov 1942:   General der Infanterie Hans **ZORN**
21 Nov 1942 – 20 Jun 1943: General der Panzertruppen Hans-Karl von **ESEBECK**

20 Jun 1943 – 2 Aug 1943:	General der Infanterie Hans **ZORN**
2 Aug 1943 – 22 Mar 1944:	General der Infanterie Hans **GOLLNICK**
22 Mar 1944 – 3 Jul 1944:	General der Infanterie Friedrich **SCHULZ**
3 Jul 1944 – 20 Jul 1944:	Generalleutnant Fritz **BECKER**
20 Jul 1944 – 28 Aug 1944:	General der Panzertruppen Smilo Freiherr von **LÜTTWITZ**
29 Aug 1944 – 20 Sep 1944:	General der Artillerie Maximilian **FELZMANN**
20 Sep 1944 – 19 Jan 1945:	General der Panzertruppen Walter **FRIES**
19 Jan 1945 – 8 May 1945:	General der Infanterie Martin **GAREIS**

Area of Operations:

May 1941 – Jun 1941:	Poland
Jun 1941 – Jan 1944:	Central sector, Eastern Front
Jan 1944 – Aug 1944:	Southern sector, Eastern Front
Aug 1944 – Jan 1945:	Poland
Jan 1945 – May 1945:	West Prussia; Pomerania

XXXXVII Army Corps
(Formed in November 1940)

25 Nov 1940 – 11 Jun 1941:	General der Artillerie Joachim **LEMELSEN**
11 Jun 1941:	REDESIGNATED XXXXVII PANZER CORPS

Area of Operations:

Nov 1940 – May 1941:	Germany
May 1941 – Jun 1941:	Poland

XXXXVII Panzer Corps

11 Jun 1941 – 14 Oct 1943:	General der Artillerie Joachim **LEMELSEN**
14 Oct 1943 – 22 Oct 1943:	General der Panzertruppen Heinrich **EBERBACH**
22 Oct 1943 – 4 Nov 1943:	General der Artillerie Joachim **LEMELSEN**
4 Nov 1943 – 25 Nov 1943:	Generaloberst Erhard **RAUS**
25 Nov 1943 – 31 Dec 1943:	General der Infanterie Rudolf von **BÜNAU**
31 Dec 1943 – 4 Mar 1944:	General der Panzertruppen Nikolaus von **VORMANN**
4 Mar 1944 – 4 Sep 1944:	General der Panzertruppen Hans Freiherr von **FUNCK**
4 Sep 1944 – 8 May 1945:	General der Panzertruppen Heinrich Freiherr von **LÜTTWITZ**

Area of Operations:

Jun 1941 – Jul 1943:	Central sector, Eastern Front
Jul 1943 – Apr 1944:	Southern sector, Eastern Front
Apr 1944 – May 1944:	Romania
May 1944 – Dec 1944:	Normandy; France
Dec 1944 – Feb 1945:	Ardennes
Feb 1945 – May 1945:	Lower Rhine

XXXXVIII Army Corps
(Formed in December 1940)
6 Jan 1941 – 22 Jun 1941:	General der Panzertruppen Werner **KEMPF**
22 Jun 1941:	REDESIGNATED XXXXVIII PANZER CORPS

Area of Operations:
Dec 1940 – Apr 1941:	Germany
Apr 1941 – Jun 1941:	Poland

XXXXVIII Panzer Corps
22 Jun 1941 – 31 Jan 1942:	General der Panzertruppen Werner **KEMPF**
31 Jan 1942 – 19 Feb 1942:	
19 Feb 1942 – 5 May 1942:	General der Panzertruppen Rudolf **VEIEL**
5 May 1942 – 1 Nov 1942:	
1 Nov 1942 – 19 Nov 1942:	Generalleutnant Ferdinand **HEIM**
19 Nov 1942 – 25 Nov 1942:	General der Panzertruppen Hans **CRAMER**
26 Nov 1942 – 30 Nov 1942:	General der Panzertruppen Heinrich **EBERBACH**
30 Nov 1942 – 6 May 1943:	General der Panzertruppen Otto von **KNOBELSDORFF**
6 May 1943 – 30 Aug 1943:	General der Infanterie Dietrich von **CHOLTITZ**
30 Aug 1943 – 30 Sep 1943:	General der Panzertruppen Otto von **KNOBELSDORFF**
30 Sep 1943 – 21 Oct 1943:	General der Infanterie Dietrich von **CHOLTITZ**
22 Oct 1943 – 14 Nov 1943:	General der Panzertruppen Heinrich **EBERBACH**
15 Nov 1943 – 4 Aug 1944:	General der Panzertruppen Hermann **BALCK**
4 Aug 1944 – 19 Aug 1944:	General der Panzertruppen Walther **NEHRING**
19 Aug 1944 – 20 Sep 1944:	General der Panzertruppen Fritz-Hubert **GRAESER**
20 Sep 1944 – 31 Mar 1945:	General der Panzertruppen Maximilian Reichsfreiherr von **EDELSHEIM**
31 Mar 1945 – 8 May 1945:	Generalleutnant Wolf **HAGEMANN**

Area of Operations:
Jun 1941 – Jun 1943:	*Southern sector, Eastern Front*
Jun 1943 – Jan 1945:	*Central sector, Eastern Front*
Jan 1945 – Feb 1945:	*Poland*
Feb 1945 – May 1945:	*Silesia; eastern Germany*

XXXXIX Mountain Corps
(Formed in Summer 1940)
25 Oct 1940 – 19 Dec 1941:	General der Gebirgstruppen Ludwig **KÜBLER**
19 Dec 1941 – 26 Jul 1943:	General der Gebirgstruppen Rudolf **KONRAD**
26 Jul 1943 – 15 Aug 1943:	General der Infanterie Helge **AULEB**
15 Aug 1943 – 15 Feb 1944:	General der Gebirgstruppen Rudolf **KONRAD**
15 Feb 1944 – 15 Mar 1944:	General der Infanterie Friedrich **KÖCHLING**
15 Mar 1944 – 10 May 1944:	General der Gebirgstruppen Rudolf **KONRAD**
10 May 19 – 26 Jul 1944:	
26 Jul 1944 – 4 Aug 1944:	General der Infanterie Dr. Franz **BEYER**
4 Aug 1944 – 21 Sep 1944:	
21 Sep 1944 – 8 May 1945:	General der Gebirgstruppen Karl von **LE SUIRE**

Area of Operations:
　Oct 1940 – Apr 1941:　　　　Bohemia-Moravia
　Apr 1941 – Jun 1941:　　　　Balkans
　Jun 1941 – May 1945:　　　　Southern sector, Eastern Front; Crimea; Czecho-
　　　　　　　　　　　　　　　slovakia

L Army Corps
(Formed in October 1940)
　1 Oct 1940 – 16 Jan 1942:　　Generaloberst Georg **LINDEMANN**
　16 Jan 1942 – 3 Mar 1942:　　General der Kavallerie Philipp **KLEFFEL**
　3 Mar 1942 – 20 Jul 1942:　　General der Infanterie Herbert von **BÖCKMANN**
　20 Jul 1942 – 12 Sep 1943:
　12 Sep 1943 – 24 Sep 1944:　General der Infanterie Wilhelm **WEGENER**
　24 Sep 1944 – 25 Oct 1944:　Generalleutnant Hans **BOECKH-BEHRENS**
　25 Oct 1944 – 12 Apr 1945:　General der Gebirgstruppen Friedrich-Jobst
　　　　　　　　　　　　　　　VOLCKAMER von KIRCHENSITTENBACH
　12 Apr 1945 – 8 May 1945:　Generalleutnant Erpo Freiherr von **BODENHAUSEN**

Area of Operations:
　Oct 1940 – Apr 1941:　　　　Germany
　Apr 1941 – Jun 1941:　　　　Balkans
　Jun 1941 – May 1945:　　　　Northern sector, Eastern Front; Courland, Latvia

LI Army Corps
(Formed in November 1940)
　25 Nov 1940 – 8 May 1942:　General der Infanterie Hans Wolfgang **REINHARD**
　8 May 1942 – 31 Jan 1943:　General der Artillerie Walter von **SEYDLITZ-
　　　　　　　　　　　　　　　KURZBACH**
　31 Jan 1943:　　　　　　　　DESTROYED AT STALINGRAD

Area of Operations:
　Nov 1940 – Jun 1941:　　　　Germany
　Jun 1941 – Jan 1943:　　　　Southern sector, Eastern Front; Stalingrad

LI Mountain Corps
(Formed in July 1943)
　Jul 1943 – 7 Mar 1945:　　　General der Gebirgstruppen Valentin **FEUERSTEIN**
　7 Mar 1945 – 8 May 1945:　　General der Artillerie Friedrich-Wilhelm **HAUCK**

Area of Operations:
　Jul 1943 – May 1945:　　　　Italy

LII Army Corps
(Formed in November 1940)
　25 Nov 1940 – 20 Nov 1941:　General der Infanterie Kurt von **BRIESEN**
　20 Nov 1941 – 10 Dec 1941:　Generalleutnant Albert **ZEHLER**
　10 Dec 1941 – 1 Oct 1943:　General der Infanterie Eugen **OTT**
　1 Oct 1943 – 20 Nov 1943:　General der Infanterie Hans-Karl von **SCHEELE**
　20 Nov 1943 – 1 Feb 1944:　General der Infanterie Erich **BUSCHENHAGEN**
　1 Feb 1944 – 1 Apr 1944:　　General der Infanterie Rudolf von **BÜNAU**

1 Apr 1944 – Aug 1944: General der Infanterie Erich **BUSCHENHAGEN**
Aug 1944: DESTROYED ON THE EASTERN FRONT

Area of Operations:
Nov 1940 – Jun 1941: *Germany*
Jun 1941 – Aug 1944: *Southern sector, Eastern Front*

LIII Army Corps
(Formed in November 1940)
Nov 1940 – 15 Mar 1941:
15 Mar 1941 – 30 Nov 1941: General der Infanterie Karl **WEISENBERGER**
1 Dec 1941 – 15 Jan 1942: General der Infanterie Walther **FISCHER von WEIKERSTHAL**
15 Jan 1942 – 11 Apr 1943: General der Infanterie Heinrich **CLÖßNER**
11 Apr 1943 – 22 Jun 1943:
22 Jun 1943 – 28 Jun 1944: General der Infanterie Friedrich **GOLLWITZER**
28 Jun 1944: DESTROYED ON THE EASTERN FRONT
Nov 1944: REFORMED
3 Nov 1944 – 6 Mar 1945: General der Kavallerie Edwin Graf von **ROTKIRCH und TRACH**
6 Mar 1945 – 24 Mar 1945: Generalleutnant Walter **BOTSCH**
24 Mar 1945 – 17 Apr 1945: Generalleutnant Fritz **BAYERLEIN**
Apr 1945: DESTROYED IN THE RUHR POCKET

Area of Operations:
Nov 1940 – Jun 1941: *Germany*
Jun 1941 – Jun 1944: *Central sector, Eastern Front*
Nov 1944 – Apr 1945: *Western Front; Ardennes; Ruhr Pocket*

LIV Army Corps
(Formed in June 1941)
1 Jun 1941 – 20 Jan 1943: General der Kavallerie Erik **HANSEN**
20 Jan 1943 – 1 Aug 1943: Generaloberst Carl **HILPERT**
1 Aug 1943 – Feb 1944: General der Infanterie Otto **SPONHEIMER**
Feb 1944: REDESIGNATED ARMY DETACHMENT NARVA

Area of Operations:
Jun 1941 – 1944: *Southern sector, Eastern Front*
1944 – May 1945: *Northern sector, Eastern Front*

LV Army Corps
(Formed in January 1941)
1 Jan 1941 – 14 Feb 1943: General der Infanterie Erwin **VIEROW**
14 Feb 1943 – 1 Mar 1943:
1 Mar 1943 – 6 Oct 1943: General der Infanterie Erich **JASCHKE**
6 Oct 1943 – Mar 1944: General der Infanterie Friedrich **HERRLEIN**
Mar 1944 – May 1944: General der Infanterie Horst **GROßMANN**
May 1944 – 5 Feb 1945: General der Infanterie Friedrich **HERRLEIN**
5 Feb 1945 – 8 May 1945: Generalleutnant Kurt **CHILL**

Area of Operations:
Jan 1941 – Jun 1941:   Germany
Jun 1941 – May 1945:   Central sector, Eastern Front; East Prussia

LVI Army Corps
(Formed in February 1941)
28 Feb 1941 – 12 Sep 1941:   Generalfeldmarschall Erich von **MANSTEIN**
13 Sep 1941 – 16 Mar 1942:   General der Panzertruppen Ferdinand **SCHAAL**
16 Mar 1942:   REDESIGNATED LVI PANZER CORPS

Area of Operations:
Feb 1941 – Jun 1941:   Germany
Jun 1941 – Sep 1941:   Northern sector, Eastern Front
Sep 1941 – Mar 1942:   Central sector, Eastern Front

LVI Panzer Corps
16 Mar 1942 – 1 Aug 1943:   General der Panzertruppen Ferdinand **SCHAAL**
1 Aug 1943 – 14 Nov 1943:   General der Infanterie Friedrich **HOSSBACH**
14 Nov 1943 – 9 Dec 1943:   General der Infanterie Anton **GRASSER**
9 Dec 1943 – 14 Jun 1944:   General der Infanterie Friedrich **HOSSBACH**
15 Jun 1944 – 26 Jan 1945:   General der Infanterie Johannes **BLOCK**
26 Jan 1945 – 10 Apr 1945:   General der Kavallerie Rudolf **KOCH-ERPACH**
10 Apr 1945 – 8 May 1945:   General der Artillerie Helmuth **WEIDLING**

Area of Operations:
Mar 1942 – Jul 1944:   Central sector, Eastern Front
Jul 1944 – Jan 1945:   Poland
Jan 1945 – May 1945:   Eastern Germany; Berlin

LVII Army Corps
(Formed in February 1941)
15 Mar 1941 – 14 Nov 1941:   General der Panzertruppen Adolf **KUNTZEN**
15 Nov 1941 – 12 Jan 1942:   General der Panzertruppen Friedrich **KIRCHNER**
12 Jan 1942 – 31 Jan 1942:   General der Panzertruppen Adolf **KUNTZEN**
31 Jan 1942 – 21 Jun 1942:   General der Panzertruppen Friedrich **KIRCHNER**
21 Jun 1942:   REDESIGNATED LVII PANZER CORPS

Area of Operations:
Feb 1941 – Jun 1941:   Germany; Poland
Jun 1941 – Jun 1942:   Central sector, Eastern Front

LVII Panzer Corps
21 Jun 1942 – 30 Nov 1943:   General der Panzertruppen Friedrich **KIRCHNER**
30 Nov 1943 – 19 Feb 1944:   General der Panzertruppen Hans-Karl Freiherr von **ESEBECK**
19 Feb 1944 – 24 May 1944:   General der Panzertruppen Friedrich **KIRCHNER**
25 May 1944 – 2 Jun 1944:   General der Infanterie Dr. Franz **BEYER**
2 Jun 1944 – 8 May 1945:   General der Panzertruppen Friedrich **KIRCHNER**

Area of Operations:
Jun 1942 – Jul 1944:   Southern sector, Eastern Front
Jul 1944 – Jan 1945:   Southern Hungary
Feb 1945 – May 1945:   Silesia

LVIII Panzer Corps
(Formed in August 1943)
5 Aug 1943 – 30 Nov 1943:   General der Panzertruppen Leo Freiherr **GEYR von SCHWEPPENBURG**
30 Nov 1943 – 9 Feb 1944:   General der Panzertruppen Hans-Karl Freiherr von **ESEBECK**
9 Feb 1944 – 25 Mar 1945:   General der Panzertruppen Walter **KRÜGER**
25 Mar 1945 – 17 Apr 1945:   Generalleutnant Walter **BOTSCH**

Area of Operations:
Aug 1943 – Mar 1944:   France
Mar 1944 – Apr 1944:   Hungary
Apr 1944 – Dec 1944:   France
Dec 1944:   Ardennes
Jan 1945 – Apr 1945:   Western Germany; Ruhr Pocket

LIX Army Corps
(Formed in October 1940)
25 Oct 1940 – 28 Dec 1941:   General der Infanterie Maximilian **SCHWANDNER**
28 Dec 1941 – 26 Jun 1942:   General der Infanterie Kurt von der **CHEVALLERIE**
26 Jun 1942 – 25 Jul 1942:   Generaloberst Carl **HILPERT**
25 Jul 1942 – 17 Jan 1943:   General der Infanterie Kurt von der **CHEVALLERIE**
17 Jan 1943 – 15 Mar 1943:   General der Panzertruppen Erich **BRANDENBERGER**
15 Mar 1943 – 4 Feb 1944:   General der Infanterie Kurt von der **CHEVALLERIE**
8 Feb 1944 – 22 Mar 1944:   General der Infanterie Friedrich **SCHULZ**
22 Mar 1944 – 2 Jun 1944:   General der Infanterie Edgar **RÖHRICHT**
2 Jun 1944 – 10 Jun 1944:   General der Infanterie Friedrich-Wilhelm **MÜLLER**
10 Jun 1944 – 29 Jan 1945:   General der Infanterie Edgar **RÖHRICHT**
1 Feb 1945 – 6 Apr 1945:   General der Gebirgstruppen Georg Ritter von **HENGL**
6 Apr 1945 – 8 May 1945:   Generalleutnant Ernst **SIELER**

Area of Operations:
Oct 1940 – Jun 1941:   Germany
Jun 1941 – May 1945:   Southern sector, Eastern Front; Czechoslovakia

LX Army Corps
(Formed in November 1940)
1 Nov 1940 – 1 Mar 1941:   General der Kavallerie Rudolf **KOCH-ERPACH**
1 Mar 1941 – 1 Jan 1942:   General der Infanterie Max von **VIEBAHN**
1 Jan 1942 – 25 May 1942:   General der Artillerie Hans **BEHLENDORFF**
25 May 1942:   REDESIGNATED LXXXIV ARMY CORPS

Area of Operations:
Nov 1940 – May 1942:   *France*

LXI Army Corps
(Formed in September 1942)
15 Sep 1942 – 21 Feb 1944:   General der Artillerie Edgar **THEIßEN**
21 Feb 1944:   DISBANDED

Area of Operations:
Sep 1942 – Feb 1944:   *Poland*

LXII Army Corps
(Formed in September 1942)
15 Sep 1942 – 18 Aug 1944:   General der Infanterie Ferdinand **NEULING**
18 Aug 1944:   DESTROYED IN FRANCE

Area of Operations:
Sep 1942 – Mar 1944:   *Poland*
Mar 1944 – Aug 1944:   *Southern France*

LXIII Army Corps
(Formed in November 1944)
13 Dec 1944 – Apr 1945:   General der Infanterie Erich **ABRAHAM**
Apr 1945:   SURRENDERED IN RUHR POCKET

Area of Operations:
Nov 1944 – Apr 1945:   *Western Front; France; Ruhr Pocket*

LXIV Army Corps
(Formed in September 1942)
20 Sep 1942 – 1 Sep 1944:   General der Pionere Karl **SACHS**
1 Sep 1944 – 1 Nov 1944:   General der Infanterie Otto **LASCH**
1 Nov 1944 – 20 Jan 1945:   General der Infanterie Hellmuth **THUMM**
21 Jan 1945 – 15 Apr 1945:   General der Artillerie Max **GRIMMEIß**
15 Apr 1945 – 30 Apr 1945:   Generalleutnant Helmut **FRIEBE**
30 Apr 1945:   DESTROYED IN BLACK FOREST, GERMANY

Area of Operations:
Sep 1942 – Jan 1945:   *Southeastern France*
Jan 1945 – Mar 1945:   *Alsace*
Mar 1945 – Apr 1945:   *Southwestern Germany*

LXV Army Corps
(Formed in May 1941)
25 May 1941 – 10 Apr 1942:   General der Artillerie Paul **BADER**
10 Apr 1942:   DISBANDED
Dec 1943:   REFORMED FOR SPECIAL USE WITH
                              V-WEAPONS
1 Dec 1943 – 28 Feb 1945:   General der Artillerie Erich **HEINEMANN**
28 Feb 1945 – 8 May 1945:   Obergruppenführer SS Dr. Hans **KAMMLER**

Area of Operations:
May 1941 – Apr 1942: Serbia
Dec 1943 – May 1945: Germany

LXVI Army Corps
(Formed in September 1942)
20 Sep 1942 – 1 Oct 1942: General der Artillerie Erich **MARCKS**
1 Oct 1942 – 12 Nov 1942:
12 Nov 1942 – 7 Apr 1943: General der Infanterie Baptist **KNIESS**
7 Apr 1943 – 10 May 1943:
10 May 1943 – 15 Jun 1943: General der Infanterie Otto **ROETTIG**
15 Jun 1943 – 7 Sep 1943: General der Infanterie Baptist **KNIESS**
7 Sep 1943 – 1 Nov 1943: General der Infanterie Wilhelm **WETZEL**
1 Nov 1943 – Mar 1945: General der Artillerie Walther **LUCHT**
Mar 1945 – Apr 1945: Generalleutnant Hermann **FLÖRKE**
Apr 1945: DESTROYED IN RUHR POCKET

Area of Operations:
Sep 1942 – Aug 1944: Southeastern France
Aug 1944 – Jan 1945: France; Ardennes
Jan 1945 – Apr 1945: Western Front; Ruhr Pocket

LXVII Army Corps
(Formed in September 1942)
25 Sep 1942 – 24 Jul 1944: General der Infanterie Walther **FISCHER von WEIKERSTHAL**
24 Jul 1944 – 25 Jul 1944: General der Infanterie Carl **PÜCHLER**
25 Jul 1944 – 17 Dec 1944: General der Infanterie Otto **SPONHEIMER**
17 Dec 1944 – Mar 1945: General der Infanterie Otto **HITZFELD**
Mar 1945: DESTROYED DEFENDING THE RHINE

Area of Operations:
Sep 1942 – Jun 1944: Southern France
Jun 1944 – Dec 1944: Northern France
Dec 1944 – Mar 1945: Western Germany; Rhine defense line

LXVIII Army Corps
(Formed in March 1943)
28 Mar 1943 – 8 Dec 1944: General der Flieger Hellmuth **FELMY**
8 Dec 1944 – 29 Jan 1945: General der Infanterie Friedrich-Wilhelm **MÜLLER**
29 Jan 1945 – 8 May 1945: General der Gebirgstruppen Rudolf **KONRAD**

Area of Operations:
Jul 1943 – Sep 1944: Balkans; Greece
Sep 1944 – Dec 1944: Yugoslavia
Dec 1944 – May 1945: Southern Hungary

LXIX Army Corps
(Formed in December 1942)
Dec 1942 – 15 Jul 1943:
15 Jul 1943 – 31 Mar 1944: General der Infanterie Hans **DEHNER**

Late 1943 – early 1944:	Generalleutnant Erich **DENECKE** (acting)
31 Mar 1944 – 24 Jun 1944:	General der Gebirgstruppen Julius **RINGEL**
24 Jun 1944 – 8 May 1945:	General der Infanterie Helge **AULEB**

Area of Operations:
Dec 1942 – May 1945: Balkans; Croatia

LXX Army Corps
(Formed in May 1941)

May 1941 – 22 Jun 1943:	General der Gebirgsruppen Valentin **FEURSTEIN**
22 Jun 1943 – 8 May 1945:	General der Artillerie Hermann **TITTEL**

Area of Operations:
Sep 1941 – May 1945: Southern Norway

LXXI Army Corps
(Formed in March 1942)

1 Mar 1942 – 1 Nov 1942:	General der Infanterie Emmerich von **NAGY**
1 Nov 1942 – 15 Dec 1944:	General der Artillerie Willi **MOSER**
15 Dec 1944 – 8 May 1945:	General der Artillerie Anton Reichard Freiherr von **MAUCHENHEIM von BECHTOLSHEIM**

Area of Operations:
Mar 1942 – May 1945: Norway

LXXII Army Corps
(Formed in February 1944)

13 Feb 1944 – Sep 1944:	General der Infanterie Sigismund von **FÖRSTER**
Sep 1944 – 1 Dec 1944:	Generalleutnant August **SCHMIDT**
1 Dec 1944 – 8 May 1945:	General der Infanterie Anton **DOSTLER**

Area of Operations:

Feb 1944 – Sep 1944:	Southern sector, Eastern Front
Sep 1944 – Jan 1945:	Romania; Balkans
Jan 1945 – May 1945:	Hungary

LXXIII Army Corps
(Formed in July 1944)

2 Jul 1944 – 8 May 1945:	General der Infanterie Anton **DOSTLER**

Area of Operations:
Jul 1944 – May 1945: Italy

LXXIV Army Corps
(Formed in August 1943)

1 Aug 1943 – 15 Dec 1944:	General der Infanterie Erich **STRAUBE**
15 Dec 1944 – 16 Apr 1945:	General der Infanterie Carl **PÜCHLER**
16 Apr 1945:	DESTROYED IN RUHR POCKET

Area of Operations:
Aug 1943 – Jun 1944:   Brittany
Jun 1944 – Dec 1944:   Normandy, Western Front
Jan 1945 – Apr 1945:   Western Germany; Ruhr Pocket

LXXV Army Corps
(Formed in January 1944)
5 Jan 1944 – 2 Jul 1944:   General der Infanterie Anton **DOSTLER**
2 Jul 1944 – 8 May 1945:   General der Gebirgstruppen Hans **SCHLEMMER**

Area of Operations:
Jan 1944 – May 1945:   Italy

LXXVI Army Corps
(Formed in June 1943)
1 Jul 1943 – 17 Jul 1943:   General der Panzertruppen Traugott **HERR**
17 Jul 1943:   REDESIGNATED LXXVI PANZER CORPS

Area of Operations:
Jun 1943 – Jul 1943:   France
Jul 1943:   Italy

LXXVI Panzer Corps
17 Jul 1943 – 28 Feb 1944:   General der Panzertruppen Traugott **HERR**
28 Feb 1944 – 15 Apr 1944:   General der Infanterie Dietrich von **CHOLTITZ**
15 Apr 1944 – 26 Dec 1944:   General der Panzertruppen Traugott **HERR**
26 Dec 1944 – 25 Apr 1945:   General der Panzertruppen Gerhard Graf von
                              SCHWERIN
25 Apr 1945 – 8 May 1945:   Generalleutnant Karl von **GRAFFEN**

Area of Operations:
Jul 1943 – Feb 1944:   Sicily; Salerno; Cassino
Feb 1944 – Jun 1944:   Anzio
Jun 1944 – Dec 1944:   Florence, Bologna
Dec 1944 – May 1945:   Northeastern Italy

LXXVIII Army Corps
(Formed in March 1944)
Mar 1944 – 25 May 1944:
25 May 1944:   DISBANDED

Area of Operations:
Apr 1944 – May 1944:   Southern sector, Eastern Front

LXXX Army Corps
(Formed in February 1942 from XXXI Corps Command)
Feb 1942 – 1 Jul 1942:
1 Jul 1942 – 10 Aug 1944:   General der Artillerie Curt **GALLENKAMP**
10 Aug 1944 – 8 May 1945:   General der Infanterie Dr. Franz **BEYER**

Area of Operations:
Feb 1942 – Dec 1944:   *France*
Jan 1945 – May 1945:   *Western Front*

LXXXI Army Corps
(Formed in June 1942 from XXXII Corps Command)
Jun 1942 – 4 Sep 1944:	General der Panzertruppen Adolf **KUNTZEN**
4 Sep 1944 – 21 Sep 1944:	General der Infanterie Freidrich-August **SCHACK**
21 Sep 1944 – 10 Mar 1945:	General der Infanterie Friedrich **KÖCHLING**
10 Mar 1945 – 16 Apr 1945:	Generalleutnant Ernst-Guenther **BAADE**
16 Apr 1945:	DESTROYED IN RUHR POCKET

Area of Operations:
Apr 1942 – Dec 1944:   *France*
Jan 1945 – Apr 1945:   *Central sector, Western Front; Ruhr Pocket*

LXXXII Army Corps
(Formed in May 1942 from XXXVII Corps Command)
25 May 1942 – 31 Oct 1942:	General der Infanterie Alfred **BOEHM-TETTELBACH**
31 Oct 1942 – 1 Apr 1943:	General der Infanterie Ernst **DEHNER**
1 Apr 1943 – 1 Jun 1943:	Generaloberst Erwin **JAENECKE**
1 Jun 1943 – 10 Jul 1943:	General der Infanterie Ernst **DEHNER**
10 Jul 1943 – 1 Sep 1944:	General der Artillerie Johann **SINNHUBER**
1 Sep 1944 – 30 Jan 1945:	General der Infanterie Walter **HOERNLEIN**
30 Jan 1945 – 1 Apr 1945:	General der Infanterie Walther **HAHM**
1 Apr 1945 – 15 Apr 1945:	Generalleutnant Theodor **TOLSDORFF**
15 Apr 1945 – 20 Apr 1945:	General der Artillerie Walter **LUCHT**
20 Apr 1945 – 8 May 1945:	Generalleutnant Theodor **TOLSDORFF**

Area of Operations:
May 1942 – Dec 1944:   *Northwestern France*
Jan 1945 – May 1945:   *Western Front; Germany*

LXXXIII Army Corps
(Formed in June 1942 from XXXXV Corps Command)
Jun 1942 – 15 Aug 1943:	General der Infanterie Hans **FELBER**
15 Aug 1943:	UPGRADED TO 19. ARMY

Area of Operations:
Jun 1942 – Aug 1943:   *Southern France*

LXXXIV Army Corps
(Formed in May 1942 from LX Corps Command)
25 May 1942 – 1 Apr 1943:	General der Artillerie Hans **BEHLENDORFF**
1 Apr 1943 – 1 Aug 1943:	General der Infanterie Gustav-Adolf von **ZANGEN**
1 Aug 1943 – 12 Jun 1944:	General der Artillerie Erich **MARCKS**
12 Jun 1944 – 14 Jun 1944:	General der Artillerie Wilhelm **FAHRMBACHER**
15 Jun 1944 – 30 Jul 1944:	General der Infanterie Dietrich von **CHOLTITZ**
30 Jul 1944 – 20 Aug 1944:	Generalleutnant Otto **ELFELDT**

20 Aug 1944: DESTROYED AT THE FALAISE GAP, FRANCE

Area of Operations:
May 1942 – Aug 1944: France; Normandy

LXXXV Army Corps
(Formed in July 1944 from Corps Kniess)
10 Jul 1944 – 15 Nov 1944: General der Infanterie Baptist **KNIESS**
15 Nov 1944 – 16 Dec 1944: General der Infanterie Friedrich-August **SCHACK**
16 Dec 1944 – 31 Mar 1945:
31 Mar 1945 – 8 May 1945: General der Panzertruppen Smilo Freiherr von **LÜTTWITZ**

Area of Operations:
Jul 1944 – Dec 1944: Southern France
Dec 1944 – May 1945: Southern sector, Western Front; Czechoslovakia

LXXXVI Army Corps
(Formed in November 1942)
16 Nov 1942 – 1 Apr 1943: General der Infanterie Bruno **BIELER**
1 Apr 1943 – 25 Aug 1943:
25 Aug 1943 – 1 Oct 1944: General der Infanterie Hans von **OBSTFELDER**
1 Oct 1944 – 18 Oct 1944: General der Infanterie Günther **BLUMENTRITT**
18 Oct 1944 – 30 Nov 1944: General der Infanterie Hans von **OBSTFELDER**
30 Nov 1944 – 15 Dec 1944: General der Infanterie Carl **PÜCHLER**
15 Dec 1944 – 8 May 1945: General der Infanterie Erich **STRAUBE**

Area of Operations:
Nov 1942 – Jan 1945: Southern France; Netherlands
Jan 1945 – May 1945: Northern sector, Western Front

LXXXVII Army Corps
(Formed in October 1942)
1 Oct 1942 – 1 Aug 1943: General der Artillerie Erich **MARCKS**
1 Aug 1943 – 8 Jul 1944: General der Infanterie Gustav-Adolf von **ZANGEN**
8 Jul 1944 – 1 Sep 1944: General der Artillerie Curt **JAHN**
1 Sep 1944: DISBANDED

Area of Operations:
Oct 1942 – Aug 1943: France
Aug 1943 – Sep 1944: Italy

LXXXVII Mountain Corps
(Formed in January 1942)
21 Jan 1942 – 8 May 1945: General der Gebirgstruppen Ludwig **KÜBLER**

Area of Operations:
Jan 1942 – May 1945: Balkans

LXXXVIII Army Corps
(Formed in July 1942)
1 Jul 1942 – 22 Dec 1944:	General der Infanterie Hans Wolfgang **REINHARD**
22 Dec 1944 – 8 May 1945:	General der Infanterie Felix **SCHWALBE**

Area of Operations:
Jul 1942 – Dec 1944:	Holland
Jan 1945 – May 1945:	Northern sector, Western Front

LXXXIX Panzer Corps
(Formed in October 1942 from Corps Scheldt)
24 Oct 1942 – 18 Dec 1942:	General der Panzertruppen Alfred Ritter von **HUBICKI**
18 Dec 1942:	REDESIGNATED LXXXIX ARMY CORPS

Area of Operations:
Oct 1942 – Dec 1942:	Belgium

LXXXIX Army Corps
(Formed in December 1942 from LXXXIX Panzer Corps)
18 Dec 1942 – 30 Apr 1943:	Generalleutnant Hugo **HÖFL**
30 Apr 1943 – 11 Jun 1943:	General der Panzertruppen Dr. Alfred Ritter von **HUBICKI**
11 Jun 1943 – 12 Jan 1944:	General der Infanterie Werner Freiherr von und zu **GILSA**
12 Jan 1944 – 29 Jan 1944:	Generalleutnant Friedrich-Wilhelm **NEUMANN**
29 Jan 1944 – 23 Nov 1944:	General der Infanterie Werner Freiherr von und zu **GILSA**
23 Nov 1944 – 1 Dec 1944:	
1 Dec 1944 – 8 May 1945:	General der Infanterie Gustav **HOEHNE**

Area of Operations:
Dec 1942 – Jan 1945:	Belgium; Saarland
Jan 1945 – May 1945:	Western Front

LXXXX Army Corps
(Formed in Nov 1942)
Nov 1942 – 3 Dec 1942:	General der Panzertruppen Walther **NEHRING**
3 Dec 1942:	UPGRADED TO 5. PANZER ARMY
Nov 1944:	REFORMED FROM IV. LUFTWAFFE FIELD CORPS
19 Nov 1944 – 8 May 1945:	General der Flieger Erich **PETERSEN**

Area of Operations:
Nov 1942 – Dec 1942:	North Africa
Nov 1944 – May 1945:	Alsace; Saarland; Western Front

LXXXXI Army Corps
(Formed in October 1944)
9 Oct 1944 – 8 May 1945:	General der Infanterie Werner von **ERDMANNS-DORFF**

Area of Operations:
Oct 1944 – Apr 1945:   *Greece; Yugoslavia*
Apr 1945 – May 1945:   *Austria*

LXXXXVII Army Corps
(Formed in September 1944)
Sep 1944 – 8 May 1945:

Area of Operations:
Sep 1944 – May 1945:   *Italy*

CI Army Corps
(Formed in February 1945)
27 Feb 1945 – 18 Apr 1945:   General der Artillerie Wilhelm **BERLIN**
18 Apr 1945 – 8 May 1945:   Generalleutnant Friedrich **SIXT**

Area of Operations:
Feb 1945 – May 1945:   *Berlin*

Miscellaneous Corps

Africa Corps
(Formed in February 1941)
14 Feb 1941 – 15 Aug 1941: Generalfeldmarschall Erwin **ROMMEL**
15 Aug 1941 – 1 Sep 1941: General der Panzertruppen Ferdinand **SCHAAL**
1 Sep 1941 – 15 Sep 1941: Generalleutnant Philipp **MÜLLER-GEBHARD**
15 Sep 1941 – 9 Mar 1942: General der Panzertruppen Ludwig **CRÜWELL**
9 Mar 1942 – 19 Mar 1942: General der Panzertruppen Walther **NEHRING**
19 Mar 1942 – 29 May 1942: General der Panzertruppen Ludwig **CRÜWELL**
29 May 1942 – 31 Aug 1942: General der Panzertruppen Walther **NEHRING**
31 Aug 1942 – 1 Sep 1942: Generalleutnant Fritz **BAYERLEIN**
1 Sep 1942 – 2 Sep 1942: General der Panzertruppen Gustav von **VAERST**
2 Sep 1942 – 13 Nov 1942: General der Panzertruppen Wilhelm Ritter von **THOMA**
13 Nov 1942 – 15 Jan 1943: General der Panzertruppen Gustav **FEHN**
15 Jan 1943 – 28 Feb 1943:
28 Feb 1943 – 16 May 1943: General der Panzertruppen Hans **CRAMER**
16 May 1943: DESTROYED IN TUNISIA

Area of Operations:
Feb 1941 – May 1943: North Africa

Panzer Corps *'Feldherrnhalle'*
(Formed in November 1944 from IV Panzer Corps)
27 Nov 1944 – 8 May 1945: General der Panzertruppen Ulrich **KLEEMANN**

Area of Operations:
Nov 1944 – May 1945: Hungary

Panzer Corps *'Grossdeutschland'*
(Formed in December 1944)
Dec 1944 – 12 Mar 1945: General der Panzertruppen Dietrich von **SAUCKEN**
12 Mar 1945 – 8 May 1945: General der Panzertruppen Georg **JAUER**

Area of Operations:
Dec 1944 – Feb 1945: East Prussia
Feb 1945 – Apr 1945: Pomerania; Berlin
Apr 1945 – May 1945: Austria

Parachute Panzer Corps *'Hermann Göring'*
4 Oct 1944 – 8 May 1945: Generalleutnant (LW) Wilhelm **SCHMALZ**

Area of Operations:
Oct 1944 – Nov 1944:   *Lithuania; Latvia*
Nov 1944 – May 1945:   *East Prussia*

Luftwaffe Field Corps

I Luftwaffe Field Corps
  1 Oct 1942 – 15 Jun 1943:   General der Fallschirmjäger Eugen **MEINDL**
  Jun 1943:   CONSOLIDATED WITH XIII. AIR CORPS

Area of Operations:
  Oct 1942 – Jun 1943:   Southern sector, Eastern Front

II Luftwaffe Field Corps
  1 Oct 1942 – 31 Dec 1943:   General der Fallschirmjäger Alfred **SCHLEMM**
  Dec 1943:   CONSOLIDATED WITH I. PARACHUTE CORPS

Area of Operations:
  Oct 1942 – Nov 1943:   Central sector, Eastern Front
  Nov 1943 – Dec 1943:   Italy

III Luftwaffe Field Corps
  16 Nov 1942 – 31 Oct 1943:   General der Flakartillerie Job **ODEBRECHT**
  Nov 1943:   CONVERTED INTO II. FLAK CORPS

Area of Operations:
  Nov 1942 – Oct 1943:   Northern sector, Eastern Front

IV Luftwaffe Field Corps
  30 Nov 1942 – 30 Jun 1943:   General der Flakartillerie Gerhard **HOFFMANN**
  30 Jun 1943 – 1 Aug 1943:
  1 Aug 1943 – 18 Nov 1944::   General der Flieger Erich **PETERSEN**
  18 Nov 1944:   REDESIGNATED LXXXX. ARMY CORPS

Area of Operations:
  Nov 1942 – Nov 1943:   Southern sector, Eastern Front
  Nov 1943 – Nov 1944:   France

The following Corps were limited-duration ad hoc units:

Corps Command B
Feb 1945 – 16 Apr 1945:   General der Artillerie Herbert **LOCH**

Area of Operations:
Feb 1945 – Apr 1945:   Western Front

Corps Belgrade
Aug 1944 – 14 Oct 1944:   General der Infanterie Willi **SCHNECKENBURGER**

Area of Operations:
Aug 1944 – Oct 1944:   Balkans

Corps Bork
15 Apr 1945 – 8 May 1945:   Generalleutnant Max **BORK**

Area of Operations:
Apr 1945 – May 1945:   Western Front

Corps Breslau
Jan 1945 – May 1945:

Area of Operations:
Jan 1945 – May 1945:   Central sector, Eastern Front

Corps Bünau
16 Apr 1945 – 8 May 1945:   General der Infanterie Rudolf von **BÜNAU**

Area of Operations:
Apr 1945 – May 1945:   Austria

Corps Command Eifel
28 Sep 1944 – Feb 1945:   General der Artillerie Herbert **LOCH**

Area of Operations:
Sep 1944 – Feb 1945:   Western Front

Corps Ems
2 Apr 1945 – 8 May 1945:   General der Infanterie Siegfried **RASP**

Area of Operations:
Apr 1945 – May 1945:   Northwestern Germany

Feldjäger Corps I
  1 Sep 1944 – 5 Feb 1945:   General der Flieger Ernst **MÜLLER**
  5 Feb 1945 – 8 May 1945:   General der Artillerie Willi **MOSER**

Area of Operations:
Sep 1944 – May 1945:   Eastern Front

Feldjäger Corps II
  17 May 1944 – Mar 1945:   General der Infanterie Karl von **OVEN**

Area of Operations:
May 1944 – Mar 1945:   Silesia

Feldjäger Corps III
  1 Nov 1944 – 8 May 1945:   General der Infanterie Martin **GRASE**

Area of Operations:
Nov 1944 – May 1945:   Western Front

Corps Feldt
  10 Aug 1944 – 5 Feb 1945:   General der Kavallerie Kurt **FELDT**

Area of Operations:
Aug 1944 – Feb 1945:   Western Front

Field Training Corps Center
  17 Apr 1945 – 8 May 1945:   Generalleutnant Dr. Friedrich **ALTRICHTER**

Area of Operations:
Apr 1945 – May 1945:   Central sector, Eastern Front

Corps Gienanth
  8 Sep 1939 – 19 Oct 1939:   General der Kavallerie Curt Ludwig Freiherr von **GIENANTH**

Area of Operations:
Sep 1939:   Poland

Corps Gilsa
  5 May 1945 – 8 May 1945:   General der Infanterie Werner Freiherr von und zu **GILSA**

Area of Operations:
May 1945:   Eastern Germany

Corps Hela
  16 Mar 1945 – 8 May 1945:   General der Infanterie Karl-Wilhelm **SPECHT**

Area of Operations:
Mar 1945 – May 1945:   Eastern Front

Corps Kaupisch
  1 Sep 1939 – 15 Oct 1939:   General der Flieger Leonhard **KAUPISCH**

Area of Operations:
Sep 1939 – Oct 1939:   East Prussia; Poland

Corps Kniess
7 Apr 1943 – 10 Jul 1944:   General der Infanterie Baptist **KNIESS**

Area of Operations:
Apr 1943 – Jul 1944:   France

Corps Knobelsdorff
1 Jul 1942 – 3 Oct 1942:   General der Panzertruppen Otto von **KNOBELS-DORFF**

Area of Operations:
Jul 1942 – Oct 1942:   Eastern Front

Corps Laux
10 Oct 1942 – 28 Nov 1942:   General der Infanterie Paul **LAUX**
28 Nov 1942 – 2 Mar 1943:   General der Infanterie Gustav **HOEHNE**

Area of Operations:
Oct 1942 – Mar 1943:   Northern sector, Eastern Front

Corps Lombardy
1 Sep 1944 – 8 May 1945:   General der Artillerie Curt **JAHN**

Area of Operations:
Sep 1944 – May 1945:   Italy

Corps Command Lower Rhine
Sep 1944 – Mar 1945:

Area of Operations:
Sep 1944 – Mar 1945:   Southern Germany

Corps Lüdecke
Apr 1945 – 8 May 1945:   Generalleutnant Otto **LÜDECKE**

Area of Operations:
Apr 1945 – May 1945:   Eastern Front

Corps Mieth
1 Apr 1943 – 20 Jul 1943:   General der Infanterie Friedrich **MIETH**

Area of Operations:
Apr 1943 – Jul 1943:   Southern sector, Eastern Front

Corps Neumann
10 Aug 1944 – 23 Aug 1944:   Generalleutnant Friedrich-Wilhelm **NEUMANN**

Area of Operations:
Aug 1944:   Eastern Front

Mountain Corps Norway
   14 Jun 1940 – 15 Jan 1942:   Generaloberst Eduard **DIETL**
   15 Jan 1942 – 10 Nov 1942:   Generalfeldmarschall Ferdinand **SCHÖRNER**

Area of Operations:
   Jun 1940 – Jan 1942:   Norway

Corps Oder
   1 Mar 1945 – 31 Mar 1945:   Generalleutnant Wolf **HAGEMANN**

Area of Operations:
   Mar 1945:   Eastern Germany

Corps Ringel
   Feb 1945 – 8 May 1945:   General der Gebirgstruppen Julius **RINGEL**

Area of Operations:
   Feb 1945 – May 1945:   Eastern Front

Corps Command Saar-Palatinate
   25 Sep 1944 – 8 May 1945:   General der Artillerie Erwin **ENGELBRECHT**

Area of Operations:
   Sep 1944 – May 1945:   Western Front

Corps von Scheele
   1 Feb 1943 – 31 Mar 1943:   General der Infanterie Hans-Karl von **SCHEELE**

Area of Operations:
   Feb 1943 – Mar 1943:   Eastern Front

Corps Schelde
   1 Aug 1942 – 24 Oct 1942:   General der Panzertruppen Dr. Alfred Ritter von **HUBICKI**

Area of Operations:
   Aug 1942 – Oct 1942:   Netherlands

Corps Somme
   Jun 1944 – 1 Sep 1944:   General der Infanterie Erwin **VIEROW**

Area of Operations:
   Jun 1944 – Sep 1944:   France

Corps South-Jutland
   5 Feb 1945 – 8 May 1945:   General der Kavallerie Kurt **FELDT**

Area of Operations:
   Feb 1945 – May 1945:   Denmark

Corps Spree
   23 Apr 1945 – 8 May 1945:   Generalleutnant Hellmuth **REYMANN**

Area of Operations:
Apr 1945 – May 1945:   Berlin

Corps Tettau
Jan 1945 – Mar 1945:   General der Infanterie Hans von **TETTAU**

Area of Operations:
Jan 1945 – Mar 1945:   Pomerania

Corps Command Upper Rhine
Sep 1944 – Oct 1944:

Area of Operations:
Sep 1944 – Oct 1944:   Western Germany

Corps Command Vogesen
27 Oct 1944 – 6 Dec 1944:   General der Infanterie Hans **FELBER**

Area of Operations:
Oct 1944 – Dec 1944:   Western Germany

Wehrkreise (Military Districts)

Wehrkreis I
1 Sep 1939 – 25 Oct 1939:	Generalleutnant Oskar von **BENECKENDORFF und von Hindenburg**
25 Oct 1939 – 14 May 1940:	General der Artillerie Alfred von **VOLLARD-BOCKELBERG**
14 May 1940 – 2 Jun 1940:	
2 Jun 1940 – 30 Apr 1941:	General der Artillerie Wilhelm **ULEX**
1 May 1941 – 31 Jan 1943:	General der Artillerie Peter **WEYER**
31 Jan 1943 – 1 Nov 1944:	General der Artillerie Albert **WODRIG**
1 Nov 1944 – Mar 1945:	General der Infanterie Otto **LASCH**
Mar 1945:	CEASED TO EXIST AFTER THE FALL OF EAST PRUSSIA

Territory: *East Prussia, Memel, northern Poland*
Headquarters: *Königsberg*

Wehrkreis II
1 Sep 1939 – 14 May 1940:	General der Infanterie Otto **FEIGE**
14 May 1940 – 30 Apr 1942:	General der Artillerie Max **FÖHRENBACH**
30 Apr 1942 – 1 Jan 1945:	General der Infanterie Werner **KIENITZ**
1 Jan 1945 – 1 Feb 1945:	General der Kavallerie Walter **BRAEMER**
1 Feb 1945 – 15 Apr 1945:	General der Infanterie Walter **HOERNLEIN**
15 Apr 1945 – 8 May 1945:	

Territory: *Mecklenburg, Pomerania*
Headquarters: *Stettin*

Wehrkreis III
1 Sep 1939 – 28 Feb 1943:	General der Kavallerie Franz Freiherr von **DALWIGK zu LICHTENFELS**
28 Feb 1943 – 24 Jan 1945:	General der Infanterie Joachim von **KORTZFLEISCH**
24 Jan 1945 – 15 Mar 1945:	General der Panzertruppen Bruno Ritter von **HAUENSCHILD**
15 Mar 1945 – 8 May 1945:	General der Pionere Walter **KUNTZE**

Territory: *Altmark, Neumark, Brandenburg*
Headquarters: *Berlin*

Wehrkreis IV
1 Sep 1939 – 20 May 1940:	General der Infanterie Alexander Freiherr von **FALKENHAUSEN**

20 May 1940 – 30 Apr 1942:	General der Infanterie Erich **WÖLLWARTH**
30 Apr 1942 – 1 Mar 1943:	General der Infanterie Walter **SCHROTH**
1 Mar 1943 – 31 Jan 1945:	General der Infanterie Viktor von **SCHWEDLER**
31 Jan 1945 – 10 Apr 1945:	General der Infanterie Hans Wolfgang **REINHARD**
10 Apr 1945 – 8 May 1945:	General der Panzertruppen Eugen Walther **KRÜGER**
Territory:	Saxony, part of Thuringia, northern Bohemia
Headquarters:	Dresden

Wehrkreis V

1 Sep 1939 – 31 Aug 1943:	General der Infanterie Erwin **OSSWALD**
31 Aug 1943 – 20 Jul 1944:	General der Panzertruppen Rudolf **VEIEL**
20 Jul 1944 – 15 Apr 1945:	
15 Apr 1945 – 8 May 1945:	General der Artillerie Maximilian **FELZMANN**
Territory:	Württemberg, part of Baden, Alsace
Headquarters:	Stuttgart

Wehrkreis VI

1 Sep 1939 – 5 Jun 1944:	General der Infanterie Gerhard **GLOKKE**
14 Jun 1944 – 8 May 1945:	General der Infanterie Franz **MATTENKLOTT**
Territory:	Westphalia, Rhineland, eastern Belgium
Headquarters:	Münster

Wehrkreis VII

1 Sep 1939 – 1 Mar 1943:	General der Artillerie Edmund **WACHENFELD**
1 Mar 1943 – 12 Apr 1945:	General der Infanterie Karl **KRIEBEL**
12 Apr 1945 – 8 May 1945:	Generalleutnant Heinrich **GREINER**
Territory:	Southern Bavaria
Headquarters:	Munich

Wehrkreis VIII

1 Sep 1939 – 1 May 1942:	General der Infanterie Hans **HALM**
1 May 1942 – 26 Jan 1945:	General der Kavallerie Rudolf **KOCH-ERPACH**
Feb 1945:	CEASED OPERATIONS
Territory:	Sileisa, Sudetenland, parts of Moravia and south-western Poland
Headquarters:	Breslau

Wehrkreis IX

1 Sep 1939 – 1 May 1942:	General der Infanterie Rudolf **SCHNIEWINDT**
1 May 1942 – 1 May 1943:	General der Infanterie Paul **OTTO**
1 May 1943 – 15 Jan 1944:	General der Infanterie Otto **SCHELLERT**
15 Jan 1944 – 16 Apr 1944:	General der Kavallerie Philipp **KLEFFEL**
16 Apr 1944 – 9 Dec 1944:	General der Infanterie Otto **SCHELLERT**
9 Dec 1944 – Mar 1945:	General der Infanterie Theodor **PETSCH**
Mar 1945 – 8 May 1945:	General der Artillerie Maximilian **FRETTER-PICO**

Territory: Hessen, part of Thuringia
Headquarters: Kassel

Wehrkreis X
1 Sep 1939 – 1 Jun 1940: General der Infanterie Erich **LÜDTKE**
1 Jun 1940 – 15 Oct 1940: General der Infanterie Maximilian **SCHWANDNER**
26 Oct 1940 – 1 May 1941: General der Artillerie Peter **WEYER**
1 May 1941 – 1 Mar 1944: General der Infanterie Siegfried **RASCHICK**
1 Mar 1944 – 8 May 1945: General der Infanterie Wilhelm **WETZEL**

Territory: Schleswig-Holstein, northern Hanover, Danish Schleswig
Headquarters: Hamburg

Wehrkreis XI
1 Sep 1939 – 28 Feb 1943: General der Infanterie Wolfgang **MUFF**
28 Feb 1943 – 21 Aug 1943: General der Infanterie Albrecht **SCHUBERT**
21 Aug 1943 – 1 Dec 1944: General der Infanterie Bruno **BIELER**
1 Dec 1944 – 21 Jan 1945: General der Artillerie Max **GRIMMEIß**
21 Jan 1945 – 8 May 1945:

Territory: Brunswick, Anhalt, most of Hanover
Headquarters: Hanover

Wehrkreis XII
1 Sep 1939 – 30 Apr 1943: General der Infanterie Albert **STEPPUHN**
1 May 1943 – 6 Oct 1944: General der Infanterie Walther **SCHROTH**
6 Oct 1944 – 1 Nov 1944: Generalleutnant Paul **DANNHAUSER**
1 Nov 1944 – 8 May 1945: General der Artillerie Herbert **OSTERKAMP**

Territory: Eifel, Palatinate, Saarland, part of Hessen, Lorraine
Headquarters: Wiesbaden

Wehrkreis XIII
1 Sep 1939 – 30 Apr 1942: General der Artillerie Friedrich von **COCHENHAUSEN**
30 Apr 1942 – 15 Aug 1944: General der Infanterie Mauritz von **WIKTORIN**
15 Aug 1944 – 8 May 1945: General der Infanterie Karl **WEISENBERGER**

Territory: Northern Bavaria, western Bohemia
Headquarters: Nuremberg

Wehrkreis XVII
1 Sep 1939 – 24 Oct 1940: General der Flieger Otto von **STÜLPNAGEL**
25 Oct 1940 – 21 Aug 1943: General der Infanterie Alfred **STRECCIUS**
21 AUG 1943 – APR 1945: General der Infanterie Albrecht **SCHUBERT**
Apr 1945: CEASED TO EXIST AFTER THE FALL OF AUSTRIA

Territory: Northern Austria, southern Czechoslovakia
Headquarters: Vienna

Wehrkreis XVIII
1 Sep 1939 – 31 Jan 1943: General der Infanterie Hubert **SCHALLER-KALIDE**
31 Jan 1943 – 10 Dec 1943: General der Infanterie Friedrich **MATERNA**
10 Dec 1943 – 24 Jun 1944: General der Gebirgstruppen Friedrich **BOEHME**
24 Jun 1944 – Apr 1945:
Apr 1945: CEASED TO EXIST AFTER THE FALL OF AUSTRIA

Territory: Southern Austria, northern Slovenia
Headquarters: Salzburg

Wehrkreis XX
23 Oct 1939 – 30 Apr 1943: General der Infanterie Max **BOCK**
30 Apr 1943 – 30 Nov 1944: General der Infanterie Bodewin **KEITEL**
1 Dec 1944 – Jan 1945: General der Infanterie Karl **SPECHT**
Jan 1945: OVERRUN BY THE RUSSIAN ARMY

Territory: Danzig Free State, Poish Corridor, western East Prussia
Headquarters: Danzig

Wehrkreis XXI
25 Oct 1939 – 1 Feb 1945: General der Artillerie Walter **PETZEL**
Feb 1945: OVERRUN BY THE RUSSIAN ARMY

Territory: Western Poland
Headquarters: Posen

Wehrkreis Bohemia-Moravia
1 Sep 1943 – 26 Jul 1944: General der Panzertruppen Ferdinand **SCHAAL**
26 Jul 1944 – 8 May 1945: General der Infanterie Rudolf **TOUSSAINT**

Territory: Czechoslovakia
Headquarters: Prague

Wehrkreis General Gouvernement
1 Oct 1942 – 13 Sep 1944: General der Infanterie Siegfried **HAENICKE**
13 Sep 1944 – Feb 1945:
Feb 1945: OVERRUN BY THE RUSSIAN ARMY

Territory: Central & southern Poland
Headquarters: Cracow

Divisions

1. Infantry Division
(In existance since 1935)
1 Sep 1939 – 1 Mar 1940:	General der Infanterie Joachim von KORTZFLEISCH
1 Mar 1940 – 15 Apr 1940:	
15 Apr 1940 – 12 Jul 1941:	General der Kavallerie Philipp **KLEFFEL**
12 Jul 1941 – 4 Sep 1941:	Generalleutnant Dr. Friedrich **ALTRICHTER**
4 Sep 1941 – 16 Jan 1942:	General der Kavallerie Philipp **KLEFFEL**
16 Jan 1942 – 30 Jun 1943:	General der Infanterie Martin **GRASE**
1 Jul 1943 – 10 May 1944:	General der Infanterie Ernst-Anton von **KROSIGK**
10 May 1944 – 8 Jun 1944:	Generalmajor Hans-Joachim **BAURMEISTER**
8 Jun 1944 – 1 Oct 1944:	General der Infanterie Ernst-Anton von **KROSIGK**
1 Oct 1944 – 27 Feb 1945:	Generalleutnant Hans **SCHITTNIG**
27 Feb 1945 – 26 Apr 1945:	Generalleutnant Henning von **THADDEN**
26 Apr 1945 – 8 May 1945:	

Area of Operations:
Sep 1939 – May 1940:	*Poland*
May 1940 – Jun 1941:	*France*
Jun 1941 – Oct 1943:	*Northern sector, Eastern Front*
Oct 1943 – Apr 1944:	*Southern sector, Eastern Front*
May 1944 – Jan 1945:	*Central sector, Eastern Front*
Jan 1945 – May 1945:	*East Prussia*

1. Light Division
(In existance since 1938)
1 Sep 1939 – 10 Oct 1939:	Generalleutnant Friedrich-Wilhelm von **LOEPER**
10 Oct 1939 – 18 Oct 1939:	General der Panzertruppen Werner **KEMPF**
18 Oct 1939:	REDESIGNATED 6. PANZER DIVISION

Area of Operations:
Sep 1939 – Oct 1939:	*Poland*

1. Panzer Division
(In existance since 1935)
1 Sep 1939 – 2 Nov 1939:	Generaloberst Rudolf **SCHMIDT**
2 Nov 1939 – 17 Jul 1941:	General der Panzertruppen Friedrich **KIRCHNER**
17 Jul 1941 – 1 Jan 1944:	General der Panzertruppen Walter **KRÜGER**
1 Jan 1944 – 19 Feb 1944:	Generalleutnant Richard **KOLL**
19 Feb 1944 – 25 Sep 1944:	Generalleutnant Werner **MARCKS**
25 Sep 1944 – 8 May 1945:	Generalleutnant Eberhard **THUNERT**

Area of Operations:
Sep 1939 – Jan 1940:   Poland
Feb 1940 – May 1940:   West Wall
May 1940 – Jun 1941:   France
Jun 1941 – Aug 1941:   Northern sector, Eastern Front
Aug 1941 – Jan 1943:   Central sector, Eastern Front
Jan 1943 – Jun 1943:   France
Jun 1943 – Oct 1943:   Balkans; Greece
Oct 1943 – Jul 1944:   Southern sector, Eastern Front
Jul 1944 – Oct 1944:   Poland
Oct 1944 – May 1945:   Hungary; Austria

1. Cavalry Division
(Formed in October 1939 from 1. Cavalry Brigade)
25 Oct 1939 – 28 Nov 1941:   General der Kavallerie Kurt **FELDT**
28 Nov 1941:   REDESIGNATED 24. PANZER DIVISION

Area of Operations:
Sep 1939 – May 1940:   Poland
May 1940 – Jun 1941:   France
Jun 1941 – Nov 1941:   Southern sector, Eastern Front

1. Cossack Cavalry Division
(Formed in September 1943)
Sep 1943 – Feb 1945:   Generalleutnant Helmuth von **PANNWITZ**
1945:   Oberst von **BAATH**
1945:   Oberst Alexander von **BOSSE**
1945:   Oberst Konstantin **WAGNER**

Area of Operations:
Sep 1943 – Jan 1945:   Yugoslavia
Jan 1945 – Feb 1945:   Southern sector, Eastern Front
Feb 1945 – May 1945:   Hungary; Yugoslavia; Italy

1. Mountain Division
(In existance since 1936)
1 Sep 1939 – 25 Oct 1940:   General der Gebirgstruppen Ludwig **KÜBLER**
26 Oct 1940 – 1 Jan 1942:   General der Gebirgstruppen Hubert **LANZ**
1 Jan 1942 – 1 Dec 1942:   General der Artillerie Robert **MARTINEK**
1 Dec 1942 – 18 Oct 1944:   Generalleutnant Walter **STETTNER, Ritter von Grabenhofen**
18 Oct 1944 – 27 Dec 1944:
27 Dec 1944 – 10 Mar 1945:   Generalleutnant Josef **KÜBLER**
10 Mar 1945 – 8 May 1945:   Generalleutnant August **WITTMANN**

Area of Operations:
Sep 1939 – May 1940:   Poland
May 1940 – Apr 1941:   France
Apr 1941 – Jun 1941:   Balkans
Jun 1941 – Mar 1943:   Southern sector, Eastern Front

Mar 1943 – Mar 1944:	Greece; Serbia; Montenegro
Mar 1944 – Jun 1944:	Hungary
Jun 1944 – Dec 1944:	Montenegro; Albania; Serbia
Dec 1944 – May 1945:	Hungary; Austria

1. Ski Jäger Division

(Formed in June 1944 from 1. Ski Brigade)

5 Jun 1944 – 2 Oct 1944:	Generalmajor Martin **BERG**
2 Oct 1944 – Jan 1945:	Generalleutnant Gustav **HUNDT**
Jan 1945 – 1 Feb 1945:	Generalmajor Hans **STEETS**
1 Feb 1945 – 8 May 1945:	Generalleutnant Gustav **HUNDT**

Area of Operations:

Jun 1944 – Oct 1944:	Central sector, Eastern Front
Oct 1944 – Dec 1944:	Slovakia
Dec 1944 – May 1945:	Southern Poland; Czechoslovakia

1. Marine Infantry Division

(Formed in January 1945)

31 Jan 1945 – 28 Feb 1945:	Konteradmiral Hans **HARTMANN**
28 Feb 1945 – 8 May 1945:	Generalmajor/Konteradmiral Wilhelm **BLECK-WENN**

Area of Operations:

Feb 1945 – May 1945:	Berlin

1. Parachute Panzer Division 'Hermann Göring'

(Formed in January 1943)

Jan 1943 – May 1943:	Generalleutnant Paul **CONRATH**
May 1943:	DESTROYED IN NORTH AFRICA
1944:	REFORMED
1944 – 1 Nov 1944:	Generalleutnant Wilhelm **SCHMALZ**
1 Nov 1944 – 31 Jan 1945:	Generalmajor Hans-Horst von **NECKER**
31 Jan 1945 – 8 May 1945:	Generalmajor Max **LEMKE**

Area of Operations:

Jan 1943 – May 1943:	North Africa
1944 – Aug 1944:	Italy
Aug 1944 – May 1945:	Central sector, Eastern Front; Poland; East Prussia

2. Light Infantry Division

(In existance since 1938)

1 Sep 1939 – 18 Sep 1939:	General der Kavallerie Georg **STUMME**
18 Sep 1939:	REDESIGNATED 7. PANZER DIVISION

Area of Operations:

Sep 1939:	Poland

2. (Motorized) Infantry Division
(In existance since 1936)

1 Sep 1939 – 1 Oct 1940:	General der Artillerie Paul **BADER**
5 Oct 1940:	REDESIGNATED 12. PANZER DIVISION

Area of Operations:
Sep 1939 – May 1940:	*Poland*
May 1940 – Oct 1940:	*France*

2. Panzer Division
(In existance since 1936)

1 Sep 1939 – 17 Feb 1942:	General der Panzertruppen Rudolf **VEIEL**
17 Feb 1942 – 1 Jun 1942:	General der Panzertruppen Hans-Karl von **ESEBECK**
1 Jun 1942 – 5 Sep 1942:	Generalleutnant Arno von **LENSKI**
5 Sep 1942 – 1 Feb 1944:	Generalleutnant Vollrath **LUEBBE**
1 Feb 1944 – 5 May 1944:	General der Panzertruppen Heinrich Freiherr von **LÜTTWITZ**
5 May 1944 – 27 May 1944:	Generalleutnant Franz **WESTHOVEN**
27 May 1944 – 31 Aug 1944:	General der Panzertruppen Heinrich Freiherr von **LÜTTWITZ**
31 Aug 1944 – 15 Dec 1944:	Generalmajor Henning **SCHÖNFELD**
15 Dec 1944 – 20 Mar 1945:	Generalmajor Meinrad von **LAUCHERT**
20 Mar 1945 – 1 Apr 1945:	Generalmajor Oskar **MUNZEL**
1 Apr 1945 – 8 May 1945:	Oberst Carl **STOLLBROCK**

Area of Operations:
Sep 1939 – Jan 1940:	*Poland*
Jan 1940 – Sep 1940:	*West Wall; France*
Sep 1940 – Apr 1941:	*Poland*
Apr 1941 – Sep 1941:	*Balkans*
Sep 1941 – Feb 1944:	*Central sector, Eastern Front*
Feb 1944 – Dec 1944:	*France; Normandy*
Dec 1944 – May 1945:	*Ardennes; Rhine defense line*

2. Cossak Cavalry Division
(Formed in September 1944)

1 Sep 1944 – 8 May 1945:	Oberst Hans-Joachim von **SCHULTZ**

Area of Operations:
Sep 1944 – May 1945:	*Hungary; Yugoslavia*

2. Mountain Division
(In existance since 1938)

1 Sep 1939 – 4 Mar 1941:	General der Gebirgstruppen Valentin **FEURSTEIN**
4 Mar 1941 – 8 Mar 1941:	
8 Mar 1941 – 1 Jan 1942:	Generalleutnant Ernst **SCHLEMMER**
1 Jan 1942 – 1 Oct 1943:	General der Gebirgstruppen Georg Ritter von **HENGL**
1 Oct 1943 – 1 Nov 1943:	
1 Nov 1943 – 6 Feb 1945:	Generalleutnant Hans **DEGEN**

6 Feb 1945 – 9 Feb 1945:
9 Feb 1945 – 8 May 1945:   Generalleutnant Willibald **UTZ**

Area of Operations:
Sep 1939 – Apr 1940:   Poland
Apr 1940 – Jun 1941:   Norway
Jun 1941 – Nov 1944:   Northern sector, Eastern Front; Lapland
Nov 1944 – Feb 1945:   Norway
Feb 1945 – May 1945:   Western Front; southern Germany

2. Marine Infantry Division
(Formed in February 1945)
11 Feb 1945 – 8 Apr 1945:   Vizeadmiral Ernst **SCHEURLEN**
8 Apr 1945 – 8 May 1945:

Area of Operations:
Mar 1945 – May 1945:   Northwest Germany

3. Light Infantry Division
(In existance since 1938)
1 Sep 1939 – 16 Oct 1939:   General der Panzertruppen Adolf **KUNTZEN**
16 Oct 1939:   REDESIGNATED 8. PANZER DIVISION

Area of Operations:
Sep 1939 – Oct 1939:   Poland

3. (Motorized) Infantry Division
(In existance since 1934)
1 Sep 1939 – 1 Oct 1940:   General der Infanterie Walter **LICHEL**
1 Oct 1940 – 25 May 1941:   General der Artillerie Paul **BADER**
25 May 1941 – 1 Apr 1942:   General der Artillerie Curt **JAHN**
1 Apr 1942 – 15 Jan 1943:   Generalleutnant Helmuth **SCHLÖMER**
15 Jan 1943:   DESTROYED AT STALINGRAD

Area of Operations:
Sep 1939 – May 1940:   Poland
May 1940 – Jun 1941:   France
Jun 1941 – Dec 1941:   Northern sector, Eastern Front
Dec 1941 – Jul 1942:   Central sector, Eastern Front
Jul 1942 – Jan 1943:   Southern sector, Eastern Front; Stalingrad

3. Cavalry Division
(Formed in February 1945)
Feb 1945 – 8 May 1945:   Generalmajor Peter von der **GROEBEN**

Area of Operations:
Feb 1945 – Mar 1945:   Hungary
Mar 1945 – May 1945:   Austria

3. Panzer Division
(In existance since 1936)
1 Sep 1939 – 7 Oct 1939:	General der Panzertruppen Leo Freiherr **GEYR von Schweppenburg**
7 Oct 1939 – Sep 1940:	General der Panzertruppen Horst **STUMPFF**
Sep 1940 – 4 Oct 1940:	General der Panzertruppen Friedrich **KÜHN**
4 Oct 1940 – 13 Nov 1940:	General der Panzertruppen Horst **STUMPFF**
13 Nov 1940 – 1 Oct 1941:	Generalfeldmarschall Walter **MODEL**
2 Oct 1941 – 1 Oct 1942:	General der Panzertruppen Hermann **BREITH**
1 Oct 1942 – 25 Oct 1943:	Generalleutnant Franz **WESTHOVEN**
25 Oct 1943 – 5 Jan 1944:	Generalleutnant Fritz **BAYERLEIN**
5 Jan 1944 – 25 May 1944:	Oberst Rudolf **LANG**
25 May 1944 – 1 Jan 1945:	Generalleutnant Wilhelm **PHILIPPS**
1 Jan 1945 – 19 Apr 1945:	Generalmajor Wilhelm **SÖTH**
19 Apr 1945 – 8 May 1945:	Oberst Volkmar **SCHÖNE**

Area of Operations:
Sep 1939 – May 1940:	*Poland*
May 1940 – Jun 1940:	*France*
Jul 1940 – Jun 1941:	*Germany*
Jun 1941 – Mar 1942:	*Central sector, Eastern Front*
Mar 1942 – Jul 1944:	*Southern sector, Eastern Front*
Jul 1944 – Jan 1945:	*Poland*
Jan 1945 – May 1945:	*Hungary; Austria*

3. Panzer Grenadier Division
(Formed on 1 March 1943 from 386. (Motorized) Infantry Division)
1 Mar 1943 – Mar 1944:	General der Panzertruppen Fritz-Hubert **GRAESER**
Mar 1944 – 1 Jun 1944:	Generalmajor Hans **HECKER**
1 Jun 1944 – 25 Jun 1944:	Generalleutnant Hans-Günther von **ROST**
25 Jun 1944 – Oct 1944:	
Oct 1944 – Apr 1945:	Generalleutnant Walter **DENKERT**
Apr 1945:	DESTROYED IN THE RUHR POCKET

Area of Operations:
Mar 1943 – Jun 1943:	*France*
Jun 1943 – Aug 1944:	*Italy*
Aug 1944 – Nov 1944:	*France*
Nov 1944 – Dec 1944:	*Western Germany*
Dec 1944 – Apr 1945:	*Ardennes; western Germany; Ruhr Pocket*

3. Mountain Division
(In existance since 1938)
1 Sep 1939 – 14 Jun 1940:	Generaloberst Eduard **DIETL**
14 Jun 1940 – 23 Oct 1940:	General der Gebirgstruppen Julius **RINGEL**
23 Oct 1940 – 10 Aug 1943:	General der Gebirgstruppen Hans **KREYSING**
10 Aug 1943 – 26 Aug 1943:	Generalleutnant Egbert **PICKER**
26 Aug 1943 – 10 Sep 1943:	General der Infanterie Siegfried **RASP**
10 Sep 1943 – 29 Sep 1943:	Generalleutnant Egbert **PICKER**
29 Sep 1943 – 3 Jul 1944:	Generalleutnant August **WITTMANN**

3 Jul 1944 – 8 May 1945:   Generalleutnant Paul **KLATT**

Area of Operations:
Sep 1939 – Apr 1940:   Poland
Apr 1940 – Jun 1941:   Norway
Jun 1941 – Jan 1943:   Northern sector, Eastern Front; Finland; Norway; Baltic States
Jan 1943 – Apr 1944:   Southern sector, Eastern Front
Apr 1944 – Dec 1944:   Carpathians; northern Hungary
Dec 1944 – May 1945:   Poland; Silesia

3. Marine Infantry Division
(Formed in March 1945)
Mar 1945 – Apr 1945:
Apr 1945:   DESTROYED AT BERLIN

Area of Operations:
Mar 1945 – Apr 1945:   Berlin

4. Infantry Division
(In existance since 1934)
1 Sep 1939 – 15 Aug 1940:   General der Kavallerie Eric **HANSEN**
15 Aug 1940:   REDESIGNATED 14. PANZER DIVISION

Area of Operations:
Sep 1939 – May 1940:   Poland
May 1940 – Aug 1940:   France

4. Light Infantry Division
(In existance since 1938)
1 Sep 1939 – 3 Jan 1940:   General der Panzertruppen Dr. Alfred Ritter von **HUBICKI**
3 Jan 1940:   REDESIGNATED 9. PANZER DIVISION

Area of Operations:
Sep 1939 – Jan 1940:   Poland

4. Cavalry Division
(Formed in February 1945)
28 Feb 1945 – 24 Mar 1945:   Generalleutnant Rudolf **HOLSTE**
24 Mar 1945 – 8 May 1945:   Generalleutnant Helmuth von **GROLMAN**

Area of Operations:
Feb 1945 – Mar 1945:   Hungary
Mar 1945 – May 1945:   Austria

4. Panzer Division
(In existance since 1938)
1 Sep 1939 – 5 Feb 1940:   Generaloberst Georg-Hans **REINHARDT**
5 Feb 1940 – 8 Jun 1940:   Generalleutnant Ludwig Ritter von **RADLMEIER**
8 Jun 1940 – 24 Jul 1940:   Generalleutnant Johann Joachim **STEVER**

24 Jul 1940 – 8 Sep 1940: Generalleutnant Hans Freiherr von **BOINEBURG-LENGSFELD**
8 Sep 1940 – 27 Dec 1941: General der Panzertruppen Willibald Freiherr von **LANGERMANN und ERLENCAMP**
27 Dec 1941 – 2 Jan 1942: General der Panzertruppen Dietrich von **SAUCKEN**
2 Jan 1942 – 6 Jan 1942: General der Panzertruppen Willibald Freiherr von **LANGERMANN und ERLENCAMP**
6 Jan 1942 – 2 Mar 1942: General der Panzertruppen Heinrich **EBERBACH**
2 Mar 1942 – 4 Apr 1942: Generalleutnant Otto **HEIDKÄMPER**
4 Apr 1942 – 14 Nov 1942: General der Panzertruppen Heinrich **EBERBACH**
14 Nov 1942 – 31 May 1943: Generalleutnant Erich **SCHNEIDER**
31 May 1943 – Jan 1944: General der Panzertruppen Dietrich von **SAUCKEN**
Jan 1944 – Feb 1944: Generalleutnant Hans **JUNCK**
Feb 1944 – 1 May 1944: General der Panzertruppen Dietrich von **SAUCKEN**
1 May 1944 – 27 Mar 1945: Generalleutnant Clemens **BETZEL**
27 Mar 1945 – 10 Apr 1945:
10 Apr 1945 – 8 May 1945: Oberst Ernst **HOFFMANN**

Area of Operations:
Sep 1939 – May 1940: Poland
May 1940 – Nov 1940: France
Nov 1940 – Feb 1941: Germany
Feb 1941 – Apr 1941: France
Apr 1941 – Jun 1941: East Prussia
Jun 1941 – Jun 1944: Central sector, Eastern Front
Jun 1944 – Jan 1945: Latvia
Jan 1945 – May 1945: West Prussia

4. Mountain Division
(Formed in October 1940)
25 Oct 1940 – 21 Oct 1942: General der Gebirgstruppen Karl **EGLSEER**
21 Oct 1942 – 11 Aug 1943: Generalleutnant Hermann **KREß**
13 Aug 1943 – 7 Jun 1944: Generalleutnant Julius **BRAUN**
7 Jun 1944 – 1 Jul 1944: Generalleutnant Karl **JANK**
1 Jul 1944 – 23 Feb 1945: Generalleutnant Friedrich **BREITH**
23 Feb 1945 – 6 Apr 1945: Generalmajor Robert **BADER**
6 Apr 1945 – 8 May 1945: Generalleutnant Friedrich **BREITH**

Area of Operations:
Oct 1940 – Apr 1941: Southern Germany
Apr 1941 – Jun 1941: Balkans
Jun 1941 – Sep 1944: Southern sector, Eastern Front; Caucasus; Crimea
Sep 1944 – Dec 1944: Transylvania
Dec 1944 – May 1945: Hungary; Austria

5. Infantry (Jäger) Division
(In existance since 1934)
1 Sep 1939 – 25 Oct 1940: General der Artillerie Wilhelm **FAHRMBACHER**
25 Oct 1940 – 4 Jan 1943: General der Infanterie Karl **ALLMENDINGER**
4 Jan 1943 – 1 Mar 1944: General der Infanterie Hellmuth **THUMM**

1 Mar 1944 – 30 Jun 1944:   Generalmajor Johannes **GITTNER**
30 Jun 1944 – 1 Nov 1944:   General der Infanterie Hellmuth **THUMM**
1 Nov 1944 – 19 Apr 1945:   Generalleutnant Friedrich **SIXT**
19 Apr 1945 – Apr 1945:   Generalleutnant Edmund **BLAUROCK**
Apr 1945:   DESTROYED AT BERLIN

Area of Operations:
Sep 1939 – May 1940:   Poland
May 1940 – Jun 1941:   France
Jun 1941 – Dec 1941:   Central sector, Eastern Front
Dec 1941 – Feb 1942:   France
Feb 1942 – Feb 1944:   Northern sector, Eastern Front
Feb 1944 – Sep 1944:   Central sector, Eastern Front
Sep 1944 – Apr 1945:   Poland; eastern Germany; Berlin

5. Light Infantry Division
(Formed in January 1941)
1 Jan 1941 – 7 Feb 1941:   General der Panzertruppen Hans Freiherr von **FUNCK**
7 Feb 1941 – 16 May 1941:   Generalleutnant Johannes **STREICH**
16 May 1941 – 1 Aug 1941:   Generalleutnant Karl **BÖTTCHER**
1 Aug 1941:   REDESIGNATED 21. PANZER DIVISION

Area of Operations:
Jan 1941 – Feb 1941:   Germany
Feb 1941 – Aug 1941:   North Africa

5. Panzer Division
(In existance since 1938)
1 Sep 1939 – 8 Oct 1939:   Generaloberst Heinrich von **VIETTINGHOFF genant SCHEEL**
8 Oct 1939 – 29 May 1940:   Generalleutnant Max von **HARTLIEB genannt WALSPORN**
29 May 1940 – 25 Nov 1940:   General der Panzertruppen Joachim **LEMELSEN**
25 Nov 1940 – 10 Aug 1942:   General der Panzertruppen Gustav **FEHN**
10 Aug 1942 – 1 Feb 1943:   Generalleutnant Eduard **METZ**
1 Feb 1943 – 20 Jun 1943:   Generalmajor Johannes **NEDTWIG**
20 Jun 1943 – 7 Sep 1943:   Generalleutnant Ernst Felix **FAECKENSTEDT**
7 Sep 1943 – 15 Oct 1944:   General der Panzertruppen Karl **DECKER**
16 Oct 1944 – 5 Feb 1945:   Generalmajor Rolf **LIPPERT**
5 Feb 1945 – Apr 1945:   Generalmajor Guenter **HOFFMANN-SCHÖNBORN**
Apr 1945 – 8 May 1945:   Oberst der Reserve Hans **HERZOG**

Area of Operations:
Sep 1939 – May 1940:   Poland
May 1940 – Apr 1941:   France
Apr 1941 – Jun 1941:   Balkans; Greece
Jun 1941 – Jul 1944:   Central sector, Eastern Front
Jul 1944 – Mar 1945:   Northern sector, Eastern Front; Latvia; East Prussia
Mar 1945 – May 1945:   Danzig

5. Mountain Division
(Formed in November 1940)
1 Nov 1940 – 10 Feb 1944:	General der Gebirgstruppen Julius **RINGEL**
10 Feb 1944 – 18 Jan 1945:	Generalleutnant Max **SCHRANK**
18 Jan 1945 – 1 Feb 1945:	
1 Feb 1945 – 8 May 1945:	Generalmajor Hans **STEETS**

Area of Operations:
Nov 1940 – Apr 1941:	Austria
Apr 1941 – May 1941:	Greece
May 1941 – Sep 1941:	Crete
Sep 1941 – Jan 1942:	Norway
Jan 1942 – Dec 1943:	Northern sector, Eastern Front; Finland
Dec 1943 – May 1945:	Italy

6. Infantry Division
(In existance since 1934)
1 Sep 1939 – 11 Oct 1940:	Generalleutnant Arnold Freiherr von **BIEGELEBEN**
11 Oct 1942 – 14 Oct 1942:	
14 Oct 1940 – 21 Jan 1942:	General der Infanterie Helge **AULEB**
21 Jan 1942 – 16 Dec 1943:	General der Infanterie Horst **GROSSMANN**
16 Dec 1943 – 12 Jan 1944:	Generalleutnant Egon von **NEINDORFF**
12 Jan 1944 – 19 Jan 1944:	Generalmajor Alexander **CONRADY**
19 Jan 1944 – 1 May 1944:	Generalmajor Günther **KLAMMT**
1 May 1944 – 1 Jun 1944:	
1 Jun 1944 – 30 Jun 1944:	Generalleutnant Walter **HEYNE**
30 Jun 1944:	SURRENDERED TO THE RUSSIAN ARMY

Area of Operations:
Sep 1939 – May 1940:	Germany
May 1940 – Jun 1941:	France
Jun 1941 – Jun 1944:	Central sector, Eastern Front

6. Panzer Division
(Formed on 18 October 1939 from 1. Light Infantry Division)
18 Oct 1939 – 6 Jan 1941:	General der Panzertruppen Werner **KEMPF**
6 Jan 1941 – Jun 1941:	Generalleutnant Franz **LANDGRAF**
Jun 1941 – 15 Sep 1941:	General der Panzertruppen Wilhelm Ritter von **THOMA**
15 Sep 1941 – 1 Apr 1942:	Generalleutnant Franz **LANDGRAF**
1 Apr 1942 – 7 Feb 1943:	Generaloberst Erhard **RAUS**
7 Feb 1943 – 14 Jul 1943:	Generalleutnant Walther von **HÜNERSDORFF**
14 Jul 1943 – 25 Jul 1943:	
25 Jul 1943 – 21 Aug 1943:	Generalmajor Wilhelm **CRISOLLI**
21 Aug 1943 – 8 Feb 1944:	Generalleutnant Rudolf Freiherr von **WALDENFELS**
8 Feb 1944 – 21 Feb 1944:	Generalleutnant Werner **MARCKS**
21 Feb 1944 – 13 Mar 1944:	Generalleutnant Rudolf Freiherr von **WALDENFELS**
13 Mar 1944 – 28 Mar 1944:	Generalleutnant Walter **DENKERT**
28 Mar 1944 – 23 Nov 1944:	Generalleutnant Rudolf Freiherr von **WALDENFELS**
23 Nov 1944 – 20 Jan 1945:	Oberst Friedrich-Wilhelm **JÜRGENS**

20 Jan 1945 – 8 May 1945:   Generalleutnant Rudolf Freiherr von **WALDENFELS**

Area of Operations:
Oct 1939 – May 1940:   Poland; Germany
May 1940 – Jul 1940:   France
Jul 1940 – Jun 1940:   East Prussia
Jun 1941 – May 1942:   Northern sector, Eastern Front
May 1942 – Dec 1942:   France
Dec 1942 – Mar 1944:   Southern sector, Eastern Front
Mar 1944 – Dec 1944:   Central sector, Eastern Front
Dec 1944 – Mar 1945:   Hungary
Mar 1945 – May 1945:   Austria

6. Mountain Division
(Formed in May 1940)
31 May 1940 – 15 Jan 1942:   Generalfeldmarschall Ferdinand **SCHÖRNER**
15 Jan 1942 – 17 Jan 1942:
17 Jan 1942 – 28 Aug 1944:   Generalleutnant Christian **PHILIPP**
28 Aug 1944 – 20 Apr 1945:   Generalleutnant Max **PEMSEL**

Area of Operations:
May 1940 – Nov 1940:   France
Nov 1940 – Apr 1941:   Poland
Apr 1941 – May 1941:   Greece
May 1941 – Oct 1941:   Crete
Oct 1941 – Nov 1944:   Norway; Finland
Nov 1944 – May 1945:   Norway

6. Grenadier Division
(Formed in Jul 1944 from 552. Grenadier Division)
25 Jul 1944 – 8 May 1945:   Generalleutnant Otto-Hermann **BRÜCKER**
9 Oct 1944:   REDESIGNATED 6. VOLKSGRENADIER DIVISION

Area of Operations:
Jul 1944 – Dec 1944:   Central sector, Eastern Front
Dec 1944 – May 1945:   Poland; Czechoslovakia

7. Infantry Division
(In existance since 1934)
1 Sep 1939 – 30 Sep 1939:   General der Infanterie Eugen **OTT**
30 Sep 1939 – 1 Dec 1939:
1 Dec 1939 – 13 Dec 1941:   Generalleutnant Eccard Freiherr von **GABLENZ**
13 Dec 1941 – 1 Nov 1942:   General der Infanterie Hans **JORDAN**
1 Nov 1942 – 2 Oct 1943:   Generalleutnant Fritz-Georg von **RAPPARD**
2 Oct 1943 – 30 Nov 1943:   Generalmajor Carl **ANDRÉ**
30 Nov 1943 – 9 Dec 1943:   Generalmajor Gustav **GIHR**
9 Dec 1943 – 15 Feb 1944:   Generalleutnant Hans **TRAUT**
15 Feb 1944 – Aug 1944:   Generalleutnant Fritz-Georg von **RAPPARD**
Aug 1944:   Generalmajor Alois **WEBER**

Aug 1944 – Feb 1945:   Generalleutnant Fritz-Georg von **RAPPARD**
Feb 1945 – 8 May 1945:   Generalmajor Rudolf **NOACK**

Area of Operations:
Sep 1939 – May 1940:   Poland
May 1940 – Jun 1940:   France
Jun 1940 – Jun 1941:   Germany
Jun 1941 – Feb 1945:   Central sector, Eastern Front
Feb 1945 – May 1945:   Danzig

7. Panzer Division
(Formed 18 October 1939 from 2. Light Infantry Division)
18 Oct 1939 – 5 Feb 1940:   General der Kavallerie Georg **STUMME**
5 Feb 1940 – 14 Feb 1941:   Generalfeldmarschall Erwin **ROMMEL**
15 Feb 1941 – 17 Aug 1943:   General der Panzertruppen Hans Freiherr von **FUNCK**
17 Aug 1943 – 20 Aug 1943:   Oberst Wolfgang **GLAESEMER**
20 Aug 1943 – 1 Jan 1944:   General der Panzertruppen Hasso von **MANTEUFFEL**
1 Jan 1944 – 28 Jan 1944:   Generalmajor Adalbert **SCHULZ**
28 Jan 1944 – 30 Jan 1944:   Oberst Wolfgang **GLAESEMER**
30 Jan 1944 – 2 May 1944:   General der Panzertruppen Dr. Karl **MAUSS**
2 May 1944 – 9 Sep 1944:   Generalmajor Gerhard **SCHMIDHUBER**
9 Sep 1944 – 31 Oct 1944:   General der Panzertruppen Dr. Karl **MAUSS**
31 Oct 1944 – 30 Nov 1944:   Generalmajor Hellmuth **MÄDER**
30 Nov 1944 – 5 Jan 1945:   General der Panzertruppen Dr. Karl **MAUSS**
5 Jan 1945 – 23 Jan 1945:   Generalmajor Max **LEMKE**
23 Jan 1945 – 22 Mar 1945:   General der Panzertruppen Dr. Karl **MAUSS**
23 Mar 1945 – 8 May 1945:   Oberst Hans **CHRISTERN**

Area of Operations:
Sep 1939 – May 1940:   Poland
May 1940 – Feb 1941:   France
Feb 1941 – Jul 1941:   Germany
Jul 1941 – May 1942:   Central sector, Eastern Front
May 1942 – Feb 1943:   France
Feb 1943 – Aug 1944:   Southern sector, Eastern Front
Aug 1944 – Jan 1945:   Baltic States; East Prussia
Jan 1945 – May 1945:   Poland; western Germany

7. Mountain Division
(Formed on 1 November 1941 from 99. Jäger Division)
1 Nov 1941 – 19 Dec 1941:   General der Gebirgstruppen Rudolf **KONRAD**
19 Dec 1941 – 1 Jan 1942:   Generalmajor Wilhelm **WEISS**
1 Jan 1942 – 1 May 1942:   General der Artillerie Robert **MARTINEK**
1 May 1942 – 22 Jul 1942:   Generalleutnant August **KRAKAU**
22 Jul 1942 – 10 Sep 1942:   General der Artillerie Robert **MARTINEK**
10 Sep 1942 – 8 May 1945:   Generalleutnant August **KRAKAU**

Area of Operations:
Nov 1941 – Mar 1942: Germany
Mar 1942 – Nov 1944: Finland
Nov 1944 – May 1945: Norway

8. Infantry Division
(In existance since 1935)
1 Sep 1939 – 25 Oct 1940: General der Kavallerie Rudolf **KOCH-ERPACH**
25 Oct 1940 – 23 Jul 1942: General der Infanterie Gustav **HOEHNE**
1 Dec 1941: REDESIGNATED 8. LIGHT INFANTRY DIVISION
30 Jun 1942: REDESIGNATED 8. JÄGER DIVISION
23 Jul 1942 – 13 Nov 1942: General der Panzertruppen Gerhard Graf von **SCHWERIN**
13 Nov 1942 – 1 Dec 1942:
1 Dec 1942 – 1 Sep 1944: General der Gebirgstruppen Friedrich-Jobst **VOLCKAMER von KIRCHENSITTENBACH**
1 Sep 1944 – Apr 1945: Generalleutnant Christian **PHILIPP**
May 1945: SURRENDERED TO THE RUSSIAN ARMY

Area of Operations:
Sep 1939 – May 1940: Poland
May 1940 – Jun 1941: France
Jun 1941 – Dec 1941: Eastern Front
Dec 1941 – Mar 1942: France
Mar 1942 – Mar 1944: Northern sector, Eastern Front
Mar 1944 – May 1945: Southern sector, Eastern sector; Ukraine; Carpathians

8. Panzer Division
(Formed 16 October 1939 from 3. Light Division)
16 Oct 1939 – 20 Feb 1941: General der Panzertruppen Adolf **KUNTZEN**
20 Feb 1941 – 21 Apr 1941: General der Panzertruppen Erich **BRANDENBERGER**
21 Apr 1941 – 26 May 1941: Generalleutnant Walter **NEUMANN-SILKOW**
26 May 1941 – 8 Dec 1941: General der Panzertruppen Erich **BRANDENBERGER**
8 Dec 1941 – 20 Mar 1942: Generalleutnant Werner **HÜHNER**
20 Mar 1942 – 6 Aug 1942: General der Panzertruppen Erich **BRANDENBERGER**
6 Aug 1942 – 10 Nov 1942: Generalleutnant Josef **SCHROETTER**
10 Nov 1942 – 17 Jan 1943: General der Panzertruppen Erich **BRANDENBERGER**
17 Jan 1943 – 20 Sep 1943: Generalleutnant Sebastian **FICHTNER**
20 Sep 1943 – 1 Apr 1944: Generalmajor Gottfried **FRÖLICH**
1 Apr 1944 – 21 Jul 1944: Generalmajor Werner **FRIEBE**
21 Jul 1944 – 5 Jan 1945: Generalmajor Gottfried **FRÖLICH**
5 Jan 1945 – 8 May 1945: Generalmajor Heinrich-Georg **HAX**

Area of Operations:
Oct 1939 – May 1940: Poland
May 1940 – Jan 1941: France
Jan 1941 – Feb 1941: Germany
Feb 1941 – Apr 1941: France
Apr 1941 – Jul 1941: Yugoslavia
Jul 1941 – Oct 1943: Northern sector, Eastern Front
Oct 1943 – Sep 1944: Southern sector, Eastern Front
Sep 1944 – Feb 1945: Carpathians; Hungary
Feb 1945 – May 1945: Czechoslovakia

8. Mountain Division
(Formed in February 1945 from 157. Mountain Division)
Feb 1945 – Apr 1945: Generalleutnant Paul **SCHRICKER**
Apr 1945: SURRENDERED IN ITALY

Area of Operations:
Feb 1945 – Apr 1945: Italy

9. Infantry Division
(In existance since 1935)
1 Sep 1939 – 1 Aug 1940: Generalleutnant Georg von **APELL**
1 Aug 1940 – 1 Jan 1941: General der Infanterie Erwin **VIEROW**
1 Jan 1941 – 20 Aug 1943: Generalleutnant Siegmund Freiherr von **SCHLEINITZ**
20 Aug 1943 – May 1944: Generalleutnant Friedrich **HOFMANN**
May 1944 – 16 Jun 1944: Generalleutnant Otto-Hermann **BRÜCKER**
16 Jun 1944 – Aug 1944: Generalmajor Werner **GEBB**
Aug 1944: DESTROYED IN ROMANIA

Area of Operations:
Sep 1939 – May 1940: West Wall
May 1940 – Jun 1941: France
Jun 1941 – Aug 1944: Southern sector, Eastern Front; Romania

9. Panzer Division
(Formed on 3 January 1940 from 4. Light Infantry Division)
3 Jan 1940 – 15 Apr 1942: General der Panzertruppen Alfred Ritter von **HUBICKI**
15 Apr 1942 – 27 Jul 1942: Generalleutnant Johannes **BAEßLER**
27 Jul 1942 – 4 Aug 1942: Generalmajor Heinrich-Hermann von **HÜLSEN**
4 Aug 1942 – 22 Jul 1943: Generalleutnant Walter **SCHELLER**
22 Jul 1943 – 1 Oct 1943: Generalleutnant Erwin **JOLASSE**
1 Oct 1943 – 27 Nov 1943: Generalmajor Dr. Johannes **SCHULZ**
27 Nov 1943 – 10 Aug 1944: Generalleutnant Erwin **JOLASSE**
10 Aug 1944 – 3 Sep 1944: Oberst Max **SPERLING**
3 Sep 1944 – 16 Sep 1944: Generalmajor Gerhard **MÜLLER**
16 Sep 1944 – 6 Mar 1945: Generalleutnant Harald Freiherr von **ELVERFELDT**
6 Mar 1945 – 26 Apr 1945: Oberst Helmut **ZOLLENKOPF**
26 Apr 1945: SURRENDERED TO U.S. ARMY, RUHR POCKET

Area of Operations:
Jan 1940 – May 1940:	Poland
May 1940 – Sep 1940:	Holland; Belgium; France
Sep 1940 – Apr 1941:	Poland
Apr 1941 – Jul 1941:	Balkans
Jul 1941 – Oct 1941:	Southern sector, Eastern Front
Oct 1941 – Sep 1943:	Central sector, Eastern Front
Sep 1943 – Mar 1944:	Southern sector, Eastern Front
Mar 1944 – Sep 1944:	France
Sep 1944 – Dec 1944:	Western Germany
Dec 1944 – Feb 1945:	Ardennes
Feb 1945 – Apr 1945:	Western Germany; Ruhr Pocket

9. Mountain Division (I)
(Formed from Division Group Kräutler in May 1945)
5 May 1945 – 8 May 1945: Generalmajor Mathias **KRÄUTLER**

Area of Operations:
May 1945: Norway

9. Mountain Division (II)
(Formed from Combat Group Semmering in Apr 1945)
Apr 1945 – 8 May 1945:

Area of Operations:
Apr 1945 – May 1945: Austria

9. Volksgrenadier Division
(Formed on 1 November 1944)
1 Nov 1944 – 8 May 1945: Generalmajor Werner **KOLB**

Area of Operations:
Nov 1944 – May 1945: Ardennes; Luxemburg; southern Germany

10. Infantry Division
(In existance since 1934)
1 Sep 1939 – 5 Oct 1940:	Generalleutnant Conrad von **COCHENHAUSEN**
5 Oct 1940 – 15 Apr 1942:	Generalleutnant Friedrich-Wilhelm von **LOEPER**
1 Nov 1940:	REDESIGNATED 10. MOTORIZED INFANTRY DIVISION
15 Apr 1942 – 25 Apr 1942:	
25 Apr 1942 – 2 Oct 1943:	Generalleutnant August **SCHMIDT**
13 Jun 1943:	REDESIGNATED 10. PANZER GRENADIER DIVISION
2 Oct 1943 – 23 Dec 1943:	Generalleutnant Hans **MIKOSCH**
23 Dec 1943 – Sep 1944:	Generalleutnant August **SCHMIDT**
Sep 1944 – 28 Nov 1944:	Generalmajor Walter **HEROLD**
28 Nov 1944 – Jan 1945:	Oberst Alexander **VIAL**
Jan 1945 – 8 May 1945:	Generalmajor Karl-Richard **KOSSMANN**

Area of Operations:
Sep 1939 – May 1940:	Poland
May 1940 – Apr 1941:	France
Apr 1941 – Jun 1941:	Balkans
Jun 1941 – Aug 1943:	Central sector, Eastern Front
Aug 1943 – Aug 1944:	Southern sector, Eastern Front
Aug 1944 – Nov 1944:	Withdrawn for refitting
Nov 1944 – Jan 1945:	Central sector, Eastern Front
Jan 1945 – May 1945:	Silesia; Czechoslovakia

10. Panzer Division
(In existance since mid-1939)
1 Sep 1939 – 2 Aug 1941:	General der Panzertruppen Ferdinand **SCHAAL**
2 Aug 1941 – 1 Feb 1943:	General der Panzertruppen Wolfgang **FISCHER**
1 Feb 1943 – 12 May 1943:	Generalleutnant Friedrich Freiherr von **BROICH**
12 May 1943:	DESTROYED IN TUNISIA

Area of Operations:
Sep 1939 – May 1940:	Germany
May 1940 – Feb 1941:	France
Feb 1941 – Jun 1941:	Germany
Jun 1941 – May 1942:	Central sector, Eastern Front
May 1942 – Dec 1942:	France
Dec 1942 – May 1943:	Tunisia

11. Infantry Division
(In existance since 1934)
1 Sep 1939 – 23 Oct 1939:	General der Infanterie Max **BOCK**
23 Oct 1939 – 26 Jan 1942:	General der Infanterie Herbert von **BÖCKMANN**
26 Jan 1942 – 7 Sep 1943:	General der Artillerie Siegfried **THOMASCHKI**
7 Sep 1943 – 1 Apr 1944:	Generalleutnant Karl **BURDACH**
1 Apr 1944 – 18 Nov 1944:	Generalleutnant Hellmuth **REYMANN**
18 Nov 1944 – 8 May 1945:	Generalleutnant Gerhard **FEYERABEND**

Area of Operations:
Sep 1939 – May 1940:	Poland
May 1940 – Jun 1941:	France
Jun 1941 – Aug 1943:	Northern sector, Eastern Front
Aug 1943 – Sep 1943:	Greece
Sep 1943 – Oct 1944:	Northern sector, Eastern Front
Oct 1944 – May 1945:	Courland Pocket (Latvia)

11. Panzer Division
(Formed 1 August 1940 from 11. Rifle Brigade)
1 Aug 1940 – 15 Aug 1941:	General der Panzertruppen Ludwig **CRÜWELL**
15 Aug 1941 – 24 Aug 1941:	Generalleutnant Günther **ANGERN**
24 Aug 1941 – 20 Oct 1941:	General der Panzertruppen Hans-Karl Freiherr von **ESEBECK**
20 Oct 1941 – 16 May 1942:	Generalleutnant Walter **SCHELLER**
16 May 1942 – 4 Mar 1943:	General der Panzertruppen Hermann **BALCK**

4 Mar 1943 – 15 May 1943: General der Infanterie Dietrich von **CHOLTITZ**
15 May 1943 – 10 Aug 1943: Generalleutnant Johann **MICKL**
10 Aug 1943 – 10 Apr 1945: Generalleutnant Wend von **WIETERSHEIM**
10 Apr 1945 – 8 May 1945: Generalmajor Horst Freiherr **TREUSCH von BUTTLAR-BRANDENFELS**

Area of Operations:
Aug 1940 – Apr 1941: Germany
Apr 1941 – Jun 1941: Balkans
Jun 1941 – Oct 1941: Southern sector, Eastern Front
Oct 1941 – Jun 1942: Central sector, Eastern Front
Jun 1942 – Jun 1944: Southern sector, Eastern Front
Jun 1944 – Sep 1944: France
Sep 1944 – Dec 1944: Alsace
Dec 1944 – Jan 1945: Ardennes
Jan 1945 – May 1945: Germany

11. Marine Infantry Division
(Formed in March 1945)
Mar 1945 – May 1945:

Area of Operations:
Mar 1945 – May 1945: Netherlands

12. Infantry Division
(In existance since 1935)
1 Sep 1939 – 10 Mar 1940: Generalleutnant Ludwig von der **LEYEN**
10 Mar 1940 – 1 Jan 1942: General der Artillerie Walter von **SEYDLITZ-KURZBACH**
1 Jan 1942 – 1 Mar 1942: Generalleutnant Karl **HERNEKAMP**
1 Mar 1942 – 9 Mar 1942: Generalmajor Gerhard **MÜLLER**
9 Mar 1942 – 11 Jul 1942: Generalleutnant Kurt-Jürgen Freiherr von **LÜTZOW**
11 Jul 1942 – 20 Jul 1942: Generalmajor Wilhelm **LORENZ**
20 Jul 1942 – 25 May 1944: Generalleutnant Kurt-Juurgen Freiherr von **LÜTZOW**
25 May 1944 – 4 Jun 1944: General der Artillerie Curt **JAHN**
4 Jun 1944 – 27 Jun 1944: Generalleutnant Rudolf **BAMLER**
27 Jun 1944: SURRENDERED TO THE RUSSIAN ARMY, MINSK-VITEBSK

Area of Operations:
Sep 1939 – May 1940: Poland
May 1940 – Jun 1941: France
Jun 1941 – Feb 1943: Northern sector, Eastern Front
Feb 1943 – Jun 1944: Central sector, Eastern Front

12. Panzer Division
(Formed on 5 October 1940 from 2. Infantry Division)
5 Oct 1940 – 15 Jan 1942:	Generaloberst Josef **HARPE**
15 Jan 1942 – 1 Mar 1943:	Generalleutnant Walter **WESSEL**
1 Mar 1943 – 20 Apr 1943:	
20 Apr 1943 – 12 Apr 1945:	Generalleutnant Erpo Freiherr von **BODEN-HAUSEN**
28 May 1944 – 16 Jul 1944:	Generalmajor Gerhard **MÜLLER**
16 Jul 1944 – 12 Apr 1945:	Generalleutnant Erpo Freiherr von **BODEN-HAUSEN**
12 Apr 1945 – 8 May 1945:	Oberst von **USEDOM**

Area of Operations:
Oct 1940 – Jul 1941:	Germany
Jul 1941 – Sep 1941:	Central sector, Eastern Front
Sep 1941 – Nov 1942:	Northern sector, Eastern Front
Nov 1942 – Feb 1944:	Central sector, Eastern Front
Feb 1944 – Aug 1944:	Northern sector, Eastern Front
Aug 1944 – May 1945:	Courland Pocket (Latvia)

12. Volksgrenadier Division
(Formed in August 1944)
3 Aug 1944 – 12 Apr 1945:	Generalleutnant Gerhard **ENGEL**
12 Apr 1945 – 18 Apr 1945:	Generalmajor Ernst **KÖNIG**
18 Apr 1945:	DESTROYED IN THE RUHR POCKET

Area of Operations:
Jul 1944 – Sep 1944:	East Prussia
Sep 1944 – Dec 1944:	Germany
Dec 1944 – Jan 1945:	Ardennes
Jan 1945 – Apr 1945:	Germany

13. (Motorized) Infantry Division
(In existance since 1935)
1 Sep 1939 – 6 Sep 1939:	Generalleutnant Moritz von **FABER du FAUR**
6 Sep 1939 – 1 Nov 1939:	General der Infanterie Paul **OTTO**
1 Nov 1939 – 11 Oct 1940:	Generalleutnant Friedrich-Wilhelm von **ROTKIRCH und PANTHEN**
11 Oct 1940:	REDESIGNATED 13. PANZER DIVISION

Area of Operations:
Sep 1939 – May 1940:	Poland
May 1940 – Oct 1940:	France

13. Panzer Division
(Formed from 13. (Motorized) Infantry Division)
11 Oct 1940 – 25 Jun 1941:	Generalleutnant Friedrich-Wilhelm von **ROTKIRCH und PANTHEN**
25 Jun 1941 – 30 Nov 1941:	Generalleutnant Walther **DÜVERT**
1 Dec 1941 – 1 Nov 1942:	General der Panzertruppen Traugott **HERR**

1 Nov 1942 – 1 Dec 1942:   Generalleutnant Hellmut von der **CHEVALLERIE**
1 Dec 1942 – 15 May 1943:   Generalmajor Wilhelm **CRISOLLI**
15 May 1943 – 1 Sep 1943:   Generalleutnant Hellmut von der **CHEVALLERIE**
1 Sep 1943 – 26 Dec 1943:   Generalleutnant Eduard **HAUSER**
26 Dec 1943 – 18 May 1944:   Generalleutnant Hans **MIKOSCH**
18 May 1944 – 25 May 1944:   Oberst Friedrich von **HAKE**
25 May 1944 – 9 Sep 1944:   Generalleutnant Hans **TRÖGER**
9 Sep 1944 – 11 Feb 1945:   Generalmajor Gerhard **SCHMIDHUBER**
11 Feb 1945:   DESTROYED IN HUNGARY

Area of Operations:
Oct 1940 – May 1941:   *Romania*
May 1941 – Jun 1941:   *Germany*
Jun 1941 – Sep 1944:   *Southern sector, Eastern Front*
Sep 1944 – Oct 1944:   *Germany*
Oct 1944 – Feb 1945:   *Hungary*

14. Infantry Division
(In existance since 1934)
1 Sep 1939 – 15 Jun 1940:   General der Artillerie Peter **WEYER**
15 Jun 1940 – 6 Oct 1940:   Generaloberst Dr. Lothar **RENDULIC**
6 Oct 1940 – 1 Jun 1941:   Generalleutnant Friedrich **FÜRST**
15 Nov 1940:   REDESIGNATED 14. MOTORIZED INFANTRY DIVISION
1 Jun 1941 – 1 Oct 1942:   Generalleutnant Heinrich **WOSCH**
1 Oct 1942 – 1 Jan 1943:   Generalleutnant Walther **KRAUSE**
1 Jan 1943:   REDESIGNATED 14. PANZER GRENADIER DIVISION
1 Jan 1943 – 15 May 1943:   Generalleutnant Rudolf **HOLSTE**
15 May 1943 – 28 Dec 1944:   Generalleutnant Hermann **FLÖRKE**
30 Jun 1943:   REDESIGNATED 14. INFANTRY DIVISION
28 Dec 1944 – 20 Mar 1945:   Generalleutnant Erich **SCHNEIDER**
20 Mar 1945 – 8 May 1945:

Area of Operations:
Sep 1939 – May 1940:   *Poland*
May 1940 – Aug 1940:   *France*
Aug 1940 – Jun 1941:   *Germany*
Jun 1941 – May 1945:   *Central sector, Eastern Front; East Prussia*

14. Panzer Division
(Formed on 15 August 1940 from 4. Infantry Division)
15 Aug 1940 – 1 Oct 1940:   General der Infanterie Erik **HANSEN**
1 Oct 1940 – 22 Mar 1941:   Generalleutnant Heinrich von **PRITTWITZ und GAFFRON**
22 Mar 1941 – 1 Jul 1942:   General der Panzertruppen Friedrich **KÜHN**
1 Jul 1942 – 1 Nov 1942:   Generalleutnant Ferdinand **HEIM**
1 Nov 1942 – 16 Nov 1942:   Generalleutnant Hans Freiherr von **FALKENSTEIN**
16 Nov 1942 – 26 Nov 1942:   Generalleutnant Johannes **BAEßLER**
26 Nov 1942 – 31 Jan 1943:   Generalmajor Martin **LATTMANN**

31 Jan 1943:	DESTROYED AT STALINGRAD
1 Apr 1943:	REFORMED IN FRANCE
1 Apr 1943 – 29 Oct 1943:	Generalleutnant Friedrich **SIEBERG**
29 Oct 1943 – 5 Nov 1943:	
5 Nov 1943 – 5 Sep 1944:	Generalleutnant Martin **UNREIN**
5 Sep 1944 – 1 Dec 1944:	Generalmajor Oskar **MUNZEL**
1 Dec 1944 – 10 Feb 1945:	Generalleutnant Martin **UNREIN**
10 Feb 1945 – 15 Mar 1945:	Oberst Friedrich-Wilhelm **JÜRGEN**
15 Mar 1945 – 12 Apr 1945:	Oberst Karl **GRÄSSEL**
12 Apr 1945:	SURRENDERED TO THE RUSSIANS, KURLAND POCKET

Area of Operations:

Aug 1940 – Mar 1941:	*Germany*
Mar 1941 – Apr 1941:	*Hungary*
Apr 1941 – May 1941:	*Yugoslavia*
May 1941 – Jun 1941:	*Germany*
Jun 1941 – Jan 1943:	*Southern sector, Eastern Front*
Apr 1943 – Oct 1943:	*France*
Oct 1943 – Jul 1944:	*Southern sector, Eastern Front*
Jul 1944 – Sep 1944:	*Withdrawn for refitting*
Sep 1944 – May 1945:	*Northern sector, Eastern Front; Courland Pocket (Latvia)*

15. Infantry Division
(In existance since 1935)

1 Sep 1939 – 6 Oct 1939:	Generalleutnant Walter **BEHSCHNITT**
6 Oct 1939 – 17 Jun 1940:	
17 Jun 1940 – 12 Aug 1940:	General der Infanterie Friedrich-Wilhelm von **CHAPPUIS**
12 Aug 1940 – 8 Jan 1942:	General der Artillerie Ernst-Eberhard **HELL**
8 Jan 1942 – 11 Jan 1942:	
11 Jan 1942 – 23 Jan 1942:	Generalmajor Bronislaw **PAWEL**
23 Jan 1942 – 3 Feb 1942:	Generalmajor Alfred **SCHREIBER**
3 Feb 1942 – 18 Jun 1942:	Generalmajor Bronislaw **PAWEL**
18 Jun 1942 – 20 Nov 1943:	General der Infanterie Erich **BUSCHENHAGEN**
20 Nov 1943 – Aug 1944:	

Krishino, Stalino, Ukraine March 1942

Aug 1944: DESTROYED ON THE EASTERN FRONT
Oct 1944: REFORMED
Oct 1944 – 1 Dec 1944:
1 Dec 1944 – 8 May 1945: Generalmajor Hans **LÄNGENFELDER**

Area of Operations:
Sep 1939 – Jun 1941: Germany
Jun 1941 – Apr 1942: Central sector, Eastern Front
Apr 1942 – Feb 1943: France
Feb 1943 – Aug 1944: Southern sector, Eastern Front
Oct 1944 – Feb 1945: Hungary
Feb 1945 – May 1945: Czechoslovakia

15. Panzer Division
(Formed on 1 November 1940 from 33. Infantry Division)
1 Nov 1940 – 22 Mar 1941: General der Panzertruppen Friedrich **KÜHN**
22 Mar 1941 – 10 Apr 1941: Generalleutnant Heinrich von **PRITTWITZ und GAFFRON**
10 Apr 1941 – 13 Apr 1941:
13 Apr 1941 – 13 May 1941: General der Panzertruppen Hans-Karl Freiherr von **ESEBECK**
26 May 1941 – 6 Dec 1941: Generalleutnant Walter **NEUMANN-SILKOW**
6 Dec 1941 – 9 Dec 1941: Generalleutnant Erwin **MENNY**
9 Dec 1941 – 26 May 1942: General der Panzertruppen Gustav von **VAERST**
26 May 1942 – 15 Jul 1942: Generalleutnant Eduard **CRASEMANN**
15 Jul 1942 – 25 Aug 1942: Generalleutnant Heinz von **RANDOW**
25 Aug 1942 – 10 Nov 1942: General der Panzertruppen Gustav von **VAERST**
11 Nov 1942 – 13 May 1943: Generalleutnant Willibald **BOROWIETZ**
13 May 1943: SURRENDERED IN TUNISIA

Area of Operations:
Nov 1940 – Feb 1941: Germany
Feb 1941 – May 1943: North Africa

15. Panzer Grenadier Division
(Formed on 1 July 1943 from Division 'Sizilien')
1 Jul 1943 – Oct 1943: Generalleutnant Eberhard **RODT**
Oct 1943 – 20 Nov 1943: Generalleutnant Ernst-Günther **BAADE**
20 Nov 1943 – 5 Sep 1944: Generalleutnant Rudolf **SPERL**
5 Sep 1944 – 9 Oct 1944: Oberst Karl-Theodor **SIMON**
9 Oct 1944 – 28 Jan 1945: Generalmajor Hans-Joachim **DECKERT**
28 Jan 1945 – ? 1945: Oberst Wolfgang **MAUCKE**

Area of Operations:
Jun 1943 – Aug 1944: Italy
Aug 1944 – Nov 1944: France
Nov 1944 – Dec 1944: Germany
Dec 1944 – Jan 1945: Ardennes
Jan 1945 – Feb 1945: Netherlands
Feb 1945 – May 1945: Northern Germany

16. Infantry Division
(In existance since 1935)

1 Sep 1939 – 1 Feb 1940:	Generaloberst Gotthard **HEINRICI**
1 Feb 1940 – 1 Jun 1940:	Generalleutnant Heinrich **KRAMPF**
1 Jun 1940 – 1 Nov 1940:	Generaloberst Hans-Valentin **HUBE**
1 Nov 1940:	SPLIT INTO 16. (MOTORIZED) INFANTRY DIVISION & 16. PANZER DIVISION

Area of Operations:

Sep 1939 – Nov 1939:	*Poland*
Nov 1939 – May 1940:	*Germany*
May 1940 – Nov 1940:	*France*

16. (Motorized) Infantry Division
(Formed on 1 November 1940 from split of 16. Infantry Division)

1 Nov 1940 – 15 Mar 1941:	General der Infanterie Friedrich-Wilhelm von **CHAPPUIS**
16 Mar 1941 – Oct 1941:	General der Panzertruppen Sigfrid **HENRICI**
Oct 1941 – Nov 1941:	Generalleutnant Johannes **STREICH**
Nov 1941 – 13 Nov 1942:	General der Panzertruppen Sigfrid **HENRICI**
13 Nov 1942:	REDESIGNATED 16. PANZER GRENADIER DIVISION
13 Nov 1942 – 20 May 1943:	General der Panzertruppen Gerhard Graf von **SCHWERIN**
20 May 1943 – 27 Jun 1943:	Generalmajor Wilhelm **CRISOLLI**
27 Jun 1943 – Jan 1944:	General der Panzertruppen Gerhard Graf von **SCHWERIN**
Jan 1944 – Mar 1944:	Generalmajor Günther von **MANTEUFFEL**
Mar 1944 – 28 Mar 1944:	Generalmajor Karl **STINGL**
28 Mar 1944:	REDESIGNATED 116. PANZER DIVISION

Area of Operations:

Nov 1940 – Apr 1941:	*Germany*
Apr 1941 – Jun 1941:	*Balkans*
Jun 1941 – Mar 1944:	*Southern sector, Eastern Front*

16. Panzer Division
(Formed on 1 November 1940 from split of 16. Infantry Division)

1 Nov 1940: – 15 Sep 1942:	Generaloberst Hans-Valentin **HUBE**
15 Sep 1942 – 2 Feb 1943:	Generalleutnant Günther **ANGERN**
Mar 1943 – 5 May 1943:	Generalmajor Burkhart **MÜLLER-HILLEBRAND**
5 May 1943 – 1 Nov 1943:	Generalmajor Rudolf **SIECKENIUS**
1 Nov 1943 – 14 Aug 1944:	Generalmajor Hans-Ulrich **BACK**
14 Aug 1944 – 19 Apr 1945:	Generalleutnant Dietrich von **MÜLLER**
19 Apr 1945 – 8 May 1945:	Oberst Kurt **TREUHAUPT**

Area of Operations:

Nov 1940 – Dec 1940:	*Germany*
Dec 1940 – Jun 1941:	*Romania*
Jun 1941 – Feb 1943:	*Southern sector, Eastern Front; Stalingrad*

Mar 1943 – Jun 1943:   France
Jun 1943 – Nov 1943:   Italy
Nov 1943 – Mar 1945:   Central sector, Eastern Front
Mar 1945 – May 1945:   Czechoslovakia

16. Volksgrenadier Division
(Formed in October 1944 from 158. Reserve Division)
Oct 1944 – Nov 1944:   Generalleutnant Ernst **HAECKEL**
Nov 1944:   Oberst **TILLESSEN**
Nov 1944 – 24 Mar 1945:   Generalmajor Alexander **MOECKEL**
24 Mar 1945 – 8 May 1945:

Area of Operations:
Oct 1944 – Jan 1945:   France
Jan 1945 – May 1945:   Southern Germany

16. Marine Infantry Division
(Formation began in March 1945 but never completed)

17. Infantry Division
(In existance since 1934)
1 Sep 1939 – 27 Oct 1941:   General der Artillerie Herbert **LOCH**
27 Oct 1941 – Nov 1941:
Nov 1941 – 25 Dec 1941:   Generalleutnant Ernst **GÜNTZEL**
25 Dec 1941 – 1 Apr 1943:   General der Infanterie Gustav-Adolf von **ZANGEN**
1 Apr 1943 – Feb 1944:   Generalleutnant Richard **ZIMMER**
Feb 1944 – 15 Mar 1944:   Generalleutnant Otto-Hermann **BRÜCKER**
15 Mar 1944 – 16 Apr 1944: Generalmajor Georg **HAUS**
16 Apr 1944 – May 1944:   Generalleutnant Otto-Hermann **BRÜCKER**
May 1944 – 28 Sep 1944:   Generalleutnant Richard **ZIMMER**
28 Sep 1944 – Apr 1945:   Generalmajor Max **SACHSENHEIMER**
Apr 1945:   SURRENDERED TO THE RUSSIAN ARMY,
                            CZECHOSLOVAKIA

Area of Operations:
Sep 1939 – May 1940:   Poland
May 1940 – Jun 1941:   France
Jun 1941 – Jul 1942:   Central sector, Eastern Front
Jul 1942 – Feb 1943:   France
Feb 1943 – Nov 1944:   Southern sector, Eastern Front
Nov 1944 – Mar 1945:   Poland
Mar 1945 – Apr 1945:   Czechoslovakia

17. Panzer Division
(Formed on 1 November 1940 from 27. Infantry Division)
1 Nov 1940 – 17 Jul 1941:   Generalmajor Karl Ritter von **WEBER**
17 Jul 1941 – 15 Sep 1941: General der Panzertruppen Wilhelm Ritter von
                            THOMA
15 Sep 1941 – 11 Nov 1941: Generaloberst Hans-Jürgen von **ARNIM**
11 Nov 1941 – 10 Oct 1942: Generalleutnant Rudolf-Eduard **LICHT**

10 Oct 1942 – 16 Jun 1943:	General der Panzertruppen Fridolin von **SENGER und ETTERLIN**
16 Jun 1943 – 21 Jul 1943:	Generalleutnant Walter **SCHILLING**
21 Jul 1943 – 20 Sep 1944:	Generalleutnant Karl-Friedrich von der **MEDEN**
20 Sep 1944 – 2 Dec 1944:	Generalmajor Rudolf **DEMME**
2 Dec 1944 – 19 Jan 1945:	Oberst Albert **BRUX**
19 Jan 1945 – 1 Feb 1945:	
1 Feb 1945 – 8 May 1945:	Generalmajor Theodor **KRETSCHMER**

Area of Operations:

Nov 1940 – Jun 1941:	*Germany*
Jun 1941 – Nov 1942:	*Central sector, Eastern Front*
Nov 1942 – Mar 1944:	*Southern sector, Eastern Front*
Mar 1944 – Aug 1944:	*Central sector, Eastern Front*
Aug 1944 – Mar 1945:	*Poland*
Mar 1945 – May 1945:	*Eastern Germany*

18. Infantry Division
(In existance since 1935)

1 Sep 1939 – 24 Mar 1941:	Generalleutnant Friedrich-Karl **CRANZ**
1 Nov 1940:	REDESIGNATED 18. MOTORIZED INFANTRY DIVISION
28 Mar 1941 – 15 Dec 1941:	General der Infanterie Friedrich **HERRLEIN**
15 Dec 1941 – 9 Aug 1943:	General der Infanterie Werner von **ERDMANNSDORFF**
23 Jun 1943:	REDESIGNATED 18. PANZER GRENADIER DIVISION
9 Aug 1943 – 5 Oct 1943:	
5 Oct 1943 – 14 Apr 1944:	Generalleutnant Karl **ZUTAVERN**

Werner von Erdmannsdorff

Kobylkino/Lowat, April 1942

14 Apr 1944 – 24 May 1944: General der Artillerie Curt **JAHN**
24 May 1944 – 10 Sep 1944: Generalleutnant Karl **ZUTAVERN**
10 Sep 1944 – 1 Jan 1945: Generalleutnant Dr. Hans **BOELSEN**
1 Jan 1945 – 8 May 1945: Generalmajor Josef **RAUCH**

Area of Operations:
Sep 1939 – May 1940: *Poland*
May 1940 – Jun 1941: *France*
Jun 1941 – Jan 1942: *Central sector, Eastern Front*
Jan 1942 – Oct 1943: *Northern sector, Eastern Front*
Oct 1943 – Sep 1944: *Central sector, Eastern Front*
Sep 1944 – May 1945: *East Prussia; Berlin*

18. Panzer Division
(Formed on 26 October 1940 from parts of 4. and 14. Infantry Division)
26 Oct 1940 – 26 Jan 1942: General der Panzertruppen Walther **NEHRING**
26 Jan 1942 – Jul 1942: Generalleutnant Karl Freiherr von **THÜNGEN**
Jul 1942 – 24 Aug 1942: General der Nachrichtentruppen Albert **PRAUN**
24 Aug 1942 – 15 Sep 1942: Generalleutnant Karl Freiherr von **THÜNGEN**
15 Sep 1942 – ?: Generalleutnant Erwin **MENNY**
? – 1 Apr 1943: Generalleutnant Karl Freiherr von **THÜNGEN**
1 Apr 1943 – 7 Sep 1943: Generalleutnant Karl-Wilhelm von **SCHLIEBEN**
7 Sep 1943: DEACTIVATED AND REORGANIZED AS 18. ARTILLERY DIVISION

Area of Operations:
Oct 1940 – Jun 1941: *Germany*
Jun 1941 – Sep 1943: *Central sector, Eastern Front*

18. Artillery Division
(Formed on 7 September 1943 following the deactivation of 18. Panzer Division)
7 Sep 1943 – 20 Jul 1944: General der Artillerie Karl **THOHOLTE**
20 Jul 1944: DISBANDED

Area of Operations:
Sep 1943 – Jul 1944: *Southern sector, Eastern Front*

18. Volksgrenadier Division
(Formed in September 1944)
Sep 1944 – 5 Feb 1945: Generalmajor Günter **HOFFMANN-SCHÖNBORN**
5 Feb 1945 – 25 Mar 1945: Generalleutnant Walter **BOTSCH**
25 Mar 1945 – 8 May 1945:

Area of Operations:
Sep 1944 – Oct 1944: *Denmark*
Oct 1944 – Dec 1944: *France*
Dec 1944 – Jan 1945: *Ardennes*
Jan 1945 – May 1945: *Germany*

19. Infantry Division
(In existance since 1935)

1 Sep 1939 – 1 Feb 1940:	Generalleutnant Günther **SCHWANTES**
1 Feb 1940 – 1 Nov 1940:	General der Panzertruppen Otto von **KNOBELSDORFF**
1 Nov 1940:	REDESIGNATED 19. PANZER DIVISION
Aug 1944:	REFORMED AS 19. GRENADIER DIVISION
Aug 1944:	Generalleutnant Otto **ELFELDT**
Aug 1944 – Dec 1944:	Generalleutnant Walter **WIßMATH**
9 Oct 1944:	REDESIGNATED 19. VOLKSGRENADIER DIVISION
Dec 1944 – Feb 1945:	Generalleutnant Walter **WIßMATH**
Feb 1945 – 8 May 1945:	Generalmajor Karl **BRITZELMAYR**

Area of Operations:

Sep 1939 – May 1940:	Poland
May 1940 – Nov 1940:	Belgium
Aug 1944 – Sep 1944:	Denmark
Sep 1944 – Jan 1945:	France
Jan 1945 – May 1945:	Southern Germany

19. Panzer Division
(Formed on 1 November 1940 from 19. Infantry Division)

1 Nov 1940 – 5 Jan 1942:	General der Panzertruppen Otto von **KNOBELSDORFF**
5 Jan 1942 – 7 Aug 1943:	Generalleutnant Gustav **SCHMIDT**
7 Aug 1943 – 28 Mar 1944:	Generalleutnant Hans **KÄLLNER**
28 Mar 1944 – May 1944:	Generalleutnant Walter **DENKERT**
May 1944 – 22 Mar 1945:	Generalleutnant Hans **KÄLLNER**
22 Mar 1945 – 8 May 1945:	Generalmajor Hans-Joachim **DECKERT**

Area of Operations:

Nov 1940 – Jun 1941:	Germany
Jun 1941 – Dec 1942:	Central sector, Eastern Front
Dec 1942 – Jun 1944:	Southen sector, Eastern Front
Jun 1944 – Jul 1944:	Netherlands
Aug 1944 – Feb 1945:	Poland
Feb 1945 – May 1945:	Czechoslovakia

20. (Motorized) Infantry Division
(In existance since 1935)

1 Sep 1939 – 10 Nov 1940:	General der Infanterie Mauritz von **WIKTORIN**
10 Nov 1940 – 12 Jan 1942:	General der Infanterie Hans **ZORN**
12 Jan 1942 – Sep 1942:	General der Infanterie Erich **JASCHKE**
Sep 1942 – 30 Jan 1943:	General der Infanterie Erich **JASCHKE**
30 Jan 1943 – 1 Jan 1945:	General der Panzertruppen Georg **JAUER**
23 Jul 1943:	REDESIGNATED 20. PANZER GRENADIER DIVISION
1 Jan 1945 – 8 May 1945:	Generalmajor Georg **SCHOLZE**

Area of Operations:
Sep 1939 – May 1940:	Poland
May 1940 – Jun 1941:	France
Jun 1941 – Jul 1941:	Central sector, Eastern Front
Jul 1941 – Apr 1943:	Northern sector, Eastern Front
Apr 1943 – Sep 1943:	Central sector, Eastern Front
Sep 1943 – Jul 1944:	Southern sector, Eastern Front
Jul 1944 – Mar 1945:	Poland
Mar 1945 – May 1945:	Berlin

20. Panzer Division
(Formed on 15 October 1940 from portions of 19. Infantry Division)
13 Nov 1940 – 10 Sep 1941:	General der Panzertruppen Horst **STUMPFF**
10 Sep 1941 – 14 Oct 1941:	Generalleutnant Georg von **BISMARCK**
14 Oct 1941 – 1 Jul 1942:	General der Panzertruppen Wilhelm Ritter von **THOMA**
1 Jul 1942 – 1 Oct 1942:	Generalleutnant Walther **DÜVERT**
1 Oct 1942 – 5 May 1943:	General der Panzertruppen Heinrich Freiherr von **LÜTTWITZ**
5 May 1943 – 1 Jan 1944:	General der Panzertruppen Mortimer von **KESSEL**
1 Jan 1944 – 7 Feb 1944:	Generalleutnant Werner **MARCKS**
7 Feb 1944 – 6 Nov 1944:	General der Panzertruppen Mortimer von **KESSEL**
6 Nov 1944 – 8 May 1945:	Generalmajor Hermann von **OPPELN-BRONIKOWSKI**

Area of Operations:
Nov 1940 – Jun 1941:	Germany
Jun 1941 – May 1944:	Central sector, Eastern Front
May 1944 – Aug 1944:	Southern sector, Eastern Front
Aug 1944 – Oct 1944:	Romania
Oct 1944 – Jan 1945:	East Prussia
Jan 1945 – Feb 1945:	Hungary
Feb 1945 – May 1945:	Poland; Eastern Germany

21. Infantry Division
(In existance since 1935)
1 Sep 1939 – 26 Oct 1939:	General der Infanterie Hans-Kuno von **BOTH**
26 Oct 1939 – 1 Nov 1939:	
1 Nov 1939 – 10 Jan 1943:	General der Infanterie Otto **SPONHEIMER**
10 Jan 1943 – 1 Nov 1943:	General der Infanterie Gerhard **MATZKY**
1 Nov 1943 – 1 Dec 1943:	Generalmajor Hubert **LAMEY**
1 Dec 1943 – 1 Mar 1944:	General der Infanterie Gerhard **MATZKY**
1 Mar 1944 – 28 Mar 1944:	Generalleutnant Franz **SENSFUß**
28 Mar 1944 – 22 Aug 1944:	General der Infanterie Hermann **FOERTSCH**
22 Aug 1944 – 25 Sep 1944:	Generalleutnant Heinrich **GÖTZ**
25 Sep 1944 – 15 Jan 1945:	
15 Jan 1945 – 1 Apr 1945:	Generalleutnant Heinrich **GÖTZ**
1 Apr 1945 – 8 May 1945:	Generalmajor Karl **KOETZ**

Area of Operations:
Sep 1939 – May 1940:	Poland
May 1940 – Jun 1941:	France
Jun 1941 – Sep 1944:	Northern sector, Eastern Front
Sep 1944 – May 1945:	Central sector, Eastern Front; East Prussia

21. Panzer Division
(Formed on 1 August 1941 from 5. Light Infantry Division)

1 Aug 1941 – 11 Feb 1942:	Generalleutnant Karl **BÖTTCHER**
20 May 1941 – 29 Nov 1941:	Generalleutnant Johann von **RAVENSTEIN**
29 Nov 1941 – 1 Dec 1941:	Oberstleutnant Gustav-Georg **KNABE**
1 Dec 1941 – 11 Feb 1942:	Generalleutnant Karl **BÖTTCHER**
11 Feb 1942 – 21 Jul 1942:	Generalleutnant Georg von **BISMARCK**
21 Jul 1942 – Aug 1942:	Oberst Alfred **BRUER**
Aug 1942 – 1 Sep 1942:	Generalleutnant Georg von **BISMARCK**
1 Sep 1942 – 18 Sep 1942:	Generalleutnant Carl-Hans **LUNGERSHAUSEN**
18 Sep 1942 – 21 Dec 1942:	Generalleutnant Heinz von **RANDOW**
21 Dec 1942 – 1 Jan 1943:	
1 Jan 1943 – 15 Mar 1943:	Generalleutnant Hans-Georg **HILDEBRANDT**
15 Mar 1943 – 12 May 1943:	Generalmajor Heinrich-Hermann von **HÜLSEN**
12 May 1943:	SURRENDERED TO THE BRITISH ARMY, NORTH AFRICA
1 Jul 1943:	REFORMED
15 May 1943 – 1 Jul 1944:	Generalleutnant Edgar **FEUCHTINGER**
15 Jan 1944 – 8 Mar 1944:	Generalmajor Oswin **GROLIG**
8 Mar 1944 – 8 May 1944:	Generalleutnant Franz **WESTHOVEN**
8 May 1944 – 25 Jan 1945:	Generalleutnant Edgar **FEUCHTINGER**
25 Jan 1945 – 12 Feb 1945:	Oberst Helmut **ZOLLENKOPF**
12 Feb 1945 – Apr 1945:	Generalleutnant Werner **MARCKS**
Apr 1945:	DESTROYED BY RUSSIAN ARMY

Area of Operations:
Aug 1941 – May 1943:	North Africa
Jul 1943 – Dec 1944:	France
Dec 1944 – Feb 1945:	Germany
Feb 1945 – May 1945:	Poland; Eastern Germany

22. (Air Landing) Infantry Division
(In existance since 1935)

1 Sep 1939 – 10 Oct 1941:	Generalleutnant Hans Graf von **SPONECK**
10 Oct 1941 – 1 Aug 1942:	General der Infanterie Ludwig **WOLFF**
1 Aug 1942 – 15 Feb 1944:	General der Infanterie Friedrich-Wilhelm **MÜLLER**
15 Feb 1944 – 2 Apr 1944:	Generalmajor Heinrich **KREIPE**
2 Apr 1944 – 1 May 1944:	
1 May 1944 – 15 Apr 1945:	Generalleutnant Helmut **FRIEBE**
Mar 1945:	REDESIGNATED 22. VOLKSGRENADIER DIVISION
15 Apr 1945 – 8 May 1945:	Generalleutnant Gerhard **KÜHNE**

Area of Operations:
Sep 1939 – May 1940:   Poland; West Wall
May 1940 – Jun 1941:   Netherlands
Jun 1941 – Jul 1942:   Southern sector, Eastern Front
Jul 1942 – Sep 1944:   Crete
Sep 1944 – May 1945:   Balkans; Austria

22. Panzer Division
(Formed on 25 September 1941)
25 Sep 1941 – 7 Oct 1942:   Generalleutnant Wilhelm von **APELL**
7 Oct 1942 – 1 Nov 1942:   Generalleutnant Hellmut von der **CHEVALLERIE**
1 Nov 1942 – 4 Mar 1943:   Generalleutnant Eberhard **RODT**
4 Mar 1943:   REDESIGNATED KAMPFGRUPPE 'BRUGS-THALER'
7 Apr 1943:   ABSORBED INTO 23. PANZER DIVISION

Area of Operations:
Sep 1941 – Feb 1942:   France
Feb 1942 – Apr 1943:   Southern sector, Eastern Front

23. Infantry Division
(In existance since 1934)
1 Sep 1939 – 1 Jun 1940:   General der Infanterie Walter Graf von **BROCKDORFF-AHLEFELDT**
1 Jun 1940 – 17 Jan 1942:   Generalleutnant Heinz **HELLMICH**
17 Jan 1942 – 9 Jul 1942:   Generalleutnant Kurt **BADINSKI**
9 Jul 1942:   REDESIGNATED 26. PANZER DIVISION
15 Nov 1942:   REFORMED
15 Nov 1942 – Aug 1943:   Generalmajor Friedrich von **SCHELLWITZ**
Aug 1943 – 1 Sep 1943:   General der Artillerie Horst von **MELLENTHIN**
1 Sep 1943 – 22 Feb 1944:   Generalleutnant Paul **GURRAN**
22 Feb 1944 – 1 Aug 1944:   Generalleutnant Walter **CHALES de Beaulieu**
1 Aug 1944 – 8 May 1945:   Generalleutnant Hans **SCHIRMER**

Area of Operations:
Sep 1939 – May 1940:   Poland
May 1940 – Jun 1941:   France
Jun 1941 – Jul 1942:   Central sector, Eastern Front
Nov 1942 – Jan 1943:   Germany
Jan 1943 – Oct 1943:   Northern sector, Eastern Front
Oct 1943 – Feb 1944:   Central sector, Eastern Front
Feb 1944 – Jan 1945:   Northern sector, Eastern Front
Jan 1945 – May 1945:   East Prussia

23. Panzer Division
(Formed on 25 September 1941)
25 Sep 1941 – 16 Nov 1941: Generalleutnant Hans Freiherr von **BOINEBURG-LENGSFELD**
16 Nov 1941 – 22 Nov 1941: Generalmajor Heinz-Joachim **WERNER-EHRENFEUCHT**

22 Nov 1941 – 20 Jul 1942: Generalleutnant Hans Freiherr von **BOINEBURG-LENGSFELD**
20 Jul 1942 – 26 Aug 1942: Generalmajor Erwin **MACK**
26 Aug 1942 – 26 Dec 1942: Generalleutnant Hans Freiherr von **BOINEBURG-LENGSFELD**
26 Dec 1942 – 25 Oct 1943: General der Panzertruppen Nikolaus von **VORMANN**
25 Oct 1943 – 1 Nov 1943: Generalmajor Ewald **KRAEBER**
1 Nov 1943 – 18 Nov 1943: Generalmajor Heinz-Joachim **WERNER-EHRENFEUCHT**
18 Nov 1943 – 9 Jun 1944: Generalmajor Ewald **KRAEBER**
9 Jun 1944 – 8 May 1945: Generalleutnant Josef von **RADOWITZ**

Area of Operations:
Sep 1941 – Apr 1942: France
Apr 1942 – Aug 1944: Southern sector, Eastern Front
Aug 1944 – Oct 1944: Poland
Oct 1944 – Apr 1945: Hungary
Apr 1945 – May 1945: Slovenia; Austria

24. Infantry Division
(In existance since 1935)
1 Sep 1939 – 15 Feb 1940: General der Infanterie Friedrich **OLBRICHT**
15 Feb 1940 – 14 Jun 1940: Generalleutnant Justin von **OBERNITZ**
14 Jun 1940 – 23 Feb 1943: General der Infanterie Hans von **TETTAU**
23 Feb 1943 – 1 Mar 1943:
1 Mar 1943 – 18 Feb 1944: General der Gebirgstruppen Kurt **VERSOCK**
18 Feb 1944 – 24 Feb 1944:
24 Feb 1944 – 31 May 1944: Generalleutnant Hans Freiherr von **FALKENSTEIN**
31 May 1944 – 3 Jun 1944:
3 Jun 1944 – 3 Sep 1944: General der Gebirgstruppen Kurt **VERSOCK**
3 Sep 1944 – 8 May 1945: Generalmajor Harald **SCHULTZ**

Area of Operations:
Sep 1939 – May 1940: Poland
May 1940 – Jun 1941: France
Jun 1941 – Dec 1942: Southern sector, Eastern Front
Dec 1942 – May 1945: Northern sector, Eastern Front; Courland Pocket (Latvia)

24. Panzer Division
(Formed on 28 November 1941 from 1. Cavalry Division)
28 Nov 1941 – 15 Apr 1942: General der Kavallerie Kurt **FELDT**
15 Apr 1942 – 12 Sep 1942: General der Panzertruppen Bruno Ritter von **HAUENSCHILD**
12 Sep 1942 – 31 Jan 1943: Generalleutnant Arno von **LENSKI**
31 Jan 1943: DESTROYED AT STALINGRAD
1 Mar 1943: REFORMED
1 Mar 1943 – 1 Aug 1944: General der Panzertruppen Maximilian Freiherr von **EDELSHEIM**

1 Aug 1944 – 25 Mar 1945:	Generalmajor Gustav-Adolf von **NOSTITZ-WALLWITZ**
25 Mar 1945 – 8 May 1945:	Major Rudolf von **KNEBEL-DOEBERITZ**

Area of Operations:
Nov 1941 – Apr 1942:	East Prussia
Apr 1942 – Jun 1942:	France
Jun 1942 – Jan 1943:	Southern sector, Eastern Front; Stalingrad
Mar 1943 – Aug 1943:	France
Aug 1943 – Oct 1943:	Italy
Oct 1943 – Aug 1944:	Southern sector, Eastern Front
Aug 1944 – Jan 1945:	Poland; Hungary
Jan 1945 – Apr 1945:	East Prussia
Apr 1945 – May 1945:	Northwestern Germany

25. Infantry Division
(In existance since 1934)
1 Sep 1939 – 15 Oct 1939:	General der Artillerie Christian **HANSEN**
15 Oct 1939 – 15 Jan 1942:	General der Infanterie Heinrich **CLÖßNER**
15 Nov 1940:	REDESIGNATED 25. (MOTORIZED) INFANTRY DIVISION
15 Jan 1942 – 4 Feb 1942:	General der Panzertruppen Sigfrid **HENRICI**
4 Feb 1942 – 5 Nov 1943:	General der Infanterie Anton **GRASSER**
23 Jun 1943:	REDESIGNATED 25. PANZER GRENADIER DIVISION
5 Nov 1943 – 4 Mar 1944:	Generalleutnant Dr. Fritz **BENICKE**
4 Mar 1944 – Jul 1944:	Generalleutnant Paul **SCHÜRMANN**
Jul 1944:	DESTROYED ON THE EASTERN FRONT
Oct 1944:	REFORMED
Oct 1944 – 10 Feb 1945:	Generalleutnant Paul **SCHÜRMANN**
10 Feb 1945 – 8 May 1945:	Generalleutnant Arnold **BURMEISTER**

Area of Operations:
Sep 1939 – May 1940:	Poland
May 1940 – Jun 1941:	France
Jun 1941 – Jul 1944:	Central sector, Eastern Front
Oct 1944 – Jan 1945:	France
Jan 1945 – May 1945:	Eastern Germany

25. Panzer Division
(Formed on 25 February 1942)
25 Feb 1942 – 31 Dec 1942:	Generalleutnant Johann **HAARDE**
1 Jan 1943 – 15 Nov 1943:	Generalleutnant Adolf von **SCHELL**
15 Nov 1943 – 20 Nov 1943:	General der Panzertruppen Georg **JAUER**
20 Nov 1943 – 10 May 1944:	Generalleutnant Hans **TRÖGER**
10 May 1944 – 1 Jun 1944:	REFITTING IN DENMARK FOLLOWING HEAVY LOSSES
1 Jun 1944 – 18 Aug 1944:	Generalmajor Oswin **GROLIG**
18 Aug 1944 – 8 May 1945:	Generalmajor Oskar **AUDÖRSCH**

Area of Operations:
Feb 1942 – Aug 1943:	Norway
Aug 1943 – Sep 1943:	Denmark
Sep 1943 – Oct 1943:	France
Oct 1943 – May 1944:	Central sector, Eastern Front
May 1944 – Sep 1944:	Denmark
Sep 1944 – Apr 1945:	Poland
Apr 1945 – May 1945:	Eastern Germany

26. Infantry Division
(In existance since 1935)
1 Sep 1939 – 15 Jan 1941:	General der Infanterie Sigismund von **FÖRSTER**
15 Jan 1941 – 15 Apr 1942:	Generaloberst Walter **WEISS**
15 Apr 1942 – 5 Aug 1943:	General der Infanterie Friedrich **WIESE**
5 Aug 1943 – 10 Aug 1944:	Generalleutnant Johann de **BOER**
10 Aug 1944 – 8 May 1945:	Generalmajor Heinz **KOKOTT**
17 Sep 1944:	REDESIGNATED 26. VOLKSGRENADIER DIVISION

Area of Operations:
Sep 1939 – May 1940:	Germany
May 1940 – Jun 1941:	France
Jun 1941 – Sep 1944:	Central sector, Eastern Front
Sep 1944 – Nov 1944:	Poland
Nov 1944 – May 1945:	Luxemburg; Western Front

26. Panzer Division
(Formed on 14 September 1942 from 23. Infantry Division)
14 Sep 1942 – 22 Jan 1944:	General der Panzertruppen Smilo Freiherr von **LÜTTWITZ**
22 Jan 1944 – 20 Feb 1944:	Generalmajor Hans **HECKER**
20 Feb 1944 – 6 Jul 1944:	General der Panzertruppen Smilo Freiherr von **LÜTTWITZ**
6 Jul 1944 – 29 Jan 1945:	Generalleutnant Eduard **CRASEMANN**
29 Jan 1945 – 19 Apr 1945:	Generalmajor Alfred **KUHNERT**
19 Apr 1945 – 8 May 1945:	Generalleutnant Viktor **LINNARZ**

Area of Operations:
Sep 1942 – Oct 1942:	Belgium
Oct 1942 – Jul 1943:	France
Jul 1943 – May 1945:	Italy

27. Infantry Division
(In existance since 1935)
1 Sep 1939 – 5 Oct 1940:	Generalleutnant Friedrich **BERGMANN**
5 Oct 1940 – 1 Nov 1940:	Generaloberst Hans-Jürgen von **ARNIM**
1 Nov 1940:	REDESIGNATED 17. PANZER DIVISION

Area of Operations:
Sep 1939 – May 1940:   Poland
May 1940 – Nov 1940:   France

27. Panzer Division
(Formed on 1 October 1942)
1 Oct 1942 – 30 Nov 1942:   Generalmajor Helmut **MICHALIK**
30 Nov 1942 – 15 Feb 1943:   Generalleutnant Hans **TRÖGER**
15 Feb 1943:   DISBANDED

Area of Operations:
Oct 1942 – Feb 19431:   Southern sector, Eastern Front

28. Infantry Division
(In existance since 1934)
1 Sep 1939 – 21 May 1940:   General der Infanterie Hans von **OBSTFELDER**
21 May 1940 – 1 May 1943:   General der Artillerie Johann **SINNHUBER**
Jul 1942:   REDESIGNATED 28. JÄGER DIVISION
1 May 1943 – 25 Nov 1943:   General der Infanterie Friedrich **SCHULZ**
25 Nov 1943 – Jan 1944:   Generalmajor Hubert **LAMEY**
Jan 1944 – 28 Apr 1944:   General der Artillerie Hans **SPETH**
28 Apr 1944 – 20 Nov 1944:   Generalleutnant Gustav **HEISTERMANN von ZIEHLBERG**
20 Nov 1944 – 12 Apr 1945:   Generalmajor Ernst **KÖNIG**
12 Apr 1945 – 8 May 1945:   Oberst Hans **TEMPELHOF**

Area of Operations:
Sep 1939 – May 1940:   Poland
May 1940 – Jun 1941:   France
Jun 1941 – Nov 1941:   Central sector, Eastern Front
Nov 1941 – Feb 1942:   France
Feb 1942 – Oct 1942:   Southern sector, Eastern Front; Crimea
Oct 1942 – Jul 1944:   Northern sector, Eastern Front
Jul 1944 – Jan 1945:   Central sector, Eastern Front
Jan 1945 – May 1945:   East Prussia

29. (Motorized) Infantry Division
(In existance since 1934)
1 Sep 1939 – 7 May 1940:   General der Panzertruppen Joachim **LEMELSEN**
7 May 1940 – 7 Sep 1940:   General der Panzertruppen Willibald Freiherr von **LANGERMANN und ERLENCAMP**
7 Sep 1940 – 20 Sep 1941:   Generalleutnant Walter von **BOLTENSTERN**
20 Sep 1941 – 28 Sep 1942:   Generalleutnant Max **FREMEREY**
28 Sep 1942 – 1 Oct 1942:
1 Oct 1942 – 31 Jan 1943:   Generalmajor Hans-Georg **LEYSER**
31 Jan 1943:   DESTROYED AT STALINGRAD
1 Mar 1943:   REFORMED AS 29. PANZER GRENADIER DIVISION
1 Mar 1943 – 24 Aug 1944:   General der Panzertruppen Walter **FRIES**
24 Aug 1944 – 24 Apr 1945:   Generalleutnant Dr. Fritz **POLACK**

24 Apr 1945: DESTROYED IN ITALY

Area of Operations:
Sep 1939 – May 1940: Poland
May 1940 – Jun 1941: France
Jun 1941 – Jan 1943: Southern sector, Eastern Front; Stalingrad
Mar 1943 – Jul 1943: France
Jul 1943 – Apr 1945: Italy

30. Infantry Division
(In existance since 1934)
1 Sep 1939 – 25 Nov 1940: General der Infanterie Kurt von **BRIESEN**
25 Nov 1940 – 5 Jan 1941:
5 Jan 1941 – 5 Jun 1942: General der Infanterie Kurt von **TIPPELSKIRCH**
5 Jun 1942 – 29 Oct 1943: General der Infanterie Thomas-Emil von **WICKEDE**
29 Oct 1943 – Sep 1943: Generalmajor Gerhard **HENKE**
Sep 1943 – 5 Nov 1943: Generalleutnant Paul **WINTER**
5 Nov 1943 – 15 Mar 1944: General der Infanterie Wilhelm **HASSE**
15 Mar 1944 – 15 Aug 1944: Generalleutnant Hans von **BASSE**
15 Aug 1944 – 30 Jan 1945: Generalmajor Otto **BARTH**
30 Jan 1945 – 8 May 1945: Generalleutnant Albert **HENZE**

Area of Operations:
Sep 1939 – May 1940: Poland
May 1940 – Jun 1941: Belgium; France
Jun 1941 – May 1945: Northern sector, Eastern Front; Courland Pocket (Latvia)

31. Infantry Division
(In existance since 1934)
1 Sep 1939 – 1 May 1941: General der Artillerie Rudolf **KAEMPFE**
1 May 1941 – 22 May 1941:
22 May 1941 – 13 Aug 1941: Generalleutnant Kurt **KALMUKOFF**

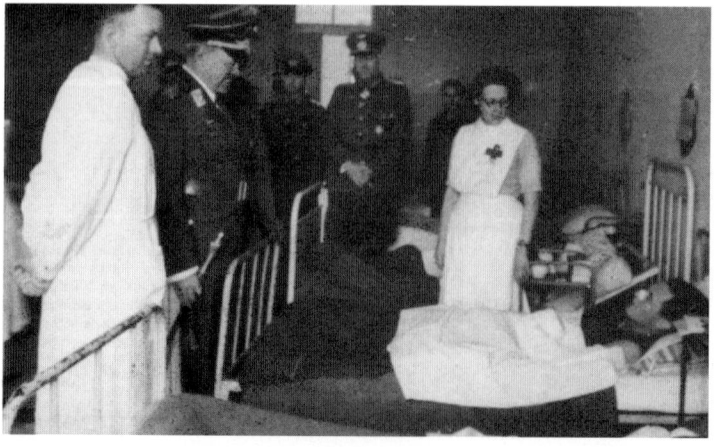

Albert Kesselring with wounded soldiers of the 29. (Motorized) Infantry Division

13 Aug 1941 – 15 Aug 1941:	
15 Aug 1941 – 21 Jan 1942:	Generalleutnant Gerhard **BERTHOLD**
21 Jan 1942 – 28 Feb 1942:	General der Infanterie Friedrich **HOSSBACH**
28 Feb 1942 – 14 Apr 1942:	Generalleutnant Gerhard **BERTHOLD**
14 Apr 1942 – 16 Apr 1942:	
16 Apr 1942 – 1 Apr 1943:	Generalleutnant Kurt **PFLIEGER**
1 Apr 1943 – 16 May 1943:	Generalleutnant Hermann **FLÖRKE**
16 May 1943 – 2 Aug 1943:	General der Infanterie Friedrich **HOSSBACH**
2 Aug 1943 – 25 Sep 1943:	
25 Sep 1943 – Jun 1944:	Generalleutnant Wilhelm **OCHSNER**
Jun 1944:	DESTROYED ON THE EASTERN FRONT
Jun 1944:	REFORMED AS 31. GRENADIER DIVISION
Jun 1944 – 1 Jul 1944:	Generalmajor Ernst **KÖNIG**
1 Jul 1944 – Sep 1944:	Generalmajor Hans-Joachim von **STOLZMANN**
Oct 1944:	REDESIGNATED 31. VOLKSGRENADIER DIVISION
Oct 1944 – 8 May 1945:	Generalmajor Hans-Joachim von **STOLZMANN**

Area of Operations:
Sep 1939 – May 1940:	*Poland*
May 1940 – Jun 1941:	*Belgium; France*
Jun 1941 – Sep 1944:	*Central sector, Eastern Front*
Sep 1944 – Jan 1945:	*Northern sector, Eastern Front*
Jan 1945 – May 1945:	*Northern Germany; Berlin*

32. Infantry Division
(In existance since 1934)

1 Sep 1939 – 1 Oct 1939:	General der Gebirgstruppen Franz **BOEHME**
1 Oct 1939 – 1 Dec 1939:	Generalleutnant Eccard Freiherr von **GABLENZ**
1 Dec 1939 – 15 Jun 1940:	General der Gebirgstruppen Franz **BOEHME**
15 Jun 1940 – 1 Mar 1942:	Generalleutnant Wilhelm **BOHNSTEDT**
1 Mar 1942 – 1 Jun 1942:	Generalleutnant Karl **HERNEKAMP**
1 Jun 1942 – 27 Jun 1943:	General der Infanterie Wilhelm **WEGENER**
27 Jun 1943 – 16 Aug 1943:	Generalleutnant Alfred **THIELMANN**
16 Aug 1943 – 12 Sep 1943:	General der Infanterie Wilhelm **WEGENER**
12 Sep 1943 – 1 Feb 1944:	Generalleutnant Hans **BOECKH-BEHRENS**
1 Feb 1944 – 1 Jun 1944:	Generalmajor Franz **SCHLIEPER**
1 Jun 1944 – Aug 1944:	Generalleutnant Hans **BOECKH-BEHRENS**
Aug 1944:	Generalmajor Georg **KOSSMALA**
Aug 1944 – 8 May 1945:	Generalleutnant Hans **BOECKH-BEHRENS**

Area of Operations:
Sep 1939 – May 1940:	*Poland*
May 1940 – Jun 1941:	*France*
Jun 1941 – Jan 1944:	*Northern sector, Eastern Front*
Jan 1944:	*Central sector, Eastern Front*
Jan 1944 – Jan 1945:	*Northern sector, Eastern Front; Courland Pocket (Latvia)*
Jan 1945 – May 1945:	*Northern Germany*

33. Infantry Division
(In existance since 1935)

1 Sep 1939 – 29 Apr 1940:	General der Artillerie Hermann Ritter von **SPECK**
29 Apr 1940 – 5 Oct 1940:	Generalleutnant Rudolf **SINTZENICH**
5 Oct 1940 – 1 Nov 1940:	General der Panzertruppen Friedrich **KÜHN**
1 Nov 1940:	REDESIGNATED 15. PANZER DIVISION

Area of Operations:

Sep 1939 – May 1940:	Germany
May 1940 – Nov 1940:	France

34. Infantry Division
(In existance since 1935)

1 Sep 1939 – 11 May 1940:	General der Artillerie Hans **BEHLENDORFF**
11 May 1940 – 1 Nov 1940:	Generalleutnant Werner **SANNE**
1 Nov 1940 – 18 Oct 1941:	General der Artillerie Hans **BEHLENDORFF**
18 Oct 1941 – 5 Sep 1942:	Generalleutnant Friedrich **FÜRST**
5 Sep 1942 – 2 Nov 1942:	Generalleutnant Theodor **SCHERER**
2 Nov 1942 – 31 May 1944:	General der Infanterie Friedrich **HOCHBAUM**
31 May 1944 – 1945:	Generalleutnant Theobald **LIEB**
1945:	Oberst Ferdinand **HIPPEL**

Area of Operations:

Sep 1939 – May 1940:	West Wall
May 1940 – Jun 1941:	France
Jun 1941 – Jul 1944:	Central sector, Eastern Front
Jul 1944 – May 1945:	Italy

35. Infantry Division
(In existance since 1935)

1 Sep 1939 – 25 Nov 1940:	General der Infanterie Hans Wolfgang **REINHARD**
25 Nov 1940 – 1 Dec 1941:	General der Infanterie Walther **FISCHER von WEIKERSTHAL**
1 Dec 1941 – 10 Sep 1942:	General der Artillerie Rudolf Freiherr von **ROMAN**
10 Sep 1942 – Apr 1943:	Generalleutnant Ludwig **MERKER**
Apr 1943 – 8 Jun 1943:	Generalleutnant Otto **DRESCHER**
8 Jun 1943 – 5 Nov 1943:	Generalleutnant Ludwig **MERKER**
5 Nov 1943 – 9 Apr 1944:	Generalleutnant Johann-Georg **RICHERT**
9 Apr 1944 – 11 May 1944:	Generalmajor Gustav **GIHR**
11 May 1944 – Aug 1944:	Generalleutnant Johann-Georg **RICHERT**
Aug 1944:	REDESIGNATED 35. VOLKSGRENADIER DIVISION
Aug 1944 – May 1945:	Generalleutnant Johann-Georg **RICHERT**
May 1945:	Generalmajor der Reserve Dr. Ernst **MEINERS**

Area of Operations:

Sep 1939 – May 1940:	West Wall
May 1940 – Jun 1941:	Belgium; France
Jun 1941 – Nov 1942:	Central sector, Eastern Front
Nov 1942 – Apr 1943:	Southern sector, Eastern Front

Apr 1943 – Apr 1945:	Central sector, Eastern Front; Poland
Apr 1945 – May 1945:	East Prussia

36. Infantry Division
(In existance since 1935)

1 Sep 1939 – 1 Oct 1940:	Generaloberst Georg **LINDEMANN**
1 Oct 1940 – 25 Oct 1940:	
25 Oct 1940:	REDESIGNATED 36. MOTORIZED INFANTRY DIVISION
25 Oct 1940 – 15 Oct 1941:	Generalleutnant Otto **OTTENBACHER**
15 Oct 1941 – 1 Aug 1943:	General der Infanterie Hans **GOLLNICK**
Jun 1943:	REDESIGNATED 36. INFANTRY DIVISION
1 Aug 1943 – 10 Aug 1943:	Generalleutnant Rudolf **STEGMANN**
10 Aug 1943 – 20 Sep 1943:	Generalmajor Gottfried **FRÖLICH**
20 Sep 1943 – 1 Jan 1944:	Generalleutnant Rudolf **STEGMANN**
1 Jan 1944 – 17 Jan 1944:	Generalmajor Horst **KADGIEN**
17 Jan 1944 – 19 Jan 1944:	Generalleutnant Egon von **NEINDORFF**
19 Jan 1944 – May 1944:	Generalmajor Alexander **CONRADY**
May 1944 – 1 Jul 1944:	Generalmajor Alexander **CONRADY**
1 Jul 1944:	DESTROYED ON THE EASTERN FRONT
1 Aug 1944:	REFORMED AS 36. GRENADIER DIVISION
1 Aug 1944 – Mar 1945:	Generalmajor August **WELLM**
9 Oct 1944:	REDESIGNATED 36. VOLKSGRENADIER DIVISION
Mar 1945 – 8 May 1945:	Generalmajor Helmut **KLEIKAMP**

Area of Operations:

Sep 1939 – May 1940:	West Wall
May 1940 – Jun 1941:	France
Jun 1941 – Jul 1942:	Northern sector, Eastern Front
Jul 1942 – Jul 1944:	Central sector, Eastern Front

35. Infantry Division 1940

Aug 1944 – Jan 1945: France
Jan 1945 – May 1945: Southern Germany

38. Infantry Division
(Formed in June 1942)
30 Jun 1942 – 25 Aug 1943: Generalleutnant Friedrich-Georg **EBERHARDT**
25 Aug 1943 – 14 Nov 1943: Generalmajor Knut **EBERDING**
14 Nov 1943: DESTROYED ON THE EASTERN FRONT, DISBANDED

Area of Operations:
Jun 1942 – Aug 1942: France
Aug 1942 – Apr 1943: Netherlands; France
Apr 1943 – Nov 1943: Southern sector, Eastern Front

39. Infantry Division
(Formed in July 1942)
10 Jul 1942 – 18 Dec 1942: Generalleutnant Hugo **HÖFL**
18 Dec 1942 – 31 Dec 1942:
31 Dec 1942 – 15 May 1943: Generalleutnant Ludwig **LÖWENECK**
15 May 1943 – 3 Sep 1943: Generalmajor Maximilian **HÜNTEN**
3 Sep 1943 – 20 Nov 1943: Generalleutnant Paul **MAHLMANN**
20 Nov 1943: DESTROYED ON THE EASTERN FRONT, DISBANDED

Area of Operations:
Jul 1942 – Mar 1943: Netherlands
Mar 1943 – Nov 1943: Southern sector, Eastern Front

41. Fortress Division
(Formed in Nov 1943)
20 Nov 1943 – 27 Apr 1944: Generalleutnant Franz **KRECH**
27 Apr 1944 – 1 May 1944:
1 May 1944 – 1 Aug 1944: Generalleutnant Dr. Fritz **BENICKE**
1 Aug 1944 – Jan 1945: Generalleutnant Wolfgang **HAUSER**
Jan 1945: REDESIGNATED 41. INFANTRY DIVISION
Jan 1945 – 8 May 1945: Generalleutnant Wolfgang **HAUSER**

Area of Operations:
Nov 1943 – Oct 1944: Greece
Oct 1944 – May 1945: Balkans

42. Jäger Division
(Formed in January 1944 from 187. Jäger Division)
1 Jan 1944 – 26 Apr 1944: Generalleutnant Josef **BRAUNER von HAYDRINGEN**
26 Apr 1944 – 24 Apr 1945: Generalleutnant Walter **JOST**
24 Apr 1945: SURRENDERED IN ITALY

Area of Operations:
Jan 1944 – Mar 1944:	Croatia
Mar 1944 – May 1944:	Hungary
May 1944 – Jul 1944:	Yugoslavia
Jul 1944 – Apr 1945:	Italy

44. Infantry Division
(In existance since 1938)

1 Sep 1939 – 1 Oct 1939:	General der Infanterie Albrecht **SCHUBERT**
1 Oct 1939 – 2 May 1942:	General der Infanterie Friedrich **SIEBERT**
2 May 1942 – 31 Jan 1943:	Generalleutnant Heinrich **DEBOI**
31 Jan 1943:	DESTROYED AT STALINGRAD
1 Mar 1943:	REFORMED AS 44. REICHSGRENADIER DIVISION '*HOCH UND DEUTSCHMEISTER*'
1 Mar 1943 – 1 Jan 1944:	General der Infanterie Dr. Franz **BEYER**
1 Jan 1944 – 1 May 1944:	Generalleutnant Dr. Fritz **FRANEK**
1 May 1944 – 25 Jun 1944:	Generalleutnant Bruno **ORTNER**
25 Jun 1944 – 23 Mar 1945:	Generalleutnant Hans-Günther von **ROST**
23 Mar 1945 – 8 May 1945:	Oberst **HOFFMANN**

Area of Operations:
Sep 1939 – May 1940:	Poland
May 1940 – Jun 1941:	France
Jun 1941 – Jan 1943:	Southern sector, Eastern Front; Stalingrad
Mar 1943 – Aug 1943:	Austria
Aug 1943 – Nov 1944:	Italy
Nov 1944 – May 1945:	Hungary; Austria

45. Infantry Division
(In existance since 1938 – former 4. Austrian Division)

1 Sep 1939 – 1 Oct 1940:	General der Infanterie Friedrich **MATERNA**
1 Oct 1940 – 25 Oct 1940:	
25 Oct 1940 – 27 Apr 1941:	Generalmajor Gerhard **KÖRNER**
27 Apr 1941 – 1 May 1941:	
1 May 1941 – 27 Feb 1942:	Generalleutnant Fritz **SCHLIEPER**
27 Feb 1942 – 25 Apr 1943:	Generalleutnant Fritz **KÜHLWEIN**
25 Apr 1943 – 30 Nov 1943:	Generalleutnant Hans Freiherr von **FALKENSTEIN**
30 Nov 1943 – 27 Feb 1944:	Generalmajor Joachim **ENGEL**
27 Feb 1944 – 9 Apr 1944:	Generalmajor Gustav **GIHR**
9 Apr 1944 – Jun 1944:	Generalmajor Joachim **ENGEL**
Jun 1944:	DESTROYED ON THE EASTERN FRONT
19 Jul 1944:	REFORMED AS 45. GRENADIER DIVISION
19 Jul 1944 – 8 May 1945:	Generalmajor Richard **DANIEL**
Oct 1944:	REDESIGNATED 45. VOLKSGRENADIER DIVISION

Area of Operations:
Sep 1939 – May 1940:	Poland
May 1940 – Jun 1941:	France; Belgium
Jun 1941 – Jun 1944:	Central sector, Eastern Front

Jul 1944 – May 1945: Central sector, Eastern Front; Poland; Czechoslovakia

46. Infantry Division
(In existance since 1938)
1 Sep 1939 – 24 Jul 1940: Generalleutnant Paul von **HASE**
24 Jul 1940 – 17 Sep 1941: General der Infanterie Karl **KRIEBEL**
17 Sep 1941 – 26 Mar 1942: Generalleutnant Kurt **HIMER**
26 Mar 1942 – 5 Apr 1942:
5 Apr 1942 – 7 Feb 1943: Generalleutnant Ernst **HACCIUS**
7 Feb 1943 – 13 Feb 1943: General der Infanterie Arthur **HAUFFE**
13 Feb 1943 – 1 May 1943: General der Gebirgstruppen Karl von **LE SUIRE**
1 May 1943 – 20 Aug 1943: General der Infanterie Arthur **HAUFFE**
20 Aug 1943 – 10 Jul 1944: General der Infanterie Kurt **RÖPKE**
10 Jul 1944 – 26 Aug 1944: Oberst **EWRIGMANN**
26 Aug 1944 – 8 May 1945: Generalleutnant Erich **REUTER**

Area of Operations:
Sep 1939 – May 1940: Poland
May 1940 – Jun 1941: France
Jun 1941 – Sep 1944: Southern sector, Eastern Front
Sep 1944 – May 1945: Hungary; Czechoslovakia

47. Infantry Division
(Formed in February 1944)
Feb 1944 – 30 Jul 1944: Generalleutnant Otto **ELFELDT**
30 Jul 1944 – 4 Sep 1944: Generalmajor Carl **WAHLE**
4 Sep 1944: REDESIGNATED 47. VOLKSGRENADIER DIVISION
4 Sep 1944 – 18 Sep 1944: Generalleutnant Sigfrid **MACHOLZ**
18 Sep 1944 – Mar 1945: Generalleutnant Max **BORK**
Mar 1945: DESTROYED ON THE WESTERN FRONT

Area of Operations:
Feb 1944 – Sep 1944: France
Sep 1944 – Mar 1945: Western Germany

48. Infantry Division
(Formed in February 1944 from 171. Reserve Division)
1 Feb 1944 – 1 Oct 1944: Generalleutnant Karl **CASPER**
1 Oct 1944 – Oct 1944: Generalmajor Gerhard **KEGLER**
Oct 1944 – Nov 1944: Oberst Arnold **SCHOLZ**
Nov 1944: DESTROYED IN FRANCE
Jan 1945: REFORMED AS 48. VOLKSGRENADIER DIVISION
30 Jan 1945 – 8 May 1945: Generalleutnant Karl **CASPER**

Area of Operations:
Jan 1944 – Aug 1944:	Belgium
Aug 1944 – Sep 1944:	France
Sep 1944 – Nov 1944:	Luxemburg
Jan 1945 – May 1945:	Austria

49. Infantry Division
(Formed in February 1944 from 191. Reserve Division)
Feb 1944 – 4 Sep 1944:	Generalleutnant Sigfrid **MACHOLZ**
4 Sep 1944 – Oct 1944:	Generalleutnant Vollrath **LÜBBE**
Oct 1944:	DESTROYED AT AACHEN

Area of Operations:
Feb 1944 – Aug 1944:	France
Aug 1944 – Oct 1944:	Belgium; Western Germany

50. Infantry Division
(In existance since 1938)
1 Sep 1939 – 25 Oct 1940:	Generalleutnant Konrad **SORSCHE**
25 Oct 1940 – 23 Jan 1942:	Generaloberst Karl Adolf **HOLLIDT**
23 Jan 1942 – 31 Jan 1942:	
31 Jan 1942 – 1 Mar 1942:	Generalleutnant August **SCHMIDT**
1 Mar 1942 – 26 Jun 1943:	Generalleutnant Friedrich **SCHMIDT**
26 Jun 1943 – 30 Apr 1944:	Generalleutnant Friedrich **SIXT**
30 Apr 1944 – 9 May 1944:	Generalmajor Paul **BETZ**
May 1944:	DESTROYED IN THE CRIMEA
Jun 1944:	REFORMED
5 Jun 1944 – 2 Jul 1944:	Generalmajor Georg **HAUS**
2 Jul 1944 – 22 Jul 1944:	
22 Jul 1944 – 18 Apr 1945:	Generalmajor Georg **HAUS**
18 Apr 1945 – 28 Apr 1945:	Generalmajor Kurt **DOMANSKY**
28 Apr 1945 – 8 May 1945:	

Area of Operations:
Sep 1939 – May 1940:	Poland
May 1940 – Jun 1941:	France
Jun 1941 – May 1944:	Southern sector, Eastern Front
May 1944 – May 1945:	Central sector, Eastern Front; East Prussia

52. Infantry Division
(Formed in mid-1939)
1 Sep 1939 – 8 Sep 1939:	Generaloberst Karl Adolf **HOLLIDT**
8 Sep 1939 – 5 Oct 1940:	Generaloberst Hans-Jürgen von **ARNIM**
5 Oct 1940 – 1 Nov 1942:	Generaloberst Dr. Lothar **RENDULIC**
1 Nov 1942 – 5 Nov 1943:	Generalleutnant Rudolf **PESCHEL**
Dec 1943:	REDESIGNATED 52. FIELD TRAINING DIVISION
10 Dec 1943 – 8 Apr 1944:	Generalmajor Albert **NEWIGER**
Apr 1944:	REDESIGNATED 52. SECURITY DIVISION
8 Apr 1944 – 20 Apr 1944:	
20 Apr 1944 – 5 Sep 1944:	Generalmajor Albert **NEWIGER**

5 Sep 1944 – 1 Oct 1944:	Generalleutnant Albrecht Baron **DIGEON von MONTETON**
1 Oct 1944:	DISBANDED

Area of Operations:
Sep 1939 – Apr 1940:	Poland
Apr 1940 – Jun 1941:	Norway; France
Jun 1941 – Nov 1943:	Central sector, Eastern Front
Nov 1943 – Dec 1943:	Withdrawn for refitting
Dec 1943 – Oct 1944:	Central sector, Eastern Front

56. Infantry Division
(Formed in mid-1939)
1 Sep 1939 – 15 Sep 1939:	
15 Sep 1939 – 24 Jul 1940:	General der Infanterie Karl **KRIEBEL**
24 Jul 1940 – 1 Aug 1940:	
1 Aug 1940 – 15 Nov 1940:	Generalleutnant Paul von **HASE**
15 Nov 1940 – 24 Jan 1943:	General der Infanterie Karl von **OVEN**
24 Jan 1943 – 15 Sep 1943:	Generalleutnant Otto **LÜDECKE**
15 Sep 1943:	DISBANDED
Jun 1944:	REFORMED
1 Jun 1944 – 5 Jul 1944:	Generalmajor Bernhard **PAMPEL umbenannt in Pamberg**
5 Jul 1944 – 15 Jul 1944:	
15 Jul 1944 – 24 Mar 1945:	Generalleutnant Edmund **BLAUROCK**
24 Mar 1945:	DESTROYED IN EAST PRUSSIA

Area of Operations:
Sep 1939 – May 1940:	Poland
May 1940 – Jun 1941:	Belgium
Jun 1941 – Sep 1943:	Central sector, Eastern Front
Jun 1944 – Mar 1945:	East Prussia

57. Infantry Division
(Formed in mid-1939)
1 Sep 1939 – 26 Sep 1941:	Generalleutnant Oskar **BLÜMM**
26 Sep 1941 – 10 Apr 1942:	General der Infanterie Anton **DOSTLER**
10 Apr 1942 – 10 Oct 1942:	Generalleutnant Oskar **BLÜMM**
10 Oct 1942 – 20 Feb 1943:	General der Infanterie Friedrich **SIEBERT**
20 Feb 1943 – 1 Sep 1943:	Generalleutnant Otto **FRETTER-PICO**
1 Sep 1943 – 19 Sep 1943:	Generalleutnant Vinzenz **MÜLLER**
19 Sep 1943 – 7 Jul 1944:	Generalmajor Adolf **TROWITZ**
Jul 1944:	DESTROYED ON THE EASTERN FRONT

Area of Operations:
Sep 1939 – May 1940:	Poland
May 1940 – Jun 1941:	France
Jun 1941 – Feb 1944:	Southern sector, Eastern Front
Feb 1944 – Jul 1944:	Central sector, Eastern Front

58. Infantry Division
(Formed in mid-1939)
1 Sep 1939 – 4 Sep 1941:	Generalleutnant Iwan **HEUNERT**
4 Sep 1941 – 2 Apr 1941:	Generalleutnant Dr. Friedrich **ALTRICHTER**
2 Apr 1941 – 27 Mar 1942:	
27 Mar 1942 – 1 May 1943:	Generalleutnant Karl von **GRAFFEN**
1 May 1943 – 7 Jun 1943:	General der Artillerie Wilhelm **BERLIN**
7 Jun 1943 – 15 Sep 1943:	
15 Sep 1943 – 13 Apr 1945:	Generalleutnant Curt **SIEWERT**
Apr 1945:	SURRENDERED TO THE RUSSIAN ARMY, EAST PRUSSIA

Area of Operations:
Sep 1939 – May 1940:	*Germany*
May 1940 – Dec 1941:	*France*
Dec 1941 – Oct 1943:	*Northern sector, Eastern Front*
Oct 1943 – Jan 1944:	*Central sector, Eastern Front*
Jan 1944 – Jun 1944:	*Northern sector, Eastern Front*
Jun 1944 – Apr 1945:	*Central sector, Eastern Front; East Prussia*

59. Infantry Division
(Formed in July 1944)
5 Jul 1944 – Feb 1945:	Generalleutnant Walter **POPPE**
Feb 1945 – Mar 1945:	Generalleutnant Hanskurt **HÖCKER**
Apr 1945:	DESTROYED IN THE RUHR POCKET

Area of Operations:
Jul 1944 – Dec 1944:	*France; Netherlands*
Dec 1944 – Apr 1945:	*Western Germany*

60. Infantry Division
(Formed in August 1939)
1 Sep 1939 – 15 May 1942:	Generalleutnant Friedrich-Georg **EBERHARDT**
Aug 1940:	REDESIGNATED 60. MOTORIZED INFANTRY DIVISION
15 May 1942 – Nov 1942:	Generalleutnant Otto **KOHLERMANN**
Nov 1942 – 1 Feb 1943:	Generalmajor Hans Adolf von **ARENSTORFF**
1 Feb 1943:	DESTROYED AT STALINGRAD
Jun 1943:	REFORMED AS 60. PANZERGRENADIER DIVISION
Jun 1943 – 3 Apr 1944:	Generalleutnant Otto **KOHLERMANN**
3 Apr 1944 – 8 Jul 1944:	Generalmajor Friedrich-Carl von **STEINKELLER**
8 Jul 1944 – 1 Sep 1944:	
1 Sep 1944 – Nov 1944:	Generalmajor Günther **PAPE**
Nov 1944:	REDESIGNATED 60. PANZER DIVISION 'FELDHERRNHALLE'
Nov 1944 – 8 May 1945:	Generalmajor Günther **PAPE**

Area of Operations:
Sep 1939 – May 1940:	*Germany*
May 1940 – Apr 1941:	*France*
Apr 1941 – Nov 1941:	*Yugoslavia*
Nov 1941 – Feb 1943:	*Southern sector, Eastern Front; Stalingrad*
Jun 1943 – Oct 1943:	*France*
Oct 1943 – Feb 1944:	*Central sector, Eastern Front*
Feb 1944 – Jun 1944:	*Northern sector, Eastern Front*
Jun 1944 – Oct 1944:	*Central sector, Eastern Front*
Oct 1944 – Feb 1945:	*Hungary*
Feb 1945 – May 1945:	*Austria*

61. Infantry Division
(Formed in August 1939)

1 Sep 1939 – 27 Mar 1942:	General der Infanterie Siegfried **HAENICKE**
27 Mar 1942 – 7 Apr 1942:	Generalmajor Franz **SCHEIDIES**
7 Apr 1942 – 1 Feb 1943:	Generalleutnant Werner **HÜHNER**
1 Feb 1943 – 30 Apr 1943:	Generalleutnant Günther **KRAPPE**
30 Apr 1943 – 1 May 1943:	Generalleutnant Gottfried **WEBER**
1 May 1943 – 11 Dec 1944:	Generalleutnant Günther **KRAPPE**
Dec 1943 – 1 Feb 1944:	Generalmajor Johann Albrecht von **BLÜCHER**
1 Feb 1944 – 11 Dec 1944:	Generalleutnant Günther **KRAPPE**
Oct 1944:	REDESIGNATED 61. VOLKSGRENADIER DIVISION
11 Dec 1944 – 8 Apr 1945:	Generalleutnant Rudolf **SPERL**
Apr 1945:	DESTROYED IN EAST PRUSSIA

Area of Operations:
Sep 1939 – May 1940:	*Poland*
May 1940 – Jun 1941:	*Belgium*
Jun 1941 – Jul 1944:	*Northern sector, Eastern Front*
Jul 1944 – Jan 1945:	*Central sector, Eastern Front*
Jan 1945 – Apr 1945:	*East Prussia*

62. Infantry Division
(Formed in August 1939)

1 Sep 1939 – 17 Sep 1941:	General der Artillerie Walter **KEINER**
17 Sep 1941 – 23 Sep 1941:	
23 Sep 1941 – 15 Sep 1942:	Generalleutnant Rudolf **FRIEDRICH**
15 Sep 1942 – 22 Dec 1942:	Generalmajor Richard-Heinrich von **REUSS**
22 Dec 1942 – 31 Jan 1943:	Generalmajor Erich **GRUNER**
31 Jan 1943 – 5 Nov 1943:	Generalleutnant Helmuth **HUFFMANN**
5 Nov 1943 – 15 Nov 1943:	
15 Nov 1943 – 10 Mar 1944:	Generalleutnant Botho Graf von **HÜLSEN**
10 Mar 1944 – Aug 1944:	Generalmajor Louis **TRONNIER**
Aug 1944:	DESTROYED ON THE EASTERN FRONT
1 Nov 1944:	REFORMED AS 62. VOLKSGRENADIER DIVISION
1 Nov 1944 – Dec 1944:	Generalmajor Friedrich **KITTEL**

Dec 1944 – 1945:	Generalmajor Fritz **WARNECKE**
1945 – 1 Feb 1945:	Generalmajor Friedrich **KITTEL**
1 Feb 1945 – Apr 1945:	
Apr 1945:	SURRENDERED IN THE RUHR POCKET

Area of Operations:

Sep 1939 – May 1940:	Poland
May 1940 – Jun 1941:	France
Jun 1941 – Aug 1944:	Southern sector, Eastern Front
Nov 1944:	Germany
Nov 1944 – Jan 1945:	France; Ardennes
Jan 1945 – Apr 1945:	Western Germany

63. Infantry Division
(Formation begun in March 1945 from Naval cadres, but never completed)

64. Infantry Division
(Formed in July 1944)

5 Jul 1944 – 2 Nov 1944:	Generalmajor Knut **EBERDING**
3 Nov 1944:	DESTROYED IN BELGIUM

Area of Operations:

Jul 1944 – Nov 1944:	France; Belgium

65. Infantry Division
(Formed in July 1942)

10 Jul 1942 – 1 Jan 1943:	Generalleutnant Hans **BÖMERS**
1 Jan 1943 – 31 May 1943:	Generalleutnant Wilhelm **RUPPRECHT**
31 May 1943 – 1 Dec 1943:	Generalleutnant Gustav **HEISTERMANN von ZIEHLBERG**
1 Dec 1943 – 22 Apr 1945:	Generalleutnant Hellmuth **PFEIFFER**
22 Apr 1945:	SURRENDERED IN ITALY

Area of Operations:

Jul 1942 – Aug 1943:	Netherlands
Aug 1943 – Apr 1945:	Italy

68. Infantry Division
(Formed in August 1939)

1 Sep 1939 – 14 Nov 1941:	Generalleutnant Georg **BRAUN**
14 Nov 1941 – 16 Nov 1941:	
16 Nov 1941 – 24 Jan 1943:	Generalleutnant Robert **MEISSNER**
24 Jan 1943 – 25 Oct 1943:	Generalleutnant Hans **SCHMIDT**
25 Oct 1943 – 8 May 1945:	Generalleutnant Paul **SCHEUERPFLUG**

Area of Operations:

Sep 1939 – May 1940:	Poland
May 1940 – Jun 1941:	France
Jun 1941 – Sep 1944:	Southern sector, Eastern Front
Sep 1944 – Jan 1945:	Slovakia; Poland
Jan 1945 – May 1945:	Silesia

69. Infantry Division
(Formed in August 1939)

1 Sep 1939 – 29 Sep 1941:	General der Artillerie Hermann **TITTEL**
29 Sep 1941 – 1 Feb 1944:	Generalleutnant Bruno **ORTNER**
1 Feb 1944 – 20 Jan 1945:	Generalleutnant Siegfried **REIN**
20 Jan 1945 – 9 Feb 1945:	Oberst **GRIMME**
9 Feb 1945 – 12 Apr 1945:	Generalmajor Kaspar **VÖLKER**
12 Apr 1945:	DESTROYED AT KÖNIGSBERG, EAST PRUSSIA

Area of Operations:

Sep 1939 – Apr 1940:	Germany
Apr 1940 – Apr 1943:	Norway
Apr 1943 – Sep 1944:	Northern sector, Eastern Front
Sep 1944 – Jan 1945:	Central sector, Eastern Front
Jan 1945 – Apr 1945:	East Prussia

70. Infantry Division
(Formed in May 1944)

15 May 1944 – 9 Nov 1944:	Generalleutnant Wilhelm **DASER**
9 Nov 1944:	DESTROYED ON WALCHEREN ISLAND, HOLLAND

Area of Operations:

May 1944 – Nov 1944:	Netherlands

71. Infantry Division
(Formed in mid-1939)

1 Sep 1939 – 15 Oct 1939:	Generalmajor Wolfgang **ZIEGLER**
15 Oct 1939 – 15 Feb 1941:	General der Infanterie Karl **WEISENBERGER**
15 Feb 1941 – 28 Mar 1941:	General der Infanterie Friedrich **HERRLEIN**
28 Mar 1941 – 24 Jan 1943:	General der Infanterie Alexander von **HARTMANN**
25 Jan 1943 – 27 Jan 1943:	
27 Jan 1943 – 31 Jan 1943:	Generalmajor Fritz **ROSKE**
31 Jan 1943:	DESTROYED AT STALINGRAD
Mar 1943:	REFORMED
15 Mar 1943 – 1 Jan 1945:	Generalleutnant Wilhelm **RAAPKE**
1 Jan 1945 – 8 May 1945:	Generalmajor Eberhard von **SCHUCKMANN**

Area of Operations:

Sep 1939 – May 1940:	West Wall
May 1940 – Jun 1941:	France
Jun 1941 – Oct 1941:	Southern sector, Eastern Front
Oct 1941 – Apr 1942:	France
Apr 1942 – Jan 1943:	Southern sector, Eastern Front; Stalingrad
Mar 1943 – Aug 1943:	Denmark
Aug 1943 – Jan 1944:	Slovenia
Jan 1944 – Dec 1944:	Italy
Dec 1944 – May 1945:	Hungary; Austria

72. Infantry Division

(Formed in mid-1939)

1 Sep 1939 – 25 Jul 1940:	General der Infanterie Franz **MATTENKLOTT**
25 Jul 1940 – 4 Sep 1940:	General der Infanterie Helge **AULEB**
4 Sep 1940 – 6 Nov 1941:	General der Infanterie Franz **MATTENKLOTT**
6 Nov 1941 – 10 Jul 1942:	Generalleutnant Philipp **MÜLLER-GEBHARD**
10 Jul 1942 – 24 Nov 1942:	Generalmajor Curt **SOUCHAY**
24 Nov 1942 – 17 Feb 1943:	Generalleutnant Philipp **MÜLLER-GEBHARD**
17 Feb 1943 – 3 May 1943:	Generalleutnant Ralph Graf von **ORIOLA**
3 May 1943 – 1 Nov 1943:	Generalleutnant Philipp **MÜLLER-GEBHARD**
1 Nov 1943 – 20 Nov 1943:	Generalleutnant Erwin **MENNY**
20 Nov 1943 – 23 Dec 1943:	
23 Dec 1943 – 25 Mar 1944:	Generalleutnant Dr. Hermann **HOHN**
25 Mar 1944:	DESTROYED ON THE EASTERN FRONT
Jun 1944:	REFORMED
10 Jun 1944 – 19 Jun 1944:	Generalmajor Karl **ARNING**
19 Jun 1944 – 1 Jul 1944:	General der Kavallerie Gustav **HARTENECK**
1 Jul 1944 – 20 Apr 1945:	Generalleutnant Dr. Hermann **HOHN**
20 Apr 1945 – 1 May 1945:	
1 May 1945 – 8 May 1945:	Generalleutnant Hugo **BEIßWÄNGER**

Area of Operations:

Sep 1939 – May 1940:	*West Wall*
May 1940 – Apr 1941:	*France*
Apr 1941 – Jul 1941:	*Balkans*
Jul 1941 – Sep 1942:	*Southern sector, Eastern Front*
Sep 1942 – Dec 1943:	*Central sector, Eastern Front*
Dec 1943 – Mar 1944:	*Southern sector, Eastern Front*
Jun 1944 – Mar 1945:	*Poland*
Mar 1945 – May 1945:	*Czechoslovakia*

Karl Arning

73. Infantry Division
(Formed in mid-1939)

1 Sep 1939 – 29 Sep 1939:	General der Artillerie Friedrich von **RABENAU**
29 Sep 1939 – 29 Oct 1941:	General der Infanterie Bruno **BIELER**
1 Nov 1941 – 1 Feb 1943:	General der Infanterie Rudolf **BÜNAU**
1 Feb 1943 – 7 Sep 1943:	Generalmajor Johannes **NEDTWIG**
7 Sep 1943 – 13 May 1944:	Generalleutnant Hermann **BÖHME**
13 May 1944:	CAPTURED AT SEVASTOPOL, CRIMEA
Jun 1944:	REFORMED
26 Jun 1944 – 30 Jul 1944:	Generalleutnant Dr. Fritz **FRANEK**
30 Jul 1944 – 7 Sep 1944:	Generalmajor Kurt **HÄHLING**
7 Sep 1944 – 10 Apr 1945:	Generalmajor Franz **SCHLIEPER**
10 Apr 1945:	DESTROYED AT DANZIG

Area of Operations:

Sep 1939 – May 1940:	Poland
May 1940 – Apr 1941:	France
Apr 1941 – Jul 1941:	Balkans
Jul 1941 – May 1944:	Southern sector, Eastern Front
Jun 1944 – Jan 1945:	Poland
Jan 1945 – Apr 1945:	Eastern Germany; Danzig

75. Infantry Division
(Formed in mid-1939)

1 Sep 1939 – 5 Sep 1942:	Generalleutnant Ernst **HAMMER**
5 Sep 1942 – 15 Sep 1942:	Generalleutnant Erich **DIESTEL**
15 Sep 1942 – 10 Jul 1944:	Generalleutnant Helmuth **BEUKEMANN**
10 Jul 1944 – 6 Apr 1945:	Generalmajor Karl **ARNING**
6 Apr 1945 – 8 May 1945:	Generalmajor Lothar **BERGER**

Area of Operations:

Sep 1939 – May 1940:	West Wall
May 1940 – Jun 1941:	France
Jun 1941 – Dec 1944:	Southern sector, Eastern Front
Dec 1944 – May 1945:	Central sector, Eastern Front; Poland; Czechoslovakia

76. Infantry Division
(Formed in mid-1939)

1 Sep 1939 – 26 Jan 1942:	General der Artillerie Maximilian **DE ANGELIS**
26 Jan 1942 – 31 Jan 1943:	Generalleutnant Carl **RODENBURG**
31 Jan 1943:	DESTROYED AT STALINGRAD
Apr 1943:	REFORMED
1 Apr 1943 – Jul 1944:	General der Infanterie Erich **ABRAHAM**
Jul 1944:	Generalleutnant Otto-Hermann **BRÜCKER**
Aug 1944 – 4 Sep 1944:	General der Infanterie Erich **ABRAHAM**
4 Sep 1944 – 17 Oct 1944:	WITHDRAWN FOR REFITTING
17 Oct 1944 – 8 Feb 1945:	Generalleutnant Siegfried von **REKOWSKI**
8 Feb 1945 – 14 Feb 1945:	Oberst Dr. Wilhelm-Moritz Freiherr von **BISSING**
14 Feb 1945 – 8 May 1945:	Generalmajor Erhard-Heinrich **BERNER**

Area of Operations:

Sep 1939 – May 1940:	Germany
May 1940 – Nov 1940:	France
Nov 1940 – Jun 1941:	Poland
Jun 1941 – Jan 1943:	Southern sector, Eastern Front; Stalingrad
Apr 1943 – Aug 1943:	France
Aug 1943 – Oct 1943:	Italy
Oct 1943 – Oct 1944:	Southern sector, Eastern Front
Oct 1944 – Jan 1945:	Hungary
Jan 1945 – May 1945:	Czechoslovakia

77. Infantry Division
(Formed in February 1944)

1 Feb 1944 – 25 Apr 1944:	Generalleutnant Walter **POPPE**
25 Apr 1944 – 1 May 1944:	Oberst der Reserve Rudolf **BACHERER**
1 May 1944 – 18 Jun 1944:	Generalleutnant Rudolf **STEGMANN**
18 Jun 1944 – Sep 1944:	Oberst der Reserve Rudolf **BACHERER**
Sep 1944:	DESTROYED AT ST. MALO, FRANCE

Area of Operations:

Feb 1944 – Sep 1944:	France

78. Infantry Division
(Formed in mid-1939)

1 Sep 1939 – 1 Oct 1939:	General der Artillerie Fritz **BRAND**
1 Oct 1939 – 29 Sep 1941:	General der Artillerie Curt **GALLENKAMP**
29 Sep 1941 – 19 Nov 1941:	Generalleutnant Emil **MARKGRAF**
19 Nov 1941 – 7 Jan 1942:	
7 Jan 1942 – 30 Dec 1942:	General der Infanterie Paul **VÖLCKERS**
30 Dec 1942:	REDESIGNATED 78. ASSAULT DIVISION
30 Dec 1942 – 1 Apr 1943:	General der Infanterie Paul **VÖLCKERS**
1 Apr 1943 – 1 Nov 1943:	Generalleutnant Hans **TRAUT**
1 Nov 1943 – 15 Feb 1944:	Generalleutnant Heribert von **LARISCH**
15 Feb 1944 – 12 Jul 1944:	Generalleutnant Hans **TRAUT**
12 Jul 1944 – 23 Sep 1944:	General der Infanterie Siegfried **RASP**
18 Jul 1944:	REDESIGNATED 78. GRENADIER DIVISION
23 Sep 1944 – 1 Dec 1944:	Generalmajor Alois **WEBER**
9 Oct 1944:	REDESIGNATED 78. VOLKSGRENADIER DIVISION
1 Dec 1944 – 18 Jan 1945:	Generalleutnant Harald von **HIRSCHFELD**
18 Jan 1945 – 1 May 1945:	Generalmajor Wilhelm **NAGEL**
Feb 1945:	REDESIGNATED 78. VOLKS-STURM DIVISION
1 May 1945 – 8 May 1945:	Generalmajor Erich **GEIßLER**

Area of Operations:

Sep 1939 – May 1940:	Germany
May 1940 – Jun 1941:	France
Jun 1941 – Oct 1944:	Central sector, Eastern Front
Oct 1944 – Jan 1945:	Poland
Jan 1945 – May 1945:	Silesia; Czechoslovakia

79. Infantry Division
(Formed in mid-1939)

1 Sep 1939 – 12 Jan 1942:	Generaloberst Karl **STRECKER**
12 Jan 1942 – 14 Jan 1942:	
14 Jan 1942 – 31 Jan 1943:	Generalleutnant Richard von **SCHWERIN**
31 Jan 1943:	DESTROYED AT STALINGRAD
Mar 1943:	REFORMED
Mar 1943 – 5 Jun 1943:	Generalleutnant Richard von **SCHWERIN**
5 Jun 1943 – 10 Jun 1943:	
10 Jun 1943 – 25 Oct 1943:	Generalmajor Heinrich **KREIPE**
25 Oct 1943 – 29 Aug 1944:	Generalleutnant Friedrich-August **WEINKNECHT**
29 Aug 1944:	DESTROYED ON THE EASTERN FRONT
Oct 1944:	REFORMED AS 79. VOLKSGRENADIER DIVISION
Oct 1944 – Mar 1945:	
Mar 1945:	Oberst Kurt **HUMMEL**
Mar 1945:	DISBANDED

Area of Operations:

Sep 1939 – May 1940:	Germany
May 1940 – Jun 1941:	France
Jun 1941 – Jan 1943:	Southern sector, Eastern Front; Stalingrad
Mar 1943 – Aug 1944:	Southern sector, Eastern Front
Aug 1944:	Romania
Oct 1944 – Dec 1944:	Poland
Dec 1944 – Mar 1945:	Western Germany

80. Infantry Division
(Formation began in May 1943, but never completed)

81. Infantry Division
(Formed in December 1939)

1 Dec 1939 – 5 Oct 1940:	Generalleutnant Friedrich-Wilhelm von **LOEPER**
5 Oct 1940 – 8 Dec 1941:	Generalmajor Hugo **RIBSTEIN**
8 Dec 1941 – 10 Dec 1941:	
10 Dec 1941 – 1 Mar 1943:	Generalleutnant Erich **SCHOPPER**
1 Mar 1943 – 13 Mar 1943:	Generalleutnant Gottfried **WEBER**
13 Mar 1943 – 1 Jun 1943:	Generalleutnant Erich **SCHOPPER**
1 Jun 1943 – 30 Jun 1943:	Generalleutnant Gottfried **WEBER**
30 Jun 1943 – 5 Apr 1944:	Generalleutnant Erich **SCHOPPER**
5 Apr 1944 – 1 Jul 1944:	Generalleutnant Vollrath **LÜBBE**
1 Jul 1944 – 10 Jul 1944:	Generalmajor der Reserve Dr. Ernst **MEINERS**
10 Jul 1944 – 8 May 1945:	Generalleutnant Franz-Eccard von **BENTIVEGNI**

Area of Operations:

Dec 1939 – May 1940:	Germany
May 1940 – Dec 1941:	France
Dec 1941 – Feb 1944:	Central sector, Eastern Front
Feb 1944 – May 1945:	Northern sector, Eastern Front; Courland Pocket (Latvia)

82. Infantry Division
(Formed in December 1939)
1 Dec 1939 – 1 Apr 1942:	Generalleutnant Josef **LEHMANN**
1 Apr 1942 – 6 Jul 1942:	General der Infanterie Friedrich **HOSSBACH**
6 Jul 1942 – 31 Jan 1943:	Generalleutnant Alfred **BAENTSCH**
31 Jan 1943 – 15 Mar 1943:	Generalleutnant Karl **FAULENBACH**
15 Mar 1943 – Apr 1943:	Generalleutnant Walter **HEYNE**
Apr 1943 – May 1943:	Generalleutnant Friedrich-August **WEINKNECHT**
May 1943 – 10 May 1944:	Generalleutnant Walter **HEYNE**
10 May 1944:	DISBANDED

Area of Operations:
Dec 1939 – May 1940:	Germany
May 1940 – Dec 1940:	France
Dec 1940 – Jan 1941:	Germany
Jan 1941 – May 1942:	Netherlands
May 1942 – Jul 1943:	Southern sector, Eastern Front
Jul 1943 – Oct 1943:	Central sector, Eastern Front
Oct 1943 – May 1944:	Southern sector, Eastern Front

83. Infantry Division
(Formed in December 1939)
1 Dec 1939 – 10 Dec 1940:	General der Infanterie Kurt von der **CHEVALLERIE**
10 Dec 1940 – 3 Feb 1942:	Generalleutnant Alexander von **ZÜLOW**
3 Feb 1942 – 12 Feb 1942:	Generalleutnant Fritz-Georg von **RAPPARD**
12 Feb 1942 – 2 Nov 1942:	Generalleutnant Adolf **SINZINGER**
2 Nov 1942 – 1 Mar 1944:	Generalleutnant Theodor **SCHERER**
1 Mar 1944 – 29 Jun 1944:	Generalleutnant Wilhelm **HEUN**
29 Jun 1944 – 22 Aug 1944:	Generalleutnant Heinrich **GÖTZ**
22 Aug 1944 – 27 Mar 1945:	Generalleutnant Wilhelm **HEUN**
27 Mar 1945 – 26 Apr 1945:	Generalmajor der Reserve Maximilian **WENGLER**
26 Apr 1945:	SURRENDERED AT HELA

Area of Operations:
Dec 1939 – May 1940:	Poland
May 1940 – Dec 1940:	France
Dec 1940 – Jan 1941:	Germany
Jan 1941 – Dec 1941:	France
Dec 1941 – Oct 1943:	Central sector, Eastern Front
Oct 1943 – Apr 1945:	Northern sector, Eastern Front; Courland Pocket; West Prussia

84. Infantry Division
(Formed in February 1944)
10 Feb 1944 – 21 Aug 1944:	Generalleutnant Erwin **MENNY**
21 Aug 1944:	CAPTURED AT THE FALAISE GAP, FRANCE
Sep 1944:	REFORMED
26 Sep 1944 – May 1945:	Generalmajor Heinz **FIEBIG**
May 1945:	Oberst Siegfried **KOSSACK**
May 1945:	DISBANDED

Area of Operations:
Feb 1944 – May 1944:   Poland
May 1944 – Aug 1944:   France
Sep 1944 – May 1945:   Netherlands; Western Germany

85. Infantry Division
(Formed in February 1944)
1 Feb 1944 – 22 Nov 1944:   Generalleutnant Kurt **CHILL**
22 Nov 1944 – 15 Mar 1945:   Generalmajor Helmut **BECHLER**
15 Mar 1945:   DESTROYED ON THE WESTERN FRONT

Area of Operations:
Feb 1944 – Sep 1944:   France
Sep 1944 – Mar 1945:   Netherlands; Western Germany

86. Infantry Division
(Formed in August 1939)
1 Sep 1939 – 1 Jan 1942:   General der Infanterie Joachim **WITTHÖFT**
1 Jan 1942 – 15 Oct 1943:   General der Artillerie Helmuth **WEIDLING**
15 Oct 1943:   DISBANDED

Area of Operations:
Sep 1939 – May 1940:   West Wall
May 1940 – Jun 1941:   France
Jun 1941 – Oct 1943:   Central sector, Eastern Front

87. Infantry Division
(Formed in August 1939)
1 Sep 1939 – 17 Feb 1942:   Generalleutnant Bogislav von **STUDNITZ**
17 Feb 1942 – 1 Mar 1942:   General der Artillerie Walther **LUCHT**
1 Mar 1942 – 22 Aug 1942:   Generalleutnant Bogislav von **STUDNITZ**
22 Aug 1942 – 1 Feb 1943:   Generalleutnant Werner **RICHTER**
1 Feb 1943 – 20 Nov 1943:   General der Artillerie Walter **HARTMANN**
20 Nov 1943 – Aug 1944:   Generalleutnant Mauritz Freiherr von **STRACH-WITZ**
Aug 1944 – Sep 1944:   Generalleutnant Gerhard **FEYERABEND**
Sep 1944 – 16 Jan 1945:   Generalmajor Helmuth **WALTER**
16 Jan 1945 – 8 May 1945:   Generalleutnant Mauritz Freiherr von **STRACH-WITZ**

Area of Operations:
Sep 1939 – May 1940:   Germany
May 1940 – Jun 1941:   France
Jun 1941 – May 1944:   Central sector, Eastern Front
May 1944 – May 1945:   Northern sector, Eastern Front; Courland Pocket (Latvia)

88. Infantry Division

(Formed in December 1939)

1 Dec 1939 – 2 Feb 1940:	Generalmajor Georg **LANG**
2 Feb 1940 – 12 Feb 1940:	
12 Feb 1940 – 10 Mar 1943:	General der Infanterie Friedrich **GOLLWITZER**
10 Mar 1943 – 5 Nov 1943:	Generalleutnant Heinrich **ROTH**
5 Nov 1943 – 12 Nov 1943:	
12 Nov 1943 – 8 Jan 1945:	Generalleutnant Georg Graf von **RITTBERG**
8 Jan 1945 – 27 Jan 1945:	Generalmajor Carl **ANDERS**
27 Jan 1945:	DISBANDED

Area of Operations:

Dec 1939 – May 1940:	Germany
May 1940 – Apr 1942:	France
Apr 1942 – Feb 1944:	Southern sector, Eastern Front
Feb 1944 – Jun 1944:	Withdrawn for refitting
Jun 1944 – Jan 1945:	Poland

89. Infantry Division

(Formed in February 1944)

10 Feb 1944 – 8 Sep 1944:	Generalleutnant Conrad-Oskar **HEINRICHS**
8 Sep 1944 – 15 Sep 1944:	Oberst Karl **RÖSLER**
15 Sep 1944 – 21 Feb 1945:	Generalmajor Walter **BRUNS**
21 Feb 1945 – 8 May 1945:	Generalmajor Richard **BAZING**

Area of Operations:

Feb 1944 – Jun 1944:	Norway
Jun 1944 – Aug 1944:	France
Aug 1944 – Mar 1945:	Western Germany
Mar 1945 – May 1945:	Southern Germany

90. Light Division

(Formed in September 1941)

1 Sep 1941 – 10 Dec 1941:	Generalmajor Max **SÜMMERMANN**
10 Dec 1941 – 30 Dec 1941:	
30 Dec 1941 – 10 Apr 1942:	Generalleutnant Richard **VEITH**
10 Apr 1942 – 13 Jul 1942:	General der Panzertruppen Ulrich **KLEEMANN**
13 Jul 1942 – 10 Aug 1942:	Generalleutnant Carl-Hans **LUNGERSHAUSEN**
10 Aug 1942 – 1 Nov 1942:	General der Panzertruppen Ulrich **KLEEMANN**
1 Nov 1942 – 12 May 1943:	Generalleutnant Theodor Graf von **SPONECK**
12 May 1943:	DESTROYED IN TUNISIA
Jun 1943:	REFORMED AS DIVISION '*SARDINIEN*'
Jun 1943 – 1 Aug 1943:	
6 Jul 1943:	REDESIGNATED AS 90. PANZER GRENADIER DIVISION
1 Aug 1943 – 20 Dec 1943:	Generalleutnant Carl-Hans **LUNGERSHAUSEN**
20 Dec 1943 – 9 Dec 1944:	Generalleutnant Ernst-Günther **BAADE**
9 Dec 1944 – 26 Dec 1944:	General der Panzertruppen Gerhard Graf von **SCHWERIN**
27 Dec 1944 – Apr 1945:	Generalmajor Heinrich Baron von **BEHR**

Apr 1945: DESTROYED IN ITALY

Area of Operations:
Sep 1941 – May 1943: North Africa
Jun 1943 – Apr 1945: Italy

91. Air Landing Division
(Formed in February 1944)
10 Feb 1944 – 25 Apr 1944: Generalleutnant Bruno **ORTNER**
25 Apr 1944 – 6 Jun 1944: Generalleutnant Wilhelm **FALLEY**
6 Jun 1944 – 10 Jun 1944: Generalmajor Berhard **KLOSTERKEMPER**
10 Jun 1944 – 10 Aug 1944: Generalleutnant Eugen **KÖNIG**
10 Aug 1944: DISBANDED FOLLOWING HEAVY LOSSES
Nov 1944: REFORMED AND ABSORBED BY 344. VOLKS-GRENADIER DIVISION

Area of Operations:
Feb 1944 – Nov 1944: France

92. Infantry Division
(Formed in January 1944)
Jan 1944 – 10 Feb 1944: Oberst Freiherr de La Salle von **LOUISENTHAL**
10 Feb 1944 – 9 Jun 1944: Generalleutnant Werner **GOERITZ**
Jun 1944: DISBANDED, ABSORBED INTO 362. INFANTRY DIVISION

Area of Operations:
Jan 1944 – Jun 1944: Italy

93. Infantry Division
(Formed in September 1939)
1 Sep 1939 – 1 May 1943: General der Pionere Otto **TIEMANN**
1 May 1943 – 31 May 1943: Generalleutnant Gottfried **WEBER**
31 May 1943 – Sep 1943: General der Pionere Otto **TIEMANN**
Sep 1943 – 1 Oct 1943: General der Artillerie Horst von **MELLENTHIN**
1 Oct 1943 – 20 Jun 1944: Generalleutnant Karl **LÖWRICK**
20 Jun 1944 – 27 Jul 1944: Generalleutnant Erich **HOFMANN**
27 Jul 1944 – Mar 1945:
Mar 1945: DESTROYED IN EAST PRUSSIA

Area of Operations:
Sep 1939 – May 1940: West Wall
May 1940 – Jun 1941: France
Jun 1941 – Aug 1943: Northern sector, Eastern Front
Aug 1943 – Oct 1943: Poland
Oct 1943 – Dec 1944: Northern sector, Eastern Front; Courland Pocket (Latvia)
Dec 1944 – Mar 1945: East Prussia

94. Infantry Division
(Formed in September 1939)

25 Sep 1939 – 21 Aug 1940:	General der Infanterie Helmuth **VOLKMANN**
21 Aug 1940 – 1 Sep 1940:	
1 Sep 1940 – 29 Jan 1943:	General der Artillerie Georg **PFEIFFER**
29 Jan 1943:	DESTROYED AT STALINGRAD
Mar 1943:	REFORMED
1 Mar 1943 – 2 Jan 1944:	General der Artillerie Georg **PFEIFFER**
2 Jan 1944 – 22 Apr 1945:	Generalleutnant Bernhard **STEINMETZ**
22 Apr 1945:	SURRENDERED IN ITALY

Area of Operations:

Sep 1939 – May 1940:	Germany
May 1940 – Jun 1941:	France
Jun 1941 – Jan 1943:	Southern sector, Eastern Front; Stalingrad
Mar 1943 – Aug 1943:	France
Aug 1943 – Apr 1945:	Italy

95. Infantry Division
(Formed in September 1939)

25 Sep 1939 – 10 May 1942:	Generalleutnant Hans-Heinrich **SIXT von ARMIN**
10 May 1942 – 6 Sep 1942:	Generalleutnant Friedrich **ZICKWOLFF**
6 Sep 1942 – 1 Oct 1942:	Generalleutnant Friedrich **KARST**
1 Oct 1942 – 3 Oct 1942:	Generalleutnant Eduard **ALDRIAN**
3 Oct 1942 – Sep 1943:	General der Infanterie Edgar **RÖHRICHT**
Sep 1943 – 9 Dec 1943:	
9 Dec 1943 – 27 Feb 1944:	Generalmajor Gustav **GIHR**
27 Feb 1944 – 2 May 1944:	
2 May 1944 – 28 Jun 1944:	Generalmajor Herbert **MICHAELIS**
28 Jun 1944:	DESTROYED ON THE EASTERN FRONT
30 Jun 1944:	REFORMED AS 95. VOLKSGRENADIER DIVISION
30 Jun 1944 – 16 Apr 1945:	Generalmajor Joachim-Friedrich **LANG**
16 Apr 1945:	SURRENDERED IN EAST PRUSSIA

Area of Operations:

Sep 1939 – May 1940:	West Wall
May 1940 – Dec 1940:	France
Dec 1940 – Jan 1941:	Germany
Jan 1941 – Jul 1941:	Poland
Jul 1941 – Dec 1942:	Southern sector, Eastern Front
Dec 1942 – Jan 1945:	Central sector, Eastern Front
Jan 1945 – Apr 1945:	East Prussia

96. Infantry Division
(Formed in September 1939)

15 Sep 1939 – 1 Aug 1940:	General der Infanterie Erwin **VIEROW**
1 Aug 1940 – 10 Apr 1942:	Generalleutnant Wolf **SCHEDE**
10 Apr 1942 – 5 Oct 1942:	Generalleutnant Joachim Freiherr von **SCHLEINITZ**

5 Oct 1942 – 10 Oct 1942:
10 Oct 1942 – 28 Jul 1943: Generalleutnant Ferdinand **NOELDECHEN**
28 Jul 1943 – 1 Sep 1944: Generalleutnant Richard **WIRTZ**
1 Sep 1944 – 11 Sep 1944: Generalleutnant Werner **DÜRKING**
11 Sep 1944 – 1 Nov 1944: Generalleutnant Richard **WIRTZ**
1 Nov 1944 – 8 May 1945: Generalmajor Hermann **HARRENDORF**

Area of Operations:
Sep 1939 – May 1940: Germany
May 1940 – Jun 1941: France
Jun 1941 – Jan 1944: Northern sector, Eastern Front
Jan 1944 – Dec 1944: Southern sector, Eastern Front
Dec 1944 – May 1945: Slovakia; Hungary; Austria

97. Light Division
(Formed in December 1940)
15 Dec 1940 – 15 Jan 1941: Generaloberst Walter **WEISS**
15 Jan 1941 – 15 Apr 1941: General der Infanterie Sigismund von **FÖRSTER**
15 Apr 1941 – 27 Dec 1941: General der Artillerie Maximilian **FRETTER-PICO**
27 Dec 1941 – 1 Jan 1942:
1 Jan 1942 – 30 May 1943: Generalleutnant Ernst **RUPP**
Jul 1942: REDESIGNATED 97. INFANTRY (JÄGER) DIVISION
30 May 1943 – 3 Jun 1943: Generalmajor Friedrich-Wilhelm **OTTE**
3 Jun 1943 – 13 Dec 1943: General der Infanterie Ludwig **MÜLLER**
13 Dec 1943 – 17 Apr 1945: Generalleutnant Friedrich **RABE von PAPPENHEIM**
17 Apr 1945 – 8 May 1945: Generalmajor Robert **BADER**

Area of Operations:
Dec 1940 – Jun 1941: Germany
Jun 1941 – Oct 1944: Southern sector, Eastern Front
Oct 1944 – May 1945: Slovakia

98. Infantry Division
(Formed in September 1939)
1 Sep 1939 – 1 Nov 1939:
1 Nov 1939 – 11 Apr 1940: Generalleutnant Erich **SCHROECK**
11 Apr 1940 – 10 Jun 1940: Generalleutnant Herbert **STIMMEL**
10 Jun 1940 – 31 Dec 1941: Generalleutnant Erich **SCHROECK**
31 Dec 1941 – 1 Feb 1944: General der Infanterie Martin **GAREIS**
1 Feb 1944 – 11 Apr 1945: Generalleutnant Alfred **REINHARDT**
11 Apr 1945 – 8 May 1945: Generalmajor Otto **SCHIEL**

Area of Operations:
Sep 1939 – May 1940: Germany
May 1940 – Jun 1941: France
Jun 1941 – Nov 1941: Southern sector, Eastern Front
Nov 1941 – Mar 1943: Central sector, Eastern Front
Mar 1943 – Aug 1943: Southern sector, Eastern Front
Aug 1943 – Sep 1944: Yugoslavia
Sep 1944 – May 1945: Italy

99. Light Division
(Formed in December 1940)
10 Dec 1940 – 30 Oct 1941:	General der Infanterie Kurt von der **CHEVALLERIE**
1 Nov 1941:	REDESIGNATED 7. MOUNTAIN DIVISION

Area of Operations:
Dec 1940 – Jun 1941:	*Germany*
Jun 1941 – Nov 1941:	*Southern sector, Eastern Front*

100. Light Infantry Division
(Formed in December 1940)
10 Dec 1940 – 31 Jan 1943:	Generalleutnant Werner **SANNE**
6 Jul 1942:	REDESIGNATED 100. JÄGER DIVISION
31 Jan 1943:	DESTROYED AT STALINGRAD
Apr 1943:	REFORMED
25 Apr 1943 – 1 Jan 1945:	Generalleutnant Willibald **UTZ**
1 Jan 1945 – 9 Feb 1945:	Generalmajor Hans **KREPPEL**
9 Feb 1945 – 8 May 1945:	

Area of Operations:
Dec 1940 – Jun 1941:	*Germany*
Jun 1941 – Jan 1943:	*Southern sector, Eastern Front; Stalingrad*
Apr 1943 – Jul 1943:	*Yugoslavia*
Jul 1943 – Mar 1944:	*Albania*
Mar 1944 – Sep 1944:	*Southern sector, Eastern Front*
Sep 1944 – May 1945:	*Hungary; Silesia*

101. Light Infantry Division
(Formed in December 1940)
10 Dec 1940 – 26 Jun 1941:	General der Artillerie Erich **MARCKS**
26 Jun 1941 – 11 Apr 1942:	Generalleutnant Josef **BRAUNER von Haydringen**
11 Apr 1942 – 1 Sep 1942:	Generalleutnant Erich **DIESTEL**
6 Jul 1942:	REDESIGNATED 101. JÄGER DIVISION
1 Sep 1942 – 12 Jul 1944:	General der Gebirgstruppen Emil **VOGEL**
12 Jul 1944 – 8 May 1945:	Generalleutnant Dr. Walter **ASSMANN**

Area of Operations:
Dec 1940 – Jun 1941:	*Germany*
Jun 1941 – Oct 1944:	*Southern sector, Eastern Front*
Oct 1944 – May 1945:	*Slovakia; Hungary; Austria*

102. Infantry Division
(Formed in December 1940)
10 Dec 1940 – 1 Feb 1942:	Generalleutnant John **ANSAT**
1 Feb 1942 – 10 Mar 1942:	Generalleutnant Albrecht **BAIER**
10 Mar 1942 – 1 May 1942:	Generalmajor Werner von **RAESFELD**
1 May 1942 – 19 Jan 1943:	Generaloberst Johannes **FRIESSNER**
19 Jan 1943 – 10 Nov 1943:	General der Infanterie Otto **HITZFELD**
10 Nov 1943 – 8 May 1945:	Generalleutnant Werner von **BERCKEN**

Area of Operations:
Dec 1940 – Jun 1941:   Germany
Jun 1941 – Feb 1942:   Central sector, Eastern Front
Feb 1942 – Apr 1942:   Germany
Apr 1942 – Jan 1945:   Central sector, Eastern Front
Jan 1945 – May 1945:   East Prussia

104. Jäger Division
(Formed in April 1943 from 704. Infantry Division)
1 May 1943 – May 1944:   General der Infanterie Hartwig von **LUDWIGER**
May 1944:   Oberst **STEYRER**
May 1944 – 29 Apr 1945:   General der Infanterie Hartwig von **LUDWIGER**
29 Apr 1945 – 8 May 1945:   Generalleutnant Friedrich **STEPHAN**

Area of Operations:
Apr 1943 – Jun 1943:   Serbia
Jun 1943 – Sep 1944:   Greece
Sep 1944 – May 1945:   Yugoslavia

106. Infantry Division
(Formed in November 1940)
28 Nov 1940 – 3 May 1942:   General der Infanterie Ernst **DEHNER**
3 May 1942 – 1 Nov 1942:   Generalleutnant Alfons **HITTER**
1 Nov 1942 – 1 Jan 1943:   Generalleutnant Arthur **KULLMER**
1 Jan 1943 – 10 Jan 1943:
10 Jan 1943 – 20 Feb 1944: Generalleutnant Werner **FORST**
20 Feb 1944 – Aug 1944:   Generalleutnant Siegfried von **REKOWSKI**
Aug 1944:   DESTROYED AT KISHINEV, EASTERN FRONT
Mar 1945:   REFORMED
Mar 1945 – 8 May 1945:   Oberst **RINTENBERG**

Area of Operations:
Nov 1940 – Jun 1941:   Germany
Jun 1941 – Apr 1942:   Central sector, Eastern Front
Apr 1942 – Apr 1943:   France
Apr 1943 – Aug 1944:   Southern sector, Eastern Front
Mar 1945 – May 1945:   Southern Germany

110. Infantry Division
(Formed in December 1940)
10 Dec 1940 – 24 Jan 1942: Generalleutnant Ernst **SEIFERT**
24 Jan 1942 – 1 Feb 1942:
1 Feb 1942 – 1 Jun 1943:   Generalleutnant Martin **GILBERT**
1 Jun 1943 – 25 Sep 1943:   Generalleutnant Eberhard von **KUROWSKI**
25 Sep 1943 – 1 Dec 1943:   Generalleutnant Albrecht **WÜSTENHAGEN**
1 Dec 1943 – 11 May 1944:   Generalleutnant Eberhard von **KUROWSKI**
11 May 1944 – 15 May 1944: Generalmajor Gustav **GIHR**
15 May 1944 – Jul 1944:   Generalleutnant Eberhard von **KUROWSKI**
Jul 1944:   DESTROYED ON THE EASTERN FRONT

Area of Operations:
Dec 1940 – Jun 1941:		Germany; Poland
Jun 1941 – Jul 1944:		Central sector, Eastern Front

111. Infantry Division
(Formed in November 1940)
5 Nov 1940 – 1 Jan 1942:	General der Infanterie Otto **STAPF**
1 Jan 1942 – 15 Aug 1943:	General der Infanterie Hermann **RECKNAGEL**
15 Aug 1943 – 30 Aug 1943:	Generalmajor Werner von **BÜLOW**
30 Aug 1943 – 1 Nov 1943:	General der Infanterie Hermann **RECKNAGEL**
1 Nov 1943 – 12 May 1944:	Generalmajor Erich **GRUNER**
12 May 1944:			DESTROYED AT SEVASTOPOL, CRIMEA

Area of Operations:
Nov 1940 – Jun 1941:		Germany
Jun 1941 – May 1944:		Southern sector, Eastern Front

112. Infantry Division
(Formed in December 1940)
10 Dec 1940 – 10 Nov 1942:	General der Infanterie Friedrich **MIETH**
10 Nov 1942 – 20 Jun 1943:	Generalmajor Albert **NEWIGER**
20 Jun 1943 – 3 Sep 1943:	General der Artillerie Rolf **WUTHMANN**
3 Sep 1943 – 2 Nov 1943:	Generalleutnant Theobald **LIEB**
2 Nov 1943:			DISBANDED

Area of Operations:
Dec 1940 – Jun 1941:		Germany
Jun 1941 – Nov 1943:		Central sector, Eastern Front

113. Infantry Division
(Formed in December 1940)
10 Dec 1940 – 4 Jun 1941:	Generalleutnant Ernst **GÜNTZEL**
4 Jun 1941 – 10 May 1942:	Generalleutnant Friedrich **ZICKWOLFF**
10 May 1942 – 20 Jan 1943:	Generalleutnant Hans-Heinrich **SIXT von ARMIN**
20 Jan 1943:			DESTROYED AT STALINGRAD
Mar 1943:			REFORMED
15 Mar 1943 – 25 Nov 1943:	Generalmajor Friedrich-Wilhelm **PRÜTER**
Nov 1943:			DISBANDED

Area of Operations:
Dec 1940 – Nov 1941:		Germany
Nov 1941 – Apr 1942:		Balkans
Apr 1942 – Jan 1943:		Southern sector, Eastern Front; Stalingrad
Mar 1943 – Nov 1943:		Central sector, Eastern Front

114. Jäger Division
(Formed in April 1943 from 714. Infantry Division)
Apr 1943 – 1 Dec 1943:		General der Gebirgstruppen Karl **EGLSEER**
1 Dec 1943 – 19 May 1944:	Generalleutnant Alexander **BOURQUIN**
19 May 1944 – 19 Jul 1944:	Generalleutnant Dr. Hans **BOELSEN**

19 Jul 1944 – 30 Sep 1944:
30 Sep 1944 – 15 Apr 1945:   Generalmajor Hans-Joachim **EHLERT**
15 Apr 1945 – 23 Apr 1945:   Generalmajor Martin **STRAHAMMER**
23 Apr 1945:   DESTROYED IN ITALY

Area of Operations:
Apr 1943 – Jan 1944:   Yugoslavia
Jan 1944 – Apr 1945:   Italy

116. Panzer Division
(Formed on 28 March 1944 from 16. Panzer Grenadier Division)
28 Mar 1944 – 1 May 1944:   Generalmajor Gerhard **MÜLLER**
1 May 1944 – 1 Sep 1944:   General der Panzertruppen Gerhard Graf von **SCHWERIN**
1 Sep 1944 – 14 Sep 1944:   Generalmajor Heinrich **VOIGTSBERGER**
14 Sep 1944 – Apr 1945:   Generalmajor Siegfried von **WALDENBURG**
Apr 1945:   SURRENDERED IN THE RUHR POCKET

Area of Operations:
Mar 1944 – Aug 1944:   France
Aug 1944 – Dec 1944:   Western Germany
Dec 1944 – Jan 1945:   Ardennes
Jan 1945 – Apr 1945:   Western Germany

117. Jäger Division
(Formed in May 1943 from 717. Infantry Division)
1 May 1943 – 10 Jul 1944:   General der Gebirgstruppen Karl von **LE SUIRE**
10 Jul 1944 – 10 Mar 1945:   Generalleutnant August **WITTMANN**
10 Mar 1945 – 12 Mar 1945:
12 Mar 1945 – 8 May 1945:   Generalmajor Hans **KREPPEL**

Area of Operations:
May 1943 – Sep 1944:   Greece
Sep 1944 – May 1945:   Balkans; Austria

118. Jäger Division
(Formed in April 1943 from 718. Infantry Division)
1 Apr 1943 – 10 Jul 1944:   Generalleutnant Josef **KÜBLER**
? 1944:   Oberst Rudolf **GERTLER**
10 Jul 1944 – 8 May 1945:   Generalmajor Hubert **LAMEY**

Area of Operations:
Apr 1943 – Jul 1944:   Balkans
Jul 1944 – Sep 1944:   Dalmatia
Sep 1944 – Jan 1945:   Yugoslavia
Jan 1945 – May 1945:   Balkans; Hungary; Austria

121. Infantry Division
(Formed in October 1940)
5 Oct 1940 – 6 May 1941:   General der Artillerie Curt **JAHN**
6 May 1941 – 8 Jul 1941:   Generalleutnant Otto **LANCELLE**

8 Jul 1941 – 11 Nov 1942:	General der Artillerie Martin **WANDEL**
11 Nov 1942 – Mar 1944:	General der Infanterie Hellmuth **PRIESS**
Mar 1944 – 1 Jun 1944:	Generalmajor Ernst **PAUER von ARLAU**
1 Jun 1944 – 27 Jun 1944:	Generalleutnant Rudolf **BAMLER**
27 Jun 1944 – 10 Jul 1944:	General der Infanterie Hellmuth **PRIESS**
10 Jul 1944 – 1 Aug 1944:	General der Infanterie Theodor **BUSSE**
1 Aug 1944 – 30 Apr 1945:	Generalleutnant Werner **RANK**
30 Apr 1945 – 8 May 1945:	Generalmajor Ottomar **HANSEN**

Area of Operations:

Oct 1940 – Jun 1941:	*Germany*
Jun 1941 – May 1945:	*Northern sector, Eastern Front; Courland Pocket (Latvia)*

122. Infantry Division
(Formed in October 1940)

5 Oct 1940 – 8 Dec 1941:	Generalleutnant Sigfrid **MACHOLZ**
8 Dec 1941 – 17 Feb 1942:	Generalleutnant Friedrich **BAYER**
17 Feb 1942 – 1 Aug 1942:	Generalleutnant Sigfrid **MACHOLZ**
1 Aug 1942 – 10 Oct 1942:	Generalleutnant Kurt **CHILL**
10 Oct 1942 – ? 1942:	Generalleutnant Gustav **HUNDT**
? 1942 – 1 Dec 1942:	Generalleutnant Sigfrid **MACHOLZ**
1 Dec 1942 – 8 Jan 1943:	Generalmajor Adolf **WESTHOFF**
8 Jan 1943 – 15 May 1943:	Generalmajor Adolf **TROWITZ**
15 May 1943 – 27 Jun 1943:	Generalleutnant Alfred **THIELMANN**
27 Jun 1943 – 1 Feb 1944:	Generalleutnant Kurt **CHILL**
1 Feb 1944 – 4 Feb 1944:	Generalmajor Johann-Albrecht von **BLÜCHER**
4 Feb 1944 – 25 Aug 1944:	Generalmajor Hero **BREUSING**
25 Aug 1944 – 20 Jan 1945:	General der Infanterie Friedrich **FANGOHR**
20 Jan 1945 – 11 Feb 1945:	
11 Feb 1945 – 8 May 1945:	Generalmajor Bruno **SCHATZ**

Area of Operations:

Oct 1940 – Jun 1941:	*Germany*
Jun 1941 – Sep 1943:	*Northern sector, Eastern Front*
Sep 1943 – Mar 1944:	*Central sector, Eastern Front*
Mar 1944 – Jul 1944:	*Finland*
Jul 1944 – May 1945:	*Northern sector, Eastern Front; Courland Pocket (Latvia)*

123. Infantry Division
(Formed in October 1940)

5 Oct 1940 – 5 Aug 1941:	General der Infanterie Walter **LICHEL**
6 Aug 1941 – 17 Oct 1943:	Generalleutnant Erwin **RAUCH**
17 Oct 1943 – 1 Nov 1943:	Generalleutnant Erwin **MENNY**
1 Nov 1943 – 15 Jan 1944:	Generalleutnant Erwin **RAUCH**
15 Jan 1944 – 10 Mar 1944:	Generalmajor Louis **TRONNIER**
10 Mar 1944:	DISBANDED

Area of Operations:
Oct 1940 – Jun 1941:   Germany
Jun 1941 – Sep 1943:   Northern sector, Eastern Front
Sep 1943 – Mar 1944:   Southern sector, Eastern Front

125. Infantry Division
(Formed in October 1940)
5 Oct 1940 – 24 Dec 1942:   General der Infanterie Willi **SCHNECKENBURGER**
24 Dec 1942 – 31 Mar 1944: Generalleutnant Helmut **FRIEBE**
31 Mar 1944:   DISBANDED

Area of Operations:
Oct 1940 – Apr 1941:   Germany
Apr 1941 – Jul 1941:   Balkans
Jul 1941 – Mar 1944:   Southern sector, Eastern Front

126. Infantry Division
(Formed in October 1940)
5 Oct 1940 – 10 Oct 1942:   General der Infanterie Paul **LAUX**
10 Oct 1942 – 31 Apr 1943: Generalleutnant Harry **HOPPE**
31 Apr 1943 – 8 Jul 1943:   Generalleutnant Friedrich **HOFMANN**
8 Jul 1943 – 7 Nov 1943:   Generalleutnant Harry **HOPPE**
7 Nov 1943 – 5 Jan 1945:   Generalleutnant Gotthard **FISCHER**
5 Jan 1945 – 8 May 1945:   Generalmajor Kurt **HÄHLING**

Area of Operations:
Oct 1940 – Jun 1941:   Germany
Jun 1941 – May 1945:   Northern sector, Eastern Front; Courland Pocket (Latvia)

129. Infantry Division
(Formed in October 1940)
1 Oct 1940 – 22 Aug 1942:   Generalleutnant Stephan **RITTAU**
22 Aug 1942 – 24 Aug 1942:
24 Aug 1942 – 25 Sep 1943: General der Nachrichtentruppen Albert **PRAUN**
25 Sep 1943 – 31 Jan 1944: Generalmajor Karl **FABIUNKE**
31 Jan 1944 – 15 Feb 1944:
15 Feb 1944 – 11 Feb 1945: Generalleutnant Heribert von **LARISCH**
11 Feb 1945 – 8 May 1945:   Generalmajor Bernhard **UEBERSCHÄR**

Area of Operations:
Oct 1940 – Jun 1941:   Germany
Jun 1941 – Sep 1944:   Central sector, Eastern Front
Sep 1944 – May 1945:   East Prussia

130. Panzer-Lehr Division
(Formed in November 1943)
10 Jan 1944 – 8 Jun 1944:   Generalleutnant Fritz **BAYERLEIN**
8 Jun 1944 – Dec 1944:   Generalleutnant der Reserve Hyazinth Graf **STRACHWITZ von GROSS-ZAUCHE und CAMMINETZ**

Dec 1944 – 15 Jan 1945: Generalleutnant Fritz **BAYERLEIN**
15 Jan 1945 – Apr 1945: Generalmajor Horst **NIEMACK**
Apr 1945: SURRENDERED IN THE RUHR POCKET

Area of Operations:
Nov 1943 – Feb 1944: Germany
Feb 1944 – Apr 1944: France
Apr 1944 – May 1944: Hungary
May 1944 – Aug 1944: France
Aug 1944 – Dec 1944: Western Germany
Dec 1944 – Jan 1945: Ardennes
Jan 1945 – Apr 1945: Western Germany

131. Infantry Division
(Formed in October 1940)
1 Oct 1940 – 10 Jan 1944: General der Artillerie Heinrich **MEYER-BÜRDORF**
10 Jan 1944 – 28 Oct 1944: Generalleutnant Friedrich **WEBER**
28 Oct 1944 – 1 Jan 1945: Generalmajor der Reserve Werner **SCHULZE**
1 Jan 1945 – Feb 1945:
Feb 1945: DESTROYED ON THE EASTERN FRONT

Area of Operations:
Oct 1940 – Jun 1941: Germany
Jun 1941 – Jul 1943: Central sector, Eastern Front
Jul 1943 – Sep 1943: Southern sector, Eastern Front
Sep 1943 – Jan 1945: Central sector, Eastern Front
Jan 1945 – Mar 1945: East Prussia

132. Infantry Division
(Formed in October 1940)
5 Oct 1940 – 11 Jan 1942: Generalleutnant Rudolf **SINTZENICH**
11 Jan 1942 – 12 Aug 1943: General der Artillerie Fritz **LINDEMANN**
12 Aug 1943 – 8 Jan 1945: Generalleutnant Herbert **WAGNER**
8 Jan 1945 – 8 May 1945: Generalmajor Rudolf **DEMME**

130. Panzer-Lehr Division, France 1944

Area of Operations:
Oct 1940 – Jun 1941: Germany
Jun 1941 – Jul 1942: Southern sector, Eastern Front
Jul 1942 – May 1945: Northern sector, Eastern Front; Courland Pocket (Latvia)

133. Fortress Division
(Formed in February 1944)
1 Feb 1944 – 15 Mar 1944: Generalmajor Christian **WITTSTATT**
15 Mar 1944 – 9 Oct 1945: Generalleutnant Dr. Ernst **KLEPP**
9 Oct 1944 – Jan 1945: Generalmajor Georg **BENTHACK**
Jan 1945: DISBANDED

Area of Operations:
Feb 1944 – Jan 1945: Crete

134. Infantry Division
(Formed in October 1940)
5 Oct 1940 – 13 Dec 1941: Generalleutnant Conrad von **COCHENHAUSEN**
13 Dec 1941 – 17 Dec 1941:
17 Dec 1941 – Feb 1944: General der Gebirgstruppen Hans **SCHLEMMER**
Feb 1944 – 1 Jun 1944: Generalmajor Rudolf **BADER**
1 Jun 1944 – 29 Jun 1944: Generalleutnant Ernst **PHILIPP**
29 Jun 1944: DESTROYED AT MINSK

Area of Operations:
Oct 1940 – Jun 1941: Germany
Jun 1941 – Jun 1944: Central sector, Eastern Front

Special Employment (z.b.V.) Division Staff 136
(Formed in April 1944)
1 Apr 1944 – 4 Sep 1944: Generalmajor Christoph Graf zu **STOLBERG-STOLBERG**
Sep 1944: DISBANDED

Area of Operations:
Apr 1944 – Sep 1944: France; Netherlands

137. Infantry Division
(Formed in October 1940)
8 Oct 1940 – 21 Dec 1941: Generalleutnant Friedrich **BERGMANN**
21 Dec 1941 – 28 Dec 1941: Oberst **HEINE**
28 Dec 1941 – 5 Jan 1942: Oberst **MUHL**
5 Jan 1942 – 12 Feb 1942: Generalleutnant Hans **KAMECKE**
12 Feb 1942 – 25 Feb 1942: Generalleutnant Dr. Karl **RÜDIGER**
25 Feb 1942 – 1 Jun 1942:
1 Jun 1942 – 15 Oct 1943: Generalleutnant Hans **KAMECKE**
15 Oct 1943 – 20 Oct 1943:
20 Oct 1943 – 16 Dec 1943: Generalleutnant Egon von **NEINDORFF**
16 Dec 1943: DISBANDED

Area of Operations:
Oct 1940 – Jun 1941: Germany
Jun 1941 – Dec 1943: Central sector, Eastern Front

Special Employment (z.b.V.) Division 140
(Formed in December 1944)
Dec 1944 – 8 May 1945: Generalmajor Mathias **KRÄUTLER**

Area of Operations:
Dec 1944 – May 1945: Finland; Norway

Division No.141
(Formed in December 1939)
1 Dec 1939 – 1 Apr 1942: Generalleutnant Ulrich von **WALDOW**
1 Apr 1942: REDESIGNATED 141. RESERVE DIVISION
1 Apr 1942 – 10 Dec 1942: Generalleutnant Heinz **HELLMICH**
10 Dec 1942 – 20 Feb 1944: Generalleutnant Otto **SCHÖNHERR**
20 Feb 1944: DISBANDED

Area of Operations:
Dec 1939 – Sep 1940: East Prussia
Sep 1940 – Jul 1941: Czechoslovakia
Jul 1941 – Sep 1942: Germany
Sep 1942 – Feb 1944: Central sector, Eastern Front

143. Infantry Division
(Formed in November 1939)
1 Dec 1939 – 14 May 1940: General der Infanterie Karl von **ROQUES**
18 Sep 1942: REDESIGNATED 143. RESERVE DIVISION
14 May 1940 – 21 Dec 1943: Generalleutnant Paul **STOEWER**
21 Dec 1943: DISBANDED

Area of Operations:
Nov 1939 – Oct 1942: Germany
Oct 1942 – Dec 1943: Ukraine; Central sector, Eastern Front

Division No. 147
(Formed in April 1940)
1Apr 1940 – 1 Apr 1942: Generalleutnant Karl **HELD**
1 Apr 1942 – 23 Dec 1942: Generalleutnant Rudolf **SINTZENICH**
1 Oct 1942: REDESIGNATED 147. RESERVE DIVISION
25 Dec 1942 – 1 Aug 1943: Generalleutnant Paul **MAHLMANN**
1 Aug 1943 – 17 Sep 1943: Generalmajor Paul **HOFFMANN**
17 Sep 1943 – 10 Jan 1944: Generalleutnant Otto **MATTERSTOCK**
10 Jan 1944: DESTROYED ON THE EASTERN FRONT

Area of Operations:
Apr 1940 – May 1943: Germany
May 1943 – Jan 1944: Ukraine
Jan 1944: Central sector, Eastern Front

Division No. 148
(Formed in December 1939)

1 Dec 1939 – 7 Feb 1940:	Generalleutnant Konrad **STEPHANUS**
7 Feb 1940 – 10 Nov 1940:	
10 Nov 1940 – 10 Jan 1942:	Generalleutnant Hermann **BOETTCHER**
10 Jan 1942 – 2 Apr 1942:	General der Infanterie Hubert **GERCKE**
2 Apr 1942 – 1 Apr 1943:	Generalleutnant Hermann **BOETTCHER**
Oct 1942:	REDESIGNATED 148. RESERVE DIVISION
1 Apr 1943 – 25 Sep 1943:	Generalleutnant Friedrich-Wilhelm von **ROTKIRCH und PANTHEN**
25 Sep 1943 – 20 Mar 1944:	Generalleutnant Otto **FRETTER-PICO**
20 Mar 1944 – 8 May 1945:	Generalleutnant Otto **SCHÖNHERR**
18 Sep 1944:	REDESIGNATED 148. INFANTRY DIVISION

Area of Operations:

Dec 1939 – Jan 1941:	*Germany*
Jan 1941 – Oct 1943:	*France*
Oct 1943 – Aug 1944:	*Italy*
Aug 1944 – Oct 1944:	*France*
Oct 1944 – May 1945:	*Italy*

149. Field Replacement Division
(Formed in March 1945)

Mar 1945 – 8 May 1945:	Generalleutnant Fritz **KÜHLWEIN**

Area of Operations:

Mar 1945 – May 1945:	*Netherlands*

150. Field Replacement Division
(Formation began in March 1945, but never completed)

Division No. 151
(Formed in December 1939)

6 Dec 1939 – 1 Apr 1942:	Generalmajor Leopold von **REIBNITZ**
1 Apr 1942 – 22 Jun 1942:	Generalleutnant Helmuth **CASTORF**
22 Jun 1942 – 1 Jul 1942:	
1 Jul 1942 – 9 Feb 1944:	Generalleutnant Wolf **SCHEDE**
25 Sep 1942:	REDESIGNATED 151. RESERVE DIVISION
9 Feb 1944:	DISBANDED

Area of Operations:

Sep 1939 – Sep 1940:	*East Prussia*
Sep 1940 – Jul 1941:	*Czechoslovakia*
Jul 1941 – Sep 1942:	*East Prussia*
Sep 1942 – Feb 1944:	*Lithuania; Northern sector, Eastern Front*

151. Field Replacement Division
(Formation began in March 1945, but never completed)

Division No. 152
(Formed in September 1939)

1 Sep 1939 – 1 Dec 1939:	Generalleutnant Hermann **FRANKE**
1 Dec 1939 – 30 Apr 1940:	
30 Apr 1940 – 1 Mar 1944:	Generalleutnant Hans **WINDECK**
1 Mar 1944 – Dec 1944:	Generalleutnant Karl **GÜMBEL**
Dec 1944:	DESTROYED IN POLAND

Area of Operations:
Sep 1939 – Dec 1941:	Germany
Dec 1941 – Dec 1944:	Poland

152. Field Replacement Division
(Formation began in March 1945, but never completed)

Division No. 153
(Formed in September 1939)

1 Sep 1939 – 1 Dec 1939:	Generalleutnant Curt **SCHÖNHEINZ**
1 Dec 1939 – 1 Jun 1942:	Generalleutnant Otto **SCHROEDER**
1 Jun 1942 – 15 Jan 1943:	General der Kavallerie Diether von **BOEHM-BEZING**
11 Sep 1942:	REDESIGNATED 153. RESERVE DIVISION
10 Dec 1942:	REDESIGNATED 153. FIELD TRAINING DIVISION
15 Jan 1943 – 8 Jun 1943:	Generalleutnant Rene de l'**HOMME de COURBIERE**
8 Jun 1943 – 15 Jun 1944:	Generalmajor Kurt **GEROK**
15 Jun 1944 – Aug 1944:	Generalleutnant Friedrich **BAYER**
Aug 1944:	DESTROYED IN ROMANIA
Oct 1944:	REFORMED
Oct 1944 – 10 Apr 1945:	Generalleutnant Hermann **WINKLER**
Feb 1945:	REDESIGNATED 153. GRENADIER DIVISION
10 Apr 1945 – 8 May 1945:	Generalleutnant Karl **EDELMANN**

Area of Operations:
Sep 1939 – Dec 1942:	Germany
Dec 1942 – Aug 1944:	Crimea; Romania
Oct 1944 – Mar 1945:	Hungary
Mar 1945 – May 1945:	Czechoslovakia

Division No. 154
(Formed in September 1939)

27 Sep 1939 – 31 May 1942:	Generalleutnant Arthur **BOLTZE**
31 May 1942 – 20 Apr 1944:	Generalleutnant Dr. Friedrich **ALTRICHTER**
Sep 1942:	REDESIGNATED 154. RESERVE DIVISION
20 Apr 1944 – 19 Dec 1944:	Generalleutnant Alfred **THIELMANN**
1 Oct 1944:	REDESIGNATED 154. FIELD TRAINING DIVISION
19 Dec 1944 – 17 Apr 1945:	Generalleutnant Dr. Friedrich **ALTRICHTER**
Mar 1945:	REDESIGNATED 154. INFANTRY DIVISION
17 Apr 1945:	CAPTURED BY THE RUSSIANS

Area of Operations:
Sep 1939 – Sep 1942: Germany
Sep 1942 – Mar 1944: Poland
Mar 1944 – Apr 1945: Central sector, Eastern Front; Eastern Germany

Division No. 155
(Formed in November 1939)
16 Nov 1939 – 1 May 1942: Generalleutnant Otto **TSCHERNING**
1 May 1942 – 10 May 1942: Generalleutnant Franz **LANDGRAF**
10 May 1942: REDESIGNATED DIVISION (MOTORIZED) NO. 155
10 May 1942 – 5 Apr 1943: Generalleutnant Franz **LANDGRAF**
5 Apr 1943: REDESIGNATED PANZER DIVISION NO. 155

Area of Operations:
Nov 1939 – Nov 1939: Germany
Nov 1939 – Sep 1940: Czechoslovakia
Sep 1940 – Apr 1943: Germany

Panzer Division No. 155
5 Apr 1943 – 1 Aug 1943: Generalleutnant Franz **LANDGRAF**
1 Aug 1943: REDESIGNATED 155. RESERVE PANZER DIVISION

1 Aug 1943 – 24 Aug 1943: Generalleutnant Franz **LANDGRAF**
24 Aug 1943 – 6 Sep 1943: Generalmajor Kurt von **JESSER**
6 Sep 1943 – 1 Oct 1943: Generalleutnant Franz **LANDGRAF**
1 Oct 1943 – 30 Apr 1944: Generalleutnant Max **FREMEREY**
30 Apr 1944: DISBANDED

Area of Operations:
Apr 1943 – Apr 1944: France

155. Field Training Division
(Formed in December 1944)
Dec 1944 – 8 May 1945: Generalmajor Georg **ZWADE**
Feb 1945: REDESIGNATED 155. INFANTRY DIVISION

Area of Operations:
Dec 1944 – May 1945: Italy

Division No. 156
(Formed in September 1939)
1 Sep 1939 – 15 Aug 1942: Generalleutnant Max **NOACK**
15 Aug 1942 – 8 Jul 1943: Generalleutnant Richard **BALTZER**
Oct 1942: REDESIGNATED 156. RESERVE DIVISION
8 Jul 1943 – ?: Generalmajor Johannes **NEDTWIG**
? – 30 Nov 1943: Generalleutnant Richard **BALTZER**
30 Nov 1943 – 27 Dec 1943:
27 Dec 1943 – Feb 1944: Generalleutnant Otto **ELFELDT**
Feb 1944: REDESIGNATED 47. INFANTRY DIVISION

Area of Operations:
Sep 1939 – Nov 1939:   Germany
Nov 1939 – Sep 1940:   Poland
Sep 1940 – Sep 1942:   Germany
Sep 1942 – Feb 1943:   Belgium
Feb 1943 – Mar 1943:   France
Mar 1943 – Feb 1944:   Belgium

156. Field Replacment Division
(Formed in March 1945)
Mar 1945 – 8 May 1945:
Apr 1945:   REDESIGNATED 156. INFANTRY DIVISION

Area of Operations:
Mar 1945 – May 1945:   Central sector, Eastern Front

Division No. 157
(Formed in September 1939)
15 Sep 1939 – 15 Jun 1940:   Generalleutnant Karl **GRAF**
15 Jun 1940 – 22 Jul 1940:
22 Jul 1940 – 17 Dec 1941:   Generalleutnant Karl **GRAF**
17 Dec 1941 – 27 Dec 1941:
27 Dec 1941 – 20 Jan 1942:   Generalleutnant Hans **SCHÖNHÄRL**
20 Jan 1942 – 20 Sep 1942:   Generalleutnant Karl **GRAF**
20 Sep 1942 – Oct 1944:   Generalleutnant Karl **PFLAUM**
Oct 1942:   REDESIGNATED 157. RESERVE DIVISION
Oct 1944:   REDESIGNATED 157. MOUNTAIN DIVISION
Nov 1944 – Feb 1945:   Generalleutnant Paul **SCHRICKER**
Feb 1945:   REDESIGNATED 8. MOUNTAIN DIVISION

Area of Operations:
Sep 1939 – Sep 1942:   Germany
Sep 1942 – Oct 1944:   Finland; Norway
Oct 1944 – Feb 1945:   Italy

Division No. 158
(Formed in November 1939)
Nov 1939 – 4 Jun 1940:
4 Jun 1940 – 1 May 1942:   Generalleutnant Josef **RUSSWURM**
1 May 1942 – 9 May 1943:   Generalleutnant Ernst **HAECKEL**
Oct 1942:   REDESIGNATED 158. RESERVE DIVISION
9 May 1943 – 31 May 1943:   Generalmajor Edgar **ARNDT**
31 May 1943 – Aug 1944:   Generalleutnant Ernst **HAECKEL**
Aug 1944:   REDESIGNATED 16. VOLKSGRENADIER DIVI-
                             SION

Area of Operations:
Nov 1939 – Feb 1941:   Silesia
Feb 1941 – Aug 1944:   France

158. Field Replacment Division
(Formed in March 1945)
Mar 1945 – 8 May 1945:
Apr 1945: REDESIGNATED 158. INFANTRY DIVISION

Area of Operations:
Mar 1945 – May 1945: *Central sector, Eastern Front*

Division No. 159
(Formed in August 1939)
1 Sep 1939 – 15 Aug 1941: Generalleutnant Albert **FETT**
15 Aug 1941 – 1 May 1942:
1 May 1942 – 20 Sep 1942: General der Pionere Karl **SACHS**
20 Sep 1942 – 20 Jun 1944: Generalleutnant Hermann **MEYER-RABINGEN**
Oct 1942: REDESIGNATED 159. RESERVE DIVISION
20 Jun 1944 – 8 Sep 1944: Generalmajor Axel **SCHMIDT**
8 Sep 1944 – 10 Oct 1944: Generalleutnant Albin **NAKE**
Oct 1944: REDESIGNATED 159. INFANTRY DIVISION
10 Oct 1944 – 15 Nov 1944: Generalmajor Friedrich-Wilhelm **DERNEN**
15 Nov 1944 – 20 Apr 1945: Generalmajor Heinrich **BÜRCKY**
Apr 1945: DESTROYED IN ALSACE

Area of Operations:
Nov 1939 – Nov 1942: *Germany*
Nov 1942 – Mar 1945: *France*
Mar 1945 – Apr 1945: *Western Germany*

Division No. 160
(Formed in November 1939)
8 Nov 1939 – 1 May 1942: Generalleutnant Otto **SCHÜNEMANN**
1 May 1942 – 1 Jul 1943: Generalleutnant Horst Freiherr von **UCKERMANN**
1 Jul 1943 – 1 Aug 1943: Generalmajor Christoph Graf zu **STOLBERG-STOLBERG**
1 Aug 1943 – 10 Jul 1944: Generalleutnant Horst Freiherr von **UCKERMANN**
7 Nov 1943: REDESIGNATED 160. RESERVE DIVISION
10 Jul 1944 – 8 May 1945: Generalleutnant Friedrich **HOFMANN**
9 Mar 1945: REDESIGNATED 160. INFANTRY DIVISION

Area of Operations:
Nov 1939 – Apr 1940: *Germany*
Apr 1940 – May 1945: *Denmark*

161. Infantry Division
(Formed in December 1939)
1 Dec 1939 – 17 Sep 1941: Generalleutnant Hermann **WILCK**
17 Sep 1941 – 15 Aug 1942: Generalleutnant Heinrich **RECKE**
15 Aug 1942 – 22 Aug 1942: Generalmajor Otto **SCHELL**
22 Aug 1942 – 28 Aug 1943: Generalleutnant Karl Albrecht von **GRODDECK**
28 Aug 1943 – Jan 1944: Generalleutnant Paul **DRECKMANN**
Jan 1944: DISBANDED

Jul 1944:	REFORMED
Jul 1944 – Aug 1944:	Generalleutnant Paul **DRECKMANN**
Aug 1944:	DESTROYED ON THE EASTERN FRONT

Area of Operations:

Dec 1939 – Jun 1941:	East Prussia
Jun 1941 – Dec 1942:	Central sector, Eastern Front
Dec 1942 – Apr 1943:	France
Apr 1943 – Jan 1944:	Southern sector, Eastern Front
Jul 1944 – Aug 1944:	Southern sector, Eastern Front

162. Infantry Division
(Formed in December 1939)

1 Dec 1939 – 13 Jan 1942:	Generalleutnant Hermann **FRANKE**
Jan 1942:	DESTROYED AT KALININ
May 1943:	REFORMED AS 162. (TURKESTAN) INFANTRY DIVISION
13 May 1943 – 21 May 1944:	Generalmajor Prof. Dr. Oskar Ritter von **NIEDERMAYER**
21 May 1944 – 8 May 1945:	Generalleutnant Ralph von **HEYGENDORFF**

Area of Operations:

Dec 1939 – Jun 1941:	Germany
Jun 1941 – Jan 1942:	Central sector, Eastern Front
May 1943 – Sep 1943:	Poland
Sep 1943 – May 1945:	Italy

163. Infantry Division
(Formed in October 1939)

25 Oct 1939 – 15 Jun 1942:	General der Artillerie Erwin **ENGELBRECHT**
15 Jun 1942 – 10 Jul 1942:	
10 Jul 1942 – 28 Dec 1942:	General der Infanterie Anton **DOSTLER**
29 Dec 1942 – 8 Mar 1945:	Generalleutnant Karl **RÜBEL**
8 Mar 1945:	DESTROYED AT KOLBERG

Area of Operations:

Oct 1939 – Apr 1940:	Germany
Apr 1940 – Jun 1941:	Norway
Jun 1941 – Nov 1944:	Finland; Northern Russia
Nov 1944 – Feb 1945:	Norway
Feb 1945 – Mar 1945:	Northern Germany

164. Infantry Division
(Formed in December 1939)

1 Dec 1939 – 10 Jan 1940:	Generalleutnant Konrad **HAASE**
10 Jan 1940 – 1 Jan 1942:	Generalleutnant Josef **FOLTTMANN**
1 Jan 1942:	REDESIGNATED FORTRESS DIVISION KRETA
1 Jan 1942 – 18 Jul 1942:	Generalleutnant Josef **FOLTTMANN**
Jul 1942:	REDESIGNATED 164. LIGHT AFRIKA DIVISION
18 Jul 1942 – 10 Aug 1942:	Generalleutnant Josef **FOLTTMANN**

10 Aug 1942 – 15 Jan 1943: Generalleutnant Carl-Hans **LUNGERSHAUSEN**
15 Jan 1943 – 12 May 1943: Generalmajor Kurt Freiherr von **LIEBENSTEIN**
May 1943: DESTROYED IN TUNISIA

Area of Operations:
Jan 1940 – Jun 1940: Germany
Jun 1940 – Jan 1941: France
Jan 1941 – Mar 1941: Romania
Mar 1941 – Nov 1941: Greece; Yugoslavia
Nov 1941 – Jul 1942: Crete
Jul 1942 – May 1943: North Africa

Division No. 165
(Formed in November 1939)
Nov 1939 – 1 May 1941:
1 May 1941 – 1 Feb 1944: Generalleutnant Siegmund Freiherr von **SCHACKY auf SCHÖNFELD**
1 Feb 1944: REDESIGNATED 165. RESERVE DIVISION
1 Feb 1944 – 15 May 1944: Generalleutnant Wilhelm **DASER**
May 1944: DISBANDED

Area of Operations:
Nov 1939 – Nov 1939: Germany
Nov 1939 – Sep 1940: Czechoslovakia
Sep 1940 – Jul 1941: Germany
Jul 1941 – May 1944: France; Netherlands

Division No. 166
(Formed in November 1939)
15 Nov 1939 – 1 May 1940: Generalleutnant Walter **BEHSCHNITT**
1 May 1940 – 15 Mar 1941: General der Infanterie Otto **SCHELLERT**
15 Mar 1941 – 1 Jun 1942: Generalleutnant Fritz **WILLICH**
1 Jun 1942 – 22 Jun 1942: Generalleutnant Justin von **OBERNITZ**
22 Jun 1942 – 10 Jul 1944: Generalleutnant Helmuth **CASTORF**
Oct 1943: REDESIGNATED 166. RESERVE DIVISION
10 Jul 1944 – 28 Mar 1945: Generalleutnant Eberhard von **FABRICE**
9 Mar 1945: REDESIGNATED 166. INFANTRY DIVISION
28 Mar 1945 – 31 Mar 1945: Generalmajor Helmuth **WALTER**
31 Mar 1945 – 8 May 1945: Generalleutnant Eberhard von **FABRICE**

Area of Operations:
Nov 1939 – Sep 1940: Poland
Sep 1940 – Jan 1943: Germany
Jan 1943 – May 1945: Denmark

167. Infantry Division
(Formed in December 1939)
1 Dec 1939 – 10 Jan 1940: Generalleutnant Martin **GILBERT**
10 Jan 1940 – 1 May 1940: General der Artillerie Oskar **VOGL**
1 May 1940 – 2 Aug 1940:

2 Aug 1940 – 1 Aug 1941:	Generalleutnant Hans **SCHÖNHÄRL**
1 Aug 1941 – 11 Aug 1941:	Generalleutnant Werner **SCHARTOW**
11 Aug 1941 – 25 Nov 1943:	Generalleutnant Wolf **TRIERENBERG**
25 Nov 1943 – 4 Jan 1944:	
4 Jan 1944 – Feb 1944:	Generalmajor Hans **HÜTTNER**
Feb 1944:	DISBANDED
Oct 1944:	REFORMED AS 167. VOLKSGRENADIER DIVISION
Oct 1944 – Mar 1945:	Generalleutnant Hanskurt **HÖCKER**
Mar 1945 – Apr 1945:	
Apr 1945:	DESTROYED IN THE RUHR POCKET

Area of Operations:

Jan 1940 – May 1940:	Germany
May 1940 – Jun 1941:	France
Jun 1941 – Jul 1942:	Central sector, Eastern Front
Jul 1942 – Jan 1943:	Holland
Jan 1943 – Feb 1944:	Southern sector, Eastern Front
Sep 1944 – Nov 1944:	Hungary
Nov 1944 – Dec 1944:	Slovakia
Dec 1944 – Jan 1945:	Ardennes
Jan 1945 – Apr 1945:	Western Germany

168. Infantry Division
(Formed in December 1939)

11 Dec 1939 – 11 Jan 1940:	Generalleutnant Wolf **BOYSEN**
11 Jan 1940 – 8 Jul 1941:	Generalleutnant Dr. Hans **MUNDT**
8 Jul 1941 – 9 Mar 1943:	Generalleutnant Dietrich **KRAIß**
9 Mar 1943 – 1 Dec 1943:	Generalleutnant Walter **CHALES de Beaulieu**
1 Dec 1943 – 8 Sep 1944:	Generalleutnant Werner **SCHMIDT-HAMMER**
8 Sep 1944 – 9 Dec 1944:	Generalmajor Carl **ANDERS**
9 Dec 1944 – 6 Jan 1945:	Generalleutnant Werner **SCHMIDT-HAMMER**
6 Jan 1945 – 19 Feb 1945:	Generalmajor Dr. Maximilian **ROßKOPF**
19 Feb 1945:	DESTROYED AT BARANOV
Apr 1945:	REFORMED
Apr 1945 – 8 May 1945:	

Area of Operations:

Jan 1940 – Jul 1941:	Germany
Jun 1941 – Feb 1944:	Southern sector, Eastern Front
Apr 1944 – Feb 1945:	Poland
Apr 1945 – May 1945:	Central sector, Eastern Front; Silesia

169. Infantry Division
(Formed in November 1939)

28 Nov 1939 – 1 Dec 1939:	Generalleutnant Philipp **MÜLLER-GEBHARD**
1 Dec 1939 – 1 Feb 1941:	Generalleutnant Heinrich **KIRCHHEIM**
1 Feb 1941 – 29 Sep 1941:	Generalleutnant Kurt **DITTMAR**
29 Sep 1941 – 22 Jun 1943:	General der Artillerie Hermann **TITTEL**
22 Jun 1943 – 8 May 1945:	Generalleutnant Georg **RADZIEJ**

Area of Operations:
Nov 1939 – May 1940:	Germany
May 1940 – Jun 1941:	France
Jun 1941 – Nov 1944:	Norway; Finland
Nov 1944 – Apr 1945:	Norway
Apr 1945 – May 1945:	Eastern Germany

170. Infantry Division
(Formed in December 1939)
1 Dec 1939 – 8 Jan 1942:	Generalleutnant Walter **WITTKE**
8 Jan 1942 – 15 Feb 1943:	Generalleutnant Erwin **SANDER**
15 Feb 1943 – 15 Feb 1944:	Generalleutnant Walther **KRAUSE**
15 Feb 1944 – 16 Feb 1944:	Generalmajor Franz **GRIESBACH**
16 Feb 1944 – 8 May 1945:	Generalleutnant Siegfried **HAß**

Area of Operations:
Dec 1939 – Apr 1940:	Germany
Apr 1940 – Jul 1940:	Denmark
Jul 1940 – Feb 1941:	France
Feb 1941 – May 1941:	Germany
May 1941 – Jun 1941:	Romania
Jun 1941 – Jul 1942:	Southern sector, Eastern Front
Jul 1942 – Jul 1944:	Northern sector, Eastern Front
Jul 1944 – Sep 1944:	Central sector, Eastern Front
Sep 1944 – Mar 1945:	Northern sector, Eastern Front
Mar 1945 – May 1945:	East Prussia

Division No. 171
(Formed in November 1939)
1 Nov 1939 – 20 Sep 1942:	Generalleutnant Eugen **SCHLENTHER**
Sep 1942:	REDESIGNATED 171. RESERVE DIVISION
20 Sep 1942 – 5 Jan 1944:	Generalleutnant Friedrich **FÜRST**
Jan 1944:	REDESIGNATED 48. INFANTRY DIVISION

Area of Operations:
Nov 1939 – Sep 1942:	Germany
Sep 1942 – Jan 1944:	Belgium

Division No. 172
(Formed in November 1939)
1 Nov 1939 – 31 Dec 1942:	Generalleutnant Kurt **FISCHER**
31 Dec 1942 – 10 Jul 1944:	Generalleutnant Eberhard von **FABRICE**
10 Jul 1944 – 24 Nov 1944:	Generalleutnant Helmuth **CASTORF**
24 Nov 1944:	REDESIGNATED 172. RESERVE DIVISION
24 Nov 1944 – 14 Jan 1945:	Generalleutnant Richard von **SCHWERIN**
14 Jan 1945 – Mar 1945:	Generalmajor Martin **BALTZER**
Mar 1945 – 8 May 1945:	Generalleutnant Dr. Hans **BOELSEN**

Area of Operations:
Nov 1939 – Nov 1939:   Germany
Nov 1939 – Sep 1940:   Poland
Sep 1940 – May 1945:   Germany

Division No. 173
(Formed in November 1939)
1 Nov 1939 – 10 Mar 1940:   Generalleutnant Kurt **SIEGLIN**
10 Mar 1940 – 15 Dec 1940: Generalleutnant Kurt **PFLUGRADT**
15 Dec 1940 – 20 Feb 1944: Generalleutnant Heinrich von **BEHR**
16 Jul 1943:   REDESIGNATED 173. RESERVE DIVISION
Feb 1944:   DISBANDED

Area of Operations:
Nov 1939 – Sep 1943:   Germany
Sep 1943 – Feb 1944:   Serbia; Croatia

Division No. 174
(Formed in June 1940)
10 Jun 1940 – 1 Apr 1942:   Generalleutnant Konrad **GUHL**
1 Apr 1942 – 26 Aug 1943:   Generalleutnant Kurt **RENNER**
15 Sep 1942:   REDESIGNATED 174. RESERVE DIVISION
26 Aug 1943 – 1 Sep 1943:
1 Sep 1943 – Aug 1944:   Generalleutnant Friedrich-Georg **EBERHARDT**
Aug 1944:   DISBANDED

Area of Operations:
Jun 1940 – Aug 1941:   Germany
Aug 1941 – Sep 1942:   Bohemia
Sep 1942 – Aug 1944:   Poland

Division No. 176
(Formed in January 1943)
1 Feb 1943 – 1 Nov 1944:   Generalleutnant Berthold **STUMM**
1 Nov 1944:   REDESIGNATED 176. INFANTRY DIVISION
1 Nov 1944 – 8 May 1945:   Generalmajor Christian-Johannes **LANDAU**

Area of Operations:
Jan 1943 – Sep 1944:   Germany
Sep 1944 – Jan 1945:   Netherlands
Jan 1945 – Apr 1945:   Western Germany

Division No. 177
(Formed in September 1939)
1 Sep 1939 – 26 Sep 1939:   General der Infanterie Walther **GRAEßNER**
26 Sep 1939 – 1 Jun 1940:   General der Infanterie Franz von **ROQUES**
1 Jun 1940 – 1 Jul 1940:
1 Jul 1940 – 25 Oct 1940:   Generalleutnant Otto **OTTENBACHER**
25 Oct 1940 – 1 Nov 1940:
1 Nov 1940 – 1 Jun 1941:   General der Infanterie Rudolf von **BÜNAU**

1 Jun 1941 – 20 Sep 1941:	Generalleutnant Hermann von **GIMBORN**
20 Sep 1941 – 1 Jan 1943:	Generalleutnant Josef **REICHERT**
1 Jan 1943 – 1 Feb 1943:	
1 Feb 1943 – Apr 1945:	Generalmajor Erich **MÜLLER-DERICHSWEILER**
Apr 1945:	DESTROYED AT VIENNA

Area of Operations:

Sep 1939 – Apr 1945:	Austria

Division No. 178
(Formed in December 1940)

15 Dec 1940 – 20 Apr 1942:	Generalleutnant Curt **BERNARD**
20 Apr 1942:	REDESIGNATED DIVISION (MOTORIZED) NO. 178
20 Apr 1942 – 1 May 1942:	Generalleutnant Curt **BERNARD**
1 May 1942 – 1 Oct 1944:	Generalleutnant Friedrich-Wilhelm von **LOEPER**
5 Apr 1943:	REDESIGNATED PANZER DIVISION NO. 178
1 Oct 1944 – 9 Oct 1944:	Generalleutnant Karl-Friedrich von der **MEDEN**
9 Oct 1944 – 1 Jan 1945:	Generalmajor Hans-Ulrich **BACK**
1 Jan 1945 – 6 Feb 1945:	Generalleutnant Karl-Friedrich von der **MEDEN**
6 Feb 1945:	DISBANDED

Area of Operations:

Dec 1940 – Feb 1945:	Silesia

Division No. 179
(Formed in January 1940)

10 Jan 1940 – 11 Apr 1940:	Generalleutnant Herbert **STIMMEL**
11 Apr 1940 – 20 Jun 1940:	
20 Jun 1940 – 20 Jan 1942:	Generalleutnant Max von **HARTLIEB** gennant **WALSPORN**
20 Jan 1942 – 10 May 1944:	Generalleutnant Walter von **BOLTENSTERN**
27 Apr 1942:	REDESIGNATED DIVISION (MOTORIZED) NO. 179
5 Apr 1943:	REDESIGNATED PANZER DIVISION NO. 179
30 Jul 1943:	REDESIGNATED RESERVE PANZER DIVISION 179
10 May 1944:	DISBANDED

Area of Operations:

Jan 1940 – Apr 1943:	Germany
Apr 1943 – May 1944:	France

Division No. 180
(Formed in December 1939)

1 Dec 1939 – 10 Jan 1940:	Generalleutnant Kurt **WOYTASCH**
10 Jan 1940 – 24 Jan 1942:	Generalleutnant Martin **GILBERT**
24 Jan 1942 – 27 Sep 1944:	Generalleutnant Herbert **LEMKE**
27 Sep 1944 – 1 Oct 1944:	Generalmajor Bernhard **KLOSTERKEMPER**
1 Oct 1944 – Apr 1945:	Generalleutnant Martin **GILBERT**

31 Oct 1944:	REDESIGNATED 180. INFANTRY DIVISION
Apr 1945:	DESTROYED IN THE RUHR POCKET

Area of Operations:

Dec 1939 – Sep 1944:	*Germany*
Sep 1944 – Jan 1945:	*Netherlands*
Jan 1945 – Apr 1945:	*Western Germany*

181. Infantry Division
(Formed in December 1939)

1 Dec 1939 – 10 Jan 1940:	Generalleutnant Peter **BIELFELD**
10 Jan 1940 – 1 Mar 1942:	Generalleutnant Kurt **WOYTASCH**
1 Mar 1942 – 24 Mar 1942:	Generalleutnant Friedrich **BAYER**
24 Mar 1942 – 1 Oct 1944:	Generalleutnant Hermann **FISCHER**
1 Oct 1944 – 8 May 1945:	Generalleutnant Eugen **BLEYER**

Area of Operations:

Dec 1939 – Apr 1940:	*Germany*
Apr 1940 – Oct 1943:	*Norway*
Oct 1943 – May 1945:	*Balkans; Austria*

Division No. 182
(Formed in October 1939)

19 Oct 1939 – 24 Apr 1940:	Generalleutnant Friedrich **BAYER**
24 Apr 1940 – 1 May 1940:	
1 May 1940 – 30 May 1941:	Generalleutnant Hans von **BASSE**
30 May 1941 – 5 Jun 1942:	Generalleutnant Franz **KARL**
Jun 1942:	REDESIGNATED 182. RESERVE DIVISION
5 Jun 1942 – 27 Sep 1942:	Generalleutnant Karl **GÜMBEL**
27 Sep 1942 – 5 Dec 1942:	Generalmajor Paul **LETTOW**
5 Dec 1942 – 25 Mar 1944:	Generalleutnant Otto **SCHILLING**
25 Mar 1944 – 8 May 1945:	Generalleutnant Richard **BALTZER**
1 Apr 1945:	REDESIGNATED 182. INFANTRY DIVISION

Area of Operations:

Oct 1939 – Nov 1939:	*Germany*
Nov 1939 – Sep 1940:	*Poland*
Sep 1940 – Nov 1944:	*France*
Nov 1944 – May 1945:	*Slovakia*

183. Infantry Division
(Formed in November 1939)

1 Nov 1939 – 4 Oct 1941:	Generalleutnant Benignus **DIPPOLD**
4 Oct 1941 – 20 Jan 1942:	Generalleutnant Richard **STEMPEL**
20 Jan 1942 – 14 Nov 1943:	Generalleutnant August **DETTLING**
Nov 1943:	DESTROYED IN WHITE RUSSIA
Sep 1944:	REFORMED AS 183. VOLKSGRENADIER DIVISION
Sep 1944 – 1 May 1945:	Generalleutnant Wolfgang **LANGE**
1 May 1945 – 8 May 1945:	Generalmajor Heinrich **WARRELMANN**

Area of Operations:
Nov 1939 – May 1941: Germany
May 1941 – Nov 1941: Balkans
Nov 1941 – Oct 1943: Central sector, Eastern Front
Oct 1943 – Nov 1943: Southern sector, Eastern Front
Sep 1944 – Apr 1945: Western Germany

Division No. 187
(Formed in October 1939)
15 Oct 1939 – 6 Feb 1940: General der Infanterie Walther **GRAEßNER**
7 Feb 1940 – 15 Aug 1942: Generalleutnant Konrad **STEPHANUS**
15 Aug 1942: REDESIGNATED 187. RESERVE DIVISION
15 Aug 1942 – 1 Jan 1944: Generalleutnant Josef **BRAUNER von Haydringen**
1 Jan 1944: REDESIGNATED 42. Jäger DIVISION

Area of Operations:
Oct 1939 – Sep 1942: Austria
Sep 1942 – Jan 1944: Croatia

Division No. 188
(Formed in December 1939)
1 Dec 1939 – 31 Mar 1943: Generalleutnant Hans von **HÖßLIN**
31 Mar 1943 – 8 Apr 1943: Generalmajor Maximilian **JAIS**
8 Apr 1943 – 20 Oct 1943:
8 Oct 1943: REDESIGNATED 188. RESERVE MOUNTAIN DIVISION
20 Oct 1943 – 8 May 1945: Generalleutnant Hans von **HÖßLIN**
1 Mar 1944: REDESIGNATED 188. MOUNTAIN DIVISION

Area of Operations:
Dec 1939 – Oct 1943: Austria
Oct 1943 – May 1945: Italy

189. Reserve Division
(Formed in September 1942)
20 Sep 1942 – 1 May 1943: Generalleutnant Egon von **NEINDORFF**
6 Dec 1942: REDESIGNATED 189. INFANTRY DIVISION
1 May 1943: REDESIGNATED 356. INFANTRY DIVISION
15 May 1943: REFORMED AS 189. RESERVE DIVISION
15 May 1943 – 1 Oct 1943: Generalleutnant Egon von **NEINDORFF**
1 Oct 1943 – 25 Sep 1944: Generalleutnant Richard von **SCHWERIN**
25 Sep 1944 – 1 Oct 1944:
1 Oct 1944: REDESIGNATED 189. INFANTRY DIVISION
1 Oct 1944 – 27 Oct 1944: Generalmajor Ernst vom **BAUER**
27 Oct 1944 – 15 Nov 1944: Generalmajor Joachim **DEGENER**
15 Nov 1944 – 4 Feb 1945: Generalmajor Eduard **ZORN**
4 Feb 1945: DESTROYED AT COLMAR
24 Mar 1945: REFORMED
24 Mar 1945 – 8 May 1945:

Area of Operations:
Sep 1942 – Nov 1942:   Germany
Nov 1942 – Jan 1945:   France
Jan 1945 – May 1945:   Southern Germany

Division No. 190
(Formed in May 1940)
17 May 1940 – 15 Apr 1942:   Generalleutnant Kurt **WOLFF**
15 Apr 1942 – 22 Jun 1942:   Generalleutnant Emil **MARKGRAF**
22 Jun 1942 – 1 Nov 1942:   Generalleutnant Justin von **OBERNITZ**
1 Nov 1942 – 10 Nov 1942:   Generalmajor Albert **NEWIGER**
10 Nov 1942 – 13 Apr 1945:   Generalleutnant Ernst **HAMMER**
4 Nov 1944:   REDESIGNATED 190. INFANTRY DIVISION
13 Apr 1945:   DESTROYED IN THE RUHR POCKET

Area of Operations:
May 1940 – Sep 1944:   Germany
Sep 1944 – Mar 1945:   Netherlands
Mar 1945 – Apr 1945:   Western Germany

Division No. 191
(Formed in December 1939)
1 Dec 1939 – 15 Nov 1940:   Generalleutnant Friedrich-Wilhelm **NEUMANN**
15 Nov 1940 – 18 Dec 1941:   Generalleutnant Richard **VEITH**
18 Dec 1941 – 1 Mar 1943:   Generalmajor Karl von **DEWITZ gennant von KREBS**
25 Sep 1942:   REDESIGNATED 191. RESERVE DIVISION
1 Mar 1943 – 1 Jan 1944:   Generalleutnant Sigfrid **MACHOLZ**
1 Jan 1944 – 1 Feb 1944:   Generalleutnant Erich **BAEßLER**
1 Feb 1944:   REDESIGNATED 49. INFANTRY DIVISION

Area of Operations:
Dec 1939 – Sep 1942:   Germany
Sep 1942 – Feb 1944:   France

Division No. 192
(Formed in June 1940)
10 Jun 1940 – 5 Oct 1940:   Generalleutnant Sigfrid **MACHOLZ**
5 Oct 1940 – 1 Apr 1942:   General der Infanterie Hans **PETRI**
1 Apr 1942 – 3 Feb 1945:   Generalleutnant Erich **SCHROECK**
3 Feb 1945:   DESTROYED

Area of Operations:
Jun 1940 – Nov 1941:   Germany
Nov 1941 – Jan 1945:   Poland
Jan 1945 – Feb 1945:   Northern Germany

Division No. 193
(Formed in October 1939)
25 Oct 1939 – 2 Feb 1940: General der Infanterie Friedrich **GOLLWITZER**
2 Feb 1940 – 1 May 1940: Generalleutnant Werner **SANNE**
1 May 1940 – 1 Jun 1942: Generalmajor Paul **LOEHNING**
1 Jun 1942 – 1 Jun 1944: Generalleutnant Wilhelm **BEHRENS**
1 Jun 1944 – 8 May 1945: Generalmajor Eckkard von **GEYSO**

Area of Operations:
Oct 1939 – Oct 1941: Germany
Oct 1941 – May 1945: Czechoslovakia; Silesia

196. Infantry Division
(Formed in December 1939)
27 Dec 1939 – 1 Mar 1942: Generalleutnant Richard **PELLENGAHR**
1 Mar 1942 – 24 Dec 1943: Generalleutnant Dr. Fritz **FRANEK**
24 Dec 1943 – Feb 1944: Generalleutnant Kurt **MOEHRING**
Feb 1944 – Jun 1944: Oberst **KLINGE**
Jun 1944 – Sep 1944: Generalmajor Friedrich von **UNGER**
Sep 1944: DISBANDED

Area of Operations:
Dec 1939 – Apr 1940: Germany
Apr 1940 – Jul 1944: Denmark; Norway
Jul 1944 – Sep 1944: Central sector, Eastern Front

197. Infantry Division
(Formed in December 1939)
1 Dec 1939 – 1 Apr 1942: Generalleutnant Hermann **MEYER-RABINGEN**
1 Apr 1942 – 5 Nov 1943: General der Infanterie Ehrenfried **BOEGE**
5 Nov 1943 – 15 Nov 1943:
15 Nov 1943 – 14 Mar 1944: Generalleutnant Eugen **WÖßNER**
14 Mar 1944 – 24 Jun 1944: Generalmajor Hans **HAHNE**
Jun 1944: DESTROYED AT VITEBSK

Area of Operations:
Dec 1939 – Jun 1941: Germany
Jun 1941 – Jun 1944: Central sector, Eastern Front

198. Infantry Division
(Formed in January 1940)
10 Jan 1940 – 10 Apr 1942: General der Infanterie Otto **ROETTIG**
10 Apr 1942 – 27 Aug 1942: Generalmajor Albert **BUCK**
27 Aug 1942 – 5 Feb 1943: General der Infanterie Ludwig **MÜLLER**
5 Feb 1943 – 1 Jun 1944: Generalleutnant Hans-Joachim von **HORN**
1 Jun 1944 – 1 Aug 1944: Generalmajor Otto **RICHTER**
1 Aug 1944 – 5 Aug 1944: Generalleutnant Kurt **OPPENLÄNDER**
5 Aug 1944 – 1 Sep 1944: Generalmajor Alfred **KUHNERT**
1 Sep 1944 – 18 Jan 1945: Generalmajor Otto **SCHIEL**
18 Jan 1945 – 26 Apr 1945: Generalmajor Konrad **BARDE**

26 Apr 1945 – 8 May 1945:	Generalleutnant Helmut **STAEDKE**

Area of Operations:
Jan 1940 – Apr 1940:	Germany
Apr 1940 – Jun 1940:	Denmark
Jun 1940 – Jun 1941:	France
Jun 1941 – Jun 1944:	Southern sector, Eastern Front
Jun 1944 – Mar 1945:	France
Mar 1945 – May 1945:	Southern Germany

199. Infantry Division
(Formed in November 1940)
1 Nov 1940 – 1 Apr 1942:	Generalleutnant Hans von **KEMPSKI**
1 Apr 1942 – 1 Aug 1943:	Generalleutnant Wilhelm **RAITHEL**
1 Aug 1943 – 20 Jun 1944:	Generalleutnant Walter **WISSMATH**
20 Jun 1944 – 8 May 1945:	Generalleutnant Helwig **LUZ**

Area of Operations:
Nov 1940 – May 1941:	Norway
May 1941 – Dec 1941:	Finland
Dec 1941 – Mar 1945:	Norway
Mar 1945 – May 1945:	Denmark

200. Jäger Division
(Formed in February 1945)
7 Feb 1945 – 8 May 1945:	Generalmajor Otto **SCHURY**

Area of Operations:
Feb 1945 – May 1945:	Germany

201. Security Division
(Formed in March 1942 from 201. Security Brigade)
Mar 1942 – 20 May 1942:	Generalleutnant Eugen **DEMOLL**
20 May 1942 – 13 Oct 1944:	Generalleutnant Alfred **JACOBI**
13 Oct 1944 – 20 Oct 1944:	Generalmajor Martin **BERG**
20 Oct 1944 – 28 Jan 1945:	Generalmajor Anton **EBERTH**
28 Jan 1945 – 8 May 1945:	

Area of Operations:
Mar 1942 – Sep 1942:	Northern sector, Eastern Front
Sep 1942 – Jun 1944:	Central sector, Eastern Front
Jun 1944 – May 1945:	Northern sector, Eastern Front; Courland Pocket (Latvia)

203. Security Division
(Formed in June 1942 from 203. Security Brigade)
Jun 1942 – 1 Jan 1943:	
1 Jan 1943 – 19 Aug 1944:	Generalleutnant Rudolf **PILZ**
19 Aug 1944 – 18 Nov 1944:	Generalleutnant Max **HORN**
21 Oct 1944:	REDESIGNATED 203. INFANTRY DIVISION
18 Nov 1944 – 26 Dec 1944:	Generalleutnant Wilhelm **THOMAS**

26 Dec 1944 – Mar 1945: Generalmajor Fritz **GAEDICKE**
Mar 1945: DESTROYED ON THE RIVER VISTULA

Area of Operations:
Jun 1942 – Oct 1942: *Central sector, Eastern Front*
Oct 1942 – Mar 1944: *Southern sector, Eastern Front*
Mar 1944 – Mar 1945: *Central sector, Eastern Front; Eastern Germany*

205. Infantry Division
(Formed in January 1940)
1 Jan 1940 – 1 Mar 1942: Generalleutnant Ernst **RICHTER**
1 Mar 1942 – 5 Nov 1943: Generalleutnant Paul **SEYFFARDT**
5 Nov 1943 – 25 Nov 1943: Generalmajor Ernst **MICHAEL**
25 Nov 1943 – 1 Dec 1943:
1 Dec 1943 – 20 Oct 1944: General der Artillerie Horst von **MELLENTHIN**
20 Oct 1944 – 15 Nov 1944: Generalmajor Ernst **BIEHLER**
15 Nov 1944 – Mar 1945:
Mar 1945 – 8 May 1945: Generalmajor Karl **GIESE**

Area of Operations:
Jan 1940 – Jun 1940: *Germany*
Jun 1940 – Feb 1942: *France*
Feb 1942 – Oct 1943: *Central sector, Eastern Front*
Oct 1943 – May 1945: *Northern sector, Eastern Front; Courland Pocket (Latvia)*

206. Infantry Division
(Formed in September 1939)
1 Sep 1939 – 10 Jul 1942: Generalleutnant Hugo **HÖFL**
10 Jul 1942 – 1 Nov 1942:
1 Nov 1942 – 13 Jul 1943: Generalleutnant Alfons **HITTER**
13 Jul 1943 – 14 Sep 1943: Generalmajor Carl **ANDRÉ**
14 Sep 1943 – 28 Jun 1944: Generalleutnant Alfons **HITTER**
Jun 1944: DESTROYED AT VITEBSK

Area of Operations:
Sep 1939 – Jun 1941: *Poland*
Jun 1941 – Jun 1944: *Central sector, Eastern Front*

207. Infantry Division
(Formed in September 1939)
1 Sep 1939 – 1 Mar 1941: Generalleutnant Karl von **TIEDEMANN**
1 Mar 1941: REDESIGNATED 207. SECURITY DIVISION
1 Mar 1941 – 1 Jan 1943: Generalleutnant Karl von **TIEDEMANN**
1 Jan 1943 – ? 1943: Generalleutnant Erich **HOFMANN**
? 1943 – 28 Apr 1944:
28 Apr 1944 – 17 Sep 1944: Generalleutnant Bogislav Graf von **SCHWERIN**
17 Sep 1944 – 20 Oct 1944:
20 Oct 1944 – 10 Dec 1944: Generlmajor Martin **BERG**
10 Dec 1944: DISBANDED

Area of Operations:
Sep 1939 – Jun 1941:   Poland
Jun 1941 – Dec 1944:   Northern sector, Eastern Front

208. Infantry Division
(Formed in September 1939)
1 Sep 1939 – 13 Dec 1941:   Generalleutnant Moritz **ANDREAS**
13 Dec 1941 – 1 Feb 1943:   General der Infanterie Hans-Karl von **SCHEELE**
1 Feb 1943 – Apr 1943:   Generalleutnant Karl-Wilhelm von **SCHLIEBEN**
Apr 1943 – 22 Jun 1943:   Generalmajor Georg **ZWADE**
22 Jun 1943 – 8 May 1945:   Generalleutnant Hans **PIECKENBROCK**

Area of Operations:
Sep 1939 – May 1940:   Poland
May 1940 – Dec 1942:   France; Belgium
Dec 1942 – Oct 1943:   Central sector, Eastern Front
Oct 1943 – Oct 1944:   Southern sector, Eastern Front
Oct 1944 – May 1945:   Poland; Czechoslovakia

209. Infantry Division
(Formed in September 1939)
1 Sep 1939 – 7 Jan 1940:   Generalleutnant Hans **STENGEL**
7 Jan 1940 – 1 Aug 1940:   Generalleutnant Wolf **SCHEDE**
Aug 1940:   DISBANDED

Area of Operations:
Sep 1939 – Aug 1940:   Germany; Poland

210. Infantry (Coastal Defense) Division
(Formed in July 1942)
15 Jul 1942 – 1 Feb 1944:   Generalleutnant Karl **WINTERGERST**
1 Feb 1944 – 9 Apr 1945:   Generalleutnant Curt **EBELING**
9 Apr 1945 – 8 May 1945:

Area of Operations:
Jul 1942 – Sep 1944:   Finland
Sep 1944 – May 1945:   Norway

211. Infantry Division
(Formed in mid-1939)
1 Sep 1939 – 4 Feb 1942:   Generalleutnant Kurt **RENNER**
4 Feb 1942 – 16 Jul 1943:   Generalleutnant Richard **MÜLLER**
16 Jul 1943 – 8 May 1945:   Generalleutnant Johann Heinrich **ECKHARDT**
Dec 1944:   REDESIGNATED 211. VOLKSGRENADIER DIVISION

Area of Operations:
Sep 1939 – Feb 1941:   Germany
Feb 1941 – Jan 1942:   France
Jan 1942 – Dec 1944:   Central sector, Eastern Front
Dec 1944 – Jan 1945:   Withdrawn for refitting

Jan 1945 – May 1945: Southern sector, Eastern Front; Hungary; Austria

212. Infantry Division
(Formed in August 1939)
1 Sep 1939 – 15 Sep 1939: Generalmajor Walter **FRIEDRICHS**
15 Sep 1939 – 1 Oct 1942: General der Artillerie Theodor **ENDRES**
1 Oct 1942 – 1 Oct 1943: Generalleutnant Hellmuth **REYMANN**
1 Oct 1943 – 1 Nov 1943:
1 Nov 1943 – 1 May 1944: Generalmajor Dr. Karl **KOSKE**
1 May 1944 – 15 Sep 1944: Generalleutnant Franz **SENSFUß**
15 Sep 1944: DESTROYED IN LITHUANIA
Oct 1944: REFORMED AS 212. VOLKSGRENADIER DIVISION
Oct 1944 – 1 Apr 1945: Generalleutnant Franz **SENSFUß**
1 Apr 1945 – ? Apr 1945: Generalmajor Max **ULICH**
? Apr 1945 – 8 May 1945: Generalmajor Jobst Freiherr von **BUDDENBROCK**

Area of Operations:
Sep 1939 – May 1940: West Wall
May 1940 – Nov 1941: France
Nov 1941 – Sep 1944: Northern sector, Eastern Front
Oct 1944 – Nov 1944: East Prussia
Nov 1944 – May 1945: Western & Southern Germany

213. Infantry Division
(Formed in August 1939)
1 Sep 1939 – 18 Aug 1942: Generalleutnant Rene de **l'HOMME de COURBIERE**
Mar 1941: REDESIGNATED 213. SECURITY DIVISION
18 Aug 1942 – 1 Sep 1944: Generalleutnant Alex **GOESCHEN**
Sep 1944: DISBANDED

Area of Operations:
Sep 1939 – Jun 1941: Poland; Silesia
Jun 1941 – Jul 1944: Southern sector, Eastern Front
Jul 1944 – Sep 1944: Central sector, Eastern Front

214. Infantry Division
(Formed in August 1939)
1 Sep 1939 – 30 Jan 1940: Generalleutnant Theodor **GROPPE**
30 Jan 1940 – 31 Dec 1943: Generalleutnant Max **HORN**
31 Dec 1943 – 15 Feb 1944: Generalmajor Carl **WAHLE**
15 Feb 1944 – 28 Mar 1944: Generalleutnant Max **HORN**
28 Mar 1944 – Jan 1945: Generalleutnant Harry von **KIRCHBACH**
Jan 1945: DISBANDED

Area of Operations:
Sep 1939 – Apr 1940: West Wall
Apr 1940 – Sep 1941: Norway
Sep 1941 – Feb 1944: Finland

Feb 1944 – Apr 1944:   Northern sector, Eastern Front
Apr 1944 – Jan 1945:   Poland; Silesia

215. Infantry Division
(Formed in August 1939)
1 Sep 1939 – 12 Nov 1942:   General der Infanterie Baptist **KNIEß**
12 Nov 1942 – 6 Apr 1945:   Generalleutnant Bruno **FRANKEWITZ**
6 Apr 1945:   DESTROYED IN WEST PRUSSIA

Area of Operations:
Sep 1939 – May 1940:   Germany
May 1940 – Dec 1941:   France
Dec 1941 – Mar 1945:   Northern sector, Eastern Front; Courland Pocket (Latvia)
Mar 1945 – Apr 1945:   West Prussia

216. Infantry Division
(Formed in August 1939)
1 Sep 1939 – 8 Sep 1940:   Generalleutnant Hermann **BOETTCHER**
8 Sep 1940 – 1 Apr 1941:   Generalleutnant Kurt **HIMER**
1 Apr 1941 – 4 Apr 1943:   General der Infanterie Werner Freiherr von und zu **GILSA**
4 Apr 1943 – 7 May 1943:
7 May 1943 – 3 Oct 1943:   General der Infanterie Friedrich-August **SCHACK**
3 Oct 1943 – 5 Oct 1943:
5 Oct 1943 – 20 Oct 1943:   Generalleutnant Egon von **NEINDORFF**
20 Oct 1943 – 30 Nov 1943: Generalmajor Gustav **GIHR**
Nov 1943:   DISBANDED

Area of Operations:
Sep 1939 – May 1940:   West Wall
May 1940 – Jan 1942:   Netherlands; Belgium; France
Jan 1942 – Nov 1943:   Central sector, Eastern Front

Bruno Frankewitz

217. Infantry Division

(Formed in August 1939)
1 Sep 1939 – 14 Feb 1942:	Generalleutnant Richard **BALTZER**
14 Feb 1942 – 15 Apr 1942:	
15 Apr 1942 – 27 Sep 1942:	Generalleutnant Friedrich **BAYER**
27 Sep 1942 – Oct 1943:	General der Infanterie Otto **LASCH**
Oct 1943 – 15 Nov 1943:	Generalleutnant Walter **POPPE**
Nov 1943:	DISBANDED

Area of Operations:
Sep 1939 – May 1940:	Poland
May 1940 – Jul 1941:	France; Belgium
Jul 1941 – Sep 1943:	Northern sector, Eastern Front
Sep 1943 – Nov 1943:	Southern sector, Eastern Front

218. Infantry Division

(Formed in August 1939)
1 Sep 1939 – 1 Jan 1942:	Generalleutnant Woldemar Freiherr **GROTE**
1 Jan 1942 – 20 Mar 1942:	Generalleutnant Horst Freiherr von **UCKERMANN**
20 Mar 1942 – 25 Dec 1944:	Generalleutnant Viktor **LANG**
25 Dec 1944 – 1 May 1945:	Generalmajor Ingo von **COLLANI**
1 May 1945 – 8 May 1945:	Generalleutnant Werner **RANK**

Area of Operations:
Sep 1939 – May 1940:	Poland
May 1940 – May 1941:	Germany
May 1941 – Dec 1941:	Denmark
Dec 1941 – May 1945:	Northern sector, Eastern Front; Courland Pocket (Latvia)

219. Infantry Division

(Formed in March 1945)
Mar 1945 – 8 May 1945:

Area of Operations:
Mar 1945 – May 1945:	Netherlands

221. Infantry Division

(Formed in August 1939)
1 Sep 1939 – 5 Jul 1942:	Generalleutnant Johann **PFLUGBEIL**
15 Mar 1941:	REDESIGNATED 221. SECURITY DIVISION
5 Jul 1942 – 1 Aug 1943:	Generalleutnant Hubert **LENDLE**
1 Aug 1943 – 5 Sep 1943:	Generalmajor Karl **BÖTTGER**
5 Sep 1943 – Mar 1944:	Generalleutnant Hubert **LENDLE**
Mar 1944 – 28 Apr 1944:	Generalleutnant Bogislav Graf von **SCHWERIN**
28 Apr 1944 – Jul 1944:	
Jul 1944:	DISBANDED

Area of Operations:
Sep 1939 – May 1940: Poland
May 1940 – Jun 1941: Germany
Jun 1941 – Jul 1944: Central sector, Eastern Front

223. Infantry Division
(Formed in August 1939)
1 Sep 1939 – 6 May 1941: Generalleutnant Paul-Willi **KÖRNER**
6 May 1941 – 20 Oct 1942: General der Infanterie Rudolf **LÜTERS**
20 Oct 1942 – Sep 1943: Generalleutnant Christian **USINGER**
Sep 1943: DESTROYED AT KIEV

Area of Operations:
Sep 1939 – May 1940: Germany
May 1940 – Dec 1941: France
Dec 1941 – Jul 1943: Northern sector, Easter Front
Jul 1943 – Sep 1943: Southern sector, Eastern Front

225. Infantry Division
(Formed in August 1939)
1 Sep 1939 – 1 Jul 1940: Generalleutnant Ernst **SCHAUMBURG**
1 Jul 1940 – 1 Jun 1941: Generalleutnant Friedrich-Karl von **WACHTER**
1 Jun 1941 – 25 Sep 1942: Generalleutnant Hans von **BASSE**
25 Sep 1942 – 8 May 1945: Generalleutnant Ernst **RISSE**

Area of Operations:
Sep 1939 – May 1940: Germany
May 1940 – Jan 1942: Netherlands; France
Jan 1942 – Jul 1944: Northern sector, Eastern Front
Jul 1944: Central sector, Eastern Front
Jul 1944 – May 1945: Northern sector, Eastern Front; Courland Pocket (Latvia)

226. Infantry Division
(Formed in July 1944)
6 Jul 1944 – Sep 1944: Generalleutnant Wolfgang von **KLUGE**
Sep 1944: SURRENDERED AT DUNKIRK

Area of Operations:
Jul 1944 – Aug 1944: Germany
Aug 1944 – Sep 1944: France

227. Infantry Division
(Formed in August 1939)
1 Sep 1939 – 6 May 1940: Generalleutnant Friedrich **ZICKWOLFF**
6 May 1940 – 1 Jul 1940: Generalleutnant Friedrich-Karl von **WACHTER**
1 Jul 1940 – 12 Apr 1941: Generalleutnant Friedrich **ZICKWOLFF**
12 Apr 1941 – 7 Jun 1943: General der Artillerie Friedrich von **SCOTTI**
7 Jun 1943 – 11 May 1944: General der Artillerie Wilhelm **BERLIN**
11 May 1944 – 22 Jul 1944:

22 Jul 1944 – 27 Mar 1945: Generalmajor der Reserve Maximilian **WENGLER**
27 Mar 1945: DESTROYED

Area of Operations:
Sep 1939 – May 1940: Germany
May 1940 – Jul 1940: Belgium
Jul 1940 – Dec 1941: France
Dec 1941 – Nov 1944: Northern sector, Eastern Front
Nov 1944 – Mar 1945: Northeastern Germany

228. Infantry Division
(Formed in August 1939)
1 Sep 1939 – 1 Mar 1940: Generalleutnant Hans **SUTTNER**
1 Mar 1940 – 8 Jul 1940: Generalleutnant Karl-Ulrich **NEUMANN-NEURODE**
Jul 1940: DISBANDED

Area of Operations:
Sep 1939 – May 1940: Poland
May 1940 – Jul 1940: Netherlands; Belgium

230. Infantry (Coastal Defense) Division
(Formed in April 1942)
15 Apr 1942 – 10 Oct 1942: Generalleutnant Otto **SCHÖNHERR**
10 Oct 1942 – 10 Jan 1944: Generalleutnant Konrad **MENKEL**
10 Jan 1944 – 20 Feb 1944: Generalleutnant Albrecht **BAIER**
20 Feb 1944 – 1 Oct 1944: Generalleutnant Konrad **MENKEL**
1 Oct 1944 – 8 May 1945: Generalmajor Bernhard **PAMPEL** umbenannt in **PAMBERG**

Area of Operations:
Apr 1942 – May 1945: Norway

231. Infantry Division
(Formed in August 1939)
1 Sep 1939 – 2 Aug 1940: Generalleutnant Hans **SCHÖNHÄRL**
Aug 1940: DISBANDED

Area of Operations:
Sep 1939 – Nov 1939: Germany
Nov 1939 – Jun 1940: Poland
Jun 1940 – Aug 1940: Germany

232. Infantry Division
(Formed in June 1944)
26 Jun 1944 – May 1945: Generalleutnant Eccard Freiherr von **GABLENZ**
May 1945: SURRENDERED TO THE U.S. ARMY IN ITALY

Area of Operations:
Jun 1944 – Jul 1944: Germany
Jul 1944 – May 1945: Italy

232. Panzer Division
(Formed in February 1945 from Panzer Field Training Division 'Tatra')
21 Feb 1945 – Mar 1945:	Generalmajor Hans-Ulrich **BACK**
Mar 1945:	DESTROYED AT THE RAAB BRIDGEHEAD

Area of Operations:
Feb 1945 – Mar 1945:	Austria

Division (Motorized) No. 233
(Formed in May 1942)
15 May 1942 – 7 Jul 1942:	General der Artillerie Curt **JAHN**
7 Jul 1942:	REDESIGNATED 233. PANZER GRENADIER DIVISION
7 Jul 1942 – 1 Mar 1943:	General der Artillerie Curt **JAHN**
1 Mar 1943 – 5 Apr 1943:	Generalleutnant Heinrich **WOSCH**
5 Apr 1943:	REDESIGNATED 233. PANZER DIVISION
5 Apr 1943 – 8 Aug 1943:	Generalleutnant Heinrich **WOSCH**
8 Aug 1943:	REDESIGNATED 233. RESERVE PANZER DIVISION
8 Aug 1943 – 20 May 1944:	Generalleutnant Kurt **CUNO**
20 May 1944 – 15 Aug 1944:	Generalleutnant Max **FREMEREY**
15 Aug 1944 – 4 Oct 1944:	Generalleutnant Hellmut von der **CHEVALLERIE**
4 Oct 1944 – Apr 1945:	Generalleutnant Max **FREMEREY**
Apr 1945:	REDESIGNATED 233. PANZER DIVISION
Apr 1945 – 8 May 1945:	Generalleutnant Max **FREMEREY**

Area of Operations:
May 1942 – Aug 1943:	Germany
Aug 1943 – May 1945:	Denmark

236. Infantry Division
(Formed in April 1945)
Apr 1945 – May 1945:

Area of Operations:
Apr 1945 – May 1945:	Berlin

237. Infantry Division
(Formed in July 1944)
12 Jul 1944 – Apr 1945:	Generalleutnant Hans von **GRAEVENITZ**
Apr 1945 – 8 May 1945:	Oberst **FALKNER**

Area of Operations:
Jul 1944 – Sep 1944:	Czechoslovakia
Sep 1944 – Apr 1945:	Italy
Apr 1945 – May 1945:	Balkans

239. Infantry Division
(Formed in August 1939)
1 Sep 1939 – Dec 1941:	General der Infanterie Ferdinand **NEULING**
Dec 1941:	DISBANDED

Area of Operations:
Sep 1939 – Jun 1940:   Poland
Jun 1940 – May 1941:   Germany
May 1941 – Dec 1941:   Southern sector, Eastern Front

240. Special Purposes Infantry Division
(Formed in April 1942)
15 Apr 1942 – 25 Jun 1942:   Generalleutnant Josef **LEHMANN**
25 Jun 1942:   UPGRADED TO LXXXVIII. ARMY CORPS

Area of Operations:
Apr 1942 – Jun 1942:   Netherlands

242. Infantry Division
(Formed in July 1943)
20 Jul 1943 – 26 Aug 1944:   Generalleutnant Johannes **BAEßLER**
26 Aug 1944:   SURRENDERED AT TOULON

Area of Operations:
Jul 1943 – Aug 1943:   Germany
Aug 1943 – Oct 1943:   Belgium
Oct 1943 – Aug 1944:   France

243. Infantry Division
(Formed in August 1943)
Aug 1943 – 10 Jan 1944:   Generalmajor Hermann von **WITZLEBEN**
10 Jan 1944 – 17 Jun 1944:   Generalleutnant Heinz **HELLMICH**
17 Jun 1944 – 26 Sep 1944:   Generalmajor Bernhard **KLOSTERKEMPER**
Sep 1944:   DISBANDED

Area of Operations:
Aug 1943 – Oct 1943:   Austria
Oct 1943 – Sep 1944:   France

244. Infantry Division
(Formed in September 1943)
1 Sep 1943 – 14 Apr 1944:   Generalleutnant Martin **GILBERT**
14 Apr 1944 – 28 Aug 1944:   Generalleutnant Hans **SCHAEFER**
28 Aug 1944:   DESTROYED AT MARSEILLES

Area of Operations:
Sep 1943 – Aug 1944:   Belgium; France

245. Infantry Division
(Formed in September 1943)
8 Sep 1943 – 1 Apr 1945:   Generalleutnant Erwin **SANDER**
1 Apr 1945 – 8 May 1945:   Generalmajor Kuno **DEWITZ**

Area of Operations:
Sep 1943 – Sep 1944:   France
Sep 1944 – Dec 1944:   Belgium; Netherlands
Dec 1944 – May 1945:   Alsace; Northwestern Germany

246. Infantry Division
(Formed in August 1939)
1 Sep 1939 – 13 Dec 1941:	Generalleutnant Erich **DENECKE**
13 Dec 1941 – 16 May 1943:	Generalleutnant Maximilian **SIRY**
16 May 1943 – 12 Sep 1943:	Generalmajor Konrad von **ALBERTI**
12 Sep 1943 – 5 Oct 1943:	Generalmajor Heinz **FIEBIG**
5 Oct 1943 – 20 Apr 1944:	Generalleutnant Wilhelm **FALLEY**
20 Apr 1944 – 27 Jun 1944:	Generalmajor Claus **MUELLER-BÜLOW**
Jun 1944:	DESTROYED AT VITEBSK
Sep 1944:	REFORMED AS 246. VOLKSGRENADIER DIVISION
Sep 1944 – 21 Oct 1944:	Oberst Gerhard **WILCK**
21 Oct 1944:	SURRENDERED AT AACHEN
Nov 1944:	REFORMED
Nov 1944 – 1 Jan 1945:	Generalmajor Peter **KÖRTE**
1 Jan 1945:	Oberst **LIST**
1 Jan 1945 – 8 May 1945:	Generalmajor Dr. Walter **KÜHN**

Area of Operations:
Sep 1939 – May 1940:	Germany
May 1940 – Jun 1940:	France
Jun 1940 – Aug 1941:	Germany
Aug 1941 – Jan 1942:	France
Jan 1942 – Jun 1944:	Central sector, Eastern Front
Sep 1944 – May 1945:	France; Western Germany

249. Infantry Division
(Formed in March 1945)
Mar 1945 – May 1945:

Area of Operations:
Mar 1945 – May 1945:	Netherlands

250. Infantry Division *'Division Azul'*
(Formed in July 1941 from Spanish volunteers)
Jul 1941 – ?:	Generalmajor Antonio **MUNOZ GRANDES**
? – Oct 1943:	Generalleutnant Emilio **ESTEBAN INFANTES**
Oct 1943:	DISBANDED

Area of Operations:
Jul 1941 – Oct 1943:	Northern sector, Eastern Front

251. Infantry Division
(Formed in August 1939)
1 Sep 1939 – 6 Aug 1941:	Generalleutnant Hans **KRATZERT**
6 Aug 1941 – 10 Mar 1943:	Generalleutnant Karl **BURDACH**
10 Mar 1943 – 15 Nov 1943:	General der Artillerie Maximilian **FELZMANN**
Nov 1943:	DESTROYED ON THE EASTERN FRONT
Sep 1944:	REFORMED
10 Oct 1944 – 4 Mar 1945:	Generalleutnant Werner **HEUCKE**
4 Mar 1945:	DESTROYED IN POLAND

Area of Operations:
Sep 1939 – May 1940: Germany
May 1940 – Jun 1941: Belgium
Jun 1941 – Nov 1943: Central sector, Eastern Front
Sep 1944 – Mar 1945: Poland

252. Infantry Division
(Formed in August 1939)
1 Sep 1939 – 3 Feb 1942: General der Kavallerie Diether von **BOEHM-BEZING**
3 Feb 1942 – 1 Jan 1943: Generalleutnant Hans **SCHAEFER**
1 Jan 1943 – 12 Oct 1944: General der Infanterie Walter **MELZER**
12 Oct 1944 – Mar 1945: Generalleutnant Paul **DRECKMANN**
Mar 1945 – 8 May 1945:

Area of Operations:
Sep 1939 – Nov 1939: Poland
Nov 1939 – Jul 1940: West Wall
Jul 1940 – Jun 1941: Poland
Jun 1941 – Dec 1944: Central sector, Eastern Front
Dec 1944 – May 1945: Poland

253. Infantry Division
(Formed in August 1939)
1 Sep 1939 – 7 Mar 1941: Generalleutnant Fritz **KÜHNE**
7 Mar 1941 – 15 Mar 1941:
15 Mar 1941 – 18 Jan 1943: General der Infanterie Otto **SCHELLERT**
18 Jan 1943 – 17 Jun 1944: Generalleutnant Carl **BECKER**
17 Jun 1944 – 28 Jun 1944: Generalleutnant Hans **JUNCK**
28 Jun 1944 – 5 May 1945: Generalleutnant Carl **BECKER**
5 May 1945 – 8 May 1945: Generalmajor Joachim **SCHWATLO-GESTERDING**

Area of Operations:
Sep 1939 – May 1940: Germany
May 1940 – Apr 1941: Belgium; France
Apr 1941 – Jun 1941: Poland
Jun 1941 – Feb 1945: Central sector, Eastern Front
Feb 1945 – May 1945: Poland; Czechoslovakia

254. Infantry Division
(Formed in August 1939)
1 Sep 1939 – 30 Apr 1940: General der Infanterie Fritz **KOCH**
30 Apr 1940 – 22 Mar 1942: Generalleutnant Walter **BEHSCHNITT**
22 Mar 1942 – 10 Apr 1942:
10 Apr 1942 – 5 Sep 1942: General der Infanterie Friedrich **KÖCHLING**
5 Sep 1942 – 16 Aug 1943:
16 Aug 1943 – 20 Mar 1944: Generalleutnant Alfred **THIELMANN**
20 Mar 1944 – 31 Dec 1944:
31 Dec 1944 – 8 May 1945: Generalmajor Richard **SCHMIDT**

Area of Operations:
Sep 1939 – May 1940: Germany
May 1940 – Jun 1941: Netherlands; Belgium; France
Jun 1941 – Feb 1944: Northern sector, Eastern Front
Feb 1944 – Feb 1945: Southern sector, Eastern Front
Feb 1945 – May 1945: Czechoslovakia

255. Infantry Division
(Formed in August 1939)
1 Sep 1939 – 12 Jan 1942: General der Infanterie Wilhelm **WETZEL**
12 Jan 1942 – Oct 1943: Generalleutnant Walter **POPPE**
Oct 1943: DISBANDED

Area of Operations:
Sep 1939 – May 1940: Germany
May 1940 – Jun 1941: France
Jun 1941 – Apr 1943: Central sector, Eastern Front
Apr 1943 – Oct 1943: Southern sector, Eastern Front
Oct 1943: France

256. Infantry Division
(Formed in August 1939)
1 Sep 1939 – 10 Jan 1940: Generalleutnant Josef **FOLTTMANN**
10 Jan 1940 – 4 Jan 1942: Generalleutnant Gerhard **KAUFFMANN**
4 Jan 1942 – 14 Feb 1942: Generalleutnant Friedrich **WEBER**
14 Feb 1942 – 24 Nov 1943: Generalleutnant Paul **DANNHAUSER**
24 Nov 1943 – 1 Dec 1943:
1 Dec 1943 – 26 Apr 1944: Generalleutnant Albrecht **WÜSTENHAGEN**
26 Apr 1944 – 21 Jul 1944:
21 Jul 1944: DESTROYED ON THE EASTERN FRONT
17 Sep 1944: REFORMED AS 256. VOLKSGRENADIER DIVISION
17 Sep 1944 – ? 1945: Generalmajor Gerhard **FRANZ**
? 1945 – 8 May 1945: Generalmajor Fritz **WARNECKE**

Area of Operations:
Sep 1939 – May 1940: Germany
May 1940 – Jun 1941: Netherlands; Belgium
Jun 1941 – Jul 1944: Central sector, Eastern Front
Sep 1944 – Dec 1944: Netherlands
Dec 1944 – May 1945: Alsace; Southern Germany

257. Infantry Division
(Formed in August 1939)
1 Sep 1939 – 1 Mar 1941: General der Infanterie Max von **VIEBAHN**
1 Mar 1941 – 31 Mar 1941:
31 Mar 1941 – 1 May 1942: General der Pionere Karl **SACHS**
1 May 1942 – 1 Jun 1942: Generalleutnant Karl **GÜMBEL**
1 Jun 1942 – 5 Nov 1943: General der Infanterie Carl **PÜCHLER**

5 Nov 1943 – 2 Jul 1944:   General der Artillerie Anton Reichard Freiherr von **MAUCHENHEIM genannt von BECHTOLDSHEIM**
2 Jul 1944 – 24 Aug 1944: Generalmajor Friedrich **BLÜMKE**
Aug 1944:   DESTROYED AT KISHINEV
13 Oct 1944:   REFORMED AS 257. VOLKSGRENADIER DIVISION
13 Oct 1944 – 11 Apr 1945: Generalmajor Erich **SEIDEL**
11 Apr 1945 – 8 May 1945:

Area of Operations:
Sep 1939 – May 1940:   Germany
May 1940 – Jun 1941:   France
Jun 1941 – Sep 1942:   Southern sector, Eastern Front
Sep 1942 – Apr 1943:   France
Apr 1943 – Aug 1944:   Southern sector, Eastern Front
Oct 1944 – Dec 1944:   Poland
Dec 1944 – May 1945:   France; Western Germany

258. Infantry Division
(Formed in August 1939)
1 Sep 1939 – 1 Aug 1940:   Generalleutnant Walther **WOLLMANN**
1 Aug 1940 – 15 Aug 1940:
15 Aug 1940 – 2 Oct 1941: Generalleutnant Dr. Waldemar **HENRICI**
2 Oct 1941 – 9 Oct 1941:
9 Oct 1941 – 18 Jan 1942: Generalleutnant Karl **PFLAUM**
18 Jan 1942 – 1 Oct 1943: Generalleutnant Hanskurt **HÖCKER**
1 Oct 1943 – 4 Sep 1944:   Generalleutnant Eugen **BLEYER**
4 Sep 1944 – Sep 1944:   Oberst Rudolf **HIELSCHER**
Sep 1944:   DISBANDED

Area of Operations:
Sep 1939 – Nov 1939:   Germany
Nov 1939 – May 1940:   West Wall
May 1940 – Jun 1941:   France
Jun 1941 – Aug 1943:   Central sector, Eastern Front
Aug 1943 – Sep 1944:   Southern sector, Eastern Front

260. Infantry Division
(Formed in August 1939)
1 Sep 1939 – 1 Jan 1941:   General der Infanterie Hans **SCHMIDT**
1 Jan 1941 – 27 Aug 1942: General der Infanterie Walther **HAHM**
27 Aug 1942 – 6 Oct 1942: General der Infanterie Dietrich von **CHOLTITZ**
6 Oct 1942 – 9 Nov 1943:   General der Infanterie Walther **HAHM**
9 Nov 1943 – 21 Apr 1944: Generalleutnant Robert **SCHLÜTER**
21 Apr 1944 – 1 May 1944:
1 May 1944 – 9 Jul 1944:   Generalmajor Günther **KLAMMT**
Jul 1944:   DESTROYED AT MINSK

Area of Operations:
Sep 1939 – Jun 1941:   Germany
Jun 1941 – Jul 1944:   Central sector, Eastern Front

262. Infantry Division
(Formed in August 1939)
1 Sep 1939 – 15 Sep 1942:   General der Artillerie Edgar **THEIßEN**
15 Sep 1942 – 1 Oct 1942:
1 Oct 1942 – 1 Jul 1943:   Generalleutnant Friedrich **KARST**
1 Jul 1943 – 19 Jul 1943:
19 Jul 1943 – 15 Oct 1943:   Generalleutnant Eugen **WÖßNER**
Oct 1943:   DISBANDED

Area of Operations:
Sep 1939 – Jun 1941:   West Wall
Jun 1941 – Sep 1941:   Southern sector, Eastern Front
Sep 1941 – Oct 1943:   Central sector, Eastern Front

263. Infantry Division
(Formed in August 1939)
1 Sep 1939 – 14 Nov 1940:   Generalleutnant Franz **KARL**
14 Nov 1940 – 24 Apr 1942:   Generalleutnant Ernst **HAECKEL**
24 Apr 1942 – 1 Apr 1943:   Generalleutnant Hans **TRAUT**
1 Apr 1943 – 21 May 1944:   Generalleutnant Werner **RICHTER**
21 May 1944 – 3 Jun 1944:   Generalmajor Rudolf **SIECKENIUS**
3 Jun 1944 – ?:   Generalleutnant Alfred **HEMMANN**
? – 28 Apr 1945:   Generalmajor Rudolf **SIECKENIUS**
28 Apr 1945 – 8 May 1945:   Generalleutnant Ernst **RISSE**

Area of Operations:
Sep 1939 – May 1940:   Germany
May 1940 – Jun 1941:   France
Jun 1941 – Aug 1943:   Central sector, Eastern Front
Aug 1943 – May 1945:   Northern sector, Eastern Front; Courland Pocket
                                 (Latvia)

264. Infantry Division
(Formed in June 1943)
1 Jun 1943 – 18 Apr 1944:   Generalleutnant Albin **NAKE**
18 Apr 1944 – 30 Apr 1944:   Generalleutnant Otto **LÜDECKE**
30 Apr 1944 – 15 May 1944:
15 May 1944 – 25 Sep 1944:   General der Infanterie Martin **GAREIS**
25 Sep 1944 – 9 Oct 1944:   Generalmajor Paul **HERMANN**
9 Oct 1944 – 5 Dec 1944:   Generalmajor Alois **WINDISCH**
5 Dec 1944:   DESTROYED

Area of Operations:
Jun 1943 – Oct 1943:   Belgium
Oct 1943 – Dec 1944:   Croatia; Balkans

265. Infantry Division
(Formed in June 1943)
1 Jun 1943 – 27 Jul 1944:	Generalleutnant Walther **DÜVERT**
27 Jul 1944 – 31 Jul 1944:	
31 Jul 1944 – 2 Oct 1944:	Generalleutnant Hans **JUNCK**
2 Oct 1944:	DESTROYED IN NORMANDY

Area of Operations:
Jun 1943 – Aug 1943:	*Germany*
Aug 1943 – Oct 1944:	*France*

266. Infantry Division
(Formed in June 1943)
1 Jun 1943 – 8 Aug 1944:	Generalleutnant Karl **SPANG**
8 Aug 1944:	CAPTURED IN BRITTANY

Area of Operations:
Jun 1943 – Jul 1943:	*Germany*
Jul 1943 – Aug 1944:	*France*

267. Infantry Division
(Formed in August 1939)
1 Sep 1939 – 1 Jun 1941:	General der Panzertruppen Ernst **FEßMANN**
1 Jun 1941 – 10 Nov 1941:	Generalleutnant Friedrich-Karl von **WACHTER**
10 Nov 1941 – 1 Jan 1942:	General der Artillerie Robert **MARTINEK**
1 Jan 1942 – 24 Jan 1942:	Generalleutnant Friedrich-Karl von **WACHTER**
24 Jan 1942 – 26 Feb 1942:	Generalleutnant Friedrich **STEPHAN**
26 Feb 1942 – 31 Mar 1942:	Generalmajor Karl **FISCHER**
31 Mar 1942 – 8 Jun 1943:	Generalleutnant Friedrich **STEPHAN**
8 Jun 1943 – 13 Aug 1944:	Generalleutnant Otto **DRESCHER**
Aug 1944:	DESTROYED ON THE EASTERN FRONT

Area of Operations:
Sep 1939 – May 1940:	*Germany*
May 1940 – Jun 1941:	*Belgium*
Jun 1941 – Aug 1944:	*Central sector, Eastern Front*

268. Infantry Division
(Formed in August 1939)
1 Sep 1939 – 6 Jan 1942:	General der Infanterie Erich **STRAUBE**
6 Jan 1942 – Nov 1943:	Generalleutnant Heinrich **GREINER**
Nov 1943:	DISBANDED

Area of Operations:
Sep 1939 – Sep 1940:	*West Wall*
Sep 1940 – Jun 1941:	*Poland*
Jun 1941 – Nov 1943:	*Central sector, Eastern Front*

269. Infantry Division
(Formed in August 1939)
1 Sep 1939 – 12 Aug 1940:	General der Artillerie Ernst-Eberhard **HELL**
12 Aug 1940 – 15 Mar 1941:	Generalleutnant Wolfgang Edler Herr und Freiherr von **PLOTHO**
15 Mar 1941 – 1 Apr 1941:	
1 Apr 1941 – 1 Sep 1942:	General der Infanterie Ernst von **LEYSER**
1 Sep 1942 – 25 Nov 1943:	Generalleutnant Kurt **BADINSKI**
25 Nov 1943 – 8 May 1945:	Generalleutnant Hans **WAGNER**

Area of Operations:
Sep 1939 – May 1940:	Germany
May 1940 – Jun 1940:	France
Jun 1940 – Jun 1941:	Denmark
Jun 1941 – Dec 1942:	Northern sector, Eastern Front
Dec 1942 – Oct 1944:	Norway
Oct 1944 – Jan 1945:	France
Jan 1945 – May 1945:	Poland; Eastern Germany

270. Infantry Division
(Formed in Apr 1942)
Apr 1942 – 17 Aug 1943:	Generalleutnant Ralf **SODAN**
17 Aug 1943 – 8 May 1945:	Generalleutnant Hans **BRABÄNDER**

Area of Operations:
Apr 1942 – May 1945:	Norway

271. Infantry Division
(Formed in November 1943)
10 Dec 1943 – Aug 1944:	Generalleutnant Paul **DANHAUSER**
Aug 1944:	DESTROYED AT FALAISE
Sep 1944:	REFORMED AS 271. VOLKSGRENADIER DIVISION
3 Sep 1944 – 8 May 1945:	Generalmajor Martin **BIEBER**

Area of Operations:
Dec 1943 – Jan 1944:	Germany
Jan 1944 – Jun 1944:	Netherlands
Jun 1944 – Aug 1944:	France
Sep 1944 – Nov 1944:	Germany
Nov 1944 – Dec 1944:	Czechoslovakia
Dec 1944 – May 1945:	Hungary; Czechoslovakia

272. Infantry Division
(Formed in June 1940)
7 Jun 1940 – 5 Oct 1940:	General der Infanterie Hans **PETRI**
5 Oct 1940:	DISBANDED
Nov 1943:	REFORMED
15 Dec 1943 – Aug 1944:	General der Infanterie Friedrich-August **SCHACK**
Aug 1944:	DESTROYED AT FALAISE

Sep 1944: REFORMED AS 272. VOLKSGRENADIER DIVISION
17 Sep 1944 – 13 Dec 1944: Oberst Eugen **KOßMALA**
13 Dec 1944 – 18 Apr 1945: Generalleutnant Eugen **KÖNIG**
18 Apr 1945: DESTROYED

Area of Operations:
Jun 1940 – Oct 1940: Germany
Nov 1943 – Jan 1944: Germany; Belgium
Jan 1944 – Aug 1944: France
Sep 1944 – Apr 1945: Western Germany

273. Infantry Division
(Formation began in May 1940, but never completed)

273. Reserve Panzer Division
(Formed in November 1943)
15 Nov 1943 – 9 May 1944: Generalleutnant Hellmut von der **CHEVALLERIE**
9 May 1944: DISBANDED

Area of Operations:
Nov 1943 – May 1944: France

274. Infantry Division
(Formed in June 1943)
1 Jun 1943 – 27 Oct 1944: Generalleutnant Wilhelm **RUßWURM**
27 Oct 1944 – 8 May 1945: Generalleutnant Kurt **WECKMANN**

Area of Operations:
Jun 1943 – May 1945: Norway

275. Infantry Division
(Formed in December 1943)
10 Dec 1943 – 22 Nov 1944: Generalleutnant Hans **SCHMIDT**
Nov 1944: DESTROYED NEAR AACHEN
Mar 1945: REFORMED
Mar 1945 – Apr 1945:
Apr 1945: DESTROYED

Area of Operations:
Dec 1943 – Nov 1944: France; Western Germany
Mar 1945 – Apr 1945: Eastern Germany

276. Infantry Division
(Formed in December 1943)
10 Dec 1943 – 21 Aug 1944: Generalleutnant Kurt **BADINSKI**
Aug 1944: DESTROYED AT FALAISE
4 Sep 1944: REFORMED AS 276. VOLKSGRENADIER DIVISION
4 Sep 1944 – 18 Dec 1944: Generalleutnant Kurt **MOEHRING**
18 Dec 1944 – Mar 1945: Generalmajor Hugo **DEMPWOLFF**

Mar 1945:	Oberst Werner **WAGNER**
Mar 1945:	DESTROYED

Area of Operations:
Dec 1943 – Aug 1944:	France
Sep 1944 – Dec 1944:	Poland
Dec 1944 – Mar 1945:	Luxembourg

277. Infantry Division
(Formed in June 1940)
15 Jun 1940 – 22 Jul 1940:	Generalleutnant Karl **GRAF**
Aug 1940:	DISBANDED
Dec 1943:	REFORMED
10 Dec 1943 – 5 Apr 1944:	Generalleutnant Helmuth **HUFFMANN**
5 Apr 1944 – 12 Apr 1944:	
12 Apr 1944 – 10 Aug 1944:	General der Nachrichtentruppen Albert **PRAUN**
Aug 1944:	DESTROYED IN NORMANDY
4 Sep 1944:	REDESIGNATED 277. VOLKSGRENADIER DIVISION
4 Sep 1944 – 7 Mar 1945:	Generalmajor Wilhelm **VIEBIG**
7 Mar 1945 – Apr 1945:	
Apr 1945:	CAPTURED IN THE RUHR POCKET

Area of Operations:
Jun 1940 – Aug 1940:	Germany
Dec 1943 – Jan 1944:	Germany
Jan 1944 – Feb 1944:	Croatia
Feb 1944 – Aug 1944:	France
Sep 1944 – Dec 1944:	Hungary
Dec 1944 – Apr 1945:	Western Germany

278. Infantry Division
(Formed in June 1940)
Jun 1940 – 16 Jul 1940:	General der Infanterie Hubert **GERCKE**
Aug 1940:	DISBANDED
Dec 1943:	REFORMED
1 Dec 1943 – Apr 1945:	Generalleutnant Harry **HOPPE**
28 Jan 1944 – 5 Mar 1944:	Generalmajor Paul **BORNSCHEUER**
5 Mar 1944 – Apr 1944:	Generalleutnant Harry **HOPPE**
Apr 1945:	CAPTURED AT THE BRENNER PASS

Area of Operations:
Jun 1940 – Aug 1940:	Germany
Dec 1943 – Feb 1944:	Belgium
Feb 1944 – Apr 1945:	Italy

279. Infantry Division
(Formed in June 1940)
10 Jun 1940 – Sep 1941:	Generalleutnant Herbert **STIMMEL**
Sep 1941:	DISBANDED

Area of Operations:
Jun 1940 – Sep 1941: Germany

280. Infantry Division
(Formed in April 1942)
27 Apr 1942 – 10 Nov 1944: Generalleutnant Karl von **BEEREN**
10 Nov 1944 – 8 May 1945: Generalleutnant Johann de **BOER**

Area of Operations:
Apr 1942 – May 1945: Norway

281. Security Division
(Formed in March 1941)
14 Mar 1941 – 1 Oct 1941: Generalleutnant Friedrich **BAYER**
1 Oct 1941 – 20 Jun 1942: Generalleutnant Theodor **SCHERER**
20 Jun 1942 – Dec 1942: Generalleutnant Wilhelm-Hunold von **STOCKHAUSEN**
Dec 1942 – 10 May 1943: Generalmajor Bruno **SCULTETUS**
10 May 1943 – 27 Jul 1944: Generalleutnant Wilhelm-Hunold von **STOCKHAUSEN**
27 Jul 1944 – 30 Jul 1944: Generalleutnant Bruno **ORTNER**
30 Jul 1944 – 19 Sep 1944: Generalmajor Alois **WINDISCH**
19 Sep 1944 – 25 Apr 1945: Generalleutnant Bruno **ORTNER**
Jan 1945: REDESIGNATED 281. INFANTRY DIVISION
25 Apr 1945 – 8 May 1945:

Area of Operations:
Mar 1941 – Jun 1941: Germany
Jun 1941 – Jan 1945: Northern sector; Eastern Front
Jan 1945 – May 1945: Poland; Eastern Germany

282. Infantry Division
(Formed in March 1943)
Mar 1943 – 1 Apr 1943:
1 Apr 1943 – 15 Aug 1943: Generalleutnant Wilhlem **KOHLER**
15 Aug 1943 – 23 Dec 1943:
23 Dec 1943 – Aug 1944: Generalmajor Hermann **FRENKING**
Aug 1944: DESTROYED ON THE EASTERN FRONT

Area of Operations:
Mar 1943 – Apr 1943: France
Apr 1943 – Aug 1944: Southern sector, Eastern Front

285. Security Division
(Formed in March 1941)
15 Mar 1941 – 5 Sep 1942: Generalleutnant Wolfgang Edler Herr und Freiherr von **PLOTHO**
5 Sep 1942 – 14 Aug 1944: Generalleutnant Gustav **ADOLPH-AUFFENBERG-KOMAROW**
14 Aug 1944: DISBANDED

Area of Operations:
Mar 1941 – Nov 1941:   Germany
Nov 1941 – Aug 1944:   Northern sector, Eastern Front

286. Security Division
(Formed in March 1941)
15 Mar 1941 – 15 Jun 1942:   Generalleutnant Kurt **MÜLLER**
15 Jun 1942 – 1 Nov 1943:   Generalleutnant Johann-Georg **RICHERT**
1 Nov 1943 – 5 Aug 1944:   Generalleutnant Hans **OSCHMANN**
5 Aug 1944 – 26 Dec 1944:   Generalleutnant Friedrich-Georg **EBERHARDT**
17 Dec 1944:   REDESIGNATED 286. INFANTRY DIVISION
26 Dec 1944 – 26 Jan 1945:   Generalleutnant Wilhelm **THOMAS**
26 Jan 1945 – 31 Jan 1945:   Oberst Willi **SCHMIDT**
31 Jan 1945 – 8 May 1945:   Generalmajor Emmo von **RODEN**

Area of Operations:
Mar 1941 – Jun 1941:   Germany
Jun 1941 – Dec 1944:   Central sector, Eastern Front
Dec 1944 – May 1945:   East Prussia

290. Infantry Division
(Formed in February 1940)
Feb 1940 – 8 Jun 1940:   Generalleutnant Max **DENNERLEIN**
8 Jun 1940 – 19 Sep 1940:   Generalleutnant Theodor Freiherr von **WREDE**
19 Sep 1940 – 14 Oct 1940:   General der Infanterie Helge **AULEB**
14 Oct 1940 – 1 May 1942:   Generalleutnant Theodor Freiherr von **WREDE**
1 May 1942 – 6 May 1942:
6 May 1942 – 1 Feb 1944:   Generalleutnant Conrad-Oskar **HEINRICHS**
1 Feb 1944 – Jun 1944:   Generalmajor Gerhard **HENKE**
Jun 1944 – 18 Aug 1944:   Generalmajor Rudolf **GOLTZSCH**
18 Aug 1944 – 25 Apr 1945:   Generalmajor Hans-Joachim **BAURMEISTER**
25 Apr 1945 – 27 Apr 1945:   Generalmajor Carl **HENKE**
27 Apr 1945 – 8 May 1945:   Generalleutnant Alfred **HEMMANN**

Area of Operations:
Feb 1940 – May 1940:   Germany
May 1940 – Jun 1941:   France
Jun 1941 – Aug 1943:   Northern sector, Eastern Front
Aug 1943 – Oct 1943:   Central sector, Eastern Front
Oct 1943 – May 1945:   Northern sector, Eastern Front; Courland Pocket
                                 (Latvia)

291. Infantry Division
(Formed in February 1940)
7 Feb 1940 – 10 Jun 1942:   General der Artillerie Kurt **HERZOG**
10 Jun 1942 – 19 Jun 1942:
19 Jun 1942 – 15 Jan 1944:   Generalleutnant Werner **GOERITZ**
15 Jan 1944 – 10 Jul 1944:   Generalmajor Oskar **ECKHOLT**
10 Jul 1944 – 27 Jan 1945:   Generalmajor Arthur **FINGER**
Jan 1945:   DESTROYED IN SILESIA

Area of Operations:
Feb 1940 – May 1940:	Germany
May 1940 – Jun 1941:	France
Jun 1941 – Mar 1943:	Northern sector, Eastern Front
Mar 1943 – Jan 1945:	Southern sector, Eastern Front
Jan 1945:	Central sector, Eastern Front; Silesia

292. Infantry Division
(Formed in February 1940)
6 Feb 1940 – 29 Sep 1941:	Generalleutnant Martin **DEHMEL**
29 Sep 1941 – 24 Aug 1942:	Generalleutnant Willy **SEEGER**
24 Aug 1942 – 1 Sep 1942:	Generalleutnant Curt **BADINSKI**
1 Sep 1942 – 1 Oct 1942:	
1 Oct 1942 – 20 Jul 1943:	Generalleutnant Wolfgang von **KLUGE**
20 Jul 1943 – 30 Jun 1944:	Generalleutnant Richard **JOHN**
30 Jun 1944 – 1 Sep 1944:	Generalmajor Johannes **GITTNER**
1 Sep 1944 – Apr 1945:	Generalleutnant Rudolf **REICHERT**
Apr 1945:	DESTROYED IN EAST PRUSSIA

Area of Operations:
Feb 1940 – May 1940:	Germany
May 1940 – Jun 1941:	France
Jun 1941 – Jan 1945:	Central sector, Eastern Front
Jan 1945 – Apr 1945:	Poland; East Prussia

293. Infantry Division
(Formed in February 1940)
Feb 1940 – 4 Jun 1940:	Generalleutnant Josef **RUßWURM**
4 Jun 1940 – 14 Jun 1940:	
14 Jun 1940 – 19 Feb 1942:	Generalleutnant Justin von **OBERNITZ**
19 Feb 1942 – 10 Jan 1943:	Generalleutnant Werner **FORST**
10 Jan 1943 – 20 Nov 1943:	Generalleutnant Karl **ARNDT**
Nov 1943:	DISBANDED

Area of Operations:
Feb 1940 – May 1940:	Germany
May 1940 – Jun 1941:	Belgium; France
Jun 1941 – Nov 1943:	Central sector, Eastern Front

294. Infantry Division
(Formed in February 1940)
15 Feb 1940 – 22 Mar 1942:	Generalleutnant Otto **GABCKE**
22 Mar 1942 – 15 May 1942:	
15 May 1942 – 12 Aug 1943:	General der Infanterie Johannes **BLOCK**
12 Aug 1943 – 24 Dec 1943:	Generalmajor Hermann **FRENKING**
24 Dec 1943 – 26 Aug 1944:	Generalmajor Werner von **EICHSTÄDT**
Aug 1944:	DESTROYED ON THE EASTERN FRONT

Area of Operations:
Feb 1940 – May 1940:   Germany
May 1940 – Apr 1941:   Belgium; France
Apr 1941 – Sep 1941:   Balkans
Sep 1941 – Aug 1944:   Southern sector, Eastern Front

295. Infantry Division
(Formed in February 1940)
6 Feb 1940 – 8 Dec 1941:   Generalleutnant Herbert **GEITNER**
8 Dec 1941 – 1 May 1942:   Generalleutnant Karl **GÜMBEL**
2 May 1942 – 16 Nov 1942:   General der Artillerie Rolf **WUTHMANN**
16 Nov 1942 – 31 Jan 1943: Generalmajor Dr. Otto **KORFES**
31 Jan 1943:   SURRENDERED AT STALINGRAD
Apr 1943:   REFORMED
1 Apr 1943 – 27 Jul 1944:   Generalleutnant Rudolf **DINTER**
27 Jul 1944 – 1 Aug 1944:
1 Aug 1944 – 26 Jan 1945:   Generalleutnant Karl-Ludwig **RHEIN**
26 Jan 1945 – 8 May 1945:   Generalleutnant Sigfrid **MACHOLZ**

Area of Operations:
Feb 1940 – May 1940:   Germany
May 1940 – Jun 1941:   Belgium; France
Jun 1941 – Jan 1943:   Southern sector, Eastern Front; Stalingrad
Apr 1943 – May 1945:   Norway

296. Infantry Division
(Formed in February 1940)
Feb 1940 – 1 Jan 1941:
1 Jan 1941 – 8 Jan 1942:   General der Artillerie Wilhelm **STEMMERMANN**
8 Jan 1942 – 2 Apr 1942:   Generalleutnant Friedrich **KRISCHER EDLER von WEHREGG**
2 Apr 1942 – 1 May 1942:   Generalmajor Ulrich **SCHÜTZE**
1 May 1942 – 1 Jan 1943:   Generalleutnant Karl **FAULENBACH**
1 Jan 1943 – 19 Jun 1944:   Generalleutnant Arthur **KULLMER**
19 Jun 1944:   DESTROYED AT BOBRUISK

Area of Operations:
Feb 1940 – May 1940:   Germany
May 1940 – Jun 1941:   France
Jun 1941 – Jun 1944:   Central sector, Eastern Front

297. Infantry Division
(Formed in February 1940)
Feb 1940 – 5 Apr 1940:
5 Apr 1940 – 16 Jan 1943:   General der Artillerie Max **PFEFFER**
16 Jan 1943 – 25 Jan 1943: Generalmajor Moritz von **DREBBER**
25 Jan 1943:   DESTROYED AT STALINGRAD
Apr 1943:   REFORMED
1 Apr 1943 – 17 Feb 1944:   Generalleutnant Friedrich-Wilhelm **DEUTSCH**
17 Feb 1944 – 26 Oct 1944: Generalleutnant Otto **GULLMANN**

26 Oct 1944 – 8 May 1945: Generalleutnant Albrecht **BAIER**

Area of Operations:
Feb 1940 – Jul 1941: Germany
Jul 1941 – Feb 1943: Southern sector, Eastern Front; Stalingrad
Apr 1943 – Jun 1943: France
Jun 1943 – Sep 1943: Serbia
Sep 1943 – Sep 1944: Albania
Sep 1944 – May 1945: Montenegro; Balkans

298. Infantry Division
(Formed in February 1940)
6 Feb 1940 – 1 Jan 1942: General der Infanterie Walther **GRAEßNER**
1 Jan 1942 – 27 Dec 1942: Generalleutnant Arnold **SZELINSKI**
27 Dec 1942 – 20 Mar 1943: Generalmajor Herbert **MICHAELIS**
20 Mar 1943: DESTROYED ON THE EASTERN FRONT

Area of Operations:
Feb 1940 – Jun 1940: Germany
Jun 1940 – Jul 1940: France
Jul 1940 – Jun 1941: Poland
Jun 1941 – Mar 1943: Southern sector, Eastern Front

299. Infantry Division
(Formed in February 1940)
Feb 1940 – 6 Apr 1940:
6 Apr 1940 – 1 Nov 1942: General der Artillerie Willi **MOSER**
1 Nov 1942 – 5 Nov 1942: Generalleutnant Viktor **KOCH**
5 Nov 1942 – 3 May 1943: Generalleutnant Hans **BERGEN**
3 May 1943 – 15 Jan 1944: Generalleutnant Ralph Graf von **ORIOLA**
15 Jan 1944 – 13 Mar 1944: Generalleutnant Paul **REICHELT**
13 Mar 1944 – 28 Jun 1944: Generalleutnant Ralph Graf von **ORIOLA**
28 Jun 1944 – 31 Jul 1944: Generalleutnant Hans **JUNCK**
Jul 1944: DESTROYED ON THE EASTERN FRONT
Sep 1944: REFORMED
1 Sep 1944 – 16 Feb 1945: Generalmajor Karl **GÖBEL**
Feb 1945: DESTROYED IN EAST PRUSSIA

Area of Operations:
Feb 1940 – May 1940: Germany
May 1940 – Jun 1941: France
Jun 1941 – Feb 1942: Southern sector, Eastern Front
Feb 1942 – Jul 1944: Central sector, Eastern Front
Sep 1944 – Feb 1945: Poland; Eastern Germany

Division No. 300
(Formed in May 1944)
11 May 1944 – 1 Aug 1944:
1 Aug 1944 – 20 Jan 1945: Generalmajor Rudolf **HÖFER**
20 Jan 1945 – 8 May 1945: Generalmajor Anton **EBERTH**

Area of Operations:
May 1944 – May 1945:   Estonia; Courland Pocket (Latvia)

301. Infantry Division
(Formed in December 1944)
1 Dec 1944 – 8 May 1945:   Generalmajor Günther **ROHR**

Area of Operations:
Dec 1944 – May 1945:   Courland Pocket (Latvia)

302. Infantry Division
(Formed in November 1940)
15 Nov 1940 – 26 Nov 1942: Generalleutnant Konrad **HAASE**
26 Nov 1942 – 12 Nov 1943: Generalleutnant Otto **ELFELDT**
12 Nov 1943 – 25 Jan 1944: Generalleutnant Dr. Karl **RÜDIGER**
25 Jan 1944 – Jul 1944:   Generalleutnant Erich von **BOGEN**
Jul 1944 – Aug 1944:   Oberst Willi **FISCHER**
Aug 1944:   DESTROYED ON THE EASTERN FRONT

Area of Operations:
Nov 1940 – Jan 1943:   Germany; France
Jan 1943 – Aug 1944:   Southern sector, Eastern Front

303. Infantry Division
(Formed in January 1945)
31 Jan 1945 – 2 Feb 1945:   Generalleutnant Dr. Rudolf **HÜBNER**
2 Feb 1945:   REDESIGNATED INFANTRY DIVISION 'DÖBERITZ'

Area of Operations:
Jan 1945 – Feb 1945:   Eastern Germany

304. Infantry Division
(Formed in November 1940)
15 Nov 1940 – 16 Nov 1942: Generalleutnant Heinrich **KRAMPF**
16 Nov 1942 – 6 Apr 1945:   Generalleutnant Ernst **SIELER**
6 Apr 1945 – 17 Apr 1945:   Generalmajor Robert **BADER**
17 Apr 1945 – 8 May 1945:

Area of Operations:
Nov 1940 – Apr 1941:   Germany
Apr 1941 – Dec 1942:   Belgium
Dec 1942 – Jul 1944:   Southern sector, Eastern Front
Jul 1944 – May 1945:   Poland; Czechoslovakia

305. Infantry Division
(Formed in December 1940)
15 Dec 1940 – 12 Apr 1942: Generalleutnant Kurt **PFLUGRADT**
12 Apr 1942 – 1 Nov 1942:   Generalleutnant Kurt **OPPENLÄNDER**
1 Nov 1942 – 31 Jan 1943:   Generalleutnant Bernhard **STEINMETZ**
31 Jan 1943:   DESTROYED AT STALINGRAD

Mar 1943: REFORMED
5 Mar 1943 – ? Dec 1944: General der Artillerie Friedrich-Wilhelm **HAUCK**
? Dec 1944 – 29 Dec 1944: Oberst Friedrich **TRUMPETER**
29 Dec 1944 – 8 May 1945: Generalmajor Friedrich von **SCHELLWITZ**

Area of Operations:
Dec 1940 – Jul 1941: Germany
Jul 1941 – May 1942: France
May 1942 – Jan 1943: Southern sector, Eastern Front; Stalingrad
Mar 1943 – Aug 1943: France
Aug 1943 – May 1945: Italy

306. Infantry Division
(Formed in November 1940)
15 Nov 1940 – 1 Nov 1942: Generalleutnant Hans von **SOMMERFELD**
1 Nov 1942 – 29 Jan 1943:
29 Jan 1943 – 21 Feb 1943: General der Artillerie Georg **PFEIFFER**
21 Feb 1943 – 30 Mar 1943: Generalleutnant Theobald **LIEB**
30 Mar 1943 – 1 Jan 1944: General der Kavallerie Karl-Erik **KOEHLER**
1 Jan 1944 – 13 Jan 1944: Generalmajor Karl **BAER**
13 Jan 1944 – Aug 1944: General der Kavallerie Karl-Erik **KOEHLER**
Sep 1944: DESTROYED ON THE EASTERN FRONT

Area of Operations:
Nov 1940 – Nov 1941: Germany
Nov 1941 – Dec 1942: Belgium
Dec 1942 – Sep 1944: Southern sector, Eastern Front

309. Infantry Division
(Formed in February 1945)
1 Feb 1945 – 7 Feb 1945:
7 Feb 1945: REDESIGNATED INFANTRY DIVISION 'BERLIN'

Area of Operations:
Feb 1945: Eastern Germany

Artillery Division 310
(Formed in December 1943)
1 Dec 1943 – 10 Jul 1944: Generalmajor Werner **HAACK**
Jul 1944: DISBANDED

Area of Operations:
Dec 1943 – Jul 1944: Southern sector, Eastern Front

Division No. 311
(Formed in August 1939)
1 Sep 1939 – 7 Nov 1939: Generalleutnant Paul **GERHARDT**
7 Nov 1939 – 1 Aug 1940: Generalleutnant Albrecht **BRAND**
1 Aug 1940: DISBANDED

Area of Operations:
Nov 1939 – Aug 1940:   East Prussia

Artillery Division 311
(Formed in December 1943)
  1 Dec 1943 – 28 Jul 1944:   Generalleutnant Josef **PRINNER**
  Jul 1944:   DISBANDED

Area of Operations:
  Dec 1943 – Jul 1944:   Southern sector, Eastern Front

Artillery Division No. 312
(Formed in December 1943)
  1 Dec 1943 – 1 Apr 1944:   Generalleutnant Wilhelm **RAITHEL**
  1 Apr 1944 – 5 May 1944:   Generalmajor Johannes **KRAUSE**
  5 May 1944 – 28 Jul 1944:   Generalleutnant Rudolf **FRIEDRICH**
  28 Jul 1944:   DISBANDED

Area of Operations:
  Dec 1943 – Jul 1944:   Southern sector, Eastern Front

319. Infantry Division
(Formed in November 1940)
  19 Nov 1940 – 1 Sep 1943:   Generalleutnant Erich **MÜLLER**
  1 Sep 1943 – 27 Feb 1945:   Generalleutnant Rudolf Graf von **SCHMETTOW**
  27 Feb 1945 – 8 May 1945:   Generalmajor Rudolf **WULF**

Area of Operations:
  Nov 1940 – May 1941:   Germany
  May 1941 – May 1945:   Channel Islands

320. Infantry Division
(Formed in December 1940)
  15 Dec 1940 – 3 Dec 1942:   Generalleutnant Karl **MADERHOLZ**
  3 Dec 1942 – 1 Jan 1943:
  1 Jan 1943 – 26 May 1943:   Generalleutnant Georg **POSTEL**
  26 May 1943 – 20 Aug 1943:   General der Infanterie Kurt **RÖPKE**
  20 Aug 1943 – 10 Jul 1944:   Generalleutnant Georg **POSTEL**
  10 Jul 1944 – 2 Sep 1944:   Generalmajor Otto **SCHELL**
  Sep 1944:   DESTROYED ON THE EASTERN FRONT
  Dec 1944:   REFORMED AS 320. VOLKSGRENADIER DIVISION

  Dec 1944 – 14 Feb 1945:
  14 Feb 1945 – 19 Feb 1945:   Generalmajor Rolf **SCHERENBERG**
  19 Feb 1945 – 8 May 1945:   Generalmajor Emmanuel von **KILIANI**

Area of Operations:
  Dec 1940 – May 1941:   Germany
  May 1941 – Mar 1943:   France
  Mar 1943 – Sep 1944:   Southern sector, Eastern Front
  Dec 1944 – May 1945:   Poland; Czechoslovakia

321. Infantry Division
(Formed in December 1940)

15 Dec 1940 – 16 Nov 1942:	Generalleutnant Ludwig **LÖWENECK**
16 Nov 1942 – 26 Nov 1942:	
26 Nov 1942 – 22 Aug 1943:	Generalleutnant Wilhelm **THOMAS**
22 Aug 1943 – 23 Sep 1943:	Generalleutnant Kurt **SIEVERS**
23 Sep 1943 – Oct 1943:	Generalmajor Georg **ZWADE**
Oct 1943 – 2 Nov 1943:	
2 Nov 1943:	DISBANDED

Area of Operations:

Dec 1940 – Apr 1941:	Germany
Apr 1941 – Dec 1942:	France
Dec 1942 – Nov 1943:	Central sector, Eastern Front

323. Infantry Division
(Formed in November 1940)

15 Nov 1940 – 10 Jan 1942:	Generalleutnant Max **MÜHLMANN**
10 Jan 1942 – 12 Jan 1942:	
12 Jan 1942 – 5 Nov 1942:	Generalleutnant Hans **BERGEN**
5 Nov 1942 – 22 Dec 1942:	Generalleutnant Viktor **KOCH**
25 Dec 1942 – 2 Feb 1943:	Generalmajor Andreas **NEBAUER**
2 Feb 1943 – Sep 1943:	Oberst **KOSCHELLA**
Sep 1943:	DISBANDED

Area of Operations:

Nov 1940 – Nov 1941:	Germany
Nov 1941 – May 1942:	France
May 1942 – Jul 1943:	Southern sector, Eastern Front
Jul 1943 – Sep 1943:	Central sector, Eastern Front

324. Infantry Division
(Formed in March 1945)

4 Mar 1945 – 10 Mar 1945:	Generalleutnant Walter **STEINMÜLLER**
10 Mar 1945:	REDESIGNATED INFANTRY DIVISION 'HAMBURG'

Area of Operations:

Mar 1945:	Northwestern Germany

325. Security Division
(Formed in February 1943)

Feb 1943 – 1 May 1943:	
1 May 1943 – 7 Aug 1944:	Generalleutnant Hans Freiherr von **BOINEBURG-LENGSFELD**
Aug 1944:	DISBANDED

Area of Operations:

Feb 1943 – Aug 1944:	Paris, France

325. Infantry Division 'Jütland'
(Formed in March 1945)
9 Mar 1945 – 8 May 1945:

Area of Operations:
Mar 1945 – May 1945:	Denmark; Northwestern Germany

326. Infantry Division
(Formed in November 1942)

11 Nov 1942 – 8 May 1943:	Generalleutnant Max **DENNERLEIN**
8 May 1943 – 1 Jun 1943:	Generalleutnant Karl **BOETTCHER**
1 Jun 1943 – 2 Aug 1944:	Generalleutnant Viktor von **DRABICH-WÄCHTER**
2 Aug 1944 – ? Aug 1944:	Oberst **KERTSCH**
? Aug 1944:	DESTROYED AT FALAISE
Aug 1944:	REFORMED AS 326. VOLKSGRENADIER DIVISION
15 Aug 1944 – Apr 1945:	Generalmajor Dr. Erwin **KASCHNER**
Apr 1945:	SURRENDERED IN THE RUHR POCKET

Area of Operations:
Nov 1942 – Aug 1944:	France
Aug 1944 – Dec 1944:	Hungary
Dec 1944 – Jan 1945:	Ardennes
Jan 1945 – Apr 1945:	Western Germany

327. Infantry Division
(Formed in November 1940)

15 Nov 1940 – ? Oct 1942:	Generalleutnant Wilhelm **RUPPRECHT**
? Oct 1942 – 30 Oct 1942:	Generalmajor Theodor **FISCHER**
30 Oct 1942 – 9 Aug 1943:	Generalleutnant Rudolf **FRIEDRICH**
Aug 1943:	Oberst Walter **LANGE**
Aug 1943:	DISBANDED

Area of Operations:
Nov 1940 – Sep 1941:	Austria
Sep 1941 – Apr 1943:	France
Apr 1943 – Jul 1943:	Central sector, Eastern Front
Jul 1943 – Aug 1943:	Southern sector, Eastern Front

328. Infantry Division
(Formed in August 1941)

15 Aug 1941 – 30 Dec 1941:	Generalleutnant Albert **FETT**
30 Dec 1941 – 3 Mar 1942:	Generalleutnant Wilhelm **BEHRENS**
3 Mar 1942 – 20 Nov 1943:	Generalleutnant Joachim von **TRESCKOW**
Nov 1943:	DESTROYED ON THE EASTERN FRONT

Area of Operations:
Dec 1941 – Dec 1942:	Central sector, Eastern Front
Dec 1942 – Sep 1943:	France
Sep 1943 – Nov 1943:	Southern sector, Eastern Front

328. Infantry Division 'Seeland'
(Formation began in March 1945, but never completed)

329. Infantry Division
(Formed in December 1941)
30 Dec 1941 – 7 Mar 1942:	Generalleutnant Helmuth **CASTORF**
7 Mar 1942 – 22 Mar 1942:	Generalmajor Bruno **HIPPLER**
22 Mar 1942 – 9 Aug 1943:	General der Infanterie Dr. Johannes **MAYER**
9 Aug 1943 – Sep 1943:	Generalleutnant Paul **WINTER**
Sep 1943 – 16 Jul 1944:	General der Infanterie Dr. Johannes **MAYER**
16 Jul 1944 – 18 Jul 1944:	
18 Jul 1944 – 20 Oct 1944:	Generalmajor der Reserve Werner **SCHULZE**
20 Oct 1944 – 1 Jan 1945:	Generalleutnant Konrad **MENKEL**
1 Jan 1945 – ? 1945:	Generalmajor der Reserve Werner **SCHULZE**
? 1945 – 8 May 1945:	Generalleutnant Konrad **MENKEL**

Area of Operations:
Dec 1941 – Mar 1944:	*Northern sector, Eastern Front*
Mar 1944 – Jun 1944:	*Central sector, Eastern Front*
Jun 1944 – May 1945:	*Northern sector, Eastern Front; Courland Pocket (Latvia)*

330. Infantry Division
(Formed in December 1941)
17 Dec 1941 – 5 Jan 1942:	Generalleutnant Karl **GRAF**
5 Jan 1942 – 22 Jun 1943:	General der Kavallerie Edwin Graf von **ROTKIRCH und TRACH**
22 Jun 1943 – 23 Sep 1943:	Generalmajor Georg **ZWADE**
23 Sep 1943 – 5 Oct 1943:	Generalleutnant Wilhelm **FALLEY**
5 Oct 1943 – 5 Nov 1943:	Generalmajor Hans **SAUERBREY**
Nov 1943:	DISBANDED

Area of Operations:
Dec 1941 – Nov 1943:	*Central sector, Eastern Front*

331. Infantry Division
(Formed in December 1941)
15 Dec 1941 – 30 Dec 1941:	Generalleutnant Fritz **HENGEN**
30 Dec 1941 – 21 Feb 1943:	General der Infanterie Dr. Franz **BEYER**
22 Feb 1943 – 1 Jan 1944:	Generalleutnant Karl-Ludwig **RHEIN**
1 Jan 1944 – 25 Apr 1944:	Generalmajor Heinz **FURBACH**
25 Apr 1944 – 1 Aug 1944:	Generalleutnant Karl-Ludwig **RHEIN**
1 Aug 1944 – 16 Oct 1944:	Generalleutnant Walter **STEINMÜLLER**
16 Oct 1944 – 8 May 1945:	Generalleutnant Erich **DIESTEL**

Area of Operations:
Dec 1941 – Feb 1942:	*Austria*
Feb 1942 – Sep 1943:	*Central sector, Eastern Front*
Sep 1943 – Mar 1944:	*Northern sector, Eastern Front*
Mar 1944 – Apr 1944:	*Germany*

Apr 1944 – Oct 1944: France
Oct 1944 – May 1945: Holland; Northern Germany

332. Infantry Division
(Formed in November 1940)
14 Nov 1940 – 6 Aug 1941: Generalleutnant Heinrich **RECKE**
6 Aug 1941 – 7 Dec 1942: Generalleutnant Hans **KESSEL**
7 Dec 1942 – 1 Jan 1943: General der Infanterie Walter **MELZER**
1 Jan 1943 – 5 Jun 1943: Generalleutnant Hans **SCHAEFER**
5 Jun 1943 – 4 Aug 1943:
4 Aug 1943 – 12 Aug 1943: Generalmajor Adolf **TROWITZ**
12 Aug 1943: DISBANDED

Area of Operations:
Nov 1940 – Aug 1941: Silesia
Aug 1941 – Feb 1943: France
Feb 1943 – Aug 1943: Southern sector, Eastern Front

333. Infantry Division
(Formed in November 1940)
15 Nov 1940 – 10 Dec 1942: Generalleutnant Rudolf **PILZ**
10 Dec 1942 – 22 Mar 1943: Generalmajor Gerhard **GRASSMANN**
22 Mar 1943 – 1 Jul 1943: Generalleutnant Rudolf von **TSCHUDI**
1 Jul 1943 – 10 Jul 1943: Generalmajor Wilhlem **CRISOLLI**
10 Jul 1943 – 17 Oct 1943: Generalleutnant Erwin **MENNY**
Oct 1943: DISBANDED

Area of Operations:
Nov 1940 – May 1941: Germany
May 1941 – Mar 1943: France
Mar 1943 – Oct 1943: Southern sector, Eastern Front

334. Infantry Division
(Formed in November 1942)
15 Nov 1942 – 15 Apr 1943: Generalleutnant Friedrich **WEBER**
15 Apr 1943 – 9 May 1943: Generalmajor Fritz **KRAUSE**
9 May 1943 – 24 May 1943:
24 May 1943 – ? May 1943: General der Artillerie Heinz **ZIEGLER**
May 1943: DESTROYED IN TUNISIA
Oct 1943: REFORMED
20 Oct 1943 – 27 Nov 1943: Generalleutnant Walter **SCHELLER**
27 Nov 1943 – 1 Feb 1944:
1 Feb 1944 – 16 Apr 1945: Generalleutnant Hellmuth **BÖHLKE**
Apr 1945: DESTROYED IN ITALY

Area of Operations:
Nov 1942 – Dec 1942: Germany
Dec 1942 – May 1943: North Africa
Oct 1943 – Nov 1943: France
Nov 1943 – Apr 1945: Italy

335. Infantry Division
(Formed in November 1940)

15 Nov 1940 – 27 Oct 1942:	Generalleutnant Max **DENNERLEIN**
27 Oct 1942 – 7 Sep 1943:	Generalleutnant Karl **CASPER**
7 Sep 1943 – 10 Sep 1943:	
10 Sep 1943 – 30 Jun 1944:	General der Infanterie Siegfried **RASP**
30 Jun 1944 – Aug 1944:	Oberst **BRECHTEL**
Aug 1944:	DESTROYED AT KISHINEV

Area of Operations:

Nov 1940 – Jun 1941:	Germany
Jun 1941 – Oct 1941:	Denmark
Oct 1941 – Mar 1943:	France
Mar 1943 – Aug 1944:	Southern sector, Eastern Front

336. Infantry Division
(Formed in December 1940)

15 Dec 1940 – 1 Mar 1942:	Generalleutnant Johann Joachim **STEVER**
1 Mar 1942 – 1 Jul 1943:	General der Artillerie Walther **LUCHT**
1 Jul 1943 – 8 Dec 1943:	Generalmajor Wilhelm **KUNZE**
8 Dec 1943 – 31 May 1944:	Generalleutnant Wolf **HAGEMANN**
May 1944:	CAPTURED AT SEVASTOPOL

Area of Operations:

Dec 1940 – Mar 1941:	Germany
Mar 1941 – May 1942:	Belgium; France
May 1942 – May 1944:	Southern sector, Eastern Front

337. Infantry Division
(Formed in November 1940)

15 Nov 1940 – 2 May 1941:	Generalleutnant Karl **SPANG**
2 May 1941 – 6 May 1941:	
6 May 1941 – 15 Mar 1942:	Generalleutnant Kurt **PFLIEGER**
15 Mar 1942 – 25 Mar 1942:	
25 Mar 1942 – 20 Sep 1942:	General der Artillerie Erich **MARCKS**
20 Sep 1942 – 1 Oct 1942:	
1 Oct 1942 – 27 Nov 1943:	Generalleutnant Otto **SCHÜNEMANN**
27 Nov 1943 – 1 Feb 1944:	Generalleutnant Walter **SCHELLER**
1 Feb 1944 – Jul 1944:	
Jul 1944:	DESTROYED ON THE EASTERN FRONT
Oct 1944:	REFORMED AS 337. VOLKSGRENADIER DIVISION
Oct 1944 – Jan 1945:	
Jan 1945:	DESTROYED AT DANZIG

Area of Operations:

Nov 1940 – Aug 1941:	Germany
Aug 1941 – Dec 1942:	France
Dec 1942 – Jul 1944:	Central sector, Eastern Front
Oct 1944 – Jan 1945:	Poland; East Prussia

338. Infantry Division
(Formed in November 1942)

10 Nov 1942 – 5 Jan 1944:	Generalleutnant Josef **FOLTTMANN**
5 Jan 1944 – 18 Sep 1944:	Generalleutnant Rene de l'**HOMME de COURBIÈRE**
18 Sep 1944 – Oct 1944:	Generalleutnant Hans **OSCHMANN**
Oct 1944:	Oberst **HAFNER**
Oct 1944 – 14 Nov 1944:	Generalleutnant Hans **OSCHMANN**
14 Nov 1944 – 29 Dec 1944:	Generalmajor der Reserve Rudolf von **OPPEN**
29 Dec 1944 – 18 Jan 1945:	Generalmajor Konrad **BARDE**
18 Jan 1945 – 15 Apr 1945:	Generalmajor Wolf **EWERT**
Apr 1945:	DESTROYED IN THE RUHR POCKET

Area of Operations:

Nov 1942 – Sep 1944:	*Belgium; France*
Sep 1944 – Nov 1944:	*Southern Germany*
Nov 1944 – Apr 1945:	*France; Western Germany*

339. Infantry Division
(Formed in December 1940)

15 Dec 1940 – Jan 1942:	Generalleutnant Georg **HEWELKE**
Jan 1942 – 22 Apr 1942:	
22 Apr 1942 – 8 Dec 1942:	Generalleutnant Kurt **PFLUGRADT**
8 Dec 1942 – 1 Oct 1943:	Generalmajor Martin **RONICKE**
1 Oct 1943 – 15 Nov 1943:	Generalmajor Wolfgang **LANGE**
15 Nov 1943:	DISBANDED

Area of Operations:

Dec 1940 – Jun 1941:	*Germany*
Jun 1941 – Dec 1941:	*Denmark*
Dec 1941 – Oct 1943:	*Central sector, Eastern Front*
Oct 1943 – Nov 1943:	*Southern sector, Eastern Front*

340. Infantry Division
(Formed in November 1940)

15 Nov 1940 – 1 Mar 1942:	Generalleutnant Friedrich-Wilhelm **NEUMANN**
1 Mar 1942 – 26 Aug 1942:	
26 Aug 1942 – 1 Nov 1942:	Generalleutnant Viktor **KOCH**
1 Nov 1942 – 1 Feb 1943:	
1 Feb 1943 – 24 Feb 1943:	Generalleutnant Otto **BUTZE**
24 Feb 1943 – 25 Oct 1943:	Generalleutnant Josef **PRINNER**
25 Oct 1943 – 16 Jun 1944:	Generalleutnant Werner **EHRIG**
16 Jun 1944 – 21 Jul 1944:	Generalmajor Otto **BEUTLER**
21 Jul 1944:	DESTROYED ON THE EASTERN FRONT
1 Sep 1944:	REFORMED AS 340. VOLKSGRENADIER DIVISION
1 Sep 1944 – 1 Apr 1945:	Generalleutnant Theodor **TOLSDORFF**
Apr 1945:	DESTROYED IN THE RUHR POCKET

Area of Operations:
Nov 1940 – Jun 1941:   Germany
Jun 1941 – May 1942:   France
May 1942 – Jul 1944:   Southern sector, Eastern Front
Sep 1944 – Apr 1945:   Ardennes; Western Germany

342. Infantry Division
(Formed in November 1940)
Nov 1940 – 2 Jul 1941:
2 Jul 1941 – 1 Nov 1941:   Generalleutnant Dr. Walter **HINGHOFER**
1 Nov 1941 – 10 May 1942:   Generalmajor Paul **HOFFMANN**
10 May 1942 – 9 Jul 1942:   Generalleutnant Albrecht Baron **DIGEON von MONTETON**
9 Jul 1942 – 1 Aug 1942:   Generalmajor Paul **HOFFMANN**
1 Aug 1942 – 25 Sep 1943:   Generalleutnant Albrecht **BAIER**
25 Sep 1943 – 8 May 1945:   Generalleutnant Heinrich **NICKEL**

Area of Operations:
Nov 1940 – Jun 1941:   Germany
Jun 1941 – Oct 1941:   France
Oct 1941 – Feb 1942:   Yugoslavia
Feb 1942 – Oct 1944:   Central sector, Eastern Front
Oct 1944 – May 1945:   Eastern Germany

343. Infantry Division
(Formed in September 1942)
28 Sep 1942 – 25 Aug 1943: Generalleutnant Friedrich **ZICKWOLFF**
25 Aug 1943 – Sep 1943:
Sep 1943 – 1 Feb 1944:   Generalmajor Hermann **KRUSE**
1 Feb 1944 – 18 Sep 1944:   Generalleutnant Erwin **RAUCH**
19 Sep 1944:   SURRENDERED AT BREST, FRANCE

Area of Operations:
Sep 1942 – Nov 1942:   Germany
Nov 1942 – Sep 1944:   France

344. Infantry Division
(Formed in September 1942)
27 Sep 1942 – 30 Sep 1944: General der Infanterie Felix **SCHWALBE**
30 Sep 1944 – 30 Sep 1944: Generalmajor (LW) Erich **WALTHER**
30 Sep 1944 – 16 Oct 1944: Generalmajor Rudolf **GOLTZSCH**
16 Oct 1944 – 28 Feb 1945: Generalmajor Georg **KOßMALA**
28 Feb 1945 – 2 Mar 1945:   Generalmajor Rolf **SCHERENBERG**
2 Mar 1945 – 8 May 1945:   Generalleutnant Erwin **JOLASSE**

Area of Operations:
Sep 1942 – Oct 1944:   France; Netherlands
Oct 1944 – May 1945:   Western Germany; Berlin

345. (Motorized) Infantry Division
(Formed in November 1942)
25 Nov 1942 – 28 Feb 1943: Generalleutnant Karl **BÖTTCHER**
1 Mar 1943: ABSORBED BY 29. PANZER GRENADIER DIVISION

Area of Operations:
Nov 1942 – Mar 1943: France

346. Infantry Division
(Formed in October 1942)
1 Oct 1942 – 16 Oct 1944: Generalleutnant Erich **DIESTEL**
16 Oct 1944 – 1 Feb 1945: Generalleutnant Walter **STEINMÜLLER**
1 Feb 1945 – 8 May 1945: Generalmajor Gerhard **LINDNER**

Area of Operations:
Oct 1942 – Sep 1944: France
Sep 1944 – May 1945: Belgium; Netherlands

347. Infantry Division
(Formed in September 1942)
27 Sep 1942 – 11 Oct 1943: Generalleutnant Friedrich **BAYER**
11 Oct 1943 – 8 Dec 1943: Generalleutnant Karl **BÖTTCHER**
8 Dec 1943 – Mar 1945: Generalleutnant Wolf **TRIERENBERG**
Mar 1945: Generalleutnant Maximilian **SIRY**
Mar 1945 – 8 May 1945: Generalleutnant Wolf **TRIERENBERG**
7 May 1945: REDESIGNATED 347. VOLKSGRENADIER DIVISION

Area of Operations:
Sep 1942 – Sep 1944: Netherlands
Sep 1944 – May 1945: Belgium; Western Germany

348. Infantry Division
(Formed in September 1942)
27 Sep 1942 – 5 Feb 1944: Generalleutnant Karl **GÜMBEL**
5 Feb 1944 – 7 Feb 1944:
7 Feb 1944 – Sep 1944: Generalleutnant Paul **SEYFFARDT**
Sep 1944: DISBANDED

Area of Operations:
Sep 1942 – Sep 1944: France

349. Infantry Division
(Formed in November 1943)
20 Nov 1943 – Aug 1944: General der Infanterie Otto **LASCH**
Aug 1944: DESTORYED ON THE EASTERN FRONT
11 Sep 1944: REFORMED AS 349. VOLKSGRENADIER DIVISION
11 Sep 1944 – 1 Apr 1945: Generalmajor Karl **KOETZ**
1 Apr 1945: DISBANDED

Area of Operations:
Nov 1943 – Apr 1944:   France
Apr 1944 – Aug 1944:   Central sector, Eastern Front
Sep 1944 – Apr 1945:   East Prussia

351. Infantry Division
(Formed in March 1940)
10 Mar 1940 – 1 May 1940:   Generalleutnant Paul **GÖLDNER**
1 May 1940 – Aug 1940:
Aug 1940:   DISBANDED

Area of Operations:
Mar 1940 – May 1940:   Poland
May 1940 – Aug 1940:   Germany; Belgium; France

352. Infantry Division
(Formed in November 1943)
6 Nov 1943 – Jul 1944:   Generalleutnant Dietrich **KRAIß**
Jul 1944:   DESTROYED IN NORMANDY
21 Sep 1944:   REFORMED AS 352. VOLKSGRENADIER DIVISION
21 Sep 1944 – 6 Oct 1944:   Generalmajor Eberhard von **SCHUCKMANN**
6 Oct 1944 – 1 Nov 1944:
1 Nov 1944 – 23 Dec 1944:   Generalmajor Eric-Otto **SCHMIDT**
23 Dec 1944 – 21 Feb 1945:   Generalmajor Richard **BAZING**
21 Feb 1945 – 29 Apr 1945:   Generalmajor der Reserve Rudolf von **OPPEN**
29 Apr 1945:   DESTROYED ON THE WESTERN FRONT

Area of Operations:
Nov 1943 – Jul 1944:   France
Sep 1944 – Nov 1944:   Germany
Nov 1944 – May 1945:   Ardennes; Western Germany

353. Infantry Division
(Formed in November 1943)
20 Nov 1943 – 15 Feb 1945:   Generalleutnant Paul **MAHLMANN**
Jul 1944 – Aug 1944:   Generalleutnant Erich **MÜLLER**
Aug 1944:   Oberst **THIEME**
Aug 1944 – 15 Feb 1945:   Generalleutnant Paul **MAHLMANN**
15 Feb 1945 – 8 May 1945:   Oberst Kurt **HUMMEL**

Area of Operations:
Nov 1943 – Oct 1944:   France
Oct 1944 – May 1945:   Luxemburg; Western Germany

355. Infantry Division
(Formed in May 1943)
14 May 1943 – 6 Nov 1943:   Generalleutnant Dietrich **KRAIß**
Nov 1943:   DISBANDED

Area of Operations:
May 1943 – Jun 1943: France
Jun 1943 – Nov 1943: Crimea; Southern sector, Eastern Front

356. Infantry Division
(Formed in May 1943)
1 May 1943 – 15 May 1943: Generalleutnant Egon von **NEINDORFF**
15 May 1943 – Oct 1944: Generalleutnant Karl **FAULENBACH**
Oct 1944 – 1945: Oberst **KLEINHENZ**
? 1945 – 8 May 1945: Oberst von **SALDERN**

Area of Operations:
May 1943 – Oct 1943: France
Oct 1943 – Jan 1945: Italy
Jan 1945 – May 1945: Hungary; Austria

357. Infantry Division
(Formed in November 1943)
1 Dec 1943 – 1 Apr 1944: Generalleutnant Wolfgang von **KLUGE**
1 Apr 1944 – 10 May 1944: Generalmajor Knut **EBERDING**
10 May 1944 – 12 Sep 1944: Generalmajor Norbert **HOLM**
12 Sep 1944 – 8 May 1945: Generalleutnant Josef **RINTELEN**

Area of Operations:
Nov 1943 – Mar 1944: Poland
Mar 1944 – Dec 1944: Central sector, Eastern Front; Poland
Dec 1944 – May 1945: Hungary; Czechoslovakia

358. Infantry Division
(Formed in March 1940)
10 Mar 1940 – 1 Sep 1940: Generalleutnant Rudolf **PILZ**
Sep 1940: DISBANDED

Area of Operations:
Mar 1940 – Jun 1940: Poland
Jun 1940 – Sep 1940: Belgium

359. Infantry Division
(Formed in November 1943)
20 Nov 1943 – 25 Apr 1945: Generalleutnant Karl **ARNDT**
25 Apr 1945 – 8 May 1945:

Area of Operations:
Nov 1943 – Mar 1944: Poland
Mar 1944 – Dec 1944: Southern sector, Eastern Front
Dec 1944 – May 1945: Poland; Czechoslovakia

361. Infantry Division
(Formed in November 1943)
20 Nov 1943 – 30 May 1944: Generalleutnant Siegmund Freiherr von **SCHLEINITZ**

30 May 1944 – 22 Jul 1944:   Generalmajor Gerhard **LINDEMANN**
Jul 1944:   DESTROYED ON THE EASTERN FRONT
Sep 1944:   REFORMED AS 361. VOLKSGRENADIER DIVISION
1 Sep 1944 – Jan 1945:   Generalmajor Alfred **PHILIPPI**
Jan 1945:   ABSORBED BY 559. VOLKSGRENADIER DIVISION
Apr 1945:   REFORMED AS 361. INFANTRY DIVISION
Apr 1945 – 8 May 1945:

Area of Operations:
Nov 1943 – Mar 1944:   Denmark
Mar 1944 – Jul 1944:   Central sector, Eastern Front
Sep 1944:   Germany
Sep 1944 – Jan 1945:   Netherlands; Western Germany
Apr 1945 – May 1945:   Netherlands

362. Infantry Division
(Formed in November 1943)
Nov 1943 – 1 Jan 1945:   Generalleutnant Heinrich **GREINER**
1 Jan 1945 – ? 1945:   Generalmajor Max **REINWALD**
? 1945 – 17 Apr 1945:   Generalmajor Alois **WEBER**
17 Apr 1945 – 23 Apr 1945:
23 Apr 1945:   SURRENDERED IN ITALY

Area of Operations:
Nov 1943 – Apr 1945:   Italy

363. Infantry Division
(Formed in November 1943)
31 Nov 1943 – Aug 1944:   Generalleutnant August **DETTLING**
Aug 1944:   DESTROYED AT FALAISE
Sep 1944:   REFORMED AS 363. VOLKSGRENADIER DIVISION
Sep 1944 – Apr 1945:   Generalleutnant August **DETTLING**
Apr 1945:   DESTROYED IN THE RUHR POCKET

Area of Operations:
Nov 1943 – May 1944:   Poland
May 1944 – Jun 1944:   Denmark
Jun 1944 – Jul 1944:   Belgium
Jul 1944 – Aug 1944:   France
Sep 1944 – Apr 1945:   Netherlands; Western Germany

364. Infantry Division
(Formed in November 1943)
15 Dec 1943 – 21 Jan 1944:   Generalleutnant Walter **POPPE**
Jan 1944:   DISBANDED

Area of Operations:
Nov 1943 – Jan 1944:   Poland

365. Infantry Division
(Formed in March 1940)
Mar 1940 – 1 Aug 1940:   Generalleutnant Konrad **HAASE**
1 Aug 1940:   DISBANDED
1 Mar 1945:   REFORMED
1 Mar 1945 – 8 May 1945:   Generalmajor Claus **KÜHL**

Area of Operations:
Mar 1940 – Nov 1940:   *Poland*
Mar 1945 – May 1945:   *Germany*

367. Infantry Division
(Formed in November 1943)
15 Nov 1943 – 10 May 1944:   Generalmajor Georg **ZWADE**
10 May 1944 – 1 Aug 1944:   Generalmajor Adolf **FISCHER**
1 Aug 1944 – Mar 1945:   Generalleutnant Hermann **HAEHNLE**
Mar 1945:   DESTROYED AT KÖNIGSBERG

Area of Operations:
Nov 1943 – Feb 1944:   *Croatia*
Feb 1944 – Mar 1945:   *Southern sector, Eastern Front; Poland; East Prussia*

369. (Croat) Infantry Division
(Formed in August 1942)
1 Sep 1942 – 5 Oct 1944:   Generalleutnant Fritz **NEIDHOLDT**
5 Oct 1944 – 8 May 1945:   Generalleutnant Georg **REINICKE**

Area of Operations:
Sep 1942 – May 1945:   *Croatia; Balkans*

370. Infantry Division
(Formed in April 1942)
1 Apr 1942 – 15 Sep 1942:   Generalleutnant Dr. Ernst **KLEPP**
15 Sep 1942 – 15 Dec 1942:   Generalleutnant Fritz **BECKER**
15 Dec 1942 – 20 Jan 1943:   Generalleutnant Erich von **BOGEN**
20 Jan 1943 – 2 Aug 1943:   Generalleutnant Fritz **BECKER**
2 Aug 1943 – 7 Sep 1943:   Generalleutnant Hermann **BOEHME**
7 Sep 1943 – 1 Jun 1944:   Generalleutnant Fritz **BECKER**
1 Jun 1944 – 3 Sep 1944:   Generalleutnant Botho Graf von **HÜLSEN**
Sep 1944:   DESTROYED IN ROMANIA

Area of Operations:
Apr 1942 – May 1942:   *France*
May 1942 – Aug 1944:   *Southern sector, Eastern Front*
Aug 1944 – Sep 1944:   *Romania*

371. Infantry Division
(Formed in April 1942)
1 Apr 1942 – 26 Jan 1943:   Generalleutnant Richard **STEMPEL**
26 Jan 1943:   DESTROYED AT STALINGRAD
Apr 1943:   REFORMED

1 Apr 1943 – 10 Jun 1944:   General der Infanterie Hermann **NIEHOFF**
10 Jun 1944 – 10 Jul 1944: Generalmajor Hans-Joachim **BAURMEISTER**
10 Jul 1944 – 2 Mar 1945:   General der Infanterie Hermann **NIEHOFF**
2 Mar 1945 – 8 May 1945:   Generalmajor Rolf **SCHERENBERG**

Area of Operations:
Apr 1942 – Jun 1942:   France
Jun 1942 – Jan 1943:   Southern sector, Eastern Front; Stalingrad
Apr 1943 – Nov 1943:   France
Nov 1943 – Dec 1943:   Italy; Slovenia
Dec 1943 – Jan 1944:   Croatia
Jan 1944 – May 1945:   Southern sector, Eastern Front; Poland; Czechoslovakia

372. Infantry Division
(Formed in Mar 1940)
Mar 1940 – Aug 1940:
Aug 1940:   DISBANDED

Area of Operations:
Mar 1940 – Aug 1940:   Poland

373. (Croat) Infantry Division
(Formed in January 1943)
25 Jan 1943 – 5 Aug 1943:   Generalleutnant Emil **ZELLNER**
5 Aug 1943 – 10 Jan 1945:   Generalleutnant Eduard **ALDRIAN**
10 Jan 1945 – 8 May 1945:   Generalmajor Hans **GRAVENSTEIN**

Area of Operations:
Jan 1943 – May 1945:   Croatia; Balkans

376. Infantry Division
(Formed in March 1942)
1 Apr 1942 – 31 Jan 1943:   Generalleutnant Alexander Edler von **DANIELS**
31 Jan 1943:   SURRENDERED AT STALINGRAD
Apr 1943:   REFORMED
1 Apr 1943 – 9 Dec 1943:   Generalleutnant Arnold **SZELINSKI**
9 Dec 1943 – 11 Dec 1943:
11 Dec 1943 – 4 Sep 1944:   Generalleutnant Otto **SCHWARZ**
Sep 1944:   DESTROYED IN ROMANIA

Area of Operations:
Apr 1942 – Jun 1942:   France
Jun 1942 – Jan 1943:   Southern sector, Eastern Front; Stalingrad
Apr 1943 – Nov 1943:   Netherlands
Nov 1943 – Aug 1944:   Southern sector, Eastern Front
Aug 1944 – Sep 1944:   Romania

377. Infantry Division
(Formed in March 1942)
1 Apr 1942 – 15 Dec 1942:	Generalleutnant Erich **BAESSLER**
15 Dec 1942 – 29 Jan 1943:	Generalleutnant Adolf **LECHNER**
29 Jan 1943 – 25 Feb 1943:	Generalleutnant Adolf **SINZINGER**
Feb 1943:	DESTROYED ON THE EASTERN FRONT

Area of Operations:
Apr 1942 – Jun 1942:	*France*
Jun 1942 – Feb 1943:	*Southern sector, Eastern Front*

379. Infantry Division
(Formed in March 1940)
Mar 1940 – 28 May 1940:	Generalleutnant Ludwig **MÜLLER**
28 May 1940 – 1 Aug 1940:	Generalleutnant Wilhelm von **ALTROCK**
1 Aug 1940:	DISBANDED

Area of Operations:
Mar 1940 – Aug 1940:	*Germany*

381. Field Training Division
(Formed in September 1942)
10 Sep 1942 – 26 Feb 1943:	Generalmajor Hellmuth **EISENSTUCK**
Feb 1943:	DISBANDED

Area of Operations:
Sep 1942 – Feb 1943:	*Southern sector, Eastern Front*

382. Field Training Division
(Formed in September 1942)
10 Sep 1942 – 15 Feb 1943:	Generalmajor Paul **HOFFMANN**
Feb 1943:	DISBANDED

Area of Operations:
Sep 1942 – Feb 1943:	*Southern sector, Eastern Front*

383. Infantry Division
(Formed in January 1942)
26 Jan 1942 – 20 Feb 1942:	Generalleutnant Johann **HAARDE**
20 Feb 1942 – 27 Sep 1942:	Generalleutnant Eberhard von **FABRICE**
27 Sep 1942 – 1 Jul 1943:	Generalleutnant Friedrich-Wilhelm **JOHN**
1 Jul 1943 – 20 Jun 1944:	Generalleutnant Edmund **HOFFMEISTER**
Jun 1944:	DESTROYED ON THE EASTERN FRONT

Area of Operations:
Jan 1942 – Jun 1942:	*East Prussia*
Jun 1942 – Mar 1943:	*Southern sector, Eastern Front*
Mar 1943 – Jun 1944:	*Central sector, Eastern Front*

384. Infantry Division

(Formed in January 1942)

10 Jan 1942 – 13 Feb 1942:	Generalleutnant Kurt **HOFFMANN**
13 Feb 1942 – 1 Apr 1942:	
1 Apr 1942 – 16 Jan 1943:	Generalleutnant Eccard Freiherr von **GABLENZ**
16 Jan 1943 – 31 Jan 1943:	Generalmajor Hans **DOERR**
31 Jan 1943:	DESTROYED AT STALINGRAD
Feb 1943:	REFORMED
17 Feb 1943 – 24 Feb 1943:	Generalmajor Hans **DOERR**
24 Feb 1943 – 25 Aug 1944:	Generalleutnant Hans de **SALENGRE-DRABBE**
Aug 1944:	DESTROYED IN ROMANIA

Area of Operations:

Jan 1942 – May 1942:	Germany
May 1942 – Jan 1943:	Southern sector, Eastern Front; Stalingrad
Feb 1943 – Dec 1943:	France
Dec 1943 – Aug 1944:	Southern sector, Eastern Front
Aug 1944:	Romania

385. Infantry Division

(Formed in January 1942)

7 Jan 1942 – 18 Dec 1942:	General der Infanterie Karl **EIBL**
18 Dec 1942 – 15 Feb 1943:	Generalmajor Eberhard von **SCHUCKMANN**
Feb 1943:	DESTROYED ON THE RIVER DON

Area of Operations:

Jan 1942 – May 1942:	Germany
May 1942 – Jun 1942:	Central sector, Eastern Front
Jun 1942 – Feb 1943:	Southern sector, Eastern Front

386. Infantry Division

(Formed in April 1940)

Apr 1940 – Jul 1940:	
Jul 1940:	DISBANDED

Area of Operations:

Apr 1940 – Jul 1940:	Poland

386. (Motorized) Infantry Division

(Formed in November 1942)

1 Dec 1942 – 1 Mar 1943:	Generalmajor Kurt von **JESSER**
1 Mar 1943:	REDESIGNATED 3. PANZER GRENADIER DIVISION

Area of Operations:

Nov 1942 – Mar 1943:	France

387. Infantry Division

(Formed in February 1942)

1 Feb 1942 – 15 Jan 1943:	Generalleutnant Arno **JAHR**
15 Jan 1943:	DESTROYED ON THE RIVER DON

Feb 1943:	REFORMED
15 Feb 1943 – 6 May 1943:	Generalmajor Eberhard von **SCHUCKMANN**
6 May 1943 – 10 Jul 1943:	Generalleutnant Erwin **MENNY**
10 Jul 1943 – 13 Oct 1943:	Generalmajor Eberhard von **SCHUCKMANN**
13 Oct 1943 – 24 Dec 1943:	Generalmajor Werner von **EICHSTÄDT**
24 Dec 1943 – 8 Mar 1944:	Generalmajor Eberhard von **SCHUCKMANN**
Mar 1944:	DISBANDED

Area of Operations:
Feb 1942 – May 1942:	*Germany*
May 1942 – Mar 1944:	*Southern sector, Eastern Front*

388. Field Training Division
(Formed in September 1942)

10 Sep 1942 – 1 Jun 1944:	Generalleutnant Johann **PFLUGBEIL**
1 Jun 1944:	REDESIGNATED FIELD TRAINING DIVISION 'NORD'
1 Jun 1944 – 8 May 1945:	Generalleutnant Johann **PFLUGBEIL**
15 Feb 1945:	REDESIGNATED FIELD TRAINING DIVISION 'KURLAND'

Area of Operations:
Sep 1942 – May 1945:	*Northern sector, Eastern Front; Courland Pocket (Latvia)*

389. Infantry Division
(Formed in January 1942)

1 Feb 1942 – 1 Nov 1942:	Generaloberst Erwin **JAENECKE**
1 Nov 1942 – 31 Jan 1943:	Generalmajor Erich **MAGNUS**
31 Jan 1943:	SURRENDERED AT STALINGRAD
Apr 1943:	REFORMED
15 Apr 1943 – 1 Jun 1943:	Generalmajor Erwin **GERLACH**
1 Jun 1943 – ? Jul 1943:	Generalleutnant Kurt **KRUSE**
? Jul 1943 – 30 Nov 1943:	Generalmajor Erwin **GERLACH**
30 Nov 1943 – 1 Apr 1944:	Generalmajor Paul Herbert **FORSTER**
1 Apr 1944 – 30 Sep 1944:	General der Infanterie Walther **HAHM**
30 Sep 1944 – 25 Mar 1945:	Generalleutnant Fritz **BECKER**
Mar 1945:	SURRENDERED TO THE RUSSIANS

Area of Operations:
Feb 1942 – May 1942:	*Germany*
May 1942 – Jan 1943:	*Southern sector, Eastern Front; Stalingrad*
Apr 1943 – Oct 1943:	*France*
Oct 1943 – Jun 1944:	*Southern sector, Eastern Front*
Jun 1944 – Aug 1944:	*Central sector, Eastern Front*
Aug 1944 – Dec 1944:	*Northern sector, Eastern Front; Courland Pocket (Latvia)*
Dec 1944 – Mar 1945:	*Northern Germany*

390. Field Training Division
(Formed in September 1942)
10 Sep 1942 – 1 Feb 1943	General der Artillerie Walter **HARTMANN**
1 Feb 1943 – 1 Apr 1943:	
1 Apr 1943 – 3 May 1943:	Generalleutnant August **WITTMANN**
3 May 1943 – 20 Jun 1944:	Generalleutnant Hans **BERGEN**
20 Jun 1944:	REDESIGNATED 390. SECURITY DIVISION
20 Jun 1944 – 10 Dec 1944:	Generalleutnant Hans **BERGEN**
Dec 1944:	DISBANDED

Area of Operations:
Sep 1942 – Jul 1944:	Central sector, Eastern Front
Jul 1944 – Dec 1944:	Northern sector, Eastern Front

391. Field Training Division
(Formed in August 1942)
10 Sep 1942 – 1 Oct 1944:	Generalleutnant Albrecht Baron **DIGEON von MONTETON**
23 Mar 1944:	REDESIGNATED 391. SECURITY DIVISION
1 Oct 1944 – Apr 1945:	
Apr 1945:	SURRENDERED AT HALBE

Area of Operations:
Sep 1942 – Jan 1945:	Central sector, Eastern Front
Jan 1945 – Apr 1945:	Eastern Germany

392. (Croat) Infantry Division
(Formed in August 1943)
13 Aug 1943 – 31 Mar 1945:	Generalleutnant Johann **MICKL**
31 Mar 1945 – 8 May 1945:	

Area of Operations:
Aug 1943 – May 1945:	Croatia; Balkans

393. Infantry Division
(Formed in March 1940)
10 Mar 1940 – 7 May 1940:	Generalleutnant Theodor Freiherr von **WREDE**
7 May 1940 – 16 May 1940:	
16 May 1940 – Sep 1940:	General der Infanterie Karl von **OVEN**
Sep 1940:	DISBANDED

Area of Operations:
Mar 1940 – Sep 1940:	Poland

394. Field Training Division
(Formation began in January 1945, but never completed)

395. Infantry Division
(Formed in March 1940)
Mar 1940 – 15 Aug 1940:	
15 Aug 1940 – 16 Aug 1940:	Generalleutnant Hans **STENGEL**

Aug 1940:   DISBANDED

Area of Operations:
Mar 1940 – Aug 1940:   East Prussia

399. Infantry Division
(Formed in March 1940)
15 Mar 1940 – 20 Aug 1940:   Generalmajor Helmuth von **KROPFF**
Aug 1940:   DISBANDED

Area of Operations:
Mar 1940 – Aug 1940:   East Prussia

Replacement Division 400
(Formed in June 1940)
3 Jun 1940 – 1 Aug 1940:
1 Aug 1940:   DISBANDED

Area of Operations:
Jun 1940 – Aug 1940:   Poland

Division No. 401
(Formed in January 1940)
16 Jan 1940 – 10 Jan 1941:   Generalleutnant Oskar von **BENECKENDORF und HINDENBURG**
10 Jan 1941 – 10 Jan 1942:   General der Infanterie Hubert **GERCKE**
10 Jan 1942 – 24 Sep 1942:   Generalleutnant Max von **DIRINGSHOFEN**
25 Sep 1942 – 1 Apr 1944:   Generalleutnant Siegfried **RUFF**
1 Apr 1944 – 29 Dec 1944:   Generalleutnant Paul **STOEWER**
29 Dec 1944 – 1 Jan 1945:   Generalleutnant Fritz **KÜHLWEIN**
1 Jan 1945 – 22 Feb 1945:   Generalleutnant Karl **FAULENBACH**
22 Feb 1945 – 8 May 1945:

Area of Operations:
Jan 1940 – May 1940:   East Prussia

Division No. 402
(Formed in October 1939)
25 Oct 1939 – 1 Feb 1940:   General der Infanterie Hans **PETRI**
1 Feb 1940 – 1 May 1940:   Generalleutnant Hans **WINDECK**
1 May 1940 – 19 Sep 1941:   Generalleutnant Erich von **KEISER**
19 Sep 1941 – 25 Sep 1942:
25 Sep 1942 – 1 Nov 1943:   Generalleutnant Hubert **STENZEL**
1 Nov 1943 – 17 Dec 1943:   Generalmajor Werner von **BOLTENSTERN**
17 Dec 1943 – 1 Oct 1944:   Generalleutnant Hubert **STENZEL**
1 Oct 1944 – 15 Mar 1945:   Generalleutnant Siegmund Freiherr von **SCHLEINITZ**
Mar 1945:   DESTROYED AT KOLBERG

Area of Operations:
Oct 1939 – Mar 1945:   Northern Germany

402. Training Division
(Formed in March 1945)
Mar 1945 – May 1945: Generlmajor Ernst von **BAUER**

Area of Operations:
Mar 1945 – May 1945: Northern Germany

Division No. 403
(Formed in October 1939)
25 Oct 1939 – 15 May 1942: Generalleutnant Wolfgang von **DITFURTH**
15 Mar 1941: REDESIGNATED 403. SECURITY DIVISION
15 May 1942 – 10 Apr 1943: Generalleutnant Wilhelm **RUßWURM**
May 1943: DISBANDED

Area of Operations:
Oct 1939 – Jun 1941: Germany
Jun 1941 – Dec 1942: Central sector, Eastern Front
Dec 1942 – May 1943: Southern sector, Eastern Front

Division No. 404
(Formed in October 1939)
24 Oct 1939 – 26 Oct 1939: Generalleutnant Arthur **SCHUBERT**
26 Oct 1939 – 27 Nov 1939: Generalleutnant Karl **MADERHOLZ**
27 Nov 1939 – 25 Sep 1942: Generalleutnant Arthur **SCHUBERT**
25 Sep 1942 – 14 Mar 1943: Generalleutnant Fritz von **BRODOWSKI**
14 Mar 1943 – 1 Apr 1943:
1 Apr 1943 – 1 Jun 1943: Generalleutnant Eccard Freiherr von **GABLENZ**
1 Jul 1944 – 29 Jan 1945: Generalleutnant Hermann **MEYER-RABINGEN**
29 Jan 1945 – 27 Mar 1945: Generalmajor Gerhard **STURT**
Mar 1945: REDESIGNATED 404. REPLACEMENT & TRAINING DIVISION
27 Mar 1945 – 8 May 1945: Generalleutnant Hermann **MEYER-RABINGEN**

Area of Operations:
Oct 1939 – May 1945: Eastern Germany

Division No. 405
(Formed in October 1939)
Nov 1939 – 10 Apr 1940: General der Infanterie Otto **SCHELLERT**
10 Apr 1940 – 12 Apr 1940:
12 Apr 1940 – 30 Apr 1942: Generalleutnant Adolf **HÜTTMANN**
30 Apr 1942 – 10 May 1942:
10 May 1942 – 1 May 1943: Generalleutnant Otto **TSCHERNING**
1 May 1943 – 22 Feb 1945: Generalleutnant Willy **SEEGER**
22 Feb 1945 – 8 May 1945: Generalleutnant Karl **FAULENBACH**

Area of Operations:
Nov 1939 – Oct 1942: Germany
Oct 1942 – Oct 1944: France
Oct 1944 – May 1945: Western Germany

Division No. 406
(Formed in October 1939)
1 Oct 1939 – 18 Dec 1944:   Generalleutnant Gerd **SCHERBENING**
18 Dec 1944 – Mar 1945:
Mar 1945:   DESTROYED IN THE WESEL POCKET

Area of Operations:
Oct 1939 – Sep 1944:   *Western Germany*
Sep 1944 – Oct 1944:   *Netherlands*
Oct 1944 – Mar 1945:   *Western Germany*

Division No. 407
(Formed in October 1939)
25 Oct 1939 – 15 Oct 1940:   Generalleutnant Otto Ritter von **SAUR**
15 Oct 1940 – 1 May 1942:   Generalleutnant Friedrich **DÜMLEIN**
1 May 1942 – 29 Aug 1942:   General der Artillerie Walter **HARTMANN**
29 Aug 1942 – 1 Nov 1942:   Generalmajor Alexander **RATCLIFFE**
1 Nov 1942 – 15 Sep 1944:   Generalleutnant Oskar **BLÜMM**
Sep 1944:   DISBANDED

Area of Operations:
Oct 1939 – Sep 1944:   *Southern Germany*

Division No. 408
(Formed in October 1939)
25 Oct 1939 – 1 Oct 1942:   Generalleutnant Wolfgang von **OTTERSTEDT**
1 Oct 1942 – 20 Nov 1943:   Generalleutnant Alfred von **PUTTKAMER**
20 Nov 1943 – 15 Jun 1944:   Generalleutnant Friedrich **BAYER**
15 Jun 1944 – 1 Jul 1944:
1 Jul 1944 – 8 May 1945:   Generalleutnant Heinrich **WOSCH**

Area of Operations:
Oct 1939 – May 1945:   *Silesia*

Division No. 409
(Formed in October 1939)
25 Oct 1939 – 1 Apr 1943:   Generalmajor Hans **EHRENBERG**
1 Apr 1943 – 8 May 1945:   Generalleutnant Albert **ZEHLER**

Area of Operations:
Oct 1939 – May 1945:   *Germany*

Division No. 410
(Formed in October 1939)
25 Oct 1939 – 1 Dec 1939:   Generalleutnant Kurt **WOYTASCH**
1 Dec 1939 – 4 Dec 1939:
4 Dec 1939 – 7 May 1940:   General der Panzertruppen Willibald Freiherr von
                             LANGERMANN und ERLENCAMP
7 May 1940 – 10 Dec 1942:   Generalleutnant Adolf **POETTER**
10 Dec 1942 – 20 Jan 1943:
20 Jan 1943 – 2 Nov 1943:   Generalleutnant Karl **MADERHOLZ**

2 Nov 1943 – 20 Nov 1943:
20 Nov 1943 – 20 Dec 1943:   Generalleutnant René de l'HOMME de COUR-
                              BIÈRE
20 Dec 1943 – 5 Jan 1944:
5 Jan 1944 – 20 Jan 1944:   Generalleutnant Karl BORNEMANN
20 Jan 1944:   DISBANDED

Area of Operations:
Oct 1939 – Jan 1944:   Northern Germany

Division No. 411
(Formed in October 1939)
22 Oct 1939 – 31 Dec 1942:   Generalleutnant Heinrich KANNENGIEßER
31 Dec 1942 – 1 Oct 1944:   Generalmajor Gero von GERSDORFF
1 Oct 1944:   DISBANDED

Area of Operations:
Oct 1939 – Oct 1944:   Germany

Division No. 412
(Formed in January 1940)
12 Jan 1940 – 25 Oct 1940:   Generalleutnant Friedrich GENTHE
25 Oct 1940:   DISBANDED

Area of Operations:
Jan 1940 – Oct 1940:   Germany

Division No. 413
(Formed in October 1939)
25 Oct 1939 – 1 May 1942:   Generalleutnant Karl von LEISTER
1 May 1942 – 1 Jun 1942:   Generalleutnant Wilhelm BEHRENS
1 Jun 1942 – 10 Jun 1942:   Generalleutnant Heinrich THOMA
10 Jun 1942:   DISBANDED
Jul 1943:   REFORMED
1 Aug 1943 – 27 Jul 1944:   Generalmajor Johann MEYERHÖFER
27 Jul 1944 – 1 Apr 1945:   Generalleutnant Siegmund Freiherr von SCHACKY
                              auf Schönfeld
1 Apr 1945 – 3 Apr 1945:   Generalmajor Hellmuth HIEPE
3 Apr 1945 – ? Apr 1945:   Generalmajor Eugen THEILACKER
? Apr 1945 – 8 May 1945:   Generalmajor Hellmuth HIEPE

Area of Operations:
Oct 1939 – Jun 1942:   Southeastern Germany
Aug 1943 – May 1943:   Southeastern Germany

416. Infantry Division
(Formed in December 1941)
30 Dec 1941 – 1 Jun 1943:   Generalleutnant Hans BRABÄNDER
1 Jun 1943 – 1 Jul 1943:   Generalleutnant Werner HÜHNER
1 Jul 1943 – 8 May 1945:   Generalleutnant Kurt PFLIEGER

Area of Operations:
Dec 1941 – Jan 1942: Germany
Jan 1942 – Oct 1944: Denmark
Oct 1944 – Nov 1944: France
Nov 1944 – May 1945: Western Germany

Division No. 417
(Formed in October 1939)
25 Oct 1939 – 1 May 1942: Generalleutnant Ferdinand **PICHLER**
1 May 1942 – 1 Jan 1944: Generalleutnant Rudolf **WANGER**
1 Jan 1944 – 8 May 1945: Generalleutnant Adalbert **MIKULICZ**

Area of Operations:
Oct 1939 – May 1945: Austria

Division No. 418
(Formed in May 1943)
10 May 1943 – 15 May 1943: Generalmajor Maximilian **JAIS**
15 May 1943 – 1 Nov 1943: Generalleutnant Ernst **SCHLEMMER**
1 Nov 1943 – 22 Mar 1944: Generalmajor Maximilian **JAIS**
22 Mar 1944 – 8 May 1945:

Area of Operations:
May 1943 – May 1945: Austria

Division No. 421
(Formed in November 1939)
8 Nov 1939 – 15 Mar 1940: Generalmajor Helmuth von **KROPFF**
15 Mar 1940: REDESIGNATED 399. INFANTRY DIVISION

Area of Operations:
Nov 1939 – Mar 1940: East Prussia

Division No. 422
(Formed in October 1939)
25 Oct 1939 – 16 Jan 1940: Generalleutnant Oskar von **BENECKENDORF und HINDENBURG**
16 Jan 1940: REDESIGNATED DIVISION NO. 401

Area of Operations:
Oct 1939 – Jan 1940: East Prussia

Division No. 423
(Formed in October 1939)
25 Oct 1939 – 15 Mar 1940:
15 Mar 1940: REDESIGNATED 393. INFANTRY DIVISION

Area of Operations:
Oct 1939 – Mar 1940: Eastern Germany

Division No. 424
(Formed in October 1939)
23 Oct 1939 – 1 Feb 1940: Generalleutnant Ludwig **MÜLLER**
1 Feb 1940: REDESIGNATED 379. INFANTRY DIVISION

Area of Operations:
Oct 1939 – Feb 1940: Germany

Division No. 425
(Formed in October 1939)
25 Oct 1939 – 1 Jun 1940:
1 Jun 1940: REDESIGNATED COMMANDER, REPLACEMENT TROOPS 100

Area of Operations:
Oct 1939 – Jun 1940: Germany

Division No. 426
(Formed in October 1939)
25 Oct 1939 – 11 Feb 1940: Generalleutnant Georg **POTEN**
11 Feb 1940: REDESIGNATED 556. INFANTRY DIVISION

Area of Operations:
Oct 1939 – Feb 1940: Germany

Division No. 427
(Formed in October 1939)
25 Oct 1939 – 15 Feb 1940: Generalmajor Maximilian **ZÜRN**
16 Feb 1940: REDESIGNATED 557. INFANTRY DIVISION

Area of Operations:
Oct 1939 – Feb 1940: Germany

Division No. 428
(Formed in October 1939)
25 Oct 1939 – 7 Feb 1940: Generalleutnant Kurt **WOLFF**
7 Feb 1940 – 15 Dec 1942: Generalleutnant Adolf **JANSSEN**
Dec 1942: DISBANDED

Area of Operations:
Oct 1939 – Dec 1942: West Prussia

Division No. 429
(Formed in October 1939)
25 Oct 1939 – 28 Dec 1940: Generalleutnant Heinrich Freiherr von **HADELN**
28 Dec 1940 – 6 Jan 1941:
6 Jan 1941 – 7 Jan 1942: Generalleutnant Wilhelm **MITTERMAIER**
7 Jan 1942 – 19 Feb 1942:
19 Feb 1942 – 3 Mar 1943: Generalleutnant Werner **SCHARTOW**
Mar 1943: DISBANDED

Area of Operations:
Oct 1939 – Mar 1943:   Poland

Division No. 430
(Formed in October 1939)
24 Oct 1939 – 1 Dec 1939:   Generalleutnant Kurt **SCHREIBER**
1 Dec 1939 – 3 Jun 1940:   Generalleutnant Maximilian **RENZ**
Jun 1940:   DISBANDED

Area of Operations:
Oct 1939 – Jun 1940:   Poland

Division No. 431
(Formed in October 1939)
20 Oct 1939 – 25 Oct 1939: Generalleutnant Emil **ZIMMERMANN**
25 Oct 1939 – 1 Dec 1939:   Generalleutnant Hermann **MEYER-RABINGEN**
1 Dec 1939 – 1 Oct 1941:   Generalleutnant Emil **ZIMMERMANN**
1 Oct 1941 – ? 1943:   Generalleutnant Manfred von **SCHWERIN**
? 1943 – 26 Mar 1943:   Generalmajor Johann von **STEIN**
Mar 1943:   DISBANDED

Area of Operations:
Oct 1939 – Mar 1943:   Poland

Division No. 432
(Formed in October 1939)
25 Oct 1939 – 10 Jan 1940: Generalleutnant Fritz von der **LIPPE**
10 Jan 1940 – 3 Aug 1942:   Generalleutnant Ivo von **TROTHA**
3 Aug 1942 – 8 Sep 1943:   Generalleutnant Heinrich **THOMA**
8 Sep 1943 – 20 Nov 1943:   Generalleutnant René de l'**HOMME de COUR-BIÈRE**
20 Nov 1943 – 8 May 1945:   Generalleutnant Heinrich **THOMA**

Area of Operations:
Oct 1939 – May 1945:   Silesia

Division No. 433
(Formed in June 1943)
1 Jun 1943 – 31 Jan 1945:   Generalleutnant Max **DENNERLEIN**
Jan 1945:   REDESIGNATED 433. (MOTORIZED) REPLACEMENT DIVISION
31 Jan 1945:   DESTROYED

Area of Operations:
Jun 1943 – Jan 1945:   Eastern Germany

Division No. 438
(Formed in November 1943)
1 Nov 1943 – 8 May 1945:   Generalleutnant Ferdinand **NOELDECHEN**

Area of Operations:
Nov 1943 – May 1945: Austria

440. Assault Division (Assault Division *'Rhodos'*)
(Formed in June 1943)
Jun 1943 – 1 Sep 1944: General der Panzertruppen Ulrich **KLEEMANN**
1 Sep 1944 – Dec 1944: Generalmajor Ludwig **FRICKE**
Dec 1944: DISBANDED

Area of Operations:
Jun 1943 – Sep 1944: Rhodes
Sep 1944 – Oct 1944: Balkans
Oct 1944 – Dec 1944: Southern sector, Eastern Front

Division No. 441
(Formed in October 1939)
18 Oct 1939 – 12 Feb 1940: Generalleutnant Anton Freiherr von **HIRSCHBERG**
Feb 1940: REDESIGNATED 554. INFANTRY DIVISION

Area of Operations:
Oct 1939 – Feb 1940: Germany

Division No. 442
(Formed in October 1939)
18 Oct 1939 – 10 Jan 1940:
10 Jan 1940 – 1 Jan 1944: Generalleutnant Karl **BORNEMANN**
1 Jan 1944 – 20 Feb 1944: Generalleutnant Bogislav Graf von **SCHWERIN**
20 Feb 1944 – 26 Jul 1944: Generalleutnant Friedrich **FÜRST**
Jul 1944: DISBANDED

Area of Operations:
Oct 1939 – Jun 1941: Germany
Jun 1941 – 1943: Central sector, Eastern Front
1943 – Jun 1944: Germany
Jun 1944 – Jul 1944: Central sector, Eastern Front

Division No. 443
(Formed in October 1939)
25 Oct 1939 – 10 Feb 1940: Generalleutnant Dr. Waldemar **HENRICI**
10 Feb 1940: REDESIGNATED 555. INFANTRY DIVISION
Dec 1944: REFORMED
27 Dec 1944 – 8 May 1945: Generalleutnant Vollrath **LÜBBE**

Area of Operations:
Oct 1939 – Feb 1940: Germany
Dec 1944 – May 1945: Germany

Division No. 444
(Formed in October 1939)
25 Oct 1939 – 1 Apr 1941: Generalleutnant Alois Josef Ritter von **MOLO**
15 Mar 1941: REDESIGNATED 444. SECURITY DIVISION

1 Apr 1941 – 3 Feb 1942:	Generalleutnant Wilhelm **RUßWURM**
3 Feb 1942 – 4 Mar 1942:	General der Infanterie Helge **AULEB**
4 Mar 1942 – 14 Oct 1943:	Generalleutnant Adalbert **MIKULICZ**
14 Oct 1943 – May 1944:	
May 1944:	DISBANDED

Area of Operations:
Oct 1939 – Jun 1941:	Germany
Jun 1941 – May 1944:	Southern sector, Eastern Front

Division No. 445
(Formed in October 1939)
14 Oct 1939 – 12 Oct 1940:	
12 Oct 1940:	REDESIGNATED DIVISION NO. 412

Area of Operations:
Oct 1939 – Oct 1940:	Germany

Division No. 454
(Formed in June 1940)
1 Jun 1940 – 15 Mar 1941:	Generalleutnant Rudolf **KRANTZ**
15 Mar 1941:	REDESIGNATED 454. SECURITY DIVISION
15 Mar 1941 – 29 Sep 1941:	Generalleutnant Rudolf **KRANTZ**
29 Sep 1941 – 9 Dec 1941:	Generalleutnant Hermann **WILCK**
9 Dec 1941 – 25 Apr 1944:	Generalleutnant Hellmuth **KOCH**
25 Apr 1944 – 1 May 1944:	Oberst Joachim **WAGNER**
1 May 1944 – 22 Jul 1944:	Generalmajor Johannes **NEDTWIG**
Jul 1944:	DESTROYED ON THE EASTERN FRONT

Area of Operations:
Jun 1940 – Jun 1941:	Germany
Jun 1941 – Jul 1944:	Southern sector, Eastern Front

Division No. 460
(Formed in April 1940)
15 May 1940 – 26 Oct 1940:	Generalleutnant Günther Freiherr von **HAMMERSTEIN-EQUORD**
Oct 1940:	DISBANDED

Area of Operations:
May 1940 – Aug 1940:	Denmark
Aug 1940 – Oct 1940:	Germany

Division No. 461
(Formed in August 1941 as Special Purposes Division Bialystok)
1 Aug 1941 – 25 Sep 1942:	Generalleutnant Hans-Erich **NOLTE**
25 Sep 1942 – 1 Apr 1944:	Generalleutnant Richard **WENK**
1 Apr 1944 – Mar 1945:	Generalleutnant Wolf **SCHEDE**
Mar 1945:	DISBANDED

Area of Operations:
Aug 1941 – Mar 1945:   Poland

Division No. 462
(Formed in October 1942)
5 Oct 1942 – 5 Dec 1942:   Generalleutnant Otto **SCHILLING**
5 Dec 1942 – 17 Dec 1942:   Generalleutnant Ernst **GÜNTZEL**
17 Dec 1942 – 24 Dec 1942:
24 Dec 1942 – 15 Jul 1944:   Generalleutnant Hans von **SOMMERFELD**
15 Jul 1944 – Sep 1944:   Generalleutnant Walther **KRAUSE**
Sep 1944 – 15 Oct 1944:   Generalleutnant Walther **KRAUSE**
15 Oct 1944 – 14 Nov 1944:   Generalleutnant Vollrath **LÜBBE**
19 Oct 1944:   REDESIGNATED 462. INFANTRY DIVISION
Nov 1944:   REDESIGNATED 462. VOLKSGRENADIER DIVISION

14 Nov 1944 – 22 Nov 1944:   Generalleutnant Heinrich **KITTEL**
22 Nov 1944 – 28 Nov 1944:   Oberst Joachim **WAGNER**
28 Nov 1944:   CAPTURED AT FORTRESS METZ, FRANCE

Area of Operations:
Oct 1942 – Nov 1944:   France

Division No. 463
(Formed in September 1942)
25 Sep 1942 – 1 May 1943:   Generalleutnant Eugen **DEMOLL**
1 May 1943 – 31 Jan 1945:   Generalleutnant Rudolf **HABENICHT**
31 Jan 1945:   DESTROYED
Mar 1945:   REFORMED
Mar 1945 – 8 May 1945:

Area of Operations:
Sep 1942 – Jan 1945:   Germany
Mar 1945 – May 1945:   Eastern Germany

Division No. 464
(Formed in September 1942)
25 Sep 1942 – 27 Jul 1944:   Generalleutnant Wolfgang **HAUSER**
27 Jul 1944 – 27 Aug 1944:   Generalleutnant Rudolf von **TSCHUDI**
27 Aug 1944 – ? Apr 1945:   Generalleutnant Rudolf **PILZ**
? Apr 1945 – 27 Apr 1945:   Generalmajor Eugen **THEILACKER**
27 Apr 1945 – 8 May 1945:   Generalleutnant Otto **HEIDKÄMPER**

Area of Operations:
Sep 1942 – Dec 1944:   Eastern Germany
Dec 1944 – May 1945:   Czechoslovakia

Division No. 465
(Formed in September 1942)
5 Oct 1942 – 1 Mar 1944:   Generalmajor Gottfried von **ERDMANNSDORFF**
1 Mar 1944 – 8 May 1945:   Generalleutnant Kurt **HOFFMANN**

Area of Operations:
Oct 1942 – Dec 1942: France
Dec 1942 – May 1945: Germany

Division No. 466
(Formed in December 1944)
15 Dec 1944 – 8 May 1945: Generalleutnant Friedrich **KARST**

Area of Operations:
Dec 1944 – May 1945: Germany

467. Infantry Division
(Formed in October 1942)
1 Oct 1942 – 2 Nov 1943: Generalleutnant Karl **GRAF**
2 Nov 1943 – 13 Jan 1944: Generalleutnant Karl **MADERHOLZ**
13 Jan 1944 – Apr 1945: Generalleutnant Rudolf **SINTZENICH**
Apr 1945 – 8 May 1945: Generalleutnant Walter **POPPE**

Area of Operations:
Oct 1942 – May 1945: Southern Germany

469. Infantry Division
(Formed in November 1944)
1 Nov 1944 – 8 May 1945: Generalleutnant Horst Freiherr von **UCKERMANN**

Area of Operations:
Nov 1944 – May 1945: Germany

Division No. 471
(Formed in October 1942)
1 Oct 1942 – Feb 1945: Generalleutnant Erich **DENECKE**
Feb 1945 – 8 May 1945: Generalleutnant Ernst **HAECKEL**

Area of Operations:
Oct 1942 – May 1945: Northwestern Germany

Division No. 476
(Formed in October 1944)
Oct 1944 – 2 Mar 1945:
2 Mar 1945 – 29 Mar 1945: Generalleutnant Hans **BERGEN**
29 Mar 1945 – 8 May 1945:

Area of Operations:
Oct 1944 – May 1945: Western Germany

Division No. 480
(Formed in November 1944)
1 Nov 1944 – 8 May 1945:

Area of Operations:
Nov 1944 – May 1945: Northwestern Germany

Division No. 487
(Formed in November 1942)
1 Nov 1942 – 15 Jun 1943:   Generalleutnant Rudolf-Eduard **LICHT**
15 Jun 1943 – 8 May 1945:   Generalmajor Paul **WAGNER**

Area of Operations:
Nov 1942 – May 1945:   Austria

Division No. 490
(Formed in November 1944)
Nov 1944 – 1 Apr 1945:   Generalmajor Ernst **WISSELINCK**
1 Apr 1945 – 8 May 1945:   Generalmajor Hermann-Heinrich **BEHREND**

Area of Operations:
Nov 1944 – May 1945:   Northwestern Germany

521. Infantry Division
(Formed in November 1939)
15 Nov 1939 – 7 Jan 1940:   Generalleutnant Wolf **SCHEDE**
7 Jan 1940 – 10 Jan 1940:
10 Jan 1940 – 18 Mar 1940:   Generalleutnant Hans **STENGEL**
18 Mar 1940:   REDESIGNATED 395. INFANTRY DIVISION

Area of Operations:
Nov 1939 – Mar 1940:   East Prussia

526. Infantry Division
(Formed in October 1939)
25 Oct 1939 – 15 Nov 1940:   Generalleutnant Hans von **SOMMERFELD**
15 Nov 1940 – 7 Mar 1941:   Generalleutnant Günther Freiherr von **HAMMER-STEIN-EQUORD**
7 Mar 1941 – 15 Mar 1944:   Generalleutnant Fritz **KÜHNE**
28 Sep 1942:   REDESIGNATED DIVISION NO. 526 AACHEN
15 Mar 1944 – 3 Mar 1945:   Generalleutnant Kurt **SCHMIDT**
Sep 1944:   REDESIGNATED 526. RESERVE DIVISION
3 Mar 1945 – 8 May 1945:   Generalleutnant Hans **BERGEN**

Area of Operations:
Oct 1939 – Aug 1944:   West Wall
Aug 1944 – May 1945:   Western Germany

Division No. 537
(Formed in December 1939)
9 Dec 1939 – 9 Dec 1940:   Generalleutnant Heinrich **DOEHLA**
9 Dec 1940:   DISBANDED

Area of Operations:
Dec 1939 – Dec 1940:   Austria

Division No. 538
(Formed in December 1939)
9 Dec 1939 – 18 Apr 1941: General der Infanterie Emmerich von **NAGY**
18 Apr 1941: DISBANDED

Area of Operations:
Dec 1939 – Apr 1941: *Austria*

Division No. 539
(Formed in October 1939)
15 Oct 1939 – 1 Apr 1944: Generalleutnant Dr. Richard **SPEICH**
1 Apr 1944 – 1 Sep 1944: Generalleutnant Wilhelm **THOMAS**
1 Sep 1944: REDESIGNATED 539. INFANTRY DIVISION
1 Sep 1944 – 27 Mar 1945: Generalleutnant Clemens **BETZEL**
Mar 1945: SURRENDERED IN CZECHOSLOVAKIA

Area of Operations:
Oct 1939 – May 1945: *Czechoslovakia*

Division No. 540
(Formed in November 1939)
15 Nov 1939 – 1 Jan 1943: Generalleutnant Karl **TARBUCK, Edler von Sensenhorst**
1 Jan 1943 – 1 Oct 1943: Generalmajor Gustav **WAGNER**
1 Oct 1943: REDESIGNATED 540. INFANTRY DIVISION
1 Oct 1943 – 1 Mar 1944: Generalleutnant Benignus **DIPPOLD**
1 Mar 1944 – Apr 1945: Generalleutnant Hans **WINDECK**
Apr 1945: Generalmajor Friedrich-Carl **GOTTSCHALK**
Apr 1945: SURRENDERED IN CZECHOSLOVAKIA

Area of Operations:
Nov 1939 – Apr 1945: *Czechoslovakia*

541. Grenadier Division
(Formed in July 1944)
Jul 1944 – 1 Mar 1945: Generalleutnant Wolf **HAGEMANN**
9 Oct 1944: REDESIGNATED 541. VOLKSGRENADIER DIVISION

1 Mar 1945 – Apr 1945:
Apr 1945: DISBANDED

Area of Operations:
Jul 1944 – Apr 1945: *Central sector, Eastern Front; Poland; East Prussia*

542. Grenadier Division
(Formed in July 1944)
23 Jul 1944 – 8 Apr 1945: Generalleutnant Karl **LÖWRICK**
12 Aug 1944: REDESIGNATED 542. INFANTRY DIVISION
9 Oct 1944: REDESIGNATED 542. VOLKSGRENADIER DIVISION

8 Apr 1945: DISBANDED

Area of Operations:
Jul 1944 – Apr 1945:   Central sector, Eastern Front; Poland; West Prussia

543. Grenadier Division
(Formed in July 1944)
10 Jul 1944 – 18 Jul 1944:
18 Jul 1944:   ABSORBED BY 78. ASSAULT DIVISION

Area of Operations:
Jul 1944:   Germany

544. Grenadier Division
(Formed in July 1944)
15 Jul 1944 – 8 May 1945:   Generalleutnant Werner **EHRIG**
9 Oct 1944:   REDESIGNATED 544. VOLKSGRENADIER DIVISION

Area of Operations:
Jul 1944 – May 1945:   Poland; Czechoslovakia

545. Grenadier Division
(Formed in July 1944)
Jul 1944 – 1 Oct 1944:
1 Oct 1944 – 15 Jan 1945:   Generalmajor Otto **OBENAUS**
9 Oct 1944:   REDESIGNATED 545. VOLKSGRENADIER DIVISION

15 Jan 1945 – Feb 1945:
Feb 1945 – 8 May 1945:   Generalmajor Hans-Ernst **KOHLSDORFER**

Area of Operations:
Jul 1944 – May 1945:   Poland; Silesia

546. Grenadier Division
(Formed in July 1944)
7 Jul 1944 – 19 Jul 1944:   Generalmajor Richard **DANIEL**
19 Jul 1944:   ABSORBED BY 45. GRENADIER DIVISION

Area of Operations:
Jul 1944:   Germany

547. Grenadier Division
(Formed in July 1944)
13 Jul 1944 – 8 Feb 1945:   Generalmajor der Reserve Dr. Ernst **MEINERS**
9 Oct 1944:   REDESIGNATED 547. VOLKSGRENADIER DIVISION

8 Feb 1945 – 1 Apr 1945:
1 Apr 1945 – 8 May 1945:   Generalmajor Erich **FRONHÖFER**

Area of Operations:
Jul 1944 – May 1945:   Central sector, Eastern Front; East Prussia; Eastern Germany

548. Grenadier Division
(Formed in July 1944)
Jul 1944 – 9 Apr 1945:	Generalmajor Erich **SUDAU**
9 Oct 1944:	REDESIGNATED 548. VOLKSGRENADIER DIVISION
9 Apr 1945:	DESTROYED AT KÖNIGSBERG

Area of Operations:
Jul 1944 – Apr 1945:	*Central sector, Eastern Front; Poland; East Prussia*

549. Grenadier Division
(Formed in July 1944)
13 Jul 1944 – 8 May 1945:	Generalleutnant Karl **JANK**
9 Oct 1944:	REDESIGNATED 549. VOLKSGRENADIER DIVISION

Area of Operations:
Jul 1944 – May 1945:	*Central sector, Eastern Front; East Prussia; Northern Germany*

550. Grenadier Division
(Formed in July 1944)
11 Jul 1944 – 22 Jul 1944:	
22 Jul 1944:	ABSORBED BY 31. GRENADIER DIVISION

Area of Operations:
Jul 1944:	*Germany*

551. Grenadier Division
(Formed in July 1944)
15 Jul 1944 – 8 May 1945:	Generalleutnant Siegfried **VERHEIN**
9 Oct 1944:	REDESIGNATED 551. VOLKSGRENADIER DIVISION

Area of Operations:
Jul 1944 – May 1945:	*Central sector, Eastern Front; Poland; East Prussia*

552. Grenadier Division
(Formed in July 1944)
11 Jul 1944 – 25 Jul 1944:	Generalleutnant Otto-Hermann **BRÜCKER**
25 Jul 1944:	ABSORBED BY 6. GRENADIER DIVISION

Area of Operations:
Jul 1944:	*Germany*

553. Grenadier Division
(Formed in July 1944)
Jul 1944 – 1 Sep 1944:	Generalleutnant Julius **BRAUN**
1 Sep 1944 – 22 Nov 1944:	Generalmajor Hans **BRUHN**
9 Oct 1944:	REDESIGNATED 553. VOLKSGRENADIER DIVISION

22 Nov 1944 – 23 Nov 1944:   Oberst Erich **LÖHR**
23 Nov 1944 – Jan 1945:   Generalmajor Gerhard **HÜTHER**
Jan 1945 – 8 May 1945:

Area of Operations:
Jul 1944 – Sep 1944:   Germany
Sep 1944 – May 1945:   France; Southwestern Germany

554. Infantry Division
(Formed in February 1940)
12 Feb 1940 – 13 Aug 1940:   Generalleutnant Anton Freiherr von **HIRSCHBERG**
13 Aug 1940:   DISBANDED

Area of Operations:
Feb 1940 – Aug 1940:   West Wall

555. Infantry Division
(Formed in February 1940)
12 Feb 1940 – 15 Aug 1940:   Generalleutnant Dr. Waldemar **HENRICI**
Aug 1940:   DISBANDED

Area of Operations:
Feb 1940 – Aug 1940:   West Wall

556. Infantry Division
(Formed in February 1940)
12 Feb 1940 – 13 Aug 1940:   Generalleutnant Kurt von **BERG**
Aug 1940:   DISBANDED

Area of Operations:
Feb 1940 – Aug 1940:   West Wall

557. Infantry Division
(Formed in February 1940)
7 Feb 1940 – 24 Aug 1940:   Generalleutnant Hermann **KUPRION**
Aug 1940:   DISBANDED

Area of Operations:
Feb 1940 – Aug 1940:   West Wall

558. Grenadier Division
(Formed in July 1944)
Aug 1944 – 5 Apr 1945:   Generalleutnant Arthur **KULLMER**
5 Apr 1945 – 28 Apr 1945:   Generalleutnant Werner von **BERCKEN**
9 Oct 1944:   REDESIGNATED 558. VOLKSGRENADIER DIVISION

28 Apr 1945:   SURRENDERED IN EAST PRUSSIA

Area of Operations:
Jul 1944 – Apr 1945:   Central sector, Eastern Front; Poland; East Prussia

559. Grenadier Division
(Formed in July 1944)
Jul 1944 – Apr 1945: Generalleutnant Kurt Freiherr von **MÜHLEN**
9 Oct 1944: REDESIGNATED 559. VOLKSGRENADIER DIVISION

Apr 1945: DESTROYED ON THE WESTERN FRONT

Area of Operations:
Jul 1944 – Sep 1944: *Germany*
Sep 1944 – Apr 1945: *France; Western Germany*

560. Infantry Division
(Formed in July 1944)
27 Jul 1944 – 10 Nov 1944: Generalleutnant Erich **HOFMANN**
Sep 1944: REDESIGNATED 560. VOLKSGRENADIER DIVISION

10 Nov 1944 – 31 Mar 1945: Generalmajor Rudolf **BADER**
31 Mar 1945 – 16 Apr 1945: Oberst **LANGHÄUSER**
16 Apr 1945: DESTROYED

Area of Operations:
Jul 1944 – Nov 1944: *Norway*
Nov 1944 – Dec 1944: *Denmark*
Dec 1944 – Jan 1945: *Ardennes*
Jan 1945 – Apr 1945: *Western Germany*

561. Grenadier Division
(Formed in July 1944)
21 Jul 1944 – 1 Mar 1945: Generalmajor Walter **GORN**
9 Oct 1944: REDESIGNATED 561. VOLKSGRENADIER DIVISION

1 Mar 1945 – ? Mar 1945: Oberst **BECKER**
Mar 1945: DESTROYED AT KÖNIGSBERG

Area of Operations:
Jul 1944 – Mar 1945: *Central sector, Eastern Front; Poland; East Prussia*

562. Grenadier Division
(Formed in July 1944)
20 Jul 1944 – 22 Jan 1945: Generalmajor Johannes-Oskar **BRAUER**
9 Oct 1944: REDESIGNATED 562. VOLKSGRENADIER DIVISION

22 Jan 1945 – 27 Mar 1945: Generalmajor Helmuth **HUFENBACH**
Apr 1945: DESTROYED IN EAST PRUSSIA

Area of Operations:
Jul 1944 – Apr 1945: *Poland; East Prussia*

563. Grenadier Division
(Formed in August 1944)

3 Aug 1944 – 25 Feb 1945:	Generalmajor Ferdinand **BRÜHL**
9 Oct 1944:	REDESIGNATED 563. VOLKSGRENADIER DIVISION
25 Feb 1945 – 8 May 1945:	Generalmajor Werner **NEUMANN**

Area of Operations:

Aug 1944 – May 1945:	Northern sector, Eastern Front; Courland Pocket (Latvia)

564. Volksgrenadier Division
(Formed in September 1944)

1 Sep 1944 – 15 Sep 1944:	Generalmajor Wolfgang **LANGE**
15 Sep 1944:	ABSORBED INTO 183. VOLKSGRENADIER DIVISION

Area of Operations:

Sep 1944:	Austria

565. Volksgrenadier Division
(Formed in September 1944)

15 Sep 1944:	REDESIGNATED 246. VOLKSGRENADIER DIVISION

Area of Operations:

Sep 1944:	Czechoslovakia

566. Volksgrenadier Division
(Formed in September 1944)

17 Sep 1944:	REDESIGNATED 363. VOLKSGRENADIER DIVISION

567. Volksgrenadier Division
(Formed in September 1944)

11 Sep 1944:	DISBANDED

568. Volksgrenadier Division
(Formed in September 1944)

17 Sep 1944:	REDESIGNATED 256. VOLKSGRENADIER DIVISION

569. Volksgrenadier Division
(Formed in September 1944)

17 Sep 1944:	REDESIGNATED 361. VOLKSGRENADIER DIVISION

570. Volksgrenadier Division
(Formed in September 1944)

15 Sep 1944:	REDESIGNATED 337. VOLKSGRENADIER DIVISION

571. Volksgrenadier Division
(Formed in September 1944)
2 Sep 1944:   REDESIGNATED 18. VOLKSGRENADIER DIVISION

572. Volksgrenadier Division
(Formed in September 1944)
15 Sep 1944:   REDESIGNATED 340. VOLKSGRENADIER DIVISION

573. Volksgrenadier Division
(Formed in September 1944)
15 Sep 1944:   REDESIGNATED 708. VOLKSGRENADIER DIVISION

574. Volksgrenadier Division
(Formed in September 1944)
Sep 1944:   REDESIGNATED 277. VOLKSGRENADIER DIVISION

575. Volksgrenadier Division
(Formed in September 1944)
17 Sep 1944:   REDESIGNATED 272. VOLKSGRENADIER DIVISION

576. Volksgrenadier Division
(Formed in September 1944)
17 Sep 1944:   REDESIGNATED 271. VOLKSGRENADIER DIVISION

577. Volksgrenadier Division
(Formed in September 1944)
17 Sep 1944:   REDESIGNATED 47. VOLKSGRENADIER DIVISION

578. Volksgrenadier Division
(Formed in September 1944)
17 Sep 1944:   REDESIGNATED 212. VOLKSGRENADIER DIVISION

579. Volksgrenadier Division
(Formed in September 1944)
4 Sep 1944:   REDESIGNATED 326. VOLKSGRENADIER DIVISION

580. Volksgrenadier Division
(Formed in September 1944)
4 Sep 1944:   REDESIGNATED 276. VOLKSGRENADIER DIVISION

581. Volksgrenadier Division
(Formed in September 1944)

21 Sep 1944: REDESIGNATED 352. VOLKSGRENADIER DIVISION

582. Volksgrenadier Division
(Formed in September 1944)

17 Sep 1944: REDESIGNATED 26. VOLKSGRENADIER DIVISION

583. Volksgrenadier Division
(Formed in September 1944)

22 Sep 1944: REDESIGNATED 62. VOLKSGRENADIER DIVISION

584. Volksgrenadier Division
(Formed in September 1944)

13 Oct 1944: REDESIGNATED 9. VOLKSGRENADIER DIVISION

585. Volksgrenadier Division
(Formed in September 1944)

Oct 1944: REDESIGNATED 167. VOLKSGRENADIER DIVISION

586. Volksgrenadier Division
(Formed in September 1944)

27 Oct 1944: REDESIGNATED 79. VOLKSGRENADIER DIVISION

587. Volksgrenadier Division
(Formed in September 1944)

13 Oct 1944: REDESIGNATED 257. VOLKSGRENADIER DIVISION

588. Volksgrenadier Division
(Formed in September 1944)

27 Oct 1944: REDESIGNATED 320. VOLKSGRENADIER DIVISION

600 (Russian) Infantry Division
(Formed in December 1944)

Dec 1944 – May 1945: Generalmajor Sergei **BUNIACHENKO**

Area of Operations:
Dec 1944 – May 1945: Germany

Division No. 601
(Formed in October 1944)
26 Oct 1944 – Apr 1945:   Generalleutnant Max von **HARTLIEB genannt WALSPORN**

Apr 1945 – 8 May 1945:   Generalmajor Hermann **KRUSE**

Area of Operations:
Oct 1944 – May 1945:   *Poland*

Division No. 602
(Formed in October 1944)
Oct 1944 – 8 May 1945:   Generalleutnant Werner **SCHARTOW**

Area of Operations:
Oct 1944 – May 1945:   *Poland*

Division No. 603
(Formed in October 1944)
Oct 1944 – 8 May 1945:   Generalleutnant Erich **MÜLLER**

Area of Operations:
Oct 1944 – May 1945:   *Poland*

Division No. 604
(Formed in November 1944)
4 Nov 1944 – 27 Nov 1944:   Generalmajor Anton-Carl (LW) **LONGIN**
27 Nov 1944 – Mar 1945:   General der Infanterie Hans von **TETTAU**
Mar 1945:   REDESIGNATED CORPS GROUP VON TETTAU

Area of Operations:
Nov 1944 – Mar 1945:   *Netherlands; Pomerania*

Division No. 605
(Formed in November 1944)
7 Nov 1944 – 23 Feb 1945:   Generalleutnant Eduard **HAUSER**
23 Feb 1945 – 1 Mar 1945:   Generalmajor Franz **BECKER**
1 Mar 1945:   DISBANDED

Area of Operations:
Nov 1944 – Mar 1945:   *Eastern Germany*

Division No. 606
(Formed in November 1944)
7 Nov 1944 – 1 Dec 1944:   Generalmajor Rudolf **RÄßLER**
1 Dec 1944 – 5 Mar 1945:   Generalmajor Rudolf **GOLTZSCH**
5 Mar 1945 – 8 May 1945:   Generalmajor Dr. Maximilian **ROßKOPF**

Area of Operations:
Nov 1944 – May 1945:   *Netherlands; Eastern Germany*

Division z.b.V. 607
(Formed in November 1944)
13 Nov 1944 – 1 Jan 1945: Oberst Helmuth **MAEDER**
1 Jan 1945 – 16 Apr 1945: Generalleutnant Max **HORN**
Apr 1945: DESTROYED IN EAST PRUSSIA

Area of Operations:
Nov 1944 – Mar 1945: Lithuania; East Prussia

Division z.b.V. 608
(Formed in November 1944)
27 Nov 1944 – 25 Jan 1945: Generalmajor Franz **BECKER**
25 Jan 1945 – 8 May 1945:

Area of Operations:
Nov 1944 – May 1945: Poland; Eastern Germany

Division No. 609
(Formed in February 1945)
1 Feb 1945 – 8 May 1945: Generalleutnant Siegfried **RUFF**

Area of Operations:
Feb 1945 – May 1945: Silesia

Division No. 610
(Formed in January 1945)
28 Jan 1945 – 8 May 1945: Generalleutnant Hubert **LENDLE**

Area of Operations:
Jan 1945 – May 1945: Berlin

Division No. 611
(Formation began in January 1945, but never completed)

Division No. 612n
(Formation began in January 1945, but never completed)

Division No. 613
(Formed in February 1945)
14 Feb 1945 – 8 May 1945: Generalmajor Adrian Freiherr van der **HOOP**

Area of Operations:
Feb 1945 – May 1945: Norway

Division No. 614
(Formed in February 1945)
3 Feb 1945 – 8 May 1945: Generalleutnant Heinrich von **BEHR**

Area of Operations:
Feb 1945 – May 1945: Denmark

Division No. 615
(Formed in February 1945)
9 Feb 1945 – 8 May 1945:	Generalmajor Gerd von **BELOW**

Area of Operations:
Feb 1945 – May 1945:	Eastern Germany

Division No. 616
(Formed in April 1945)
Apr 1945 – 8 May 1945:

Area of Operations:
Apr 1945 – May 1945:	Western Germany

Division No. 617
(Formed in April 1945)
Apr 1945 – 8 May 1945:

Area of Operations:
Apr 1945 – May 1945:	Netherlands

Division No. 618
(Formed in April 1945)
Apr 1945:
Apr 1945:	DESTROYED IN THE RUHR POCKET

Area of Operations:
Apr 1945:	Western Germany

Division No. 619
(Formed in April 1945)
Apr 1945 – 8 May 1945:

Area of Operations:
Apr 1945 – May 1945:	Eastern Germany

650. (Russian) Infantry Division
(Formed in Mar 1945)
Mar 1945 – Apr 1945:	Generalmajor G. A. **ZVEREV**
Apr 1945:	DISBANDED

Area of Operations:
Mar 1945 – Apr 1945:	Germany

702. Infantry Division
(Formed in April 1941)
17 Apr 1941 – 4 Sep 1941:	Generalleutnant Herbert **LEMKE**
4 Sep 1941 – 1 Sep 1943:	Generalleutnant Kurt **SCHMIDT**
1 Sep 1943 – 1 Oct 1943:
1 Oct 1943 – 11 Feb 1945:	Generalleutnant Karl **EDELMANN**
11 Feb 1945 – 8 May 1945:	Generalleutnant Dr. Ernst **KLEPP**

Area of Operations:
Apr 1941 – May 1941:   Germany
May 1941 – May 1945:   Norway

703. Infantry Division
(Formed in March 1945)
Mar 1945 – 8 May 1945:   Generalmajor Hans **HÜTTNER**

Area of Operations:
Mar 1945 – May 1945:   Netherlands; Northwestern Germany

704. Infantry Division
(Formed in April 1941)
22 Apr 1941 – 15 Aug 1942:   Generalmajor Heinrich **BOROWSKI**
15 Aug 1942 – 20 Feb 1943:   Generalleutnant Hans **JUPPE**
20 Feb 1943 – 30 Apr 1943:   General der Infanterie Hartwig von **LUDWIGER**
30 Apr 1943:   REDESIGNATED 104. JÄGER DIVISION

Area of Operations:
Apr 1941 – May 1941:   Germany
May 1941 – Apr 1943:   Serbia

707. Infantry Division
(Formed in May 1941)
3 May 1941 – 22 Feb 1943:   Generalmajor Gustav Freiherr von **MAUCHEN-HEIM genannt von BECHTOLDSHEIM**
22 Feb 1943 – 25 Apr 1943:   Generalleutnant Hans Freiherr von **FALKENSTEIN**
25 Apr 1943 – 1 Jun 1943:   Generalleutnant Wilhelm **RUßWURM**
1 Jun 1943 – 3 Dec 1943:   Generalleutnant Rudolf **BUSICH**
3 Dec 1943 – 12 Jan 1944:   Generalmajor Alexander **CONRADY**
12 Jan 1944 – 15 May 1944:   Generalleutnant Rudolf **BUSICH**
15 May 1944 – 27 Jun 1944:   Generalmajor Gustav **GIHR**
Jun 1944:   DESTROYED ON THE EASTERN FRONT

Area of Operations:
May 1941 – Oct 1941:   Germany
Oct 1941 – Jun 1944:   Central sector, Eastern Front

708. Infantry Division
(Formed in May 1941)
3 May 1941 – 1 Mar 1942:   Generalmajor Walter **DROBNIG**
1 Mar 1942 – 30 Jul 1943:   Generalleutnant Hermann **WILCK**
30 Jul 1943 – Aug 1944:   Generalmajor Edgar **ARNDT**
Aug 1944:   DESTROYED IN THE FALAISE POCKET
Sep 1944:   REFORMED AS 708. VOLKSGRENADIER DIVISION

Sep 1944 – 20 Nov 1944:
20 Nov 1944 – 17 Feb 1945:   Generalmajor Wilhelm **BLECKWENN**
Feb 1945:   DESTROYED AT COLMAR

Area of Operations:
May 1941 – Nov 1941:	Germany
Nov 1941 – Oct 1943:	France
Oct 1943 – Feb 1944:	Central sector, Eastern Front
Feb 1944 – Aug 1944:	France
Sep 1944 – Nov 1944:	Czechoslovakia
Nov 1944 – Feb 1945:	France

709. Infantry Division
(Formed in May 1941)

3 May 1941 – 15 Jul 1942:	Generalmajor Arnold von **BESSEL**
15 Jul 1942 – 15 Mar 1943:	Generalleutnant Albin **NAKE**
15 Mar 1943 – 1 Jul 1943:	General der Artillerie Curt **JAHN**
1 Jul 1943 – 12 Dec 1943:	Generalmajor Eckkard von **GEYSO**
12 Dec 1943 – 23 Jun 1944:	Generalleutnant Karl-Wilhelm von **SCHLIEBEN**
Jun 1944:	CAPTURED AT CHERBOURG

Area of Operations:
May 1941 – Jun 1941:	Germany
Jun 1941 – Jun 1944:	France

710. Infantry Division
(Formed in May 1941)

3 May 1941 – 1 Nov 1944:	General der Infanterie Theodor **PETSCH**
1 Nov 1944 – 15 Apr 1945:	Generalleutnant Rudolf-Eduard **LICHT**
15 Apr 1945 – 8 May 1945:	Generalmajor Walter **GORN**

Area of Operations:
May 1941 – Jun 1941:	Germany
Jun 1941 – Dec 1944:	Norway
Dec 1944 – Jan 1945:	Italy
Jan 1945 – May 1945:	Hungary; Austria

711. Infantry Division
(Formed in May 1941)

1 May 1941 – 1 Apr 1942:	Generalmajor Dietrich von **REINERSDORFF-PACZENSKY und TENCZIN**
1 Apr 1942 – 15 Jul 1942:	Generalmajor Wilhelm **HAVERKAMP**
15 Jul 1942 – 15 Mar 1943:	Generalleutnant Friedrich-Wilhelm **DEUTSCH**
15 Mar 1943 – 14 Apr 1945:	Generalleutnant Josef **REICHERT**
14 Apr 1945 – 8 May 1945:	

Area of Operations:
May 1941 – Aug 1941:	Germany
Aug 1941 – Sep 1944:	France
Sep 1944 – Dec 1944:	Netherlands
Dec 1944 – May 1945:	Hungary; Czechoslovakia

712. Infantry Division
(Formed in May 1941)
3 May 1941 – 16 Apr 1942:   Generalmajor George von **DÖHREN**
16 Apr 1942 – 1 Feb 1945:   Generalleutnant Friedrich-Wilhelm **NEUMANN**
1 Feb 1945 – 2 Apr 1945:   Generalmajor Joachim von **SIEGROTH**
Apr 1945:   DESTROYED

Area of Operations:
May 1941 – Aug 1941:   Germany
Aug 1941 – Apr 1942:   France
Apr 1942 – Sep 1944:   Belgium
Sep 1944 – Jan 1945:   Netherlands; Western Germany
Jan 1945 – Apr 1945:   Central sector, Eastern Front; Berlin

713. Infantry Division
(Formed in May 1941)
3 May 1941 – 15 Jan 1942:   Generalmajor Franz **FEHN**
15 Jan 1942:   DISBANDED

Area of Operations:
May 1941 – Sep 1941:   Germany
Sep 1941 – Jan 1942:   Southern Greece; Crete

714. Infantry Division
(Formed in May 1941)
May 1941 – Nov 1941:
Nov 1941 – 1 Jan 1943:   Generalleutnant Friedrich **STAHL**
1 Jan 1943 – 20 Feb 1943:   Generalleutnant Josef **REICHERT**
20 Feb 1943 – 1 Apr 1943:   General der Gebirgstruppen Karl **EGLSEER**
1 Apr 1943:   REDESIGNATED 114. JÄGER DIVISION

Area of Operations:
May 1941 – Jun 1941:   Germany
Jun 1941 – Apr 1943:   Yugoslavia

715. Infantry Division
(Formed in May 1941)
3 May 1941 – 15 Jul 1942:   Generalmajor Ernst **WENING**
15 Jul 1942 – 5 Jan 1944:   Generalleutnant Kurt **HOFFMANN**
5 Jan 1944 – 1 Jul 1944:   Generalleutnant Hans-Georg **HILDEBRANDT**
1 Jul 1944 – 2 May 1945:   Generalmajor Hanns von **ROHR**
18 Sep 1944 – 30 Sep 1944:   Generalmajor Hans-Joachim **EHLERT**
30 Sep 1944 – 2 May 1945:   Generalmajor Hanns von **ROHR**
2 May 1945:   SURRENDERED IN CZECHOSLOVAKIA

Area of Operations:
May 1941 – Jun 1941:   Germany
Jun 1941 – Jan 1944:   France
Jan 1944 – Jan 1945:   Italy
Jan 1945 – May 1945:   Czechoslovakia

716. Infantry Division
(Formed in May 1941)

3 May 1941 – 1 Apr 1943:	Generalleutnant Otto **MATTERSTOCK**
1 Apr 1943 – ?:	Generalleutnant Wilhelm **RICHTER**
? – 10 Jun 1944:	Generalmajor Ludwig **KRUG**
10 Jun 1944 – 14 Aug 1944:	Generalleutnant Wilhelm **RICHTER**
14 Aug 1944 – 1 Sep 1944:	Generalmajor Otto **SCHIEL**
1 Sep 1944 – 7 Sep 1944:	Generalleutnant Wilhelm **RICHTER**
7 Sep 1944 – 1 Oct 1944:	Generalmajor Ernst vom **BAUER**
1 Oct 1944:	DESTROYED IN NORMANDY
Nov 1944:	REFORMED
30 Dec 1944 – 18 Jan 1945:	Generalmajor Wolf **EWERT**
18 Jan 1945:	DESTROYED AT COLMAR
Apr 1945:	REFORMED AS 716. VOLKSGRENADIER DIVISION
Apr 1945 – 8 May 1945:	Oberst **HAFNER**

Area of Operations:

May 1941 – Jun 1941:	Germany
Jun 1941 – Jan 1945:	France
Apr 1945 – May 1945:	Germany

717. Infantry Division
(Formed in May 1941)

17 May 1941 – 1 Nov 1941:	Generalmajor Paul **HOFFMANN**
1 Nov 1941 – 19 Nov 1941:	
19 Nov 1941 – 1 Oct 1942:	Generalleutnant Dr. Walter **HINGHOFER**
1 Oct 1942 – 1 Apr 1943:	Generalleutnant Benignus **DIPPOLD**
1 Apr 1943:	REDESIGNATED 117. JÄGER DIVISION

Area of Operations:

May 1941 – Jun 1941:	Germany
Jun 1941 – Apr 1943:	Yugoslavia

718. Infantry Division
(Formed in May 1941)

3 May 1941 – 14 Mar 1943:	Generalleutnant Johann **FORTNER**
14 Mar 1943 – 1 Apr 1943:	Generalleutnant Josef **KÜBLER**
1 Apr 1943:	REDESIGNATED 118. JÄGER DIVISION

Area of Operations:

May 1941 – Jun 1941:	Austria
Jun 1941 – Apr 1943:	Serbia

719. Infantry Division
(Formed in May 1941)

3 May 1941 – 10 Jan 1944:	Generalleutnant Erich **HÖCKER**
10 Jan 1944 – 15 Feb 1944:	Generalleutnant Max **HORN**
15 Feb 1944 – 30 Jul 1944:	Generalmajor Carl **WAHLE**
30 Jul 1944 – 30 Sep 1944:	Generalleutnant Karl **SIEVERS**

30 Sep 1944 – 22 Dec 1944: General der Infanterie Felix **SCHWALBE**
22 Dec 1944 – 30 Mar 1945: Generalmajor Heinrich **GÄDE**
30 Mar 1945: DESTROYED

Area of Operations:
May 1941 – Jun 1941: Germany
Jun 1941 – Jan 1945: Netherlands
Jan 1945 – Mar 1945: Southwestern Germany

Division No. 805
(Formed in January 1945)
7 Jan 1945 – 21 Feb 1945: Generalmajor der Reserve Rudolf von **OPPEN**
21 Feb 1945 – 14 Apr 1945:
14 Apr 1945: ABSORBED BY 352. VOLKSGRENADIER DIVISION

Area of Operations:
Jan 1945 – Apr 1945: Germany

827. Infantry Division
(Formed in April 1945)
12 Apr 1945 – 8 May 1945: Generalmajor Paul **BLOCK**

Area of Operations:
Apr 1945 – May 1945: Germany

Division No. 905
(Formed in January 1945)
7 Jan 1945 – Mar 1945: Generalmajor Hermann von **WITZLEBEN**
Mar 1945: DESTROYED

Area of Operations:
Jan 1945 – Mar 1945: Western Germany

999. Afrika Division
(Formed in February 1943)
2 Feb 1943 – 5 May 1943: Generalleutnant Kurt **THOMAS**
May 1943: DESTROYED IN TUNISIA

Area of Operations:
Feb 1943 – Apr 1943: France
Apr 1943 – May 1943: North Africa

Miscellaneous Divisions

Field Replacement Division A
(Formed in August 1941)
Aug 1941 – Oct 1941: Generalleutnant Heinrich **CURTZE**
Oct 1941: DISBANDED
Jan 1942: REFORMED
16 Jan 1942 – 8 May 1945: Generalleutnant Adolf von **KLEIST**

Area of Operations:
Aug 1941 – May 1945: Germany

Division 'Aachen'
(Formed in December 1941)
20 Dec 1941 – 26 Sep 1942:
26 Sep 1942: REDESIGNATED DIVISION NO. 526

Area of Operations:
Dec 1941 – Sep 1942: Germany

Jäger Division Alpen
(Formed in March 1945)
25 Mar 1945 – Apr 1945:
Apr 1945: DISBANDED

Area of Operations:
Mar 1945 – Apr 1945: Western Germany

Field Replacement Division B
(Formed in August 1941)
15 Aug 1941 – Oct 1941: Generalleutnant Wolf **BOYSEN**
Oct 1941: DISBANDED
Jan 1942: REFORMED
Jan 1942 – 1 Jun 1942:
1 Jun 1942 – 25 Sep 1942: Generalleutnant Fritz von **BRODOWSKI**
25 Sep 1942: DISBANDED

Area of Operations:
Aug 1941 – Sep 1942: Germany

Infantry Division 'Bärwalde'
(Formed in January 1945)
15 Jan 1945 – 8 May 1945: Generalleutnant Wilhelm **RAITHEL**

Area of Operations:
Jan 1945 – May 1945: Eastern Germany; Berlin

Infantry Division 'Berlin'
(Formed in February 1945 from 309. Infantry Division)
7 Feb 1945 – Apr 1945:
Apr 1945: DESTROYED AT KÜSTRIN

Area of Operations:
Feb 1945 – Apr 1945: Germany

Division 'Brandenburg'
(Formed in April 1943)
1 Apr 1943 – 10 Apr 1944: Generalmajor Alexander von **PFUHLSTEIN**
10 Apr 1944 – 13 Apr 1944:
13 Apr 1944 – 16 Oct 1944: Generalleutnant Fritz **KÜHLWEIN**
15 Sep 1944: REDESIGNATED PANZER GRENADIER DIVISION 'BRANDENBURG'
16 Oct 1944 – 8 May 1945: Generalmajor Hermann **SCHULTE HEUTHAUS**

Area of Operations:
Apr 1943 – Dec 1943: Germany
Dec 1943 – Oct 1944: Balkans
Oct 1944 – May 1945: Austria; Eastern Germany

Division von Broich
(Formed in November 1942)
10 Nov 1942 – 5 Feb 1943: Generalleutnant Friedrich Freiherr von **BROICH**
5 Feb 1943 – 30 Apr 1943: General der Panzertruppen Hasso von **MANTEUFFEL**
11 Feb 1943: REDESIGNATED DIVISION VON MANTEUFFEL
30 Apr 1943 – 9 May 1943: Generalleutnant Karl **BÜLOWIUS**
9 May 1943: DISBANDED

Area of Operations:
Nov 1942 – May 1943: North Africa

Field Replacement Division C
(Formed in August 1941)
16 Aug 1941 – Oct 1941: Generalleutnant Rudolf **HABENICHT**
Oct 1941: DISBANDED
Jan 1942: REFORMED
15 Jan 1942 – ? 1942:
? 1942: DISBANDED

Area of Operations:
Aug 1941 – 1942: Germany

MISCELLANEOUS DIVISIONS • 231

Panzer Division 'Clausewitz'
(Formed in April 1945)
4 Apr 1945 – 8 May 1945:   Generalleutnant Martin **UNREIN**

Area of Operations:
Apr 1945 – May 1945:   Berlin; Western Germany

Field Replacement Division D
(Formed in August 1941)
16 Aug 1941 – Oct 1941:   Generalmajor Franz **SEUFFERT**
Oct 1941:   DISBANDED
Jan 1942:   REFORMED
10 Jan 1942 – 2 Apr 1942:   Generalleutnant Hermann **BOETTCHER**
Apr 1942:   DISBANDED

Area of Operations:
Aug 1941 – Apr 1942:   Germany

Fortress Division 'Danzig'
(Formed in January 1945)
Jan 1945 – 28 Mar 1945:   Generalmajor Walter **FREYTAG**
28 Mar 1945:   CAPTURED BY THE RUSSIANS

Area of Operations:
Jan 1945 – Mar 1945:   Danzig

Division Denecke
(Formed in January 1945)
23 Jan 1945 – 8 May 1945:   Generalleutnant Erich **DENECKE**

Area of Operations:
Jan 1945 – May 1945:   Pomerania

Infantry Division 'Döberitz'
(Formed in February 1945 from 303. Infantry Division)
2 Feb 1945 – Apr 1945:   Generalleutnant Dr. Rudolf **HÜBNER**
Apr 1945:   DESTROYED AT KÜSTRIN

Area of Operations:
Feb 1945 – Apr 1945:   Germany

Field Replacement Division E
(Formed in August 1941)
Aug 1941 – Oct 1941:
Oct 1941:   DISBANDED
Jan 1942:   REFORMED
7 Jan 1942 – 22 Jan 1942:   Generalleutnant Wilhelm **MITTERMAIER**
22 Jan 1942 – 20 Feb 1942:   Generalmajor Kurt **WUTHENOW**
20 Feb 1942 – 1 Mar 1942:   Generalleutnant Friedrich-Karl von **WACHTER**
Mar 1942:   DISBANDED

Area of Operations:
Aug 1941 – Mar 1942:   Germany

Field Replacement Division F
(Formed in January 1942)
17 Jan 1942 – ? 1942:   Generalmajor Franz **SEUFFERT**
? 1942:   DISBANDED

Area of Operations:
Jan 1942 – ? 1942:   Germany

Panzer Division 'Feldherrnhalle 2'
(Formed in March 1945)
9 Mar 1945 – 8 May 1945:   Generalmajor Dr. Franz **BÄKE**

Area of Operations:
Mar 1945 – May 1945:   Czechoslovakia

Infantry Division 'Ferdinand von Schill'
(Formed in April 1945)
24 Apr 1945 – 8 May 1945:

Area of Operations:
Apr 1945 – May 1945:   Eastern Germany

Fortress Division 'Frankfurt/Oder'
(Formed in January 1945)
Jan 1945 – 27 Mar 1945:   Generalleutnant Hermann **MEYER-RABINGEN**
27 Mar 1945 – Apr 1945:
Apr 1945:   CAPTURED BY THE RUSSIANS

Area of Operations:
Jan 1945 – Apr 1945:   Eastern Germany

Infantry Division 'Friedrich Ludwig Jahn' (2. Reichs Arbeits Dienst Division)
(Formed in March 1945)
Mar 1945 – 8 May 1945:   Generalleutnant Friedrich-Wilhelm von **LOEPER**
?:   Oberst **KLEIN**
?:   Oberst Franz **WELLER**
?:   Oberst Ludwig **ZÖLLER**

Area of Operations:
Mar 1945 – May 1945:   Germany

Führer-Begleit Division
(Formed in January 1945)
31 Jan 1945 – 30 Apr 1945:   Generalmajor Otto-Ernst **REMER**
30 Apr 1945:   DESTROYED

Area of Operations:
Jan 1945 – Feb 1945:   Ardennes
Feb 1945 – Apr 1945:   Eastern Germany

Führer-Grenadier Division
(Formed in January 1945)
26 Jan 1945 – 8 May 1945:

Area of Operations:
Jan 1945 – Feb 1945:	Ardennes
Feb 1945 – May 1945:	Eastern Germany; Austria

Division 'General Göring'
(Formed in November 1942)
1 Nov 1942 – May 1943:	General der Fallschirmjäger Paul **CONRATH**
May 1943:	DESTROYED IN TUNISIA
Jun 1943:	REFORMED AS PANZER DIVISION 'HERMANN GÖRING'
Jun 1943 – 16 Apr 1944:	General der Fallschirmjäger Paul **CONRATH**
16 Apr 1944 – 24 Sep 1944:	General der Fallschirmjäger Willibald **SCHMALZ**
Aug 1944:	REDESIGNATED PARACHUTE PANZER DIVISION 'HERMANN GÖRING'
24 Sep 1944 – 5 Feb 1945:	Generalmajor (LW) Hanns-Horst von **NECKER**
Oct 1944:	REDESIGNATED PARACHUTE PANZER DIVISION 1 'HERMANN GÖRING'
5 Feb 1945 – 8 May 1945:	Generalmajor Max **LEMKE**

Area of Operations:
Jan 1943 – Feb 1943:	Belgium
Feb 1943 – May 1943:	Tunisia
Jun 1943 – Jun 1944:	Italy
Jun 1944 – May 1945:	Central sector, Eastern Front; Eastern Germany

Fortress Division 'Gotenhafen'
(Formed in January 1945)
Jan 1945 – 28 Mar 1945:	
28 Mar 1945:	CAPTURED BY THE RUSSIANS

Area of Operations:
Jan 1945 – Mar 1945:	Eastern Germany

Division (Motorized) 'Grossdeutschland'
(Formed in April 1942)
1 Apr 1942 – 4 Mar 1943:	General der Infanterie Walter **HOERNLEIN**
4 Mar 1943 – 30 Jun 1943:	General der Panzertruppen Hermann **BALCK**
19 May 1943:	REDESIGNATED PANZER GRENADIER DIVISION 'GROSSDEUTSCHLAND'
30 Jun 1943 – 1 Feb 1944:	General der Infanterie Walter **HOERNLEIN**
Feb 1944:	REDESIGNATED PANZER DIVISION 'GROSSDEUTSCHLAND'
1 Feb 1944 – 1 Sep 1944:	General der Panzertruppen Hasso von **MANTEUFFEL**
1 Sep 1944 – 1 Feb 1945:	Generalmajor Karl **LORENZ**
1 Feb 1945 – 8 May 1945:	Generalmajor Hellmuth **MÄDER**

Area of Operations:
Apr 1942 – Jun 1942: Germany
Jun 1942 – Sep 1942: Southern sector, Eastern Front
Sep 1942 – Dec 1942: Central sector, Eastern Front
Dec 1942 – Jul 1944: Southern sector, Eastern Front
Jul 1944 – Aug 1944: Central sector, Eastern Front
Aug 1944 – May 1945: East Prussia

Division Gümbel
(Formed in July 1942)
10 Jul 1942 – 3 Aug 1942: Generalleutnant Karl **GÜMBEL**
3 Aug 1942: REDESIGNATED DIVISION KARL
3 Aug 1942 – 1 Mar 1943: Generalleutnant Franz **KARL**
1 Mar 1943: REDESIGNATED 282. INFANTRY DIVISION

Area of Operations:
Jul 1942 – Mar 1943: Germany

Infantry Division *'Güstrow'* (4. Reichs Arbeits Dienst Division)
(Formed in April 1945)
28 Apr 1945 – 8 May 1945:

Area of Operations:
Apr 1945 – May 1945: Western Germany

Infantry Division *'Hamburg'*
(Formed in March 1945 from 324. Infantry Division)
10 Mar 1945 – Apr 1945: Generalleutnant Walter **STEINMÜLLER**
Apr 1945: SURRENDERED IN THE RUHR POCKET

Area of Operations:
Mar 1945 – Apr 1945: Germany

Division *'Hela Ost'*
(Formed in March 1945)
11 Mar 1945 – 8 May 1945: Generalmajor Eugen-Alexander **LOBACH**

Area of Operations:
Mar 1945 – May 1945: Germany

Parachute Panzer Grenadier Division 2 *'Hermann Göring'*
(Formed in October 1944)
1 Oct 1944 – 8 May 1945: Generalmajor (LW) Erich **WALTHER**

Area of Operations:
Jan 1945 – May 1945: East Prussia; Czechoslovakia

Panzer Division *'Holstein'*
(Formed in February 1945 from 233. Reserve Panzer Division)
2 Feb 1945 – Apr 1945: Oberst Joachim **HESSE**
Apr 1945: DISBANDED

Area of Operations:
Feb 1945 – May 1945: Denmark; Northern Germany; Berlin

Panzer Division 'Jüterbog'
(Formed in February 1945)
28 Feb 1945 – 4 Mar 1945: Generalleutnant Dietrich von **MÜLLER**
4 Mar 1945: DISBANDED

Area of Operations:
Feb 1945 – May 1945: Germany

Division 'Köslin'
(Formed in January 1945)
20 Jan 1945 – Feb 1945:
Feb 1945: REDESIGNATED DIVISION POMMERNLAND
Feb 1945 – 12 Mar 1945:
12 Mar 1945: DESTROYED IN NORTHERN GERMANY

Area of Operations:
Jan 1945 – Mar 1945: Pomerania

Panzer Division 'Kurmark'
(Formed in January 1945)
23 Jan 1945 – 5 May 1945: Generalmajor Willy **LANGKEIT**
5 May 1945: SURRENDERED TO THE U.S. ARMY

Area of Operations:
Jan 1945 – May 1945: Eastern Germany

Division Matterstock
(Formed in February 1945)
Feb 1945 – Mar 1945: Generalleutnant Otto **MATTERSTOCK**
Mar 1945: DISBANDED

Area of Operations:
Feb 1945 – Mar 1945: Eastern Germany

Infantry Division 'Mielau'
(Formed in January 1944)
27 Jan 1944 – 26 Mar 1944: Generalmajor Walter **SAUVANT**
26 Mar 1944: DISBANDED

Area of Operations:
Jan 1944 – Mar 1944: East Prussia

Infantry Division 'Milowitz'
(Formed in January 1944)
27 Jan 1944 – 11 Mar 1944:
11 Mar 1944: DISBANDED

Area of Operations:
Jan 1944 – Mar 1944: Czechoslovakia

Panzer Division 'Müncheberg'
(Formed in March 1945)
9 Mar 1945 – 8 May 1945:   Generalmajor der Reserve Werner **MUMMERT**

Area of Operations:
Mar 1945 – May 1945:   Germany

Field Training Division 'Nord'
(Formed in May 1944)
1 Jun 1944 – 8 May 1945:   Generalleutnant Johann **PFLUGBEIL**
2 Feb 1945:   REDESIGNATED FIELD TRAINING DIVISION 'KURLAND'

Area of Operations:
Jun 1944 – May 1945:   Courland Pocket (Latvia)

Panzer Division 'Norwegen'
(Formed in October 1943)
20 Nov 1943 – 11 Jun 1944:   Oberst Max **ROTH**
11 Jun 1944:   DISBANDED

Area of Operations:
Oct 1943 – May 1944:   Norway
May 1944 – Jun 1944:   Denmark

Infantry Division 'Ostpreussen'
(Formed in April 1944)
17 Apr 1944 – 3 Jul 1944:
3 Jul 1944:   DISBANDED

Area of Operations:
Apr 1944 – Jul 1944:   East Prussia; Italy

Infantry Division 'Potsdam'
(Formed in March 1945 from 85. Infantry Division)
29 Mar 1945 – 18 Apr 1945:   Generalmajor Gustav-Adolf von **WULFFEN**
18 Apr 1945:   DESTROYED IN THE HARZ MOUNTAINS

Area of Operations:
Mar 1945 – Apr 1945:   Western Germany

Division Raegener
(Formed in February 1945)
4 Feb 1945 – Apr 1945:   Generalleutnant Adolf **RAEGENER**
Apr 1945:   DESTROYED ON THE RIVER ODER

Area of Operations:
Feb 1945 – Apr 1945:   Eastern Germany

Division Rässler
(Formed in September 1944)
11 Sep 1944 – Apr 1945: Generalmajor Rudolf **RÄSSLER**
Apr 1945: REDESIGNATED DIVISION NO. 616

Area of Operations:
Sep 1944 – Apr 1945: Western Germany

Division Schacky
(Formed in July 1942)
10 Jul 1942 – 23 Sep 1942: Generalleutnant Siegmund Freiherr von **SCHACKY auf SCHÖNFELD**
Sep 1942: DISBANDED

Area of Operations:
Jul 1942 – Sep 1942: France

Infantry Division *'Scharnhorst'*
(Formed in April 1945)
1 Apr 1945 – 8 May 1945: Generalleutnant Heinrich **GÖTZ**

Area of Operations:
Apr 1945 – May 1945: Germany

Infantry Division *'Schlageter'* (1. Reichs Arbeits Dienst Division)
(Formed in April 1945)
5 Apr 1945 – 8 May 1945: Generalleutnant Wilhelm **HEUN**

Area of Operations:
Apr 1945 – May 1945: Germany

Panzer Division *'Schlesien'*
(Formed in February 1945)
28 Feb 1945 – 25 Mar 1945: Oberst Ernst **WELLMANN**
25 Mar 1945: DISBANDED

Area of Operations:
Feb 1945 – May 1945: Eastern Germany

Fortress Division *'Stettin'*
(Formed in March 1945)
22 Mar 1945 – 19 Apr 1945: Generalmajor Rudolf **HÖFER**
19 Apr 1945 – 26 Apr 1945: Generalmajor Ferdinand **BRÜHL**
26 Apr 1945: SURRENDERED

Area of Operations:
Mar 1945 – Apr 1945: Germany

Fortress Division 'Swinemünde'
(Formed in January 1945)
Jan 1945 – 15 Mar 1945:
15 Mar 1945 – Apr 1945:   Generalmajor Arthur **KOPP**
Apr 1945:   SURRENDERED

Area of Operations:
Jan 1945 – Apr 1945:   Northern Germany

Panzer Division 'Tatra'
(Formed in October 1944)
9 Oct 1944 – 1 Jan 1945: Generalleutnant Friedrich-Wilhelm von **LOEPER**
Dec 1944:   REDESIGNATED PANZER FIELD TRAINING
                          DIVISION *'TATRA'*
1 Jan 1945 – 21 Feb 1945: Generalmajor Hans-Ulrich **BACK**
21 Feb 1945:   REDESIGNATED 232. PANZER DIVISION

Area of Operations:
Oct 1944 – Feb 1945:   Balkans

Infantry Division 'Theodor Körner' (3. Reichs Arbeits Dienst Division)
(Formed in April 1945)
6 Apr 1945 – 8 May 1945: Generalleutnant Bruno **FRANKEWITZ**

Area of Operations:
Apr 1945 – May 1945:   Germany

Infantry Division 'Ulrich von Hutten'
(Formed in April 1945)
3 Apr 1945 – 12 Apr 1945: Generalleutnant Edmund **BLAUROCK**
12 Apr 1945 – 8 May 1945: Generalleutnant Gerhard **ENGEL**

Area of Operations:
Apr 1945 – May 1945:   Germany

Fortress Division 'Warschau'
(Formed in January 1945)
Jan 1945 – 25 Jan 1945:   Generalleutnant Friedrich **WEBER**
25 Jan 1945 – 27 Feb 1945:
27 Feb 1945:   SURRENDERED

Area of Operations:
Jan 1945 – Feb 1945:   Warsaw, Poland

Infantry Division 'Wahn'
(Formed in January 1944)
27 Jan 1944 – 16 Mar 1944:
16 Mar 1944:   ABSORBED BY 331. INFANTRY DIVISION

Area of Operations:
Apr 1944 – Jul 1944: Germany

Infantry Division *'Wildflecken'*
(Formed in April 1944)
17 Apr 1944 – 7 Jul 1944:
7 Jul 1944: ABSORBED BY 715. INFANTRY DIVISION

Area of Operations:
Apr 1944 – Jul 1944: Germany; Italy

Infantry Division *'Woldenberg'*
(Formed in January 1945)
20 Jan 1945 – 28 Jan 1945: Generalmajor Gerhard **KEGLER**
28 Jan 1945: DESTROYED

Area of Operations:
Jan 1945: Germany

Luftwaffe Field Divisions

1. Luftwaffe Field Division
(Formed in September 1942)
30 Sep 1942 – 17 Jan 1943:   Generalleutnant Gustav **WILKE**
17 Jan 1943 – 14 Apr 1943:   Generalmajor Werner **ZECH**
14 Apr 1943 – 1 Nov 1943:   Generalleutnant Gustav **WILKE**
1 Nov 1943 – 10 Feb 1944:   Generalmajor Rudolf **PETRAUSCHKE**
Feb 1944:   DISBANDED

Area of Operations:
Sep 1942 – Nov 1942:   *Germany*
Nov 1942 – Feb 1944:   *Northern sector, Eastern Front*

2. Luftwaffe Field Division
(Formed in September 1942)
Sep 1942 – 1 Nov 1943:
1 Nov 1943:   DISBANDED

Area of Operations:
Sep 1942 – Nov 1942:   *Germany*
Nov 1942 – Nov 1943:   *Central sector, Eastern Front*

3. Luftwaffe Field Division
(Formed in September 1942)
26 Sep 1942 – 24 Jan 1944:   Generalleutnant Robert **PISTORIUS**
24 Jan 1944:   DISBANDED

Area of Operations:
Sep 1942 – Nov 1942:   *Germany*
Nov 1942 – Jan 1944:   *Central sector, Eastern Front*

4. Luftwaffe Field Division
(Formed in September 1942)
25 Sep 1942 – 22 Nov 1942:   Generalleutnant Rainer **STAHEL**
22 Nov 1942 – 8 Apr 1943:   Generalmajor Hans-Georg **SCHREDER**
8 Apr 1943 – 5 Nov 1943:   Generalmajor Wilhelm **VOELK**
5 Nov 1943 – 20 Nov 1943:   Generalmajor Hans **SAUERBREY**
20 Nov 1943 – Dec 1943:   Generalmajor Wilhelm **VOELK**
Dec 1943 – 24 Jan 1944:   Generalmajor Heinrich **GEERKENS**
24 Jan 1944 – 27 Jun 1944:   Generalleutnant Robert **PISTORIUS**
Jul 1944:   DESTROYED AT VITEBSK

Area of Operations:
Sep 1942 – Nov 1942:	Germany
Nov 1942 – Jul 1944:	Central sector, Eastern Front

5. Luftwaffe Field Division
(Formed in October 1942)
Oct 1942 – Mar 1944:
10 Mar 1944 – 1 Jun 1944:	Generalleutnant Botho Graf von **HÜLSEN**
Jun 1944:	DISBANDED

Area of Operations:
Oct 1942 – Dec 1942:	Germany
Dec 1942 – Jun 1944:	Southern sector, Eastern Front

6. Luftwaffe Field Division
(Formed in September 1942)
Sep 1942 – 16 Nov 1942:	Generalmajor Ernst **WEBER**
16 Nov 1942 – 25 Nov 1942:
25 Nov 1942 – 5 Nov 1943:	Generalleutnant Rüdiger von **HEYKING**
5 Nov 1943 – 30 Jun 1944:	Generalmajor Rudolf **PESCHEL**
Jun 1944:	DESTROYED AT VITEBSK

Area of Operations:
Sep 1942 – Jan 1943:	Germany
Jan 1943 – Jun 1944:	Central sector, Eastern Front

7. Luftwaffe Field Division
(Formed in September 1942)
Sep 1942 – 11 Feb 1943:	Generalmajor Wolf Freiherr von **BIEDERMANN**
9 Jan 1943 – 11 Feb 1943:	Generalleutnant Willibald **SPANG**
11 Feb 1943 – Mar 1943:	Generalmajor Wolf Freiherr von **BIEDERMANN**
May 1943:	DISBANDED

Area of Operations:
Sep 1942 – Jan 1943:	Germany
Jan 1943 – May 1943:	Southern sector, Eastern Front

8. Luftwaffe Field Division
(Formed in October 1942)
29 Oct 1942 – May 1943:
May 1943:	DESTROYED ON THE RIVER DON

Area of Operations:
Oct 1942 – Dec 1942:	Germany
Dec 1942 – May 1943:	Southern sector, Eastern Front

9. Luftwaffe Field Division
(Formed in October 1942)
8 Oct 1942 – 11 Aug 1943:	Generalmajor Hans **ERDMANN**
11 Aug 1943 – 5 Nov 1943:	Generalmajor Anton-Carl **LONGIN**
5 Nov 1943 – 25 Nov 1943:	Generalleutnant Paul **WINTER**

25 Nov 1943 – 22 Jan 1944:   Generalmajor Ernst **MICHAEL**
Feb 1944:   DISBANDED

Area of Operations:
Oct 1942 – Dec 1942:   Germany
Dec 1942 – Feb 1944:   Northern sector, Eastern Front

10. Luftwaffe Field Division
(Formed in September 1942)
25 Sep 1942 – 5 Nov 1943:   Generalmajor Walter **WADEHN**
5 Nov 1943 – 29 Jan 1944:   Generalleutnant Hermann von **WEDEL**
Feb 1944:   DISBANDED

Area of Operations:
Sep 1942 – Dec 1942:   Germany
Dec 1942 – Feb 1944:   Northern sector, Eastern Front

11. Luftwaffe Field Division
(Formed in October 1942)
1 Oct 1942 – 1 Feb 1943:   General der Flieger Karl **DRUM**
1 Feb 1943 – 10 Nov 1943:   Generalleutnant Wilhelm **KOHLER**
10 Nov 1943 – 1 Dec 1943:   Generalleutnant Alexander **BOURQUIN**
1 Dec 1943 – 1 Nov 1944:   Generalleutnant Wilhelm **KOHLER**
1 Nov 1944 – 8 May 1945:   Generalmajor Gerhard **HENKE**

Area of Operations:
Oct 1942 – Jan 1943:   Germany
Jan 1943 – Oct 1944:   Greece
Oct 1944 – May 1945:   Balkans

12. Luftwaffe Field Division
(Formed in December 1942)
1 Dec 1942 – 15 Nov 1943:   Generalleutnant Herbert **KETTNER**
15 Nov 1943 – 10 Apr 1945:   Generalleutnant Gottfried **WEBER**
10 Apr 1945 – 8 May 1945:   Generalmajor Franz **SCHLIEPER**

Area of Operations:
Dec 1942 – Mar 1943:   Germany
Mar 1943 – Apr 1945:   Northern sector, Eastern Front; Courland Pocket (Latvia)
Apr 1945 – May 1945:   East Prussia

13. Luftwaffe Field Division
(Formed in November 1942)
10 Nov 1942 – 1 Dec 1942:   Generalleutnant Herbert **OLBRICH**
1 Dec 1942 – 1 Oct 1943:   Generalmajor Hans **KORTE**
1 Oct 1943 – 1 Apr 1944:   Generalleutnant Hellmuth **REYMANN**
Apr 1944:   DISBANDED

Area of Operations:
Nov 1942 – Feb 1943:   Germany
Feb 1943 – Apr 1944:   Northern sector, Eastern Front

14. Luftwaffe Field Division
(Formed in November 1942)
28 Nov 1942 – 30 Jan 1945:   Generalleutnant Günther **LOHMANN**
Jan 1945 – 8 May 1945:

Area of Operations:
Nov 1942 – Jan 1943:   Germany
Jan 1943 – Jun 1944:   Norway
Jun 1944 – Jul 1944:   Denmark
Jul 1944 – May 1945:   Norway

15. Luftwaffe Field Division
(Formed in November 1942)
1 Nov 1942 – 1 Jan 1943:   General der Flieger Alfred **MAHNKE**
1 Jan 1943 – 15 Feb 1943:
15 Feb 1943 – 6 Nov 1943:   Generalleutnant Willibald **SPANG**
Nov 1943:   DISBANDED

Area of Operations:
Nov 1942 – Dec 1942:   Germany
Dec 1942 – Nov 1943:   Southern sector, Eastern Front

16. Luftwaffe Field Division
(Formed in December 1942)
1 Dec 1942 – Nov 1943:
5 Nov 1943 – 30 Jul 1944:   Generalleutnant Karl **SIEVERS**
Jul 1944:   DESTROYED AT CAEN

Area of Operations:
Dec 1942 – Feb 1943:   Germany
Feb 1943 – Jun 1944:   Netherlands
Jun 1944 – Jul 1944:   France

17. Luftwaffe Field Division
(Formed in December 1942)
25 Jan 1943 – 30 Oct 1943:   Generalleutnant Herbert **OLBRICH**
30 Oct 1943 – 5 Nov 1943:
5 Nov 1943 – Oct 1944:   Generalleutnant Hanskurt **HÖCKER**
Oct 1944:   DISBANDED

Area of Operations:
Dec 1942 – Jan 1943:   Germany
Jan 1943 – Oct 1944:   France

18. Luftwaffe Field Division
(Formed in December 1942)

Dec 1942 – 1 Apr 1943:	Generalmajor Ferdinand Freiherr von **STEIN-LIEBENSTEIN zu BARCHFELD**
1 Apr 1943 – 26 Aug 1943:	Generalleutnant Wolfgang **ERDMANN**
26 Aug 1943 – 27 Oct 1943:	Generalmajor Fritz **REINSHAGEN**
27 Oct 1943 – 1 Feb 1944:	Generalleutnant Wilhelm **RUPPRECHT**
1 Feb 1944 – Oct 1944:	Generalleutnant Joachim von **TRESCKOW**
Oct 1944:	DISBANDED

Area of Operations:

Dec 1942 – Sep 1944:	*France*
Sep 1944 – Oct 1944:	*Belgium*

19. Luftwaffe Field Division
(Formed in December 1942)

1 Dec 1942 – 1 Feb 1943:	Generalmajor Gerhard **BASSENGE**
1 Feb 1943 – 30 Jun 1943:	General der Flakartillerie Hermann **PLOCHER**
30 Jun 1943 – 12 Oct 1943:	
12 Oct 1943 – Jun 1944:	Generalleutnant Erich **BAEßLER**
1 Jun 1944:	REDESIGNATED 19. LUFTWAFFE ASSAULT DIVISION
Jun 1944 – Aug 1944:	Generalleutnant Albert **HENZE**
Aug 1944:	DESTROYED IN ITALY

Area of Operations:

Dec 1942 – Jun 1943:	*Germany*
Jun 1943 – Jul 1943:	*France*
Jul 1943 – Jan 1944:	*Netherlands*
Jan 1944 – Jun 1944:	*Belgium*
Jun 1944 – Aug 1944:	*Italy*

20. Luftwaffe Field Division
(Formed in March 1943)

8 Mar 1943 – Aug 1943:	
Aug 1943 – 31 Oct 1943:	Generalmajor Robert **FUCHS**
31 Oct 1943 – 25 Nov 1943:	
25 Nov 1943 – 1 Sep 1944:	Generalmajor Wilhelm **CRISOLLI**
1 Jun 1944:	REDESIGNATED 20. LUFTWAFFE ASSAULT DIVISION
1 Sep 1944 – 1 Apr 1945:	Generalmajor Erich **FRONHOEFER**
1 Apr 1945:	DISBANDED

Area of Operations:

Mar 1943 – Jul 1943:	*Germany*
Jul 1943 – Jun 1944:	*Denmark*
Jun 1944 – Apr 1945:	*Italy*

21. Luftwaffe Field Division
(Formed in September 1942 as Division Meindl)
Sep 1942 – 30 Sep 1942:	General der Fallschirmjäger Eugen **MEINDL**
30 Sep 1942 – 11 Nov 1942:	General der Flakartillerie Job **ODEBRECHT**
11 Nov 1942 – 12 Oct 1943:	Generalleutnant Richard **SCHIMPF**
Dec 1942:	REDESIGNATED 21. LUFTWAFFE FIELD DIVISION
12 Oct 1943 – 1 Apr 1944:	Generalleutnant Rudolf-Eduard **LICHT**
1 Apr 1944 – Aug 1944:	Generalmajor Rudolf **GOLTZSCH**
Aug 1944 – 28 Jan 1945:	Generalleutnant Albert **HENZE**
28 Jan 1945 – 16 Feb 1945:	
16 Feb 1945 – 8 May 1945:	Generalmajor Otto **BARTH**

Area of Operations:
Sep 1942 – Jan 1943:	*Germany*
Jan 1943 – May 1945:	*Northern sector, Eastern Front; Courland Pocket (Latvia)*

22. Luftwaffe Field Division
(Formation began in 1943, but never fully completed)
1943:	Generalmajor Robert **FUCHS**

Chapter II:
SS Order of Battle

SS Armies

1. SS Panzer Army
(Formed in August 1943 from II SS Panzer Corps)
    Aug 1943 – Sep 1943:   Oberstgruppenführer SS Paul **HAUSSER**
    Sep 1943:   REVERTED TO II SS PANZER CORPS

Area of Operations:
    Aug 1943 – Sep 1943:   Italy

6. Panzer Army
(Formed in October 1944)
    26 Oct 1944 – 8 May 1945:   Oberstgruppenführer SS Josef **DIETRICH**
    2 Apr 1945:   REDESIGNATED 6. SS PANZER ARMY

Area of Operations:
    Oct 1944 – Jan 1945:   Western Germany; Ardennes
    Jan 1945 – May 1945:   Hungary; Austria

11. SS Panzer Army
(Formed in February 1945)
    Feb 1945 – 8 May 1945:   Obergruppenführer SS Felix **STEINER**

Area of Operations:
    Feb 1945 – May 1945:   Berlin

SS Corps

I. SS Panzer Corps
(Formed in June 1943)
4 Jul 1943 – 9 Aug 1944:	Oberstgruppenführer Josef **DIETRICH**
9 Aug 1944 – 16 Aug 1944:	Brigadeführer Fritz **KRAEMER**
16 Aug 1944 – 30 Oct 1944:	Obergruppenführer Georg **KEPPLER**
30 Oct 1944 – 8 May 1945:	Obergruppenführer Hermann **PRIESS**

Area of Operations:
Jun 1943 – Aug 1943:	Germany
Aug 1943 – Sep 1943:	France; Belgium
Sep 1943 – Dec 1943:	Italy
Dec 1943 – Dec 1944:	Belgium; France
Dec 1944 – Jan 1945:	Ardennes
Jan 1945 – Mar 1945:	Western Germany
Mar 1945 – May 1945:	Hungary; Austria

II. SS Panzer Corps
(Formed in May 1943 as I. SS Panzer Corps)
May 1943 – 29 Jun 1944:	Oberstgruppenführer Paul **HAUSSER**
4 Jun 1944:	REDESIGNATED II. SS. PANZER CORPS
29 Jun 1944 – 8 May 1945:	Obergruppenführer Willi **BITTRICH**

Area of Operations:
May 1943 – Aug 1943:	Southern sector, Eastern Front
Aug 1943 – Oct 1943:	Italy
Oct 1943 – Dec 1943:	Balkans
Dec 1943 – Mar 1944:	France
Mar 1944 – Jun 1944:	Southern sector, Eastern Front
Jun 1944 – Dec 1944:	France; Netherlands
Dec 1944 – Jan 1945:	Ardennes
Jan 1945 – May 1945:	Hungary; Austria

III. SS Panzer Corps
(Formed in May 1943)
1 May 1943 – 9 Nov 1944:	Obergruppenführer Felix **STEINER**
9 Nov 1944 – 4 Feb 1945:	Obergruppenführer Georg **KEPPLER**
4 Feb 1945 – 11 Feb 1945:	Obergruppenführer Matthias **KLEINHEISTER-KAMP**
11 Feb 1945 – 5 Mar 1945:	Generalleutnant Martin **UNREIN**
5 Mar 1945 – 8 May 1945:	Brigadeführer Joachim **ZIEGLER**

Area of Operations:
May 1943 – Sep 1943:   Germany
Sep 1943 – Dec 1943:   Yugoslavia
Dec 1943 – Feb 1945:   Northern sector, Eastern Front
Feb 1945 – May 1945:   Germany

IV. SS Panzer Corps
(Formed in June 1943)
8 Jun 1943 – 30 Aug 1943:   Generaloberst der Polizei Alfred **WÜNNENBERG**
30 Aug 1943 – 23 Oct 1943:
23 Oct 1943 – 14 Mar 1944:   Obergruppenführer Walther **KRÜGER**
14 Mar 1944 – 1 Jul 1944:
1 Jul 1944 – 20 Jul 1944:   Obergruppenführer Matthias **KLEINHEISTER-KAMP**
20 Jul 1944 – 6 Aug 1944:   Brigadeführer Nikolaus **HEILMANN**
6 Aug 1944 – 8 May 1945:   Obergruppenführer Herbert Otto **GILLE**

Area of Operations:
Jun 1943 – Jul 1944:   France
Jul 1944 – Jan 1945:   Poland
Jan 1945 – May 1945:   Hungary; Austria

V. SS Mountain Corps
(Formed in April 1943)
21 Apr 1943 – 21 Sep 1944:   Obergruppenführer Arthur **PHLEPS**
21 Sep 1944 – 1 Oct 1944:   Brigadeführer Karl Ritter von **OBERKAMP**
1 Oct 1944 – 28 Feb 1945:   Obergruppenführer Friedrich-Wilhelm **KRÜGER**
1 Mar 1945 – 8 May 1945:   Obergruppenführer Friedrich **JECKELN**

Area of Operations:
Apr 1943 – Oct 1943:   Germany
Oct 1943 – Jan 1945:   Yugoslavia
Jan 1945 – May 1945:   Germany; Berlin

IV. SS Panzer Corps. Left: Herbert Otto Gille, Poland, 1944

VI. (Latvian) SS Corps
(Formed in October 1943)

8 Oct 1943 – 11 Jun 1944:	Obergruppenführer Karl von **PFEFFER-WILDEN-BRUCH**
11 Jun 1944 – 21 Jul 1944:	Obergruppenführer Friedrich **JECKELN**
21 Jul 1944 – 25 Jul 1944:	Gruppenführer Karl **FISCHER von TREUENFELD**
25 Jul 1944 – 8 May 1945:	Obergruppenführer Walther **KRÜGER**

Area of Operations:

Oct 1943 – Sep 1944:	Northern sector, Eastern Front
Sep 1944 – May 1945:	Latvia

VII. SS Panzer Corps
(Started formation in October 1943)

Oct 1943 – 20 Jun 1944:	Obergruppenführer Matthias **KLEINHEISTERKAMP**
20 Jun 1944:	ABSORBED INTO IV. SS PANZER CORPS

Area of Operations:

Oct 1943 – Jun 1944:	Germany

IX. SS Mountain Corps
(Formed in June 1944)

21 Jun 1944 – Dec 1944:	Gruppenführer Karl-Gustav **SAUBERZWEIG**
Dec 1944 – 12 Feb 1945:	Obergruppenführer Karl von **PFEFFER-WILDEN-BRUCH**
12 Feb 1945:	DESTROYED IN BUDAPEST

Area of Operations:

Jun 1944 – Dec 1944:	Croatia
Dec 1944 – Feb 1945:	Hungary

X. SS Corps
(Formed in January 1945 from XIV. SS Corps)

26 Jan 1945 – 10 Feb 1945:	Obergruppenführer Erich von dem **BACH-ZELEWSKI**
10 Feb 1945 – 7 Mar 1945:	Generalleutnant Günther **KRAPPE**
7 Mar 1945 – ? Mar 1945:	Standartenführer Herbert **GOLZ**
Mar 1945:	DESTROYED IN POMERANIA

Area of Operations:

Jan 1945 – Mar 1945:	Pomerania

XI. SS Corps
(Formed in February 1944)

Feb 1944 – 6 Aug 1944:	
6 Aug 1944 – 8 May 1945:	Obergruppenführer Matthias **KLEINHEISTERKAMP**

Area of Operations:

Feb 1944 – May 1945:	Poland; Eastern Germany; Berlin

XII. SS Corps
(Formed in August 1944)

1 Aug 1944 – 6 Aug 1944:	Obergruppenführer Matthias **KLEINHEISTER-KAMP**
6 Aug 1944 – 18 Oct 1944:	Obergruppenführer Curt von **GOTTBERG**
18 Oct 1944 – 20 Oct 1944:	Obergruppenführer Karl-Maria **DEMELHUBER**
20 Oct 1944 – 20 Jan 1945:	General der Infanterie Günther **BLUMENTRITT**
20 Jan 1945 – 29 Jan 1945:	Generalleutnant Fritz **BAYERLEIN**
29 Jan 1945 – 16 Apr 1945:	Generalleutnant Eduard **CRASEMANN**
16 Apr 1945:	DESTROYED IN THE RUHR POCKET

Area of Operations:
Aug 1944 – Apr 1945:   Germany

XIII. SS Corps
(Formed in August 1944)

7 Aug 1944 – 20 Oct 1944:	Obergruppenführer Hermann **PRIESS**
20 Oct 1944 – 8 May 1945:	Gruppenführer Max **SIMON**

Area of Operations:
Aug 1944 – May 1945:   Germany

XIV. SS Corps
(Formed in November 1944)

Nov 1944 – Dec 1944:	Gruppenführer Heinz **REINEFARTH**
Dec 1944 – 25 Jan 1945:	Obergruppenführer Erich von dem **BACH-ZELEWSKI**
25 Jan 1945:	CONVERTED TO X. SS CORPS

Area of Operations:
Nov 1944 – Jan 1945:   France; Western Germany

XV. SS Cossack Cavalry Corps
(Formed in January 1945)

2 Jan 1945 – 8 May 1945:	Generalleutnant Helmuth von **PANNWITZ**

Area of Operations:
Jan 1945 – May 1945:   Yugoslavia; Austria

XVI. SS Corps
(Formed in December 1944)

Jan 1945 – Feb 1945:	Obergruppenführer Karl-Maria **DEMELHUBER**

Area of Operations:
Jan 1945 – May 1945:   Eastern Germany

XVII. (Hungarian) SS Corps
(Formed in March 1945)

Mar 1945 – Apr 1945:	Obergruppenführer Ferenc **FEKETEHALMI-CZEYDNER**
Apr 1945 – 8 May 1945:	Obergruppenführer Jenö **RUSZKAY**

Area of Operations:
Mar 1945 – May 1945:   Hungary; Austria

XVIII. SS Corps
(Formed in December 1944)
Dec 1944 – 12 Feb 1945:   Gruppenführer Heinz **REINEFARTH**
12 Feb 1945 – 8 May 1945:   Obergruppenführer Georg **KEPPLER**

Area of Operations:
Dec 1944 – May 1945:   *France; Western Germany*

SS Divisions

1. SS Panzer Division *'Leibstandarte Adolf Hitler'*
(Upgraded in June 1941 from Brigade level)
2 Jun 1941 – 4 Jul 1943:   Oberstgruppenführer Josef **DIETRICH**
4 Jul 1943 – 20 Aug 1944:   Brigadeführer Theodor **WISCH**
20 Aug 1944 – 6 Feb 1945:   Brigadeführer Bernhard **MOHNKE**
6 Feb 1945 – 8 May 1945:   Brigadeführer Otto **KUMM**

Area of Operations:
Jun 1941 – Jul 1942:   Poland; Southern sector, Eastern Front
Jul 1942 – Jan 1943:   France
Jan 1943 – Aug 1943:   Southern sector, Eastern Front
Aug 1943 – Oct 1943:   Italy
Oct 1943 – Apr 1944:   Southern sector, Eastern Front
Apr 1944 – Dec 1944:   Belgium; France; Western Germany
Dec 1944 – Jan 1945:   Ardennes
Jan 1945 – Mar 1945:   Western Germany
Mar 1945 – May 1945:   Hungary; Austria

1. SS Panzer Division Leibstandarte Adolf Hitler, Kharkov, 1943

1. SS Panzer Division Leibstandarte Adolf Hitler

2. SS Panzer Division *'Das Reich'*
(Formed in October 1939 as SS Verfügungs Division)

19 Oct 1939 – 3 Dec 1940:	Oberstgruppenführer Paul **HAUSSER**
3 Dec 1940:	REDESIGNATED SS DIVISION *'DEUTSCHLAND'*
3 Dec 1940 – 28 Jan 1941:	Oberstgruppenführer Paul **HAUSSER**
28 Jan 1941:	REDESIGNATED SS MOTORIZED DIVISION *'DAS REICH'*
28 Jan 1941 – 14 Oct 1941:	Oberstgruppenführer Paul **HAUSSER**
14 Oct 1941 – 31 Dec 1941:	Obergruppenführer Willi **BITTRICH**
31 Dec 1941 – 19 Apr 1942:	Obergruppenführer Matthias **KLEINHEISTER-KAMP**
19 Apr 1942 – 9 Jul 1942:	Obergruppenführer Georg **KEPPLER**
9 Jul 1942:	REDESIGNATED SS PZ. GRENADIER DIVISION *'DAS REICH'*
9 Jul 1942 – 10 Feb 1943:	Obergruppenführer Georg **KEPPLER**
10 Feb 1943 – 18 Mar 1943:	Brigadeführer Herbert-Ernst **VAHL**
18 Mar 1943 – 29 Mar 1943:	Oberführer Kurt **BRASACK**
29 Mar 1943 – 23 Oct 1943:	Obergruppenführer Walter **KRÜGER**

2. SS Panzer Division Das Reich, Russia, 1941

2. SS Panzer Division Das Reich, Budapest, 1941

23 Oct 1943 – 1 Nov 1943:	Gruppenführer Heinz **LAMMERDING**
1 Nov 1943:	REDESIGNATED 2. SS PANZER DIVISION *'DAS REICH'*
1 Nov 1943 – 24 Jul 1944:	Gruppenführer Heinz **LAMMERDING**
24 Jul 1944 – 28 Jul 1944:	Standartenführer Christian **TYCHSEN**
28 Jul 1944 – 23 Oct 1944:	Brigadeführer Otto **BAUM**
23 Oct 1944 – 20 Jan 1945:	Gruppenführer Heinz **LAMMERDING**
20 Jan 1945 – 29 Jan 1945:	Standartenführer Karl **KREUTZ**
29 Jan 1945 – 9 Mar 1945:	Gruppenführer Werner **OSTENDORFF**
9 Mar 1945 – 13 Apr 1945:	Standartenführer Rudolf **LEHMANN**
13 Apr 1945 – 8 May 1945:	Standartenführer Karl **KREUTZ**

Area of Operations:

Oct 1939 – May 1940:	Czechoslovakia; Germany
May 1940 – Apr 1941:	Netherlands; France
Apr 1941 – Jun 1941:	Romania; Yugoslavia; Austria; Poland
Jun 1941 – Jun 1942:	Central sector, Eastern Front
Jun 1942 – Jul 1942:	Germany
Jul 1942 – Jan 1943:	France
Jan 1943 – Feb 1944:	Central sector, Eastern Front
Feb 1944 – Dec 1944:	France; Belgium; Western Germany
Dec 1944 – Jan 1945:	Ardennes
Jan 1945 – May 1945:	Hungary; Austria

3. SS Panzer Division *'Totenkopf'*
(Formed in November 1939 as 3. SS Motorized Division *'Totenkopf'*)

1 Nov 1939 – 7 Jul 1941:	Obergruppenführer Theodor **EICKE**
7 Jul 1941 – 18 Jul 1941:	Obergruppenführer Matthias **KLEINHEISTERKAMP**
18 Jul 1941 – 19 Sep 1941:	Obergruppenführer Georg **KEPPLER**
19 Sep 1941 – 26 Feb 1943:	Obergruppenführer Theodor **EICKE**
26 Feb 1943 – 27 Apr 1943:	Obergruppenführer Hermann **PRIESS**
27 Apr 1943 – 15 May 1943:	Gruppenführer Heinz **LAMMERDING**
15 May 1943 – 22 Oct 1943:	Gruppenführer Max **SIMON**
22 Oct 1943 – 10 Apr 1944:	Obergruppenführer Hermann **PRIESS**
10 Apr 1944:	REDESIGNATED 3. SS PANZER DIVISION *'TOTENKOPF'*
10 Apr 1944 – 21 Jun 1944:	Obergruppenführer Hermann **PRIESS**
21 Jun 1944 – 8 May 1945:	Brigadeführer Hellmuth **BECKER**

Area of Operations:

Nov 1939 – May 1940:	Germany
May 1940 – Jun 1941:	Belgium; France
Jun 1941 – Oct 1942:	Northern sector, Eastern Front
Oct 1942 – Feb 1943:	France
Feb 1943 – Jul 1944:	Southern sector, Eastern Front
Jul 1944 – Dec 1944:	Central sector, Eastern Front; Poland
Dec 1944 – May 1945:	Hungary; Austria

4. SS Polizei-Panzergrenadier Division *'Polizei'*
(Formed in September 1939)

1 Sep 1940 – 8 Sep 1940:	Generalleutnant der Polizei Konrad **HITSCHLER**
8 Sep 1939 – 10 Nov 1940:	Obergruppenführer Karl von **PFEFFER-WILDENBRUCH**
10 Nov 1940 – 8 Aug 1941:	Gruppenführer Arthur **MÜLVERSTADT**
8 Aug 1941 – 15 Dec 1941:	Obergruppenführer Walter **KRÜGER**
15 Dec 1941 – 17 Apr 1943:	Generaloberst der Polizei Alfred **WÜNNENBERG**
17 Apr 1943 – 1 Jun 1943:	Brigadeführer Fritz **FREITAG**
10 Jun 1943 – 18 Aug 1943:	Brigadeführer Fritz **SCHMEDES**
18 Aug 1943 – 20 Oct 1943:	Brigadeführer Fritz **FREITAG**
20 Oct 1943 – 19 Apr 1944:	Oberführer Friedrich-Wilhelm **BOCK**
19 Apr 1944 – May 1944:	Brigadeführer Jürgen **WAGNER**
May 1944 – 5 Jul 1944:	Oberführer Friedrich-Wilhelm **BOCK**
5 Jul 1944 – 22 Jul 1944:	Brigadeführer Herbert-Ernst **VAHL**
22 Jul 1944 – 16 Aug 1944:	Standartenführer Karl **SCHÜMERS**
16 Aug 1944 – 22 Aug 1944:	Oberführer Helmuth **DÖRNER**
22 Aug 1944 -27 Nov 1944:	Brigadeführer Fritz **SCHMEDES**
27 Nov 1944 – 1 Mar 1945:	Standartenführer Walter **HARZER**
1 Mar 1945 – ? Mar 1945:	Standartenführer Fritz **GÖHLER**
Mar 1945 – 8 May 1945:	Standartenführer Walter **HARZER**

Area of Operations:

Sep 1939 – May 1940:	Germany
May 1940 – Jun 1941:	Luxemburg; Belgium; France
Jun 1941 – May 1943:	Northern sector, Eastern Front
May 1943 – Jan 1944:	Czechoslovakia; Poland
Jan 1944 – Sep 1944:	Greece
Sep 1944 – Oct 1944:	Yugoslavia; Romania
Oct 1944 – Dec 1944:	Hungary
Dec 1944 – May 1945:	Czechoslovakia; Poland; Eastern Germany; Berlin

5. SS Panzer Division *'Wiking'*
(Formed in December 1940)

1 Dec 1940 – 1 May 1943:	Obergruppenführer Felix **STEINER**
1 May 1943 – 6 Aug 1944:	Obergruppenführer Herbert **GILLE**
6 Aug 1944 – ? Aug 1944:	Oberführer Edmund **DEISENHOFER**
Aug 1944 – 9 Oct 1944:	Standartenführer Rudolf **MÜHLENKAMP**
9 Oct 1944 – 5 May 1945:	Oberführer Karl **ULLRICH**
5 May 1945:	SURRENDERED IN CZECHOSLOVAKIA

Area of Operations:

Dec 1940 – Jun 1941:	Germany
Jun 1941 – Apr 1944:	Southern sector, Eastern Front
Apr 1944 – Jan 1945:	Poland
Jan 1945 – Apr 1945:	Hungary
Apr 1945 – May 1945:	Austria

6. SS Mountain Division 'Nord'
(Formed in February 1941)

28 Feb 1941 – 15 May 1941	Brigadeführer Karl **HERRMANN**
15 May 1941 – 1 Apr 1942:	Obergruppenführer Karl-Maria **DEMELHUBER**
1 Apr 1942 – 20 Apr 1942:	Obergruppenführer Matthias **KLEINHEISTERKAMP**
20 Apr 1942 – 14 Jun 1942:	Oberführer Hans **SCHEIDER**
14 Jun 1942 – 15 Oct 1943:	Obergruppenführer Matthias **KLEINHEISTERKAMP**
15 Oct 1943 – 14 Jun 1944:	Gruppenführer Lothar **DEBES**
14 Jun 1944 – 23 Aug 1944:	Obergruppenführer Friedrich-Wilhelm **KRÜGER**
23 Aug 1944 – 1 Sep 1944:	Brigadeführer Gustav **LOMBARD**
1 Sep 1944 – 3 Apr 1945:	Gruppenführer Karl **BRENNER**
3 Apr 1945 – 8 May 1945:	Standartenführer Franz **SCHREIBER**

Area of Operations:
Feb 1941 – Jun 1941:	*Germany*
Jun 1941 – Nov 1944:	*Finland; Northern Russia*
Nov 1944 – Jan 1945:	*Norway; Denmark*
Jan 1945 – Apr 1945:	*Western Germany*
Apr 1945 – May 1945:	*Austria*

7. SS Mountain Division 'Prinz Eugen'
(Formed in January 1942)

30 Jan 1942 – 21 Apr 1943:	Obergruppenführer Arthur **PHLEPS**
21 Apr 1943 – 15 May 1943:	
15 May 1943 – 30 Jan 1944:	Brigadeführer Karl Reichsritter von **OBERKAMP**
30 Jan 1944 – 20 Jan 1945:	Brigadeführer Otto **KUMM**
20 Jan 1945 – 8 May 1945:	Brigadeführer August **SCHMIDTHUBER**

Area of Operations:
Jan 1942 – Apr 1945:	*Balkans*
Apr 1945 – May 1945:	*Austria*

7. SS Mountain Division 'Prinz Eugen', Balkans

8. SS Cavalry Division *'Florian Geyer'*
(Formed in March 1942)

Mar 1942 – Apr 1942:	Brigadeführer Gustav **LOMBARD**
Apr 1942 – Aug 1942:	Gruppenführer Hermann **FEGELEIN**
Aug 1942 – 15 Feb 1943:	Obergruppenführer Willi **BITTRICH**
15 Feb 1943 – 20 Apr 1943:	Brigadeführer Fritz **FREITAG**
20 Apr 1943 – 14 May 1943:	Brigadeführer Gustav **LOMBARD**
14 May 1943 – 13 Sep 1943:	Gruppenführer Hermann **FEGELEIN**
13 Sep 1943 – 22 Oct 1943:	Gruppenführer Bruno **STRECKENBACH**
22 Oct 1943 – 1 Jan 1944:	Gruppenführer Hermann **FEGELEIN**
1 Jan 1944 – 14 Apr 1944:	Gruppenführer Bruno **STRECKENBACH**
14 Apr 1944 – 1 Jul 1944:	Brigadeführer Gustav **LOMBARD**
1 Jul 1944 – 11 Feb 1945:	Brigadeführer Joachim **RUMOHR**
11 Feb 1945:	DESTROYED AT BUDAPEST

Area of Operations:

Mar 1942 – Sep 1942:	Poland
Sep 1942 – Dec 1943:	Southern & Central sectors, Eastern Front
Dec 1943 – Apr 1944:	Czechoslovakia; Poland
Apr 1944 – Feb 1945:	Hungary

8. SS Cavalry Division 'Florian Geyer', Budapest, 1944

9. SS Panzer Division *'Hohenstaufen'*
(Formed in February 1943)

15 Feb 1943 – 29 Jun 1944:	Obergruppenführer Willi **BITTRICH**
29 Jun 1944 – 10 Jul 1944:	Oberführer Thomas **MÜLLER**
10 Jul 1944 – 31 Jul 1944:	Brigadeführer Sylvester **STADLER**
31 Jul 1944 – 29 Aug 1944:	Oberführer Friedrich-Wilhelm **BOCK**
29 Aug 1944 – 10 Oct 1944:	Standartenführer Walter **HARZER**
10 Oct 1944 – 8 May 1945:	Brigadeführer Sylvester **STADLER**

Area of Operations:
Feb 1943 – Mar 1944:   France
Mar 1944 – Apr 1944:   Southern sector, Eastern Front
Apr 1944 – Aug 1944:   France
Aug 1944 – Oct 1944:   Belgium; Netherlands
Oct 1944 – Dec 1944:   Western Germany
Dec 1944 – Jan 1945:   Ardennes
Jan 1945 – Feb 1945:   Western Germany
Feb 1945 – Mar 1945:   Hungary
Mar 1945 – May 1945:   Austria

10. SS Panzer Division 'Frundsberg'
(Formed in January 1943)
Jan 1943 – 15 Feb 1943:   Standartenführer Michael **LIPPERT**
15 Feb 1943 – 15 Nov 1943: Gruppenführer Lothar **DEBES**
15 Nov 1943 – 27 Apr 1944: Gruppenführer Karl **FISCHER** von Treuenfeld
27 Apr 1944 – Apr 1945:   Gruppenführer Heinz **HARMEL**
Apr 1945 – 8 May 1945:   Obersturmbannführer Franz **ROESTEL**

Area of Operations:
Jan 1943 – Mar 1944:   France
Mar 1944 – Apr 1944:   Southern sector, Eastern Front
Apr 1944 – Jun 1944:   Poland
Jun 1944 – Sep 1944:   France
Sep 1944 – Oct 1944:   Belgium; Netherlands
Oct 1944 – Feb 1945:   Western Germany
Feb 1945 – Mar 1945:   Northeastern Germany
Mar 1945 – May 1945:   Eastern Germany; Czechoslovakia

Sylvester Stadler, 9. SS Panzer Division 'Hohenstaufen'

10. SS Panzer Division 'Frundsberg', Arnhem, 1944

11. SS Panzergrenadier Division 'Nordland'

(Formed in March 1943)

22 Mar 1943 – 1 May 1943:	Brigadeführer Franz **AUGSBERGER**
1 May 1943 – 27 Jul 1944:	Gruppenführer Fritz **SCHOLZ**, Edler von Rarancze
27 Jul 1944 – 25 Apr 1945:	Brigadeführer Joachim **ZIEGLER**
25 Apr 1945 – 8 May 1945:	Brigadeführer Dr. Gustav **KRUKENBERG**

Area of Operations:

Mar 1943 – Jan 1944:	Poland; Croatia
Jan 1944 – Feb 1945:	Northern sector, Eastern Front; Courland Pocket (Latvia)
Feb 1945 – Apr 1945:	Northeastern Germany
Apr 1945 – May 1945:	Berlin

12. SS Panzer Division 'Hitlerjugend'

(Formed in June 1943)

24 Jun 1943 – 14 Jun 1944:	Brigadeführer Fritz de **WITT**
14 Jun 1944 – 6 Sep 1944:	Brigadeführer Kurt **MEYER**
6 Sep 1944 – 24 Oct 1944:	Obersturmbannführer Hubert **MEYER**
24 Oct 1944 – 13 Nov 1944:	Brigadeführer Fritz **KRAEMER**
13 Nov 1944 – 8 May 1945:	Brigadeführer Hugo **KRAAS**

Area of Operations:

Jun 1943 – Mar 1944:	Belgium
Mar 1944 – Sep 1944:	France
Sep 1944 – Dec 1944:	Belgium; Western Germany
Dec 1944 – Jan 1945:	Ardennes
Jan 1945 – Feb 1945:	Western Germany
Feb 1945 – May 1945:	Hungary; Austria

Hugo Kraas 12. SS Panzer Division 'Hitlerjugend'

13. SS Mountain Division *'Handschar'* (Kroatische Nr. 1)
(Formed in March 1943)

1 Mar 1943 – 9 Aug 1943:	Oberführer Herbert von **OBWURZER**
9 Aug 1943 – Jun 1944:	Gruppenführer Karl-Gustav **SAUBERZWEIG**
Jun 1944 – Sep 1944:	Brigadeführer Desiderius **HAMPEL**
Sep 1944:	DISBANDED
Jan 1945:	REFORMED
Jan 1945 – 8 May 1945:	Brigadeführer Desiderius **HAMPEL**

Area of Operations:

Mar 1943 – Jul 1943:	*Yugoslavia*
Jul 1943 – Jan 1944:	*France*
Jan 1944 – Mar 1944:	*Germany*
Mar 1944 – Sep 1944:	*Yugoslavia*
Jan 1945 – Apr 1945:	*Hungary*
Apr 1945 – May 1945:	*Austria*

14. SS Grenadier Division *'Galizische/Ukrainische Nr. 1'*
(Formed in June 1943)

30 Jun 1943 – 20 Nov 1943:	Gruppenführer Walther **SCHIMANA**
20 Nov 1943 – 22 Apr 1944:	Brigadeführer Fritz **FREITAG**
22 Apr 1944 – Jul 1944:	Brigadeführer Sylvester **STADLER**
Jul 1944 – 5 Sep 1944:	Brigadeführer Nikolaus **HEILMANN**
5 Sep 1944 – 25 Apr 1945:	Brigadeführer Fritz **FREITAG**
25 Apr 1945:	REDESIGNATED 1. UKRAINIAN DIVISION
25 Apr 1945 – 8 May 1945:	Brigadeführer Pavlo **SCHANDRUK**

Area of Operations:

Jun 1943 – Mar 1944:	*Balkans*
Mar 1944 – Jul 1944:	*Central sector, Eastern Front*
Jul 1944 – May 1945:	*Poland; Czechoslovakia*

15. SS Grenadier Division *'Lettische Nr. 1'*
(Formed in February 1943)

25 Feb 1943 – May 1943:	Brigadeführer Peter **HANSEN**
May 1943 – 17 Feb 1944:	Gruppenführer Carl Graf von **PÜCKLER-BURGHAUß**
17 Feb 1944 – 21 Jul 1944:	Brigadeführer Nikolaus **HEILMANN**
21 Jul 1944 – 26 Jan 1945:	Brigadeführer Herbert von **OBWURZER**
26 Jan 1945:	Oberführer Dr. Eduard **DEISENHOFER**
26 Jan 1945 – 15 Feb 1945:	Oberführer Arthur **AX**
15 Feb 1945 – ? 1945:	Oberführer Karl **BURK**

Area of Operations:

Aug 1943 – Jan 1945:	*Northern sector, Eastern Front; Courland Pocket (Latvia)*
Jan 1945 – May 1945:	*Pomerania; Berlin*

16. SS Panzergrenadier Division 'Reichsführer SS'
(Formed in October 1943)
3 Oct 1943 – 24 Oct 1944: Gruppenführer Max **SIMON**
24 Oct 1944 – 8 May 1945: Brigadeführer Otto **BAUM**

Area of Operations:
Oct 1943 – Feb 1944: Yugoslavia
Feb 1944 – May 1944: Italy; Hungary
May 1944 – Jun 1944: Germany
Jun 1944 – Dec 1944: Italy
Dec 1944 – May 1945: Hungary; Austria

17. SS Panzergrenadier Division 'Götz von Berlichingen'
(Formed in October 1943)
30 Oct 1943 – Jan 1944: Gruppenführer Werner **OSTENDORFF**
Jan 1944 – ? 1944: Oberführer Fritz **KLINGENBERG**
? 1944 – 17 Jun 1944: Gruppenführer Werner **OSTENDORFF**
17 Jun 1944 – 20 Jun 1944: Standartenführer Otto **BINGE**
20 Jun 1944 – 1 Aug 1944: Brigadeführer Otto **BAUM**
1 Aug 1944 – 30 Aug 1944: Standartenführer Otto **BINGE**
30 Aug 1944 – Sep 1944: Oberführer Dr. Eduard **DEISENHOFER**
Sep 1944: Oberführer Thomas **MÜLLER**
Sep 1944 – 21 Oct 1944: Standartenführer Gustav **MERTSCH**
21 Oct 1944 – 15 Nov 1944: Gruppenführer Werner **OSTENDORFF**
15 Nov 1944 – 9 Jan 1945: Standartenführer Hans **LINGNER**
9 Jan 1945 – 21 Jan 1945: Oberst Gerhard **LINDNER**
21 Jan 1945 – 22 Mar 1945: Oberführer Fritz **KLINGENBERG**
22 Mar 1945 – 26 Mar 1945: Standartenführer Jakob **FICK**
26 Mar 1945 – 8 May 1945: Oberführer Georg **BOCHMANN**

Area of Operations:
Oct 1943 – Jan 1945: France
Jan 1945 – May 1945: Southern Germany

18. SS Panzergrenadier Division 'Horst Wessel'
(Formed in January 1944 from 1. SS Infantry Brigade)
25 Jan 1944 – 3 Jan 1945: Brigadeführer Wilhelm **TRABANDT**
3 Jan 1945 – 10 Jan 1945: Gruppenführer Josef **FITZTHUM**
10 Jan 1945 – Mar 1945: Oberführer Georg **BOCHMANN**
Mar 1945 – 8 May 1945: Standartenführer Heinrich **PETERSEN**

Area of Operations:
Jan 1944 – Jul 1944: Hungary
Jul 1944 – Oct 1944: Central sector, Eastern Front
Oct 1944 – May 1945: Poland; Czechoslovakia

19. SS Grenadier Division 'Lettische Nr. 2'
(Formed in Mar 1944 from 2. Latvian SS Volunteer Brigade)
15 Mar 1944 – 13 Apr 1944: Oberführer Friedrich-Wilhelm **BOCK**
13 Apr 1944 – 8 May 1945: Gruppenführer Bruno **STRECKENBACH**

Area of Operations:
Mar 1944 – May 1945: Northern sector, Eastern Front; Courland Pocket (Latvia)

20. SS Grenadier Division *'Estnische Nr. 1'*
(Formed in January 1944 from 3. Estonian SS Volunteer Brigade)
24 Jan 1944 – 19 Mar 1945: Brigadeführer Franz **AUGSBERGER**
19 Mar 1945 – 8 May 1945: Brigadeführer Berthold **MAACK**

Area of Operations:
Jan 1944 – Dec 1944: Northern sector, Eastern Front; Courland Pocket (Latvia)
Dec 1944 – May 1945: Central sector, Eastern Front; Czechoslovakia

21. SS Mountain Division *'Skanderbeg'* (Albanische Nr. 1)
(Formed in May 1944)
1 May 1944 – 20 Jan 1945: Brigadeführer August **SCHMIDTHUBER**
20 Jan 1945: DISBANDED

Area of Operations:
May 1944 – Jan 1945: Yugoslavia

22. SS Cavalry Division *'Maria Theresia'*
(Formed in April 1944)
21 Apr 1944 – 11 Feb 1945: Brigadeführer August **ZEHENDER**
11 Feb 1945: DESTROYED AT BUDAPEST

Area of Operations:
Apr 1944 – Oct 1944: Hungary
Oct 1944 – Nov 1944: Romania
Nov 1944 – Feb 1945: Hungary

23. SS Mountain Division *'Kama'* (Kroatische Nr. 2)
(Formed in July 1944)
1 Jul 1944 – 28 Sep 1944: Standartenführer Helmuth **RAITHEL**
28 Sep 1944 – 1 Oct 1944: Brigadeführer Gustav **LOMBARD**
1 Oct 1944: DISBANDED

Area of Operations:
Jul 1944 – Oct 1944: Croatia; Serbia

23. SS Panzergrenadier Division *'Nederland'*
(Upgraded in March 1945 from Brigade level)
9 Mar 1945 – 8 May 1945: Brigadeführer Jürgen **WAGNER**

Area of Operations:
Mar 1945 – May 1945: Berlin

24. SS Mountain Division 'Karstjäger'
(Formed in August 1944)
Aug 1944 – 5 Dec 1944:   Obersturmbannführer Karl **MARX**
5 Dec 1944 – 10 Feb 1945:   Sturmbannführer Werner **HAHN**
10 Feb 1945 – 8 May 1945:   Oberfuuhrer Adolf **WAGNER**

Area of Operations:
Aug 1944 – May 1945:   Italy

25. SS Grenadier Division 'Hunyadi' (Ungarische Nr. 1)
(Formed in November 1944)
Nov 1944:   Oberführer Thomas **MÜLLER**
Nov 1944 – 8 May 1945:   Gruppenführer József **GRASSY**

Area of Operations:
Nov 1944 – May 1945:   Hungary

26. SS Grenadier Division 'Gömbös' (Ungarische Nr. 2)
(Formed in November 1944)
Nov 1944:   Standartenführer Rolf **TIEMANN**
Nov 1944 – 23 Jan 1945:   Oberführer Zoltán **PISKY**
23 Jan 1945 – 29 Jan 1945:   Oberführer László **DEÁK**
29 Jan 1945 – 21 Mar 1945:   Brigadeführer Berthold **MAACK**
21 Mar 1945 – 8 May 1945:   Gruppenführer József **GRASSY**

Area of Operations:
Nov 1944 – May 1945:   Hungary

27. SS Grenadier Division 'Langemarck'
(Formed in September 1944 from 6. SS Sturmbrigade 'Langemarck')
Sep 1944 – Oct 1944:   Obersturmbannführer Conrad **SCHELLONG**
Oct 1942 – 2 May 1945:   Oberführer Thomas **MÜLLER**

Area of Operations:
Sep 1944 – May 1945:   Poland; Pomerania; Berlin

28. SS Panzergrenadier Division 'Wallonien'
(Formed in February 1944 from 5. SS Sturmbrigade 'Wallonien')
1 Feb 1944 – 14 Feb 1944:   Standartenführer Lucien **LIPPERT**
14 Feb 1944 – 8 May 1945:   Oberführer Leon **DEGRELLE**

Area of Operations:
Feb 1944 – May 1945:   Germany; Berlin

29. SS Grenadier Division 'Russische Nr. 1'
(Formed in June 1944)
17 Jun 1944 – 19 Aug 1944:   Brigadeführer Bronislav **KAMINSKI**
19 Aug 1944 – ? Aug 1944:   Brigadeführer Christoph **DIEHM**
Aug 1944:   DISBANDED

Area of Operations:
Jun 1944 – Aug 1944:   Poland

29. SS Grenadier Division 'Italienische Nr. 1'
(Formed in September 1944)
Sep 1944:	Brigadeführer Pietro **MANNELLI**
Sep 1944 – Oct 1944:	Brigadeführer Peter **HANSEN**
Oct 1944 – Nov 1944:	Brigadeführer Gustav **LOMBARD**
Nov 1944 – 1945:	Standartenführer Constantin **HELDMANN**
? 1945 – Apr 1945:	Oberführer Erwin **TZSCHOPPE**
Apr 1945:	SURRENDERED IN ITALY

Area of Operations:
Sep 1944 – Apr 1945:	Italy

30. SS Grenadier Division 'Russische Nr. 2'
(Formed in August 1944)
18 Aug 1944 – 31 Dec 1944:	Standartenführer Hans **SIEGLING**
Dec 1944:	DISBANDED
Feb 1945:	REFORMED AS *'WEISSRUTHENISCHE NR. 1'*
10 Feb 1945 – Apr 1945:	Standartenführer Hans **SIEGLING**
Apr 1945:	SURRENDERED TO THE RUSSIANS

Area of Operations:
Aug 1944 – Sep 1944:	East Prussia
Sep 1944 – Oct 1944:	France
Oct 1944 – Dec 1944:	Germany
Feb 1945 – Apr 1945:	Poland

31. SS Panzergrenadier Division 'Böhmen-Mähren'
(Formed in October 1944)
1 Oct 1944 – Apr 1945:	Brigadeführer Gustav **LOMBARD**
Apr 1945 – 8 May 1945:	Brigadeführer Wilhelm **TRABANDT**

Area of Operations:
Oct 1944 – May 1945:	Hungary; Czechoslovakia

32. SS Panzergrenadier Division '30 Januar'
(Formed in January 1945)
30 Jan 1945 – 5 Feb 1945:	Standartenführer Rudolf **MÜHLENKAMP**
5 Feb 1945 – 17 Feb 1945:	Standartenführer Joachim **RICHTER**
17 Feb 1945 – 15 Mar 1945:	Oberführer Adolf **AX**
15 Mar 1945 – 8 May 1945:	Standartenführer Hans **KEMPIN**

Area of Operations:
Jan 1945 – May 1945:	Berlin

33. SS Grenadier Division 'Hungaria' (Ungarische Nr. 3)
(Formed in December 1944)
27 Dec 1944 – 23 Jan 1945:	Oberführer László **DEÁK**
Jan 1945:	INTEGRATED INTO 26. SS GRENADIER DIVISION *'GÖMBÖS'*

Area of Operations:
Dec 1944 – Jan 1945:	Hungary

33. SS Grenadier Division *'Charlemagne'* (Französische Nr. 3)
(Formed in December 1944 from SS Grenadier Brigade 'Frankreich')
Dec 1944 – 28 Feb 1945: Brigadeführer Edgard **PUAUD**
1 Mar 1945 – 24 Apr 1945: Brigadeführer Dr. Gustav **KRUKENBERG**
24 Apr 1945 – 8 May 1945: Standartenführer Walter **ZIMMERMANN**

Area of Operations:
Dec 1944 – May 1945: Germany; Berlin

34. SS Grenadier Division *'Landstorm Nederland'*
(Formed in April 1943)
Apr 1943 – 20 Apr 1944: Brigadeführer Joachim **ZIEGLER**
20 Apr 1944 – 2 Nov 1944: Brigadeführer Jürgen **WAGNER**
2 Nov 1944 – 8 May 1945: Oberführer Martin **KOHLROSER**

Area of Operations:
Apr 1943 – Nov 1943: Netherlands; Belgium
Nov 1943 – Dec 1943: Yugoslavia
Dec 1943 – May 1945: Northern sector, Eastern Front; Courland Pocket (Latvia)

35. SS Police Grenadier Division
(Formed in February 1945)
Feb 1945 – 1 Mar 1945: Oberführer Johannes **WIRTH**
1 Mar 1945 – 8 May 1945: Standartenführer Rüdiger **PIPKORN**

Area of Operations:
Feb 1945 – May 1945: Central sector, Eastern Front; Czechoslovakia

36. SS Grenadier Division *'Dirlewanger'*
(Formed in March 1945 from Dirlewanger SS Brigade)
5 Mar 1945 – May 1945: Gruppenführer Dr. Oskar **DIRLEWANGER**
May 1945: Brigadeführer Fritz **SCHMEDES**

Area of Operations:
Mar 1945 – May 1945: Germany

37. SS Cavalry Division *'Lützow'*
(Formed in February 1945)
26 Feb 1945 – Mar 1945: Oberführer Waldemar **FEGELEIN**
Mar 1945 – 8 May 1945:: Standartenführer Karl **GESELE**

Area of Operations:
Feb 1945 – May 1945: Hungary

38. SS Grenadier Division *'Nibelungen'*
(Formed in March 1945)
1 Mar 1945 – 15 Mar 1945: Standartenführer Hans **KEMPIN**
6 Apr 1945 – ? Apr 1945: Obersturmbannführer Richard **SCHULZE-KOSSENS**
Apr 1945: Brigadeführer Heinz **LAMMERDING**

Apr 1945: Brigadeführer Karl Reichsritter von **OBERKAMP**
Apr 1945 – 8 May 1945: Gruppenführer Martin **STANGE**

Area of Operations:
Mar 1945 – May 1945: Southern Germany

1 SS Mountain Division *'Neu Turkestan'* (Tatar No. 1)
2 Jan 1944 – Jan 1945: Sturmbannführer Andreas **MAYER-MADER**
?: Hauptsturmführer **HERMANN**
?: Hauptsturmführer **BILLIG**
?: Hauptsturmführer Reiner **OLZSCHA**
Jan 1945: DISBANDED

Area of Operations:
Jan 1944 – Jul 1944: *Southern sector, Eastern Front*
Jul 1944 – Jan 1945: *Poland; Czechoslovakia*

PLANNED, BUT NEVER FULLY FORMED:

39. SS Mountain Division *'Andreas Hofer'*
40. SS Panzergrenadier Division *'Feldherrnhalle'*
41. SS Grenadier Division *'Kalevala'* (Finnische Nr. 1)
42. SS Grenadier Division *'Niedersachsen'*
43. SS Grenadier Division *'Reichsmarschall'*
44. SS Panzergrenadier Division *'Wallenstein'*
45. SS Grenadier Division *'Warager'*

CHAPTER III: BIOGRAPHIES OF ARMY GENERALS

This Chapter contains biographical details of the military careers of the senior German Army Generals, covering the ranks of Generalfeldmarschall, Generaloberst and General der Infanterie (Artillerie, Kavallerie, etc...). The Generals are presented alphabetically, within each rank level.

The listing includes those senior Generals who retired before the outbreak of World War II, but whose names were retained on the Army List even though they did not hold an active command during the course of the war.

Generalfeldmarschall

Werner von **BLOMBERG** (2 Sep 1878 – 13 Mar 1946)
Former Minister of War (1933 – 1938), C-in-C of the Wehrmacht (1935 – 1938) and Chief of General Staff (1927 – 1929), Hitler's first Generalfeldmarschall (20 April 1936). Forced to resign in 1938 due to a scandal concerning his second wife, and never reemployed. Died of a heart attack, in Allied captivity, while waiting to testify at the Nüremberg Trials.
Awards: *Golden Party Badge, Pilot/Observer's Badge in Gold with Diamonds, Pour le Mérite (6 March 1918), 1914 Iron Cross (1st and 2nd Class), 1914 Wound Badge in Black.*

Fedor von **BOCK** (3 Dec 1880 – 3 May 1945)
1 Sep 1939 – 3 Oct 1939:	C-in-C, Army Group North
3 Oct 1939 – 1 Apr 1941:	C-in-C, Army Group B
(19 Jul 1940:	Promoted to Generalfeldmarschall)
1 Apr 1941 – 19 Dec 1941:	C-in-C, Army Group Center
16 Jan 1942 – 13 Jul 1942:	C-in-C, Army Group South
13 Jul 1942:	Retired

Awards: *Knight's Cross (30 September 1939), 1939 Clasp to the 1914 Iron Cross (1st and 2nd Class), Pour le Mérite (4 January 1918), 1914 Iron Cross (1st and 2nd Class), 1914 Wound Badge in Black.*

Eduard Freiherr von **BÖHM-ERMOLLI** (12 Feb 1856 – 9 Dec 1941)
Retired Austro-Hungarian Field Marshal (WWI) granted the privilege of rank of German Generalfeldmarschall and maintained on the Army List.

Walther von **BRAUCHITSCH** (4 Oct 1881 – 18 Oct 1948)
1 Sep 1939 – 19 Dec 1941:	C-in-C of the Army
(19 Jul 1940:	Promoted to Generalfeldmarschall)
19 Dec 1941:	Retired

Awards: *Golden Party Badge, Knight's Cross (30 September 1939), 1939 Clasp to the 1914 Iron Cross (1st and 2nd Class), 1914 Iron Cross (1st and 2nd Class)*

Ernst **BUSCH** (6 Jul 1885 – 17 Jul 1945)
1 Sep 1939 – 25 Oct 1939:	G.O.C. VIII. Army Corps
Jan 1940 – 12 Oct 1943:	C-in-C, 16. Army
(19 Jul 1940:	Promoted to Generaloberst)
(1 Feb 1943:	Promoted to Generalfeldmarschall)
12 Oct 1943 – 27 Jun 1944:	C-in-C, Army Group Center
27 Jun 1944 – 21 Mar 1945:	Führer Reserve
21 Mar 1945 – 4 May 1945:	C-in-C, Northwest
4 May 1945:	Captured, POW

Awards: Knight's Cross with Oakleaves (21 August 1943), Knight's Cross (26 May 1940), 1939 Clasp to the 1914 Iron Cross (1st and 2nd Class), Demjansk Shield, Pour le Mérite (10 April 1918), 1914 Iron Cross (1st and 2nd Class), 1914 Wound Badge in Silver

Wilhelm **KEITEL** (22 Sep 1882 – 16 Oct 1946)
  1 Sep 1939 – 13 May 1945:   Chief of the Armed Forces High Command (OKW), Minister without Portfolio
  (19 Jul 1940:   Promoted to Generalfeldmarschall)

Awards: Golden Party Badge, Knight's Cross (30 September 1939), 1939 Clasp to the 1914 Iron Cross (1st and 2nd Class), 20 July 1944 Wound Badge in Black, 1914 Iron Cross (1st and 2nd Class), 1914 Wound Badge in Black

Ewald von **KLEIST** (8 Aug 1881 – 15 Oct 1954)
  1 Sep 1939 – 5 Mar 1940:   G.O.C. XXII. Army Corps
  5 Mar 1940 – 22 Jun 1941:   C-in-C, Panzer Group Kleist
  (19 Jul 1940:   Promoted to Generaloberst)
  22 Jun 1941 – 5 Oct 1941:   C-in-C, Panzer Group 1
  (5 Oct 1941:   Promoted to Generalfeldmarschall)
  5 Oct 1941 – 21 Nov 1942:   C-in-C, 1. Panzer Army
  21 Nov 1942 – 25 Mar 1944: C-in-C, Army Group A
  31 Mar 1944:   Retired

Awards: Knight's Cross with Oakleaves and Swords 30 March 1944), Knight's Cross with Oakleaves (17 Feb 1942), Knight's Cross (15 May 1940), 1939 Clasp to the 1914 Iron Cross (1st and 2nd Class), 1914 Iron Cross (1st and 2nd Class)

Günther von **KLUGE** (30 Oct 1882 – 16 Aug 1944)
  1 Sep 1939 – 19 Dec 1941:   C-in-C, 4. Army
  (1 Oct 1939:   Promoted to Generaloberst)
  (19 Jul 1940:   Promoted to Generalfeldmarschall)
  19 Dec 1941 – 28 Oct 1943: C-in-C, Army Group Center
  28 Oct 1943 – 2 Jul 1944:   Injured in an automobile accident, sick leave
  2 Jul 1944 – 16 Aug 1944:   C-in-C, West,
                               C-in-C, Army Group D
  17 Jul 1944 – 15 Aug 1944: C-in-C, Army Group B
  16 Aug 1944:   Committed suicide

Awards: Knight's Cross with Oakleaves and Swords (30 March 1944), Knight's Cross with Oakleaves (17 February 1942), Knight's Cross (15 May 1940), 1939 Clasp to the 1914 Iron Cross (1st and 2nd Class), 1914 Iron Cross (1st and 2nd Class)

Georg von **KÜCHLER** (30 May 1881 – 25 May 1968)
  1 Sep 1939 – 5 Nov 1939:   C-in-C, 3. Army
  5 Nov 1939 – 16 Jan 1942:   C-in-C, 18. Army
  (19 Jul 1940:   Promoted to Generaloberst)
  16 Jan 1942 – 9 Jan 1944:   C-in-C, Army Group North
  (30 Jun 1942:   Promoted to Generalfeldmarschall)
  9 Jan 1944:   Retired

Awards: Knight's Cross with Oakleaves (21 August 1943), Knight's Cross (30 September 1939), 1939 Clasp to the 1914 Iron Cross (1st and 2nd Class), 1914 Iron Cross (1st and 2nd Class)

Wilhelm Ritter von **LEEB** (5 Sep 1876 – 29 Apr 1956)
1 Sep 1939 – May 1941: C-in-C, Army Group C
(19 Jul 1940: Promoted to Generalfeldmarschall)
May 1941 – 16 Jan 1942: C-in-C, Army Group North
16 Jan 1942: Retired
Awards: Knight's Cross (24 June 1940), 1939 Clasp to the 1914 Iron Cross (1st and 2nd Class), Knight's Cross of the Bavarian Max Joseph Order (1915), 1914 Iron Cross (1st and 2nd Class)

Wilhelm Sigmund **LIST** (14 May 1880 – 18 Jun 1971)
1 Sep 1939 – 25 Oct 1939: C-in-C, 14. Army
25 Oct 1939 – 29 Oct 1941: C-in-C, 12. Army
(19 Jul 1940: Promoted to Generalfeldmarschall)
1 Jul 1941 – 29 Oct 1941: C-in-C, Southeast
29 Oct 1941 – 10 Jul 1942: Führer Reserve
10 Jul 1942 – 10 Sep 1942: C-in-C, Army Group A
10 Sep 1942: Retired
Awards: Knight's Cross (30 September 1939), 1939 Clasp to the 1914 Iron Cross (1st and 2nd Class), 1914 Iron Cross (1st and 2nd Class)

August von **MACKENSEN** (6 Dec 1849 – 8 Nov 1945)
Retired Imperial German Field Marshal (WWI), maintained on the Army List.

Erich von Lewinski genannt von **MANSTEIN** (24 Nov 1887 – 12 Jun 1973)
1 Sep 1939 – 26 Oct 1939: Chief of Staff, Army Group South
26 Oct 1939 – 1 Feb 1940: Chief of Staff, Army Group A
1 Feb 1940 – 28 Feb 1941: G.O.C. XXXVIII. Army Corps
(1 Jun 1940: Promoted to General der Infanterie)
28 Feb 1941 – 12 Sep 1941: G.O.C. LVI. Army Corps
13 Sep 1941 – 22 Nov 1942: C-in-C, 11. Army
(7 Mar 1942: Promoted to Generaloberst)
(1 Jul 1942: Promoted to Generalfeldmarschall)
22 Nov 1942 – Feb 1943: C-in-C, Army Group Don
Feb 1943 – 31 Mar 1944: C-in-C, Army Group South
31 Mar 1944: Retired
Awards: Knight's Cross with Oakleaves and Swords (30 March 1944), Knight's Cross with Oakleaves (14 March 1943), Knight's Cross (19 July 1940), 1939 Clasp to the 1914 Iron Cross (1st and 2nd Class), Crimea Shield in Gold, 1914 Iron Cross (1st and 2nd Class), 1914 Wound Badge in Black

Walter **MODEL** (24 Jan 1891 – 21 Apr 1945)
1 Sep 1939 – 25 Oct 1939: Chief of Staff, IV. Army Corps
25 Oct 1939 – 13 Nov 1940: Chief of Staff, 16. Army
(1 Apr 1940: Promoted to Generalleutnant)
13 Nov 1940 – 1 Oct 1941: C.O. 3. Panzer Division
(1 Oct 1941: Promoted to General der Panzertruppen)

1 Oct 1941 – 14 Jan 1942:	G.O.C. XXXXI. Panzer Corps
(1 Feb 1942:	Promoted to Generaloberst)
15 Jan 1942 – 6 Aug 1943:	C-in-C, 9. Army
6 Aug 1943 – 14 Aug 1943:	C-in-C, 2. Panzer Army
14 Aug 1943 – 9 Jan 1944:	C-in-C, 9. Army
9 Jan 1944 – 31 Mar 1944:	C-in-C, Army Group North
(1 Mar 1944:	Promoted to Generalfeldmarschall)
31 Mar 1944 – 4 Apr 1944:	C-in-C, Army Group South
4 Apr 1944 – 27 Jun 1944:	C-in-C, Army Group North Ukraine
27 Jun 1944 – 17 Aug 1944:	C-in-C, Army Group Center
17 Aug 1944 – 4 Sep 1944:	C-in-C, West, C-in-C, Army Group D
17 Aug 1944 – 17 Apr 1945:	C-in-C, Army Group B
21 Apr 1945:	Committed suicide

Awards: *Knight's Cross with Oakleaves, Swords and Diamonds (17 August 1944), Knight's Cross with Oakleaves and Swords (2 April 1943), Knight's Cross with Oakleaves (17 February 1942), Knight's Cross (9 July 1941), 1939 Clasp to the 1914 Iron Cross (1st and 2nd Class), Tank Assault Badge, 1914 Iron Cross (1st and 2nd Class), 1914 Wound Badge in Silver*

Friedrich **PAULUS** (23 Sep 1890 – 1 Feb 1957)
1 Sep 1939 – 26 Oct 1939:	Chief of Staff, 10. Army
26 Oct 1939 – 30 May 1940:	Chief of Staff, 6. Army
30 May 1940 – 1 Jan 1942:	Deputy Chief of General Staff
(1 Aug 1940:	Promoted to Generalleutnant)
(1 Jan 1942:	Promoted to General der Panzertruppen)
1 Jan 1942 – 31 Jan 1943:	C-in-C, 6. Army
(30 Nov 1942:	Promoted to Generaloberst)
(31 Jan 1943:	Promoted to Generalfeldmarschall)
31 Jan 1943:	Surrendered at Stalingrad

Awards: *Knight's Cross with Oakleaves (15 January 1943), Knight's Cross (26 August 1942), 1939 Clasp to the 1914 Iron Cross (1st and 2nd Class), Baltic Cross (1st and 2nd Class), 1914 Iron Cross (1st and 2nd Class)*

Walther von **REICHENAU** (8 Oct 1884 – 17 Jan 1942)
1 Sep 1939 – 20 Oct 1939:	C-in-C, 10. Army
(1 Oct 1939:	Promoted to Generaloberst)
20 Oct 1939 – 1 Dec 1941:	C-in-C, 6. Army
(19 Jul 1940:	Promoted to Generalfeldmarschall)
1 Dec 1941 – 16 Jan 1942:	C-in-C, Army Group South
17 Jan 1942:	Died following heart-attack and air-crash

Awards: *Knight's Cross (30 September 1939), 1939 Clasp to the 1914 Iron Cross (1st and 2nd Class), 1914 Iron Cross (1st and 2nd Class)*

Erwin **ROMMEL** (15 Nov 1891 – 14 Oct 1944)
1 Sep 1939 – 5 Feb 1940:	Commandant, Führer Headquarters
5 Feb 1940 – 14 Feb 1941:	C.O. 7. Panzer Division
(1 Jan 1941:	Promoted to Generalleutnant)
14 Feb 1941 – 15 Aug 1941:	G.O.C. Africa Corps

(1 Jul 1941:   Promoted to General der Panzertruppen)
15 Aug 1941 – 1 Jan 1943:   C-in-C, Panzer Army Africa
(30 Jan 1942:   Promoted to Generaloberst)
(22 Jun 1942:   Promoted to Generalfeldmarschall)
1 Jan 1943 – 9 Mar 1943:   C-in-C, Army Group Africa
9 Mar 1943 – 10 Jul 1943:   Sick leave
10 Jul 1943 – 17 Jul 1944:   C-in-C, Army Group B
17 Jul 1944 – 14 Oct 1944:   Sick leave
14 Oct 1944:   Committed suicide

Awards: *Knight's Cross with Oakleaves, Swords and Diamonds (11 March 1943), Knight's Cross with Oakleaves and Swords (20 January 1942), Knight's Cross with Oakleaves (20 March 1941), Knight's Cross (26 May 1940), 1939 Clasp to the 1914 Iron Cross (1st and 2nd Class), Tank Assault Badge, Africa Cuff Title, Pilot/Observer's Badge in Gold with Diamonds, Italian Colonial Order, Pour le Mérite, 1914 Iron Cross (1st and 2nd Class), 1914 Wound Badge in Silver*

Gerd von **RUNDSTEDT** (12 Dec 1975 – 24 Feb 1953)
1 Sep 1939 – 15 Oct 1939:   C-in-C, Army Group South
1 Oct 1939 – 15 Oct 1939:   C-in-C, East (Oberost)
15 Oct 1939 – 1 Oct 1940:   C-in-C, Army Group A
(19 Jul 1940:   Promoted to Generalfeldmarschall)
1 Oct 1940 – 10 Jun 1941:   C-in-C, West
10 Jun 1941 – 1 Dec 1941:   C-in-C, Army Group South
1 Dec 1941 – 15 Mar 1942:   Führer Reserve
15 Mar 1942 – 2 Jul 1944:   C-in-C, West,
                                 C-in-C, Army Group D
2 Jul 1944 – 5 Sep 1944:   Führer Reserve
5 Sep 1944 – 9 Mar 1945:   C-in-C, West
9 Mar 1945:   Führer Reserve

Awards: *Knight's Cross with Oakleaves and Swords (18 February 1945), Knight's Cross with Oakleaves (1 July 1944), Knight's Cross (30 September 1939), 1939 Clasp to the 1914 Iron Cross (1st and 2nd Class), 1914 Iron Cross (1st and 2nd Class)*

Ferdinand **SCHÖRNER** (12 Jun 1892 – 6 Jul 1973)
1 Sep 1939 – 24 May 1940:   O.C. 98. Mountain Regiment
31 May 1940 – 15 Jan 1942:   C.O. 6. Mountain Division
(1 Aug 1940:   Promoted to Generalmajor)
15 Jan 1942 – 10 Nov 1942:   G.O.C. Mountain Corps Norway
10 Nov 1942 – 1 Oct 1943:   G.O.C. XIX. Mountain Corps
(27 Jan 1942:   Promoted to Generalleutnant)
(1 Jun 1942:   Promoted to General der Gebirgstruppen)
1 Oct 1943 – 31 Jan 1944:   G.O.C. XXXX. Panzer Corps
1 Feb 1944 – 1 Mar 1944:   Chief of Army National Socialist Leadership Staff
2 Mar 1944 – 25 Mar 1944:   C-in-C, 17. Army
25 Mar 1944 – 31 Mar 1944:   C-in-C, Army Group A
31 Mar 1944 – 25 Jul 1944:   C-in-C, Army Group South Ukraine
(1 Apr 1944:   Promoted to Generaloberst)
25 Jul 1944 – 17 Jan 1945:   C-in-C, Army Group North

17 Jan 1945 – 25 Jan 1945:   C-in-C, Army Group A
25 Jan 1945 – 8 May 1945:   C-in-C, Army Group Center
(5 Apr 1945:   Promoted to Generalfeldmarschall)
30 Apr 1945 – 8 May 1945:   C-in-C of the Army

Awards: *Golden Party Badge, Knight's Cross with Oakleaves, Swords and Diamonds (1 January 1945), Knight's Cross with Oakleaves and Swords (28 August 1944), Knight's Cross with Oakleaves (17 February 1944), Knight's Cross (20 April 1941), 1939 Clasp to the 1914 Iron Cross (1st and 2nd Class), Pour le Mérite, 1914 Iron Cross (1st and 2nd Class), 1914 Wound Badge in Silver*

Maximilian Reichsfreiherr von un zu **WEICHS** an der Glon (12 Nov 1881 – 27 Sep 1954)
1 Sep 1939 – 20 Oct 1939:   G.O.C. XIII. Army Corps
20 Oct 1939 – 15 Nov 1941:   C-in-C, 2. Army
(19 Jul 1940:   Promoted to Generaloberst)
15 Nov 1941 – 25 Dec 1941:   Sick leave
25 Dec 1941 – 15 Jul 1942:   C-in-C, 2. Army
15 Jul 1942 – 10 Jul 1943:   C-in-C, Army Group B
(1 Feb 1943:   Promoted to Generalfeldmarschall)
10 Jul 1943 – 26 Jul 1943:   Führer Reserve
26 Jul 1943 – 25 Mar 1945:   C-in-C, Southeast
    C-in-C, Army Group F
25 Mar 1945:   Retired

Awards: *Knight's Cross with Oakleaves (5 February 1945), Knight's Cross (29 June 1940), 1939 Clasp to the 1914 Iron Cross (1st and 2nd Class), 1914 Iron Cross (1st and 2nd Class)*

Erwin von **WITZLEBEN** (9 Dec 1881 – 9 Aug 1944)
1 Sep 1939 – 26 Oct 1940:   C-in-C, 1. Army
(1 Nov 1939:   Promoted to Generaloberst)
26 Oct 1940 – 15 Mar 1942:   C-in-C, Army Group D
(19 Jul 1940:   Promoted to Generalfeldmarschall)
1 May 1941 – 15 Mar 1942:   C-in-C, West,
    C-in-C, Army Group D
15 Mar 1942:   Führer Reserve
9 Aug 1944:   Executed for involvement in the July 20 Plot to kill Hitler

Awards: *Knight's Cross (24 June 1940), 1939 Clasp to the 1914 Iron Cross (1st and 2nd Class), Pour le Mérite (4 January 1918), 1914 Iron Cross (1st and 2nd Class)*

Generaloberst

Wilhelm **ADAM** (15 Sep 1878 – 8 Apr 1949)
Former Chief of the General Staff (1930 – 1933), Commander-in-Chief West and Army Group Commander (1938). Retired on 31 December 1938, but was placed at the diposal of the Commander-in-Chief of the Army at the outbreak of World War II. Did not receive an appointment, and played no active role.

Hans-Jürgen von **ARNIM** (4 Apr 1889 – 1 Sep 1962)
   1 Sep 1939 – 8 Sep 1939:   Chief of Army Office 4
   8 Sep 1939 – 5 Oct 1940:   C.O. 52. Infantry Division
   (1 Dec 1939:   Promoted to Generalleutnant)
   5 Oct 1940 – 1 Nov 1940:   C.O. 27. Infantry Division
   1 Nov 1940 – 15 Sep 1941:   Sick leave
   15 Sep 1941 – 10 Nov 1941:   C.O. 17. Panzer Division
   (1 Oct 1941:   Promoted to General der Panzertruppen)
   11 Nov 1941 – 30 Nov 1942:   G.O.C. XXXIX. Panzer Corps
   (3 Dec 1942:   Promoted to Generaloberst)
   20 Feb 1943 – 28 Feb 1943:   C-in-C, 5. Panzer Army
   9 Mar 1943 – 12 May 1943:   C-in-C, Army Group Tunis
   12 May 1943:   Surrendered in North Africa, POW
Awards: *Knight's Cross (4 September 1941), 1939 Clasp to the 1914 Iron Cross (1st and 2nd Class), Tank Assault Badge, 1914 Iron Cross (1st and 2nd Class)*

Ludwig **BECK** (29 Jun 1880 – 20 Jul 1944)
Former Chief of the General Staff (1933 – 1938) and C-in-C, 1. Army (1938). Retired on 31 October 1938. Remained on the Army list, but held no appointment during the war. Committed suicide (with the help of a subordinate) following the failure of the 20 July Plot to kill Hitler, in which he played a major role, having been designated as Regent to follow Hitler as Head of State.
Awards: *1914 Iron Cross (1st and 2nd Class)*

Johannes **BLASKOWITZ** (10 Jul 1883 – 5 Feb 1948)
   1 Sep 1939 – 14 Oct 1939:   C-in-C, 8. Army
   (1 Oct 1939:   Promoted to Generaloberst)
   14 Oct 1939 – 20 Oct 1939:   C-in-C, 2. Army
   20 Oct 1939 – 14 May 1940:   C-in-C, East (Oberost)
   14 May 1940 – 29 May 1940:   C-in-C, 9. Army
   9 Jun 1940 – 26 Jun 1940:   Military Commander, North France
   25 Oct 1940 – 1 May 1944:   C-in-C, 1. Army
   4 Feb 1942 – 15 Mar 1942:   C-in-C, Army Group D (simultaneously as C-in-C, 1. Army)
   10 May 1944 – 21 Sep 1944:   C-in-C, Army Group G

21 Sep 1944 – 24 Dec 1944:   Führer Reserve
24 Dec 1944 – 28 Jan 1945:   C-in-C, Army Group G
28 Jan 1945 – 21 Mar 1945:   C-in-C, Army Group H
21 Mar 1945 – 7 Apr 1945:   C-in-C, 25. Army
7 Apr 1945 – 8 May 1945:   C-in-C, Fortress Holland

Awards: *Knight's Cross with Oakleaves and Swords (25 April 1945), Knight's Cross with Oakleaves (29 October 1944), Knight's Cross (30 September 1939), 1939 Clasp to the 1914 Iron Cross (1st and 2nd Class), 1914 Iron Cross (1st and 2nd Class)*

Eduard **DIETL** (21 Jul 1890 – 23 Jun 1944)
  1 Sep 1939 – 14 Jun 1940:   C.O. 3. Mountain Division
  (1 Apr 1940:   Promoted to Generalleutnant)
  14 Jun 1940 – 15 Jan 1942: G.O.C. Norway Mountain Corps
  (19 Jul 1940:   Promoted to General der Gebirgstruppen)
  15 Jan 1942 – 23 Jun 1944: C-in-C, 20. Mountain Army
  (1 Jun 1942:   Promoted to Generaloberst)
  23 Jun 1944:   Killed in air-crash

Awards: *Knight's Cross with Oakleaves and Swords (1 Jul 1944 – posthumously), Knight's Cross with Oakleaves (19 July 1940), Knight's Cross (9 May 1940), 1939 Clasp to the 1914 Iron Cross (1st and 2nd Class), Narvik Shield, 1939 Wound Badge in Gold, Pilot/Observer's Badge in Gold with Diamonds, German Olympic Games Decoration 1st Class (1936 Games), 1914 Iron Cross (1st and 2nd Class)*

Friedrich **DOLLMANN** (2 Feb 1882 – 28 Jun 1944)
  1 Sep 1939 – 25 Oct 1939:   G.O.C. IX. Army Corps
  (19 Jul 1940:   Promoted to Generaloberst)
  25 Oct 1939 – 28 Jun 1944: C-in-C, 7. Army
  28 Jun 1944:   Died in France, reportedly of a heart-attack

Awards: *Knight's Cross with Oakleaves (1 July 1944), Knight's Cross (24 June 1940), 1939 Clasp to the 1914 Iron Cross (1st and 2nd Class), 1914 Iron Cross (1st and 2nd Class)*

Nikolaus von Jastrzembski genannt von **FALKENHORST** (19 Jan 1885 – 18 Jun 1968)
  1 Sep 1939 – 19 Dec 1940:   G.O.C. XXI. Army Corps
  (1 Oct 1939:   Promoted to General der Infanterie)
  9 Apr 1940 – 19 Dec 1940:   C-in-C, Denmark & Norway
  (19 Jul 1940:   Promoted to Generaloberst)
  19 Dec 1940 – 18 Dec 1944: C-in-C, Army of Norway (21. Army)
  1 Jan 1942 – 18 Dec 1944:   C-in-C, Norway
  18 Dec 1944:   Retired (?)

Awards: *Knight's Cross (30 April 1944), 1939 Clasp to the 1914 Iron Cross (1st and 2nd Class), 1914 Iron Cross (1st and 2nd Class)*

Johannes **FRIEẞNER** (22 Mar 1892 – 26 Jun 1971)
  1 Sep 1939 – 1 May 1942:   Inspector of Army Training
  (1 Aug 1940:   Promoted to Generalmajor)
  1 May 1942 – 19 Jan 1943:   C.O. 102. Infantry Division
  (1 Oct 1942:   Promoted to Generalleutnant)
  19 Jan 1943 – 7 Dec 1943:   G.O.C. XXIII. Army Corps

(1 Apr 1943:   Promoted to General der Infanterie)
2 Feb 1944 – 23 Feb 1944:   C-in-C, Army Detachment Frießner
23 Feb 1944 – 1 Jul 1944:   C-in-C, Army Detachment Narwa
(1 Jul 1944:   Promoted to Generaloberst)
1 Jul 1944 – 25 Jul 1944:   C-in-C, Army Group North
25 Jul 1944 – Sep 1944:   C-in-C, Army Group South Ukraine
Sep 1944 – 28 Dec 1944:   C-in-C, Army Group South
28 Dec 1944:   Transferred to Führer Reserve

Awards: *Knight's Cross with Oakleaves (9 April 1944), Knight's Cross (23 July 1943), German Cross in Gold (9 June 1943), 1939 Iron Cross (1st and 2nd Class)*

Werner Freiherr von **FRITSCH** (4 Aug 1880 – 22 Sep 1939)
Former Commander-in-Chief of the Army (1934 – 1938), retired on 4 February 1938. Appointed Honorary Colonel of 12. Artillery Regiment. Killed in action with his Regiment during the Poland Campaign on 22 September 1939.
Awards: *Golden Party Badge, 1939 Wound Badge in Gold, 1914 Iron Cross (1st and 2nd Class)*

Fritz **FROMM** (8 Oct 1888 – 12 Mar 1945)
1 Sep 1939 – 20 Jul 1944:   C-in-C, Replacement Army
(19 Jul 1940:   Promoted to Generaloberst)
20 Jul 1944:   Dismissed for involvement in 20 July Plot to kill Hitler
12 Mar 1945:   Executed for complicity in 20 July Plot

Awards: *Knight's Cross (6 July 1940), 1939 Clasp to the 1914 Iron Cross (1st and 2nd Class), 1914 Iron Cross (1st and 2nd Class)*

Heinz **GUDERIAN** (17 Jun 1888 – 14 May 1954)
1 Sep 1939 – 1 Jun 1940:   G.O.C. XIX. Army Corps
1 Jun 1940 – 16 Nov 1940:   C-in-C, Panzer Group Guderian
(19 Jul 1940:   Promoted to Generaloberst)
16 Nov 1940 – 5 Oct 1941:   C-in-C, Panzer Group 2
5 Oct 1941 – 25 Dec 1941:   C-in-C, 2. Panzer Army
25 Dec 1941 – 1 Mar 1943:   Retired
1 Mar 1943 – 1 Jul 1944:   Inspector-General of Armored Troops
1 Jul 1944 – 28 Mar 1945:   Chief of the General Staff
28 Mar 1945 – 8 May 1945:   Sick leave

Awards: *Knight's Cross with Oakleaves (10 July 1941), Knight's Cross (27 October 1939), 1939 Clasp to the 1914 Iron Cross (1st and 2nd Class), Tank Assault Badge, 1914 Iron Cross (1st and 2nd Class)*

Curt **HAASE** (15 Dec 1881 – 9 Feb 1943)
1 Sep 1939 – 13 Nov 1940:   G.O.C. III. Army Corps
(19 Jul 1940:   Promoted to Generaloberst)
15 Feb 1941 – 30 Nov 1942:   C-in-C, 15. Army
30 Nov 1942 – 9 Feb 1943:   Sick leave
9 Feb 1943:   Died

Awards: *Knight's Cross, 1939 Clasp to the 1914 Iron Cross (1st and 2nd Class), 1914 Iron Cross (1st and 2nd Class)*

Franz **HALDER** (30 Jun 1884 – 2 Apr 1972)
  1 Sep 1939 – 24 Sep 1942:   Chief of General Staff
  (19 Jul 1940:   Promoted to Generaloberst)
  24 Sep 1942 – 31 Jan 1945:   Führer Reserve
  31 Jan 1945:   Retired
Awards: *Knight's Cross (27 October 1939), 1939 Clasp to the 1914 Iron Cross (1st and 2nd Class), 1914 Iron Cross (1st and 2nd Class)*

Kurt Freiherr von **HAMMERSTEIN-EQUORD** (16 Sep 1878 – 24 Apr 1943)
  Former Commander-in-Chief of the Army (1930 – 1934) and Chief of the General Staff (1929 – 1931). Retired on 1 February 1934, he was designated to command 4. Army in the invasion of Czechoslovakia in 1938, which never took place. Generaloberst von Hammerstein was recalled for brief service at the outbreak of the war.
  10 Sep 1939 – 21 Sep 1939:   C-in-C, Army Detachment A
  21 Sep 1939:   Retired
  24 Apr 1943:   Died in Berlin
Awards: *Pour le Mérite, 1914 Iron Cross (1st and 2nd Class)*

Josef **HARPE** (21 Sep 1887 – ?)
  1 Sep 1939 – 15 Feb 1940:   C.O. 1. Panzer Brigade
  15 Feb 1940 – 5 Oct 1940:   Commandant, Panzer Troops School
  (1 Aug 1940:   Promoted to Generalmajor)
  5 Oct 1940 – 15 Jan 1942:   C.O. 12. Panzer Division
  (15 Jan 1942:   Promoted to Generalleutnant)
  15 Jan 1942 – 15 Oct 1943:   G.O.C. XXXXI. Panzer Corps
  (1 Jun 1942:   Promoted to General der Panzertruppen)
  4 Nov 1943 – 30 Nov 1943:   Acting C-in-C, 9. Army
  30 Nov 1943 – 9 Jan 1944:   Führer Reserve
  9 Jan 1944 – 18 May 1944:   C-in-C, 9. Army
  (20 Apr 1944:   Promoted to Generaloberst)
  18 May 1944 – 28 Jun 1944:   C-in-C, 4. Panzer Army
  28 Jun 1944 – 28 Sep 1944:   C-in-C, Army Group North Ukraine
  28 Sep 1944 – 17 Jan 1945:   C-in-C, Army Group A
  17 Jan 1945 – 8 Mar 1945:   Führer Reserve
  8 Mar 1945 – 17 Apr 1945:   C-in-C, 5. Panzer Army
  17 Apr 1945:   Command destroyed in the Ruhr Pocket
Awards: *Knight's Cross with Oakleaves and Swords (15 September 1943), Knight's Cross with Oakleaves (31 December 1941), Knight's Cross (13 August 1941), German Cross in Gold (19 February 1943), 1939 Clasp to the 1914 Iron Cross (1st and 2nd Class), Tank Assault Badge, 1914 Iron Cross (1st and 2nd Class)*

Gotthard **HEINRICI**   (25 Dec 1886 – ?)
  1 Sep 1939 – 1 Feb 1940:   C.O. 16. Infantry Division
  1 Feb 1940 – 9 Apr 1940:   Acting G.O.C. VII. Army Corps
  9 Apr 1940 – 17 Jun 1940:   Acting G.O.C. XII. Army Corps
  (20 Apr 1940:   Promoted to General der Infanterie)
  17 Jun 1940 – 20 Jan 1942:   G.O.C. XXXXIII. Army Corps
  20 Jan 1942 – 4 Jun 1944:   C-in-C, 4. Army
  (1 Jan 1943:   Promoted to Generaloberst)

15 Aug 1944 – 19 Mar 1945:   C-in-C, 1. Panzer Army
20 Mar 1945 – 29 Apr 1945:   C-in-C, Army Group Vistula
29 Apr 1945:   Retired

Awards: Knight's Cross with Oakleaves and Swords (3 March 1945), Knight's Cross with Oakleaves (24 November 1943), Knight's Cross (18 September 1941), 1939 Clasp to the 1914 Iron Cross (1st and 2nd Class), 1914 Iron Cross (1st and 2nd Class)

Walter **HEITZ** (8 Dec 1878 – 1944)
1 Sep 1939 – 12 Sep 1939:   President of Supreme Military Court
12 Sep 1939 – 25 Oct 1939:   Military Commander, Danzig
25 Oct 1939 – 31 Jan 1943:   G.O.C. VIII. Army Corps
(30 Jan 1943:   Promoted to Generaloberst)
31 Jan 1943:   Captured at Stalingrad
1944:   Died in Moscow

Awards: Knight's Cross with Oakleaves (21 December 1942), Knight's Cross (4 September 1940), German Cross in Gold (22 April 1942), 1939 Clasp to the 1914 Iron Cross (1st and 2nd Class), 1914 Iron Cross (1st and 2nd Class)

Wilhelm **HEYE** (30 Jan 1869 – 1947)
Formed Commander-in-Chief of the Army (1926 – 1930) and Chief of the General Staff (1920 – 1922). Retired on 30 September 1930, but remained on the Army List. Held no appointment during the war.

Awards: Pour le Mérite, 1914 Iron Cross (1st and 2nd Class)

Carl **HILPERT** (12 Sep 1888 – 1946)
1 Sep 1939 – 30 Sep 1939:   Chief of Staff, IX. Army Corps
30 Sep 1939 – 25 Oct 1939:   Chief of Staff, Army Detachment A
25 Oct 1939 – Feb 1940:   Chief of Staff, Border District South – Cracow
Feb 1940 – 26 Oct 1940:   Chief of Staff, 1. Army
(1 Oct 1940:   Promoted to Generalleutnant)
26 Oct 1940 – 22 Jun 1942:   Chief of Staff, Army Group B
22 Jun 1942 – 25 Jul 1942:   Acting G.O.C. LIX. Army Corps
25 Jul 1942 – 20 Jan 1943:   G.O.C. XXIII. Army Corps
(1 Sep 1942:   Promoted to General der Infanterie)
20 Jan 1943 – 1 Jan 1944:   G.O.C. LIV. Army Corps
1 Jan 1944 – 3 Sep 1944:   G.O.C. I. Army Corps
3 Sep 1944 – 10 Mar 1945:   C-in-C, 16. Army
25 Mar 1945 – 8 May 1945:   C-in-C, Army Group Kurland
(1 May 1945:   Promoted to Generaloberst)

Awards: Knight's Cross with Oakleaves (8 August 1944), Knight's Cross (22 April 1943), German Cross in Gold (19 February 1943), 1939 Clasp to the 1914 Iron Cross (1st and 2nd Class), 1914 Iron Cross (1st and 2nd Class)

Erich **HOEPNER** (14 Sep 1886 – 1944)
1 Sep 1939 – 22 Jun 1941:   G.O.C. XVI. Army Corps
(19 Jul 1940:   Promoted to Generaloberst)
22 Jun 1941 – 5 Oct 1941:   C-in-C, Panzer Group 4
5 Oct 1941 – 8 Jan 1942:   C-in-C, 4. Panzer Army

8 Jan 1942: Dismissed
1944: Executed for complicity in the 20 July Plot to kill Hitler

Awards: *Knight's Cross (27 October 1939), 1939 Clasp to the 1914 Iron Cross (1st and 2nd Class), 1914 Iron Cross (1st and 2nd Class)*

Karl **HOLLIDT** (28 Apr 1891 – 22 May 1985)
1 Sep 1939 – 15 Sep 1939: C.O. 52. Infantry Division
15 Sep 1939 – 1 Nov 1939: Chief of Staff, 5. Army
1 Nov 1939 – 25 May 1940: Chief of Staff to C-in-C, East (Oberost)
(1 Apr 1940: Promoted to Generalleutnant)
25 May 1940 – 25 Oct 1940: Chief of Staff, 9. Army
25 Oct 1940 – 23 Jan 1942: C.O. 50. Infantry Division
23 Jan 1942 – 23 Nov 1942: G.O.C. XVII. Army Corps
(1 Feb 1942: Promoted to General der Infanterie)
23 Nov 1942 – 5 Mar 1943: C-in-C, Army Detachment Hollidt
5 Mar 1943 – Apr 1944: C-in-C, 6. Army
(1 Sep 1943: Promoted to Generaloberst)
Apr 1944: Dismissed

Awards: *Knight's Cross with Oakleaves (17 May 1943), Knight's Cross (8 September 1941), 1939 Clasp to the 1914 Iron Cross (1st and 2nd Class), 1914 Iron Cross (1st and 2nd Class)*

Hermann **HOTH** (12 Apr 1885 – ?)
1 Sep 1939 – 16 Nov 1940: G.O.C. XV. Army Corps
(19 Jul 1940: Promoted to Generaloberst)
16 Nov 1940 – 5 Oct 1941: C-in-C, Panzer Group 3
5 Oct 1941 – 1 Jun 1942: C-in-C, 17. Army
1 Jun 1942 – 30 Nov 1943: C-in-C, 4. Panzer Army
30 Nov 1943: Retired

Awards: *Knight's Cross with Oakleaves and Swords (15 September 1943), Knight's Cross with Oakleaves (17 July 1941), Knight's Cross (27 October 1939), 1939 Clasp to the 1914 Iron Cross (1st and 2nd Class), Tank Assault Badge, 1914 Iron Cross (1st and 2nd Class)*

Hans Valentin **HUBE** (29 Oct 1890 – 21 Apr 1944)
1 Sep 1939 – 18 Oct 1939: Commandant, Infantry School
18 Oct 1939 – 4 May 1940: O.C. 3. Infantry Regiment
4 May 1940 – 1 Jun 1940: General officer training
(1 Jun 1940: Promoted to Generalmajor)
1 Jun 1940 – 1 Nov 1940: C.O. 16. Infantry Division
1 Nov 1940 – 15 Sep 1942: C.O. 16. Panzer Division
(1 Apr 1942: Promoted to Generalleutnant)
15 Sep 1942 – 30 Oct 1942: G.O.C. XIV. Panzer Corps
(1 Oct 1942: Promoted to General der Panzertruppen)
30 Oct 1942 – 29 Oct 1943: Sick leave
29 Oct 1943 – 21 Apr 1944: C-in-C, 1. Panzer Army
(20 Apr 1944: Promoted to Generaloberst)
21 Apr 1944: C-in-C-designate, Army Group South Ukraine

21 Apr 1944: Killed in an air-crash

Awards: *Knight's Cross with Oakleaves, Swords and Diamonds (20 April 1944), Knight's Cross with Oakleaves and Swords (21 Decenber 1942), Knight's Cross with Oakleaves (16 January 1942), Knight's Cross (1 August 1941), 1939 Clasp to the 1914 Iron Cross (1st and 2nd Class), Tank Assault Badge, 1939 Wound Badge in Gold, Knight's Cross of the House Order of Hohenzollern with Swords (World War I), 1914 Iron Cross (1st and 2nd Class), 1914 Wound Badge in Silver*

Erwin **JAENECKE** (22 Apr 1890 – 13 Oct 1955)
1 Sep 1939 – 1 Nov 1939:	Quartermaster, 8. Army
(1 Nov 1939:	Promoted to Generalmajor)
1 Nov 1939 – 1 May 1940:	Quartermaster-General to C-in-C, East (Oberost)
1 May 1940 – 31 Jan 1942:	Quartermaster-General to C-in-C, West
(1 Nov 1941:	Promoted to Generalleutnant)
31 Jan 1942 – 1 Nov 1942:	C.O. 389. Infantry Division
(1 Nov 1942:	Promoted to General der Pioniere)
1 Nov 1942 – 27 Jan 1943:	G.O.C. IV. Army Corps
27 Jan 1943 – 1 Apr 1943:	Leave
1 Apr 1943 – 1 Jun 1943:	G.O.C. LXXXII. Army Corps
24 Jun 1943 – 30 Apr 1944:	C-in-C, 17. Army
(30 Jan 1944:	Promoted to Generaloberst)
30 Apr 1944 – 31 Jan 1945:	Führer Reserve
31 Jan 1945:	Retired

Awards: *Knight's Cross (9 October 1942), German Cross in Gold (2 January 1943), 1939 Iron Cross (1st and 2nd Class)*

Alfred **JODL** (10 May 1890 – 16 Oct 1946)
1 Sep 1939 – 13 May 1945:	Chief of Operations, Armed Forces High Command (OKW)
(19 Jul 1940:	Promoted to General der Artillerie [from Generalmajor])
(30 Jan 1944:	Promoted to Generaloberst)
13 May 1945 – 23 May 1945:	Chief of the Armed Forces High Command (OKW)

Awards: *Golden Party Badge, Knight's Cross with Oakleaves (7 May 1945), Knight's Cross (7 May 1945), 1939 Clasp to the 1914 Iron Cross (1st and 2nd Class), 20 July 1944 Wound Badge in Black, 1914 Iron Cross (1st and 2nd Class)*

Georg **LINDEMANN** (8 Mar 1884 – ?)
1 Sep 1939 – 1 Oct 1940:	C.O. 36. Infantry Division
1 Oct 1940 – 16 Jan 1942:	G.O.C. L. Army Corps
(1 Nov 1940:	Promoted to General der Kavallerie)
16 Jan 1942 – 29 Mar 1944:	C-in-C, 18. Army
(3 Jul 1942:	Promoted to Generaloberst)
31 Mar 1944 – 1 Jul 1944:	C-in-C, Army Group North
1 Jul 1944 – 27 Jan 1945:	Führer Reserve
27 Jan 1945 – 6 May 1945:	Armed Forces Commander, Denmark
6 May 1945 – 8 May 1945:	C-in-C, Lindemann Army

Awards: *Knight's Cross with Oakleaves (21 August 1943), Knight's Cross (5 August 1940), 1939 Clasp to the 1914 Iron Cross (1st and 2nd Class), Knight's Cross of the*

House Order of Hohenzollern with Swords (World War I), 1914 Iron Cross (1st and 2nd Class)

Eberhard von **MACKENSEN** (24 Sep 1889 – ?)
    1 Sep 1939 – Nov 1939:   Chief of Staff, 14. Army
    Nov 1939 – 15 Jan 1942:   Chief of Staff, 12. Army
    (1 Jan 1940:   Promoted to Generalleutnant)
    (1 Aug 1940:   Promoted to General der Kavallerie)
    15 Jan 1942 – 2 Jan 1943:   G.O.C. III. Panzer Corps
    22 Nov 1942 – 29 Oct 1943:   C-in-C, 1. Panzer Army
    (6 Jul 1943:   Promoted to Generaloberst)
    5 Nov 1943 – 5 Jun 1944:   C-in-C, 14. Army
    5 Jun 1944:   Dismissed
Awards: *Knight's Cross with Oakleaves (26 May 1942), Knight's Cross (27 July 1941), 1939 Clasp to the 1914 Iron Cross (1st and 2nd Class), 1914 Iron Cross (1st and 2nd Class)*

Erhard **RAUS** (8 Jan 1889 – 1956)
    1 Sep 1939 – 15 Jul 1940:   Attached to Gruppenkommando 5
    15 Jul 1940 – 15 Apr 1941:   O.C. 4. Schützen Regiment
    15 Apr 1941 – 1 Apr 1942:   C.O. 6. Schützen Brigade
    (1 Sep 1941:   Promoted to Generalmajor)
    1 Apr 1942 – 7 Feb 1943:   C.O. 6. Panzer Division
    (1 Jan 1943:   Promoted to Generalleutnant)
    1 Mar 1943 – Oct 1943:   G.O.C. XI. Army Corps
    (1 May 1943:   Promoted to General der Panzertruppen)
    5 Nov 1943 – 25 Nov 1943:   G.O.C. XXXXVII. Panzer Corps
    26 Nov 1943 – 18 May 1944:   C-in-C, 4. Panzer Army
    18 May 1944 – 15 Aug 1944:   C-in-C, 1. Panzer Army
    (15 Aug 1944:   Promoted to Generaloberst)
    15 Aug 1944 – 9 Mar 1945:   C-in-C, 3. Panzer Army
    9 Mar 1945:   Relieved of command
Awards: *Knight's Cross with Oakleaves (22 August 1943), Knight's Cross (11 October 1941), German Cross in Gold (14 February 1943), 1939 Iron Cross (1st and 2nd Class), Tank Assault Badge*

Hans-Georg **REINHARDT** (1 Mar 1887 – ?)
    1 Sep 1939 – 4 Feb 1940:   C.O. 4. Panzer Division
    (1 Oct 1939:   Promoted to Generalleutnant)
    15 Feb 1940 – 30 Sep 1941:   G.O.C. XXXXI. Army Corps
    (1 Jun 1940:   Promoted to General der Panzertruppen)
    5 Oct 1941 – 1 Jan 1942:   C-in-C, Panzer Group 3
    (1 Jan 1942:   Promoted to Generaloberst)
    1 Jan 1942 – 15 Aug 1944:   C-in-C, 3. Panzer Army
    17 Aug 1944 – 25 Jan 1945:   C-in-C, Army Group Center
    25 Jan 1945:   Relieved of command
Awards: *Knight's Cross with Oakleaves and Swords (26 May 1944), Knight's Cross with Oakleaves (17 February 1942), Knight's Cross (27 October 1939), 1939 Clasp to the 1914 Iron Cross (1st and 2nd Class), Tank Assault Badge, 1914 Iron Cross (1st and 2nd Class)*

Dr. Lothar **RENDULIC** (23 Nov 1887 – 18 Jan 1971)
  1 Sep 1939 – 15 Jun 1940:   Chief of Staff, XVII. Army Corps
  (1 Dec 1939:   Promoted to Generalmajor)
  15 Jun 1940 – 5 Oct 1940:   C.O. 14. Infantry Division
  5 Oct 1940 – 1 Nov 1942:   C.O. 52. Infantry Division
  (1 Dec 1941:   Promoted to Generalleutnant)
  (1 Dec 1942:   Promoted to General der Infanterie)
  1 Nov 1942 – 15 Apr 1943:   G.O.C. XXXV. Army Corps
  15 Apr 1943 – 14 Aug 1943:   Wounded, sick leave
  14 Aug 1943 – 25 Jun 1944:   C-in-C, 2. Panzer Army
  (1 Apr 1944:   Promoted to Generaloberst)
  25 Jun 1944 – 15 Jan 1945:   C-in-C, 20. Mountain Army
  15 Jan 1945 – 27 Jan 1945:   C-in-C, Army Group Kurland
  27 Jan 1945 – 10 Mar 1945:   C-in-C, Army Group North
  10 Mar 1945 – 25 Mar 1945:   C-in-C, Army Group Kurland
  25 Mar 1945 – 2 Apr 1945:   C-in-C, Army Group South
  2 Apr 1945 – 8 May 1945:   C-in-C, Army Group Ostmark
Awards: Knight's Cross with Oakleaves and Swords (18 January 1945), Knight's Cross with Oakleaves (15 August 1943), Knight's Cross (6 March 1942), German Cross in Gold (26 December 1941), 1939 Iron Cross (1st and 2nd Class), Kurland Cuff Title Award, 1939 Wound Badge in Black

Richard **RUOFF** (18 Aug 1883 – ?)
  1 Sep 1939 – 8 Jan 1942:   G.O.C. V. Army Corps
  8 Jan 1942 – 31 May 1942:   C-in-C, 4. Panzer Army
  (1 Apr 1942:   Promoted to Generaloberst)
  1 Jun 1942 – 24 Jun 1943:   C-in-C, 17. Army
  24 Jun 1943:   Relieved of command
Awards: Knight's Cross, 1939 Clasp to the 1914 Iron Cross (1st and 2nd Class), 1914 Iron Cross (1st and 2nd Class)

Hans von **SALMUTH** (29 Nov 1888 – ?)
  1 Sep 1939 – 25 Oct 1939:   Chief of Staff, Army Group North
  25 Oct 1939 – 10 May 1941:   Chief of Staff, Army Group B
  (1 Aug 1940:   Promoted to General der Infanterie)
  10 May 1941 – 27 Dec 1941:   G.O.C. XXX. Army Corps
  20 Apr 1942 – 1 Jun 1942:   C-in-C, 17. Army
  6 Jun 1942 – 15 Jul 1942:   C-in-C, 4. Army
  15 Jul 1942 – 3 Feb 1943:   C-in-C, 2. Army
  (1 Jan 1943:   Promoted to Generaloberst)
  Jun 1943 – 31 Jul 1943:   C-in-C, 4. Army
  1 Aug 1943 – 25 Aug 1944:   C-in-C, 15. Army
  25 Aug 1944:   Relieved of command
Awards: Knight's Cross, 1939 Clasp to the 1914 Iron Cross (1st and 2nd Class), 1914 Iron Cross (1st and 2nd Class)

Rudolf **SCHMIDT** (12 May 1886 – 1957)
   1 Sep 1939 – 2 Nov 1939:   C.O. 1. Panzer Division
   1 Feb 1940 – 10 Nov 1941:   G.O.C. XXXIX. Army Corps
   (1 Jun 1940:   Promoted to General der Panzertruppen)
   15 Nov 1941 – 25 Dec 1941:   C-in-C, 2. Army
   25 Dec 1941 – 10 Apr 1943:   C-in-C, 2. Panzer Army
   (1 Jan 1942:   Promoted to Generaloberst)
   10 Apr 1943 – 30 Sep 1943:   Führer Reserve
   30 Sep 1943:   Retired
   Awards: *Knight's Cross with Oakleaves (10 July 1941), Knight's Cross (3 June 1940), 1939 Clasp to the 1914 Iron Cross (1st and 2nd Class), Tank Assault Badge, 1914 Iron Cross (1st and 2nd Class)*

Eugen Ritter von **SCHOBERT** (13 Mar 1883 – 12 Sep 1941)
   1 Sep 1939 – 25 Oct 1940:   G.O.C. VII. Army Corps
   (19 Jul 1940:   Promoted to Generaloberst)
   25 Oct 1940 – 12 Sep 1941:   C-in-C, 11. Army
   12 Sep 1941:   Killed in an air-crash, Eastern Front
   Awards: *Knight's Cross (29 June 1940), 1939 Clasp to the 1914 Iron Cross (1st and 2nd Class), 1939 Wound Badge in Gold, Knight's Cross of the Bavarian Military Max Joseph Order (23 March 1918), 1914 Iron Cross (1st and 2nd Class)*

Adolf **STRAUSS** (6 Sep 1879 – ?)
   1 Sep 1939 – 30 Apr 1940:   G.O.C. II. Army Corps
   30 Apr 1940 – 15 Jan 1942:   C-in-C, 9. Army
   (19 Jul 1940:   Promoted to Generaloberst)
   Sep 1944 – ?:   C-in-C, Fortress Area East
   ?:   C-in-C, Command Staff Baltic Sea
   Awards: *Knight's Cross, 1939 Clasp to the 1914 Iron Cross (1st and 2nd Class), 1914 Iron Cross (1st and 2nd Class)*

Karl **STRECKER** (20 Sep 1884 – ?)
   1 Sep 1939 – 12 Jan 1942:   C.O. 79. Infantry Division
   (1 Jun 1940:   Promoted to Generalleutnant)
   (1 Apr 1942:   Promoted to General der Infanterie)
   2 Apr 1942 – 12 Jun 1942:   G.O.C. XVII. Army Corps
   12 Jun 1942 – 2 Feb 1943:   G.O.C. XI. Army Corps
   (31 Jan 1943:   Promoted to Generaloberst)
   2 Feb 1943:   Surrendered at Stalingrad, POW
   Awards: *Knight's Cross (26 October 1941), German Cross in Gold (25 January 1943), 1939 Iron Cross (1st and 2nd Class)*

Heinrich von **VIETTINGHOFF-SCHEEL** (6 Dec 1887 – 1952)
   1 Sep 1939 – 8 Oct 1939:   C.O. 5. Panzer Division
   26 Oct 1939 – 25 Oct 1940:   G.O.C. XIII. Army Corps
   (1 Jun 1940:   Promoted to General der Panzertruppen)
   1 Nov 1940 – 10 Jun 1942:   G.O.C. XXXXVI. Panzer Corps
   1 Sep 1942 – 1 Dec 1942:   C-in-C, 9. Army
   1 Dec 1942 – 1 Aug 1943:   C-in-C, 15. Army

15 Aug 1943 – 26 Oct 1944: C-in-C, 10. Army
(1 Sep 1943: Promoted to Generaloberst)
26 Oct 1944 – 15 Jan 1945: Acting C-in-C, Southwest
27 Jan 1945 – 10 Mar 1945: C-in-C, Army Group Kurland
10 Mar 1945 – 8 May 1945: C-in-C, Southwest,
  C-in-C, Army Group C

Awards: Knight's Cross with Oakleaves (16 April 1944), Knight's Cross (24 June 1940), German Cross in Gold (22 April 1942), 1939 Clasp to the 1914 Iron Cross (1st and 2nd Class), Tank Assault Badge, 1914 Iron Cross (1st and 2nd Class)

Walter **WEISS** (5 Sep 1890 – ?)
1 Sep 1939 – 15 Dec 1940: Chief of Staff, I. Army Corps
(1 Sep 1940: Promoted to Generalmajor)
15 Dec 1940 – 15 Jan 1941: C.O. 97. Light Division
15 Jan 1941 – 15 Apr 1942: C.O. 26. Infantry Division
1 Jul 1942 – 3 Feb 1943: G.O.C. XXVII. Army Corps
(1 Aug 1942: Promoted to Generalleutnant)
(1 Sep 1942: Promoted to General der Infanterie)
3 Feb 1943 – 12 Mar 1945: C-in-C, 2. Army
(1 Feb 1944: Promoted to Generaloberst)
12 Mar 1945 – 5 Apr 1945: C-in-C, Army Group North
5 Apr 1945 – 8 May 1945: C-in-C, Army Group East Prussia

Awards: Knight's Cross with Oakleaves (5 November 1944), Knight's Cross (12 September 1941), German Cross in Gold (19 February 1943), 1939 Clasp to the 1914 Iron Cross (1st and 2nd Class), 1914 Iron Cross (1st and 2nd Class)

Kurt **ZEITZLER** (9 Jun 1895 – 25 Sep 1963)
1 Sep 1939 – Mar 1940: Chief of Staff, XXII. Army Corps
Mar 1940 – 5 Oct 1941: Chief of Staff, Panzer Group 1
5 Oct 1941 – 1 Apr 1942: Chief of Staff, 1. Panzer Army
(1 Feb 1942: Promoted to Generalmajor)
1 Apr 1942 – 24 Sep 1942: Chief of Staff, Army Group D
24 Sep 1942: Promoted to General der Infanterie, directly from Generalmajor)
24 Sep 1942 – 1 Jul 1944: Chief of the Army General Staff
(30 Jan 1944: Promoted to Generaloberst)
1 Jul 1944: Führer Reserve
31 Jan 1945: Retired

Awards: Knight's Cross (18 May 1941), 1939 Clasp to the 1914 Iron Cross (1st and 2nd Class), 1914 Iron Cross (1st and 2nd Class)

General der Infanterie, Artillerie, Kavallerie etc…

Abbreviations:
GdI:	General der Infanterie
GdA:	General der Artillerie
GdKav:	General der Kavallerie
GdPzTr.:	General der Panzertruppen
GdPi.:	General der Pioniere
GdGbgsTr.:	General der Gebirgstruppe
Gen.obst.arzt:	Generaloberstabsarzt
Gen.obst.int.:	Generaloberstabsintendant
Gen.obst.richter:	Generaloberstabsrichter
Gen.obst.vet.:	Generaloberstabsveterinär

Erich **ABRAHAM** (GdI) (27 Mar 1895 – 7 Mar 1971)
1 Sep 1939 – 21 Dec 1939:	O.C. I Battalion, 105. Infantry Regiment
21 Dec 1939 – 1 Apr 1940:	O.C. II Battalion, 266. Infantry Regiment
1 Apr 1940 – 31 Mar 1942:	O.C. 230. Infantry Regiment
(1 Sep 1941:	Promoted to Oberst)
6 Jun 1942 – 6 Nov 1942:	O.C. 230. Infantry Regiment
15 Jan 1943 – 1 Apr 1943:	Commander, Officer School II
1 Apr 1943 – 1 Aug 1944:	C.O. 76. Infantry Division
(1 Jun 1943:	Promoted to Generalmajor)
(1 Apr 1944:	Promoted to Generalleutnant)
1 Aug 1944 – 24 Aug 1944:	G.O.C. VI. Romanian Army Corps
24 Aug 1944 – 4 Sep 1944:	C.O. 76. Infantry Division
13 Dec 1944 – Apr 1945:	G.O.C. LXIII. Army Corps
(16 Mar 1945:	Promoted to General der Infanterie)
Apr 1945:	Surrendered, Black Forest, Germany

Awards: *Knight's Cross with Oakleaves, Knight's Cross, German Cross in Gold, 1939 Iron Cross (1st and 2nd Class), Commander, Order of the Crown of Romania*

Karl **ALLMENDINGER** (GdI) (3 Feb 1891 – 2 Oct 1965)
1 Sep 1939 – 6 Oct 1939:	Chief of Section 10, Army General Staff
6 Oct 1939 – 25 Oct 1940:	Chief of Staff, V. Army Corps
(1 Aug 1940:	Promoted to Generalmajor)
25 Oct 1940 – 4 Jan 1943:	C.O. 5. Infantry (Jäger) Division
(1 Aug 1942:	Promoted to Generalleutnant)
5 Jan 1943 – 1 Jul 1943:	Training leave
(1 Apr 1943:	Promoted to General der Infanterie)
1 Jul 1943 – 1 May 1944:	G.O.C. V. Army Corps
1 May 1944 – 25 Jul 1944:	C-in-C, 17. Army
25 Jul 1944 – 8 May 1945:	Führer Reserve

Awards: Knight's Cross with Oakleaves (13 December 1942), Knight's Cross (17 July 1941), 1939 Iron Cross (1st and 2nd Class)

Joachim von **AMSBERG** (GdI) (26 Aug 1869 – 5 Sep 1945)
Former commander of Military District (Wehrkreis) II. Retired on 30 September 1929, but remained on Army List until 1943.
Awards: 1914 Iron Cross (1st and 2nd Class)

Maximilian de **ANGELIS** (GdA) (2 Oct 1889 – 6 Dec 1974)
1 Sep 1939 – 26 Jan 1942:	C.O. 76. Infantry Division
(1 Jun 1940:	Promoted to Generalleutnant)
26 Jan 1942 – 22 Nov 1943:	G.O.C. XXXXIV. Army Corps
(1 Mar 1942:	Promoted to General der Artillerie)
22 Nov 1943 – 19 Dec 1943:	C-in-C, 6. Army
15 Jan 1944 – 8 Apr 1944:	G.O.C. XXXXIV. Army Corps
8 Apr 1944 – 17 Jul 1944:	C-in-C, 6. Army
18 Jul 1944 – 8 May 1945:	C-in-C, 2. Panzer Army

Awards: Knight's Cross with Oakleaves (12 November 1943), Knight's Cross (20 February 1942), 1939 Iron Cross (1st and 2nd Class), Order of the Crown of Romania

Helge **AULEB** (GdI) (24 Mar 1887 – 14 Apr 1964)
1 Sep 1939 – 13 Oct 1939:	Quartermaster-General, 5. Army
13 Oct 1939 – 1 Nov 1939:	Quartermaster-General, 2. Army
1 Nov 1939 – 15 Jun 1940:	Quartermaster-General, Army Group A
15 Jun 1940 – 1 Jul 1940:	Chief of Command Staff to Military Commander, North France
1 Jul 1940 – 25 Jul 1940:	Chief of Command Staff to Military Commander, France
25 Jul 1940 – 4 Sep 1940:	C.O. 72. Infantry Division
19 Sep 1940 – 14 Oct 1940:	C.O. 290. Infantry Division
14 Oct 1940 – 21 Jan 1942:	C.O. 6. Infantry Division
(1 Dec 1940:	Promoted to Generalleutnant)
10 Jun 1942 – 20 Dec 1942:	Special Purposes General to Army Group A
20 Dec 1942 – 1 Feb 1943:	Commander, Group "Auleb"
1 Feb 1943 – 27 Apr 1943:	Commander, Sector Command "Auleb"
27 Apr 1943 – 26 Jul 1943:	Deputy Military Commander, Crimea
26 Jul 1943 – 15 Aug 1943:	G.O.C. XXXIX. Mountain Corps
17 Sep 1943 – 18 Dec 1943:	Commander of Security Troops, Army Area A
(1 Dec 1943:	Promoted to General der Infanterie)
18 Dec 1943 – 1 Apr 1944:	Military Commander, Transnistria
1 Apr 1944 – 24 Jun 1944:	Commander of troops, Northern Rumania
24 Jun 1944 – 8 May 1944:	G.O.C. LXIX. Army Corps

Awards: German Cross in Gold, 1939 Iron Cross (1st and 2nd Class)

Paul **BADER** (GdA) (20 Jul 1883 – 28 Feb 1971)
1 Sep 1939 – 1 Oct 1940:	C.O. 2. (Motorized) Infantry Division
1 Oct 1940 – 25 May 1941:	C.O. 3. (Motorized) Infantry Division
25 May 1941 – 10 Apr 1942:	G.O.C. LXV. Army Corps
(1 Jul 1941:	Promoted to General der Artillerie)

19 Jul 1941 – 10 Apr 1942: Deputy Military Commander, Serbia
10 Apr 1942 – 25 Aug 1943: Military Commander, Serbia
25 Aug 1943 – 10 Oct 1943: G.O.C. XXI. Mountain Corps
10 Oct 1943 – 31 Mar 1944: Führer Reserve
31 Mar 1944: Retired

Awards: *German Cross in Gold (29 January 1943), 1939 Iron Cross (1st and 2nd Class)*

Hermann **BALCK** (GdPzTr.) (7 Dec 1893 – 29 Nov 1982)
1 Sep 1939 – 23 Oct 1939: Attached to Army High Command (OKH)
23 Oct 1939 – 15 Dec 1940: O.C. 1. Security Regiment
(1 Aug 1940: Promoted to Oberst)
15 Dec 1940 – 15 May 1941: O.C. 3. Panzer Regiment
15 May 1941 – 7 Jul 1941: C.O. 2. Panzer Brigade
7 Jul 1941 – 1 Nov 1941: Führer Reserve
1 Nov 1941 – 16 May 1942: Commander of Armored Troops, Army High Command
16 May 1942 – 4 Mar 1943: C.O. 11. Panzer Division
(1 Aug 1942: Promoted to Generalmajor)
(1 Jan 1943: Promoted to Generalleutnant)
4 Mar 1943 – 30 Jun 1943: C.O. Infantry Division "*Grossdeutschland*"
2 Sep 1943 – 1 Oct 1943: Acting G.O.C. XIV. Panzer Corps
1 Oct 1943 – 12 Nov 1943: Injured in air crash, sick leave
(1 Nov 1943: Promoted to General der Panzertruppen)
12 Nov 1943 – 15 Nov 1943: G.O.C. XXXX. Panzer Corps
15 Nov 1943 – 4 Aug 1944: G.O.C. XXXXVIII. Panzer Corps
5 Aug 1944 – 21 Sep 1944: C-in-C, 4. Panzer Army
21 Sep 1944 – 23 Dec 1944: C-in-C, Army Group G
23 Dec 1944 – Mar 1945: C-in-C, Army Detachment Balck (6. Army & 2. Hungarian Army)
Mar 1945 – 8 May 1945: C-in-C, 6. Army

Awards: *Knight's Cross with Oakleaves, Swords and Diamonds (31 August 1944), Knight's Cross with Oakleaves and Swords (4 March 1943), Knight's Cross with Oakleaves (20 December 1942), Knight's Cross (3 June 1940), 1939 Clasp to the 1914 Iron Cross (1st and 2nd Class), Tank Assault Badge, Knight's Cross of the House Order of Hohenzollern with Swords, 1914 Iron Cross (1st and 2nd Class), 1914 Wound Badge in Gold*

Franz **BARCKHAUSEN** (GdA) (21 Dec 1882 – 3 May 1956)
1 Sep 1939 – 11 Nov 1939: Chief of German Mission to Slovakia
11 Nov 1939 – 3 Jul 1940: Inspector of Armaments attached to C-in-C, East (Oberost)
3 Jul 1940 – 1 Apr 1943: Inspector of Armaments, North France, Chief of Armaments Staff, France
1 Apr 1943 – 20 Jul 1943: Führer Reserve
(1 Jul 1943: Promoted to General der Artillerie)
31 Aug 1943: Retired

Awards: *German Cross in Silver, 1939 Clasp to the 1914 Iron Cross (1st and 2nd Class), 1914 Iron Cross (1st and 2nd Class)*

Prof. Dr. Karl BECKER (GdA) (14 Dec 1879 – 8 Apr 1940)
(1 Oct 1936:   Promoted to General der Artillerie)
1 Sep 1939 – 8 Apr 1940:   Chief of Army Weapons Office
8 Apr 1940:   Died in Berlin (suicide)
Awards: *Knight's Cross with Oakleaves, Knight's Cross, German Cross in Gold, 1939 Iron Cross (1st and 2nd Class)*

Hans BEHLENDORFF (GdA) (13 Aug 1889 – 16 Mar 1961)
1 Sep 1939 – 18 Oct 1941:   C.O. 34. Infantry Division
(1 Feb 1940:   Promoted to Generalleutnant)
(1 Oct 1941:   Promoted to General der Artillerie)
1 Jan 1942 – 25 May 1942:   G.O.C. LX. Army Corps
25 May 1942 – 1 Apr 1943:   G.O.C. LXXXIV. Army Corps
1 Apr 1943 – 31 Dec 1944:   Führer Reserve
31 Dec 1944:   Retired
Awards: *Knight's Cross (3 June 1940), 1939 Clasp to the 1914 Iron Cross (1st and 2nd Class), 1914 Iron Cross (1st and 2nd Class)*

Walter von BERGMANN (GdI) (1 Apr 1864 – 7 Mar 1950)
Former C-in-C, Gruppenkommando 1 (1920). Retired on 1 January 1923, but remained on Army List. Held no active command during the war.
Awards: *Pour le Mérite*

Wilhelm BERLIN (GdA) (28 Apr 1889 – 15 Sep 1987)
1 Sep 1939 – 10 Oct 1940:   Artillery Commander 101
(1 Mar 1940:   Promoted to Generalmajor)
10 Oct 1940 – 3 Apr 1943:   Commandant, Jüterbog Artillery School
(1 Mar 1942:   Promoted to Generalleutnant)
1 May 1943 – 7 Jun 1943:   C.O. 58. Infantry Division
7 Jun 1943 – 11 May 1944:   C.O. 227. Infantry Division
15 Feb 1944 – 11 May 1944:   Deputy G.O.C. LIV. Army Corps (simultaneously)
11 May 1944 – 15 Jun 1944:   G.O.C. XXVI. Army Corps
21 Jul 1944 – 27 Feb 1945:   General of Artillery attached to Army High Command (OKH)
(1 Oct 1944:   Promoted to General der Artillerie)
27 Feb 1945 – 18 Apr 1945:   G.O.C. CI. Army Corps
18 Apr 1945 – 8 May 1945:   General of Artillery attached to Armed Forces High Command (OKW)
Awards: *Knight's Cross, 1939 Clasp to the 1914 Iron Cross (1st and 2nd Class), 1914 Iron Cross (1st and 2nd Class)*

Eugen BEYER (GdI) (18 Feb 1882 – 25 Jul 1940)
Former Chief of the General Staff of the Austrian Army. Transferred to the Wehrmacht in 1938 and promoted to General der Infanterie on 1 April 1938.
1 Sep 1939 – 25 Jul 1940:   G.O.C. XVIII. Army Corps
25 Jul 1940:   Died in Salzburg
Awards: *Austrian Military Service Cross (1st Class), Order of the Iron Crown (3rd Class) with Swords, Military Service Cross (3rd Class) with Swords, 1914 Iron Cross (2nd Class)*

Dr. Franz **BEYER** (GdI) (27 May 1892 – 15 Oct 1968)
  1 Sep 1939 – 30 Dec 1941:   O.C. 131. Infantry Regiment
  30 Dec 1941 – 21 Feb 1943:   C.O. 331. Infantry Division
  (1 Feb 1942:   Promoted to Generalmajor)
  (1 Jan 1943:   Promoted to Generalleutnant)
  1 Mar 1943 – 1 Jan 1944:   C.O. 44. Infantry Division
  5 Jan 1944 – 25 Jan 1944:   Training Course for Corps Commanders
  14 Feb 1944 – 27 Apr 1944:   Attached to Army Group A
  27 Apr 1944 – 25 May 1944:   G.O.C. XVII. Army Corps
  25 May 1944 – 2 Jun 1944:   G.O.C. LVII. Panzer Corps
  2 Jun 1944 – 19 Jul 1944:   G.O.C. V. Army Corps
  (1 Jul 1944 :   Promoted to General der Infanterie)
  26 Jul 1944 – 4 Aug 1944:   G.O.C. XXXXIX. Mountain Corps
  10 Aug 1944 – 8 May 1945:   G.O.C. LXXX. Army Corps
Awards: *Knight's Cross (12 September 1941), 1939 Iron Cross (1st and 2nd Class)*

Bruno **BIELER** (GdI) (18 Jun 1888 – 22 Mar 1966)
  1 Sep 1939 – 29 Sep 1939:   Chief of Staff, II. Army Corps
  29 Sep 1939 – 29 Oct 1941:   C.O. 73. Infantry Division
  (1 Mar 1940:   Promoted to Generalleutnant)
  (1 Oct 1941:   Promoted to General der Infanterie)
  29 Oct 1941 – 31 Dec 1941:   G.O.C. XXXXII. Army Corps
  1 Jan 1942 – 31 Oct 1942:   G.O.C. VI. Army Corps
  16 Nov 1942 – 1 Apr 1943:   G.O.C. LXXXVI. Army Corps
  1 Apr 1943 – 21 Aug 1943:   Führer Reserve
  21 Aug 1943 – 1 Dec 1944:   G.O.C. Military District (Wehrkreis) XI
  1 Dec 1944 – 8 May 1945:   Führer Reserve
Awards: *Knight's Cross (26 October 1941), German Cross in Gold (20 November 1942), 1939 Iron Cross (1st and 2nd Class)*

Johannes **BLOCK** (GdI) (17 Nov 1894 – 26 Jan 1945)
  1 Sep 1939 – 14 Mar 1940:   O.C. I. Battalion, 4. Infantry Regiment
  14 Mar 1940 – 15 May 1942:   O.C. 202. Infantry Regiment
  (1 Aug 1941:   Promoted to Oberst)
  15 May 1942 – 12 Aug 1943:   C.O. 294. Infantry Division
  (1 Sep 1942:   Promoted to Generalmajor)
  (1 Jan 1943:   Promoted to Generalleutnant)
  12 Aug 1943 – 5 Jan 1944:   Führer Reserve
  5 Jan 1944 – 25 Jan 1944:   Training Course for Corps Commanders
  1 Apr 1944 – 15 Apr 1944:   G.O.C. VIII. Army Corps
  15 Apr 1944 – 25 Apr 1944:   Attached to Army Group North Ukraine
  25 Apr 1944 – 5 Jun 1944:   G.O.C. XIII. Army Corps
  15 Jul 1944 – 26 Jan 1945:   G.O.C. LVI. Panzer Corps
  (1 Jul 1944:   Promoted to General der Infanterie)
  26 Jan 1945:   Killed in action, Eastern Front
Awards: *Knight's Cross with Oakleaves (22 November 1943), Knight's Cross (22 December 1941), 1939 Iron Cross (1st Class), 1939 Clasp to the 1914 Iron Cross (2nd Class), 1939 Wound Badge in Gold, 1914 Iron Cross (2nd Class)*

Günther **BLUMENTRITT** (GdI) (10 Feb 1892 – 12 Oct 1967)
  1 Sep 1939 – 20 Oct 1939: Chief of Staff, Army Group South
  20 Oct 1939 – 25 Oct 1940: Chief of Staff, Army Group A
  25 Oct 1940 – 17 Jan 1942: Chief of Staff, 4. Army
  (1 Nov 1941: Promoted to Generalmajor)
  ?: Acting C-in-C, 4. Army
  17 Jan 1942 – 24 Sep 1942: Deputy Chief of Army General Staff (O.Qu.I)
  24 Sep 1942 – 9 Sep 1944: Chief of Staff, Army Group D
  (1 Dec 1942: Promoted to Generalleutnant)
  (1 Apr 1944: Promoted to General der Infanterie)
  ?: Acting Military Governor of France
  1 Oct 1944 – 18 Oct 1944: G.O.C. LXXXVI. Army Corps
  18 Oct 1944 – 29 Jan 1945: Acting G.O.C. XII. SS Corps
  29 Jan 1945 – 28 Mar 1945: C-in-C, 25. Army
  28 Mar 1945 – 10 Apr 1945: C-in-C, 1. Parachute Army
  10 Apr 1945 – 8 May 1945: C-in-C, Army Blumentritt
Awards: *Knight's Cross with Oakleaves (18 February 1945), Knight's Cross (13 September 1944), German Cross in Gold (26 January 1942), 1939 Clasp to the 1914 Iron Cross (1st and 2nd Class), 1914 Iron Cross (1st and 2nd Class), 1914 Wound Badge in Silver*

Max **BOCK** (GdI) (23 Oct 1878 – 12 Nov 1945)
  1 Sep 1939 – 23 Oct 1939: C.O. 11. Infantry Division
  23 Oct 1939 – 30 Apr 1943: G.O.C. Military District (Wehrkreis) XX
  (1 Dec 1940: Promoted to General der Infanterie)
  30 Apr 1943: Retired
Awards: *German Cross in Silver, 1939 Clasp to the 1914 Iron Cross (1st and 2nd Class), 1914 Iron Cross (1st and 2nd Class)*

Herbert von **BÖCKMANN** (GdI) (24 Jul 1886 – 10 Mar 1974)
  1 Sep 1939 – 23 Oct 1939: Chief of Staff, 3. Army
  23 Oct 1939 – 26 Jan 1942: C.O. 11. Infantry Division
  (1 Aug 1940: Promoted to Generalleutnant)
  3 Mar 1942 – 20 Jul 1942: G.O.C. L. Army Corps
  (1 Apr 1942: Promoted to General der Infanterie)
  20 Jul 1942 – 31 Mar 1943: Führer Reserve
  31 Mar 1943: Retired
Awards: *Knight's Cross, 1939 Clasp to the 1914 Iron Cross (1st and 2nd Class), 1914 Iron Cross (1st and 2nd Class)*

Ehrenfried **BOEGE** (GdI) (11 Nov 1889 – 31 Dec 1965)
  1 Sep 1939 – 4 Oct 1939: Deputy Commandant, Führer Headquarters
  4 Oct 1939 – 1 Dec 1939: Attached to Military District (Wehrkreis) III
  1 Dec 1939 – 13 Jul 1940: O.C. 161. Infantry Regiment
  (1 Feb 1940: Promoted to Oberst)
  13 Jul 1940 – 13 Feb 1942: O.C. 7. Infantry Regiment
  1 Apr 1942 – 5 Nov 1943: C.O. 197. Infantry Division
  (1 Apr 1942: Promoted to Generalmajor)
  (1 Jan 1943: Promoted to Generalleutnant)

5 Nov 1943 – 5 Jan 1944:	Attached to Military District (Wehrkreis) III
5 Jan 1944 – 25 Jan 1944:	Training Course for Corps Commanders
1 Feb 1944 – 10 Mar 1944:	Deputy G.O.C. XXXXI. Panzer Corps
25 Mar 1944 – 3 Sep 1944:	G.O.C. XXXXIII. Army Corps
(1 Jun 1944:	Promoted to General der Infanterie)
5 Sep 1944 – 8 May 1945:	C-in-C, 18. Army

Awards: *Knight's Cross with Oakleaves (21 September 1944), Knight's Cross (22 December 1941), German Cross in Gold (13 January 1943), 1939 Iron Cross (1st and 2nd Class)*

Diether von **BOEHM-BEZING** (GdKav) (9 Nov 1880 – 30 Nov 1974)

1 Sep 1939 – 3 Feb 1942:	C.O. 252. Infantry Division
(1 Feb 1941:	Promoted to Generalleutnant)
1 Jun 1942 – 15 Jan 1943:	C.O. Division No. 153
15 Jan 1943 – 28 Feb 1943:	Führer Reserve
(1 Feb 1943:	Promoted to General der Kavallerie)
28 Feb 1943:	Retired

Awards: *German Cross in Gold, 1939 Iron Cross (1st and 2nd Class)*

Alfred **BOEHM-TETTELBACH** (GdI) (28 Mar 1878 – 12 Jul 1962)

10 Sep 1939 – 10 Jan 1940:	Commander, Army Rear Area Command 581 (Poland)
10 Jan 1940 – 1 Mar 1940:	G.O.C. XXXII. Army Corps
1 Mar 1940 – 25 May 1942:	G.O.C. XXXVII. Army Corps
1 Jul 1940 – 15 Mar 1941:	Commander of Army Troops, Holland
(1 Dec 1940:	Promoted to General der Infanterie)
25 May 1942 – 31 Oct 1942:	G.O.C. LXXXII. Army Corps
31 Oct 1942 – 28 Feb 1943:	Führer Reserve
28 Feb 1943:	Retired

Awards: *1939 Clasp to the 1914 Iron Cross (1st and 2nd Class), 1914 Iron Cross (1st and 2nd Class)*

Franz **BOEHME** (GdGbgsTr.) (15 Apr 1885 – 29 May 1947)

1 Sep 1939 – 15 Jun 1940:	C.O. 32. Infantry Division
15 Jun 1940 – 10 Dec 1943:	G.O.C. XVIII. Mountain Corps
(1 Aug 1940:	Promoted to General der Infanterie)
10 Dec 1943 – 24 Jun 1944:	G.O.C. Military District (Wehrkreis) XVIII
(23 Mar 1944:	Redesignated General der Gebirgstruppe)
24 Jun 1944 – 17 Jul 1944:	C-in-C, 2. Panzer Army
17 Jul 1944 – 18 Jan 1945:	Führer Reserve
18 Jan 1945 – 8 May 1945:	C-in-C, 20. Mountain Army, Military Commander, Norway

Awards: *Knight's Cross (29 June 1940), German Cross in Gold (10 February 1944), 1939 Iron Cross (1st and 2nd Class)*

Friedrich von **BOETTICHER** (GdA) (14 Oct 1881 – 28 Sep 1967)

1 Sep 1939 – 1 Jun 1942:	Military Attache, Washington D.C. & Mexico
(1 Apr 1940:	Promoted to General der Artillerie)
1 Jun 1942 – 9 Dec 1942:	Führer Reserve

9 Dec 1942 – 8 May 1945: Attached to Armed Forces High Command (OKW) Central Office

Awards: *Knight's Cross of the War Merit Cross with Swords (27 May 1942), War Merit Cross with Swords (1st and 2nd Class), 1914 Iron Cross (1st and 2nd Class)*

Kuno-Hans von **BOTH** (GdI) (9 Apr 1884 – 22 May 1955)
1 Sep 1939 – 26 Oct 1939: C.O. 21. Infantry Division
26 Oct 1939 – 3 Mar 1943: G.O.C. I. Army Corps
(1 Jun 1940: Promoted to General der Infanterie)
1 Apr 1943 – 26 Mar 1944: Commander of Security Troops, Army Area North
26 Mar 1944 – 20 Apr 1944: Commander of German Troops, Operations Area Hungary
1 Jul 1944 – 18 Apr 1945: Commander of German Troops, Rear Area Army Group South
18 Apr 1945: Command dissolved

Awards: *Knight's Cross (9 July 1941), German Cross in Gold (9 September 1942), 1939 Clasp to the 1914 Iron Cross (1st and 2nd Class), Pour le Mérite (10 April 1918), 1914 Iron Cross (1st and 2nd Class)*

Walter **BRAEMER** (GdKav) (7 Jan 1883 – 13 Jun 1955)
1 Sep 1939 – 19 May 1941: Rear Area Commander 580
(1 Jul 1941: Promoted to Generalleutnant)
1 Jul 1941 – 31 Dec 1944: Armed Forces Commander, Baltic
(1 Sep 1942: Promoted to General der Kavallerie)
1 Jan 1945 – 1 Feb 1945: G.O.C. Military District (Wehrkreis) II
1 Feb 1945: Retired

Awards: *1939 Clasp to the 1914 Iron Cross (1st and 2nd Class), 1914 Iron Cross (1st and 2nd Class)*

Fritz **BRAND** (GdA) (22 Apr 1889 – 26 Nov 1967)
1 Sep 1939 – 1 Oct 1939: C.O. 78. Jäger Division
1 Oct 1939 – 30 Sep 1943: General of Artillery attached to Army High Command (OKH)
(1 Aug 1940: Promoted to General der Artillerie)
30 Sep 1943 – 31 Mar 1945: Führer Reserve
31 Mar 1945: Retired

Awards: *1939 Clasp to the 1914 Iron Cross (1st and 2nd Class), 1914 Iron Cross (1st and 2nd Class)*

Erich **BRANDENBERGER** (GdPzTr.) (15 Jul 1892 – 21 Jun 1955)
1 Sep 1939 – 20 Feb 1941: Chief of Staff, XXIII. Army Corps
(1 Aug 1940: Promoted to Generalmajor)
20 Feb 1941 – 16 Jan 1943: C.O. 8. Panzer Division
(1 Aug 1942: Promoted to Generalleutnant)
17 Jan 1943 – 15 Mar 1943: Acting G.O.C. LIX. Army Corps
(1 Aug 1943: Promoted to General der Panzertruppen)
1 Aug 1943 – 21 Nov 1943: G.O.C. XVII. Army Corps
21 Nov 1943 – 30 Jun 1944: G.O.C. XXIX. Army Corps
30 Aug 1944 – 20 Feb 1945: C-in-C, 7. Army

25 Mar 1945 – 8 May 1945:   C-in-C, 19. Army
Awards: *Knight's Cross with Oakleaves (12 November 1943), Knight's Cross (15 July 1941), 1939 Iron Cross (1st and 2nd Class), Tank Assault Badge*

Georg **BRANDT** (GdKav) (24 Aug 1876 – 21 Apr 1945)
1 Sep 1939 – 30 Apr 1942:   G.O.C. Corps Command XXXIII
(1 Dec 1940:   Promoted to General der Kavallerie)
31 Aug 1942:   Retired
Awards: *1939 Clasp to the 1914 Iron Cross (1st and 2nd Class), 1914 Iron Cross (1st and 2nd Class)*

Hermann **BREITH** (GdPzTr.) (7 May 1892 – 3 Sep 1964)
1 Sep 1939 – 15 Feb 1940:   O.C. 36. Panzer Regiment
15 Feb 1940 – 2 Jun 1941:   C.O. 5. Panzer Brigade
7 Jul 1941 – 2 Oct 1941:   General of Motorized Troops, Army High Command (OKH)
(1 Aug 1941:   Promoted to Generalmajor)
2 Oct 1941 – 1 Oct 1942:   C.O. 3. Panzer Division
(1 Nov 1942:   Promoted to Generalleutnant)
2 Jan 1943 – 8 May 1945:   G.O.C. III. Panzer Corps
(1 Mar 1943:   Promoted to General der Panzertruppen)
Awards: *Knight's Cross with Oakleaves and Swords (21 February 1944), Knight's Cross with Oakleaves (31 January 1942), Knight's Cross (3 June 1940), 1939 Iron Cross (1st and 2nd Class), Tank Assault Badge*

Kurt **BRENNECKE** (GdI) (16 Dec 1891 – 30 Dec 1982)
1 Sep 1939 – 1 Nov 1940:   Chief of Staff, 4. Army
(1 Aug 1940:   Promoted to Generalleutnant)
1 Nov 1940 – 17 Jan 1942:   Chief of Staff, Army Group North
(1 Feb 1942:   Promoted to General der Infanterie)
1 Feb 1942 – 23 Jan 1943:   G.O.C. XXXXIII. Army Corps
1 Jul 1943 – 8 May 1945:   Chief of Training Courses for Corps and Division Commanders
Awards: *Knight's Cross, 1939 Iron Cross (1st and 2nd Class)*

Kurt von **BRIESEN** (GdI) (3 May 1883 – 20 Nov 1941)
1 Sep 1939 – 25 Nov 1940:   C.O. 30. Jäger Division
(1 Aug 1940:   Promoted to General der Infanterie)
25 Nov 1940 – 20 Nov 1941:   G.O.C. LII. Army Corps
20 Nov 1941:   Killed in action, Russia
Awards: *Knight's Cross, 1939 Clasp to the 1914 Iron Cross (1st and 2nd Class), 1914 Iron Cross (1st and 2nd Class)*

Walter Graf von **BROCKDORFF-AHLEFELDT** (GdI) (13 Jul 1887 – 9 May 1943)
1 Sep 1939 – 1 Jun 1940:   C.O. 23. Infantry Division
1 Jun 1940 – 20 Jun 1940:   G.O.C. XXVIII. Army Corps
21 Jun 1940 – 19 Jan 1943:   G.O.C. II. Army Corps
(1 Aug 1940:   Promoted to General der Infanterie)
9 May 1943:   Died in Berlin following illness

Awards: *Knight's Cross with Oakleaves (27 June 1942), Knight's Cross (15 July 1941), 1939 Clasp to the 1914 Iron Cross (1st and 2nd Class), 1914 Iron Cross (1st and 2nd Class), 1914 Wound Badge in Black*

Dr. Otto **BUDNOWSKI** (Gen.obst.vet.) (25 May 1874 – 21 Sep 1956)

1 Sep 1939 – 14 May 1940:	Senior Veterinary Officer attached to C-in-C East (Oberost)
14 May 1940 – 1 Jul 1941:	Führer Reserve
1 Jul 1941 – 30 Sep 1942:	Senior Veterinary Officer attached to Reserve Staff, Stettin,
	Senior Veterinary Officer attached to Miltary Commander, Baltic
30 Sep 1942 – 31 Aug 1943:	Transferred to General Resereve
31 Aug 1943:	Retired

Walter **BUHLE** (GdI) (26 Oct 1894 – 28 Dec 1959)

1 Sep 1939 – 15 Feb 1942:	Section Chief, Army General Staff
(1 Aug 1940:	Promoted to Generalmajor)
15 Feb 1942 – 1 Feb 1945:	Chief of Army Office, Armed Forces High Command (OKW)
(1 Apr 1942:	Promoted to Generalleutnant)
(1 Apr 1944:	Promoted to General der Infanterie)
1 Feb 1945 – 8 May 1945:	Chief of Wehrmacht Armaments Office

Awards: *1939 Iron Cross (1st and 2nd Class)*

Rudolf von **BÜNAU** (GdI) (19 Aug 1890 – 14 Jan 1962)

1 Sep 1939 – 1 Nov 1940:	O.C. 133. Jäger Regiment
(1 Sep 1940:	Promoted to Generalmajor)
1 Nov 1940 – 1 Jun 1941:	C.O. 177. Infantry Division
1 Jun 1941 – 1 Nov 1941:	Chief of Work Staff, Bonn Officer School
1 Nov 1941 – 1 Feb 1943:	C.O. 73. Infantry Division
(1 Sep 1942:	Promoted to Generalleutnant)

Rudolf von Bünau, Vienna, 1945

25 Nov 1943 – 31 Dec 1943:	G.O.C. XXXXVII. Panzer Corps
1 Jan 1944 – 1 Feb 1944:	Training Course for Corps Commanders
1 Feb 1944 – 1 Apr 1944:	G.O.C. LII. Army Corps
1 Apr 1944 – 6 Apr 1945:	G.O.C. XI. Army Corps
(1 May 1944:	Promoted to General der Infanterie)
6 Apr 1945 – 16 Apr 1945:	Commander of Defense Preparations, Vienna
16 Apr 1945 – 8 May 1945:	G.O.C. Corps Bünau

Awards: *Knight's Cross with Oakleaves (5 March 1945), Knight's Cross (15 August 1940), German Cross in Gold (23 January 1943), 1939 Iron Cross (1st and 2nd Class)*

Wilhelm **BURGDORF** (GdI) (15 Feb 1895 – 1 May 1945)

1 Sep 1939 – 30 Apr 1940:	Adjutant, IX. Army Corps
30 Apr 1940 – 4 Apr 1942:	O.C. 529. Infantry Regiment
(1 Sep 1940:	Promoted to Oberst)
1 May 1942 – 1 Oct 1942:	Section Chief, Army Personnel Office
(1 Oct 1942:	Promoted to Generalmajor)
1 Oct 1942 – 1 Oct 1944:	Deputy Chief of Army Personnel Office
(1 Oct 1943:	Promoted to Generalleutnant)
1 Oct 1944 – May 1945:	Chief of Army Personnel Office
(1 Nov 1944:	Promoted to General der Infanterie)
1 May 1945:	Committed suicide, Berlin

Awards: *Knight's Cross (29 September 1941), 1939 Clasp to the 1914 Iron Cross (1st and 2nd Class), 1914 Iron Cross (1st and 2nd Class)*

Erich **BUSCHENHAGEN** (GdI) (8 Dec 1895 – ?)

1 Sep 1939 – 9 Apr 1940:	Chief of Staff, XXI. Army Corps
9 Apr 1940 – 18 Jun 1942:	Chief of Staff, Army of Norway
(1 Aug 1941:	Promoted to Generalmajor)
18 Jun 1942 – 20 Nov 1943:	C.O. 15. Infantry Division
(1 May 1943:	Promoted to Generalleutnant)
20 Nov 1943 – Aug 1944:	G.O.C. LII. Army Corps
(1 Jan 1944:	Promoted to General der Infanterie)
Aug 1944 – 8 May 1945:	Führer Reserve

Awards: *Knight's Cross with Oakleaves (4 July 1944), Knight's Cross (5 December 1943), German Cross in Gold (19 July 1942), 1939 Iron Cross (1st and 2nd Class)*

Erich Freiherr von dem **BUSSCHE-IPPENBURG** (GdA) (12 Mar 1878 – 1 Oct 1957)
Former Chief of the Army Personnel Office (1930 – 1933), retired in 1933 but retained on the Army List. Held no active command during the war.
Awards: *1914 Iron Cross (1st and 2nd Class)*

Theodor **BUSSE** (GdI) (15 Dec 1897 – 21 Oct 1986)

1 Sep 1939 – 1 Sep 1940:	Attached to Army General Staff
1 Sep 1940 – 9 Nov 1942:	Chief of Operations, 11. Army
(1 Aug 1941:	Promoted to Oberst)
9 Nov 1942 – 1 Mar 1943:	Chief of Operations, Army Group Don, Army Group South
(1 Mar 1943:	Promoted to Generalmajor)
1 Mar 1943 – 10 Jul 1944:	Chief of Staff, Army Group South

(1 Sep 1943: Promoted to Generalleutnant)
10 Jul 1944 – 1 Aug 1944: C.O. 121. Infantry Division
1 Aug 1944 – 9 Jan 1945: G.O.C. I. Army Corps
(1 Nov 1944: Promoted to General der Infanterie)
9 Jan 1945 – 8 May 1945: C-in-C, 9. Army

Awards: Knight's Cross (30 January 1944), German Cross in Gold (24 May 1942), 1939 Clasp to the 1914 Iron Cross (1st and 2nd Class), Crimea Shield, 1914 Iron Cross (1st and 2nd Class), 1914 Wound Badge in Black

Friedrich-Wilhelm von **CHAPPUIS** (GdI) (13 Sep 1886 – 27 Aug 1942)
1 Sep 1939 – 17 Jun 1940: Chief of Staff, XIV. Army Corps
(1 Jan 1940: Promoted to Generalleutnant)
17 Jun 1940 – 12 Aug 1940: C.O. 15. Infantry Division
1 Nov 1940 – 15 Mar 1941: C.O. 16. (Motorized) Infantry Division
15 Mar 1941 – 23 Apr 1942: G.O.C. XXXVIII. Army Corps
(1 Apr 1941: Promoted to General der Infanterie)
27 Aug 1942: Committed suicide

Awards: Knight's Cross, 1939 Clasp to the 1914 Iron Cross (1st and 2nd Class), 1914 Iron Cross (1st and 2nd Class)

Kurt von der **CHEVALLERIE** (GdI) (23 Dec 1891 – 18 Apr 1945)
1 Sep 1939 – 10 Dec 1940: C.O. 83. Infantry Division
10 Dec 1940 – 30 Oct 1941: C.O. 99. Light Division
(1 Jan 1941: Promoted to Generalleutnant)
28 Dec 1941 – 4 Feb 1944: G.O.C. LIX. Army Corps
(1 Feb 1942: Promoted to General der Infanterie)
4 Feb 1944 – 21 Apr 1944: Führer Reserve
21 Apr 1944 – 18 May 1944: C-in-C, 1. Panzer Army
2 Jun 1944 – 5 Sep 1944: C-in-C, 1. Army
5 Sep 1944 – 31 Jan 1945: Führer Reserve
31 Jan 1945: Retired

Awards: Knight's Cross with Oakleaves (19 December 1943), Knight's Cross (23 October 1941), 1939 Iron Cross (1st and 2nd Class)

Dietrich von **CHOLTITZ** (GdI) (9 Nov 1894 – 5 Nov 1966)
1 Sep 1939 – 10 Sep 1940: O.C. III. Battalion, 16. Infantry Regiment
10 Sep 1940 – 27 Aug 1942: O.C. 16. Infantry Regiment
(1 Apr 1941: Promoted to Oberst)
27 Aug 1942 – 6 Oct 1942: C.O. 260. Infantry Division
(1 Sep 1942: Promoted to Generalmajor)
1 Nov 1942 – 20 Nov 1942: Deputy G.O.C. XXXXVIII. Panzer Corps
20 Nov 1942 – 7 Dec 1942: Special Purposes General attached to the Army General Staff
7 Dec 1942 – 5 Mar 1943: G.O.C. XVII. Army Corps
(1 Feb 1943: Promoted to Generalleutnant)
5 Mar 1943 – 7 May 1943: C.O. 11. Panzer Division
7 May 1943 – 30 Aug 1943: Deputy G.O.C. XXXXVIII. Panzer Corps
28 Feb 1944 – 15 Apr 1944: G.O.C. LXXVI. Panzer Corps
15 Jun 1944 – 30 Jul 1944: G.O.C. LXXXIV. Army Corps

(1 Aug 1944:   Promoted to General der Infanterie)
7 Aug 1944 – 24 Aug 1944:   Commandant, Greater-Paris
24 Aug 1944:   Captured in Paris, POW
Awards: *Knight's Cross (18 May 1940), German Cross in Gold (8 February 1942), 1939 Iron Cross (1st and 2nd Class), Crimea Shield*

Heinrich **CLÖßNER** (GdI) (17 Sep 1888 – 28 Mar 1976)
    1 Sep 1939 – 15 Oct 1939:   Chief of Recruiting, Innsbruck
    (1 Oct 1939:   Promoted to Generalleutnant)
    15 Oct 1939 – 15 Jan 1942:   C.O. 25. Infantry Division
    (1 Jan 1942:   Promoted to General der Infanterie)
    15 Jan 1942 – 11 Apr 1943:   G.O.C. LIII. Army Corps
    11 Apr 1943 – 6 Aug 1943:   C-in-C, 2. Panzer Army
    15 Oct 1943 – 3 Dec 1943:   G.O.C. IX. Army Corps
    28 Jun 1944 – Aug 1944:   Attached to Army High Command (OKH)
    Aug 1944:   Retired
Awards: *Knight's Cross (29 September 1940), German Cross in Gold (15 July 1942), 1939 Iron Cross (1st and 2nd Class)*

Friedrich von **COCHENHAUSEN** (GdA) (14 Jul 1879 – 20 Jul 1946)
    1 Sep 1939 – 30 Apr 1942:   G.O.C. Military District (Wehrkreis) XIII
    (1 Dec 1940:   Promoted to General der Artillerie)
    31 May 1942:   Retired
Awards: *1914 Iron Cross (1st and 2nd Class)*

Hans **CRAMER** (GdPzTr.) (13 Jul 1896 – 28 Oct 1968)
    1 Sep 1939 – 2 Oct 1941:   O.C. Panzer Reconnaissance Training Detachment
    (1 Oct 1941:   Promoted to Oberst)
    2 Oct 1941 – 1 Apr 1942:   O.C. 8. Panzer Regiment
    1 Apr 1942 – 1 Oct 1942:   Chief of Staff to General of Motorized Troops, Army High Command (OKH)
    1 Oct 1942 – 20 Nov 1942:   General of Motorized Troops, Army High Command (OKH)
    (1 Nov 1942:   Promoted to Generalmajor)
    20 Nov 1942 – 10 Dec 1942:   Deputy G.O.C. XXXXVIII. Panzer Corps
    1 Jan 1943 – 28 Feb 1943:   G.O.C. Corps Cramer
    (22 Jan 1943:   Promoted to Generalleutnant)
    28 Feb 1943 – 16 May 1943:   G.O.C. Africa Corps
    (1 May 1943:   Promoted to General der Panzertruppen)
    16 May 1943 – 15 May 1944:   Prisoner of War, England
    1 Sep 1944 – 20 Sep 1944:   C-in-C, Army Staff Mueller
    20 Sep 1944 – 8 May 1945:   C-in-C, German Headquarters North
Awards: *Knight's Cross (27 June 1941), German Cross in Gold (5 March 1942), 1939 Clasp to the 1914 Iron Cross (1st and 2nd Class), Tank Assault Badge, 1914 Iron Cross (1st and 2nd Class), 1914 Wound Badge in Silver*

Ludwig **CRÜWELL** (GdPzTr.) (20 Mar 1892 – 25 Sep 1958)
  1 Sep 1939 – 1 Nov 1939:   Section Chief, Army General Staff
  1 Nov 1939 – 1 Aug 1940:   Quartermaster-General, 16. Army
  (1 Dec 1939:   Promoted to Generalmajor)
  1 Aug 1940 – 14 Aug 1941:   C.O. 11. Panzer Division
  (1 Sep 1941:   Promoted to Generalleutnant)
  1 Oct 1941 – 9 Mar 1942:   G.O.C. Africa Corps
  (1 Dec 1941:   Promoted to General der Panzertruppen)
  9 Mar 1942 – 19 Mar 1942:   Acting C-in-C, Panzer Army Africa
  19 Mar 1942 – 29 May 1942:   G.O.C. Africa Corps
  29 May 1942:   Captured in North Africa, POW
Awards: *Knight's Cross with Oakleaves (1 September 1941), Knight's Cross (14 May 1941), 1939 Clasp to the 1914 Iron Cross (1st and 2nd Class), Tank Assault Badge, 1914 Iron Cross (1st and 2nd Class)*

Franz Freiherr von **DALWIGK zu Lichtenfels** (GdKav) (21 Apr 1876 – 25 Nov 1947)
  1 Sep 1939 – 28 Feb 1943:   G.O.C. Military District (Wehrkreis) III
  (1 Dec 1940:   Promoted to General der Kavallerie)
  28 Feb 1943 – 31 May 1943:   Führer Reserve
  31 May 1943:   Retired
Awards: *1914 Iron Cross (1st and 2nd Class)*

Karl **DECKER** (GdPzTr.) (30 Nov 1897 – 21 Apr 1945)
  1 Sep 1939 – 10 Apr 1940:   O.C. Panzer Intelligence Detachment 38
  10 Apr 1940 – 15 May 1941:   O.C. I. Battalion, 3. Panzer Regiment
  15 May 1941 – 1 Jun 1943:   O.C. 3. Panzer Regiment
  (1 Feb 1942:   Promoted to Oberst)
  1 Jun 1943 – 7 Sep 1943:   C.O. 21. Panzer Brigade
  7 Sep 1943 – 15 Oct 1944:   C.O. 5. Panzer Division
  (1 Dec 1943:   Promoted to Generalmajor)
  (1 Jun 1944:   Promoted to Generalleutnant)
  15 Oct 1944 – 21 Apr 1945:   G.O.C. XXXIX. Panzer Corps
  (1 Jan 1945:   Promoted to General der Panzertruppen)
  21 Apr 1945:   Committed suicide
Awards: *Knight's Cross with Oakleaves and Swords (26 April 1945, posthumously), Knight's Cross with Oakleaves (4 May 1944), Knight's Cross (13 June 1941), German Cross in Gold (1 August 1942), 1939 Iron Cross (1st and 2nd Class), Tank Assault Badge*

Ernst **DEHNER** (GdI) (5 Mar 1889 – 13 Sep 1970)
  1 Sep 1939 – 14 Nov 1940:   O.C. 87. Infantry Regiment
  (1 Oct 1940:   Promoted to Generalmajor)
  28 Nov 1940 – 3 May 1942:   C.O. 106. Infantry Division
  (1 Oct 1942:   Promoted to Generalleutnant)
  31 Oct 1942 – 10 Jul 1943:   G.O.C. LXXXII. Army Corps
  (1 Dec 1942:   Promoted to General der Infanterie)
  15 Jul 1943 – 31 Mar 1944:   G.O.C. LXIX. Army Corps
  5 Aug 1944 – 17 Nov 1944:   Military Commander, Southern France
  22 Jan 1945 – 8 May 1945:   Chief of Special Assignments, Army Group A
Awards: *Knight's Cross, 1939 Iron Cross (1st and 2nd Class)*

Anton **DOSTLER** (GdI) (10 May 1891 – 1 Dec 1945)
  1 Sep 1939 – 25 Oct 1939:   Chief of Operations, 7. Army
  25 Oct 1939 – 26 Sep 1941:   Chief of Staff, XXI. Army Corps
  (1 Sep 1941:   Promoted to Generalmajor)
  26 Sep 1941 – 10 Apr 1942:   C.O. 57. Infantry Division
  10 Jul 1942 – 28 Dec 1942:   C.O. 163. Infantry Division
  (1 Jan 1943:   Promoted to Generalleutnant)
  22 Jun 1943 – 5 Jan 1944:   G.O.C. XXXXII. Army Corps
  (1 Aug 1943:   Promoted to General der Infanterie)
  5 Jan 1944 – 2 Jul 1944:   G.O.C. LXXV. Army Corps
  2 Jul 1944 – 8 May 1945:   G.O.C. LXXIII. Army Corps
Awards: *1939 Clasp to the 1914 Iron Cross (1st and 2nd Class), 1914 Iron Cross (1st and 2nd Class), 1914 Wound Badge in Black*

Heinrich **EBERBACH** (GdPzTr.) (24 Nov 1895 – 13 Jul 1992)
  1 Sep 1939 – 1 Jul 1941:   O.C. 25. Panzer Regiment
  (1 Aug 1940:   Promoted to Oberst)
  1 Jul 1941 – 6 Jan 1942:   C.O. 5. Panzer Brigade
  6 Jan 1942 – 14 Nov 1942:   C.O. 4. Panzer Division
  (1 Feb 1942:   Promoted to Generalmajor)
  14 Nov 1942 – 24 Nov 1942:   Acting G.O.C. XXXX. Panzer Corps
  26 Nov 1942 – 30 Nov 1942:   G.O.C. XXXXVIII. Panzer Corps
  (1 Jan 1943:   Promoted to Generalleutnant)
  (1 Aug 1943:   Promoted to General der Panzertruppen)
  14 Oct 1943 – 22 Oct 1943:   G.O.C. XXXXVII. Panzer Corps
  22 Oct 1943 – 14 Nov 1943:   G.O.C. XXXXVIII. Panzer Corps
  2 Jul 1944 – 9 Aug 1944:   C-in-C, 5. Panzer Army
  24 Aug 1944 – 30 Aug 1944:   Acting C-in-C, 7. Army
  30 Aug 1944:   Captured in Normandy, POW
Awards: *Knight's Cross with Oakleaves (31 December 1941), Knight's Cross (4 July 1940), 1939 Iron Cross (1st and 2nd Class), Tank Assault Badge, 1939 Wound Badge in Black*

Heinrich Eberbach

Max Reichsfreiherr von **EDELSHEIM** (GdPzTr.) (6 Jul 1897 – 26 Apr 1994)
   1 Sep 1939 – 25 Sep 1941:   O.C. 1. Bicycle Battalion
   25 Sep 1941 – 1942:   O.C. 22. Cavalry Regiment
   (1 Oct 1941:   Promoted to Oberst)
   1942 – 10 Oct 1942:   O.C. 26. Panzer Grenadier Regiment
   10 Oct 1942 – 7 Nov 1942:   C.O. 20. Panzer Brigade
   1 Mar 1943 – 1 Aug 1944:   C.O. 24. Panzer Division
   (1 Jun 1943:   Promoted to Generalmajor)
   (1 Mar 1944:   Promoted to Generalleutnant)
   20 Sep 1944 – 31 Mar 1945:   G.O.C. XXXXVIII. Panzer Corps
   (1 Dec 1944:   Promoted to General der Panzertruppen)
   31 Mar 1945 – 8 May 1945:   Führer Reserve
Awards: *Knight's Cross with Oakleaves and Swords (23 October 1944), Knight's Cross with Oakleaves (23 December 1942), Knight's Cross (30 July 1941), 1939 Clasp to the 1914 Iron Cross (1st and 2nd Class), Tank Assault Badge, 1914 Iron Cross (1st and 2nd Class)*

Karl **EGLSEER** (GdGbgsTr.) (5 Jul 1890 – 23 Jun 1944)
   1 Sep 1939 – 25 Oct 1940:   Chief of Staff, Military District (Wehrkreis) XVIII
   25 Oct 1940 – 21 Oct 1942:   C.O. 4. Mountain Division
   (1 Nov 1940:   Promoted to Generalmajor)
   (1 Feb 1943:   Promoted to Generalleutnant)
   20 Feb 1943 – Mar 1943:   C.O. 714. Infantry Division
   10 Dec 1943 – 23 Jun 1944:   G.O.C. XVIII. Mountain Corps
   (1 Mar 1944:   Promoted to General der Gebirgstruppen)
   23 Jun 1944:   Killed in air crash
Awards: *Knight's Cross, 1939 Iron Cross (1st and 2nd Class)*

Karl **EIBL** (GdI) (23 Jul 1891 – 21 Jan 1943)
   1 Sep 1939 – 8 Jun 1940:   O.C. III. Battalion, 132. Infantry Regiment
   8 Jun 1940 – 7 Jan 1942:   O.C. 132. Infantry Regiment
   (1 Feb 1941:   Promoted to Oberst)
   7 Jan 1942 – 18 Dec 1942:   C.O. 385. Infantry Division
   (1 Feb 1942:   Promoted to Generalmajor)
   (19 Dec 1942:   Promoted to Generalleutnant)
   20 Jan 1943 – 21 Jan 1943:   G.O.C. XXIV. Panzer Corps
   21 Jan 1943:   Killed in action, Eastern Front
   (22 Jan 1943:   Promoted to General der Infanterie, posthumously
                                 [backdated to 1 Jan 1943])
Awards: *Knight's Cross with Oakleaves and Swords (19 December 1942), Knight's Cross with Oakleaves (31 December 1941), Knight's Cross (15 August 1940), 1939 Iron Cross (1st and 2nd Class), 1939 Wound Badge in Gold*

Theodor **ENDRES** (GdA) (25 Sep 1876 – 19 Jun 1956)
   1 Sep 1939 – 15 Sep 1939:   Retired
   15 Sep 1939 – 1 Oct 1942:   C.O. 212. Infantry Division
   1 Oct 1942 – 31 Jan 1943:   Führer Reserve
   (1 Jan 1943:   Promoted to General der Artillerie)
   31 Jan 1943:   Retired

Erwin **ENGELBRECHT** (GdA) (12 Nov 1891 – 8 Apr 1964)
  1 Sep 1939 – 25 Oct 1939:   Commander, Protection Group 30
  25 Oct 1939 – 15 Jun 1942:   C.O. 163. Infantry Division
  (1 Oct 1940:   Promoted to Generalleutnant)
  25 Sep 1942 – 25 Dec 1943:   G.O.C. XXXIII Army Corps
  (1 Sep 1942:   Promoted to General der Artillerie)
  25 Sep 1944 – 8 May 1945:   G.O.C. Corps Command Saarpfalz
  Awards: *Knight's Cross, 1939 Clasp to the 1914 Iron Cross (1st and 2nd Class), 1914 Iron Cross (1st and 2nd Class)*

Franz Xaver Ritter von **EPP** (GdI) (16 Oct 1868 – 7 Feb 1947)
  Former Commander of Infantry, Military District (Wehrkreis) VII. Retired in 1923 and became Minister for the Colonies. Remained on Army list, but did not hold an active command during the war, serving as Reichsstatthalter (Governor) of Bavaria.
  Awards: *Golden Party Badge, Pour le Mérite, Knight's Cross of the Bavarian Military Max Joseph Order, 1914 Iron Cross (1st and 2nd Class)*

Werner von **ERDMANNSDORFF** (GdI) (26 Jul 1891 – 5 Jun 1945)
  1 Sep 1939 – 15 Dec 1941:   O.C. 30. Infantry Regiment
  15 Dec 1941 – 9 Aug 1943:   C.O. 18. Infantry Division
  (1 Mar 1942:   Promoted to Generalmajor)
  (1 Jan 1943:   Promoted to Generalleutnant)
  1 Dec 1943 – 30 Apr 1944:   Inspector of Recruiting, Dresden
  9 Oct 1944 – 8 May 1944:   G.O.C. LXXXXI. Army Corps
  (30 Jan 1945:   Promoted to General der Infanterie)
  Awards: *Knight's Cross, German Cross in Gold, 1939 Iron Cross (1st and 2nd Class)*

Dr. Waldemar **ERFURTH** (GdI) (4 Aug 1879 – 2 May 1971)
  1 Sep 1939 – 13 Jun 1941:   Deputy Chief of the Army General Staff (O.Qu.V), Chief Army Historian
  (1 Apr 1940:   Promoted to General der Infanterie)
  13 Jun 1941 – 13 Sep 1944:   Liaison General attached to Finnish Army Headquarters
  13 Sep 1944 – 8 May 1945:   Attached to Armed Forces Headquarters (OKW)
  Awards: *1939 Clasp to the 1914 Iron Cross (1st and 2nd Class), 1914 Iron Cross (1st and 2nd Class)*

Friedrich Freiherr von **ESEBECK** (GdI) (23 Aug 1870 – 25 May 1951)
  Former G.O.C. Military District (Wehrkreis) I (1926 – 1929). Retired in 1929, but remained on Army List. Held no active command during the war.
  Awards: *Pour le Mérite, 1914 Iron Cross (1st and 2nd Class)*

Hans-Karl Freiherr von **ESEBECK** (GdPzTr.) (10 Jul 1892 – 5 Jan 1955)
  1 Sep 1939 – 15 Mar 1941:   C.O. 6. Schützen Brigade
  15 Mar 1941 – 13 Apr 1941:   C.O. 15. Schützen Brigade
  13 Apr 1941 – 13 May 1941:   C.O. 15. Panzer Division
  (15 Apr 1941:   Promoted to Generalmajor)
  24 Aug 1941 – 20 Oct 1941:   C.O. 11. Panzer Division

17 Feb 1942 – 1 Jun 1942:   C.O. 2. Panzer Division
(1 Dec 1942:   Promoted to Generalleutnant)
21 Nov 1942 – 20 Jun 1943:   G.O.C. XXXXVI. Panzer Corps
30 Nov 1943 – 19 Feb 1944:   G.O.C. LVII. Panzer Corps
(1 Feb 1944:   Promoted to General der Panzertruppen)
Mar 1944 – 20 Jul 1944:   Deputy G.O.C. Military District (Wehrkreis) XVII
20 Jul 1944:   Dismissed and arrested after implication in the 20 July Plot to kill Hitler

Awards: *Knight's Cross, German Cross in Gold, 1939 Iron Cross (1st and 2nd Class), 1939 Wound Badge in Black*

Wilhelm **FAHRMBACHER** (GdA) (19 Sep 1888 – 27 Apr 1970)
1 Sep 1939 – 25 Oct 1940:   C.O. 5. Infantry Division
(1 Oct 1940:   Promoted to General der Artillerie)
25 Oct 1940 – 8 Jan 1942:   G.O.C. VII. Army Corps
1 May 1942 – 10 Jun 1944:   G.O.C. XXV. Army Corps
10 Jun 1944 – 1 Aug 1944:   C-in-C, Army Detachment Normandy
12 Jun 1944 – 14 Jun 1944:   G.O.C. LXXXIV. Army Corps
1 Aug 1944 – ?:   Armed Forces Commander, Brittany

Awards: *Knight's Cross, 1939 Clasp to the 1914 Iron Cross (1st and 2nd Class), 1914 Iron Cross (1st and 2nd Class)*

Alexander von **FALKENHAUSEN** (GdI) (29 Oct 1878 – 31 Jul 1966)
1 Sep 1939 – 20 May 1940:   G.O.C. Military District (Wehrkreis) IV
20 May 1940 – 31 May 1940:   Military Commander, Holland & Luxemburg
20 May 1940 – 14 Jul 1944:   Military Commander, Belgium-North France
(1 Sep 1940:   Promoted to General der Infanterie)
20 Jul 1944:   Retired

Awards: *Pour le Mérite (7 May 1918), 1939 Clasp to the 1914 Iron Cross (1st and 2nd Class), 1914 Iron Cross (1st and 2nd Class)*

Friedrich **FANGOHR** (GdI) (12 Aug 1899 – 17 Apr 1956)
1 Sep 1939 – 5 Feb 1940:   Chief of Operations, 13. Infantry Division
5 Feb 1940 – 15 Feb 1941:   Chief of Operations, XXXXI. Army Corps
15 Feb 1941 – 15 Jul 1942:   Chief of Staff, LVII. Panzer Corps
(1 Feb 1942:   Promoted to Oberst)
15 Jul 1942 – 25 Aug 1944:   Chief of Staff, 4. Panzer Army
(1 Feb 1943:   Promoted to Generalmajor)
(1 Feb 1944:   Promoted to Generalleutnant)
25 Aug 1944 – 20 Jan 1945:   C.O. 122. Infantry Division
20 Jan 1945 – 21 Apr 1945:   G.O.C. I. Army Corps
(16 Mar 1945:   Promoted to General der Infanterie)
9 May 1945 – 23 May 1945:   Chief of German Liaison Staff to Allied Headquarters, Reims

Awards: *Knight's Cross, 1939 Iron Cross (1st and 2nd Class)*

Gustav FEHN (GdPzTr.) (21 Feb 1892 – 5 Jun 1945)
1 Sep 1939 – 28 Jul 1940:	O.C. 33. Infantry Regiment
28 Jul 1940 – 25 Nov 1940:	C.O. 4. Schützen Brigade
(1 Aug 1940:	Promoted to Generalmajor)
25 Nov 1940 – 10 Aug 1942:	C.O. 5. Panzer Division
(1 Aug 1942:	Promoted to Generalleutnant)
30 Sep 1942 – 13 Nov 1942:	G.O.C. XXXX. Panzer Corps
(1 Nov 1942:	Promoted to General der Panzertruppen)
13 Nov 1942 – 15 Jan 1943:	G.O.C. Africa Corps
26 Nov 1942 – 2 Dec 1942:	Acting C-in-C, Panzer Army Africa
1 Jul 1943 – 19 Aug 1943:	G.O.C. XXVI. Army Corps
10 Oct 1943 – 1 Aug 1944:	G.O.C. XXI. Mountain Corps
1 Aug 1944 – 8 May 1945:	G.O.C. XV. Mountain Corps
5 Jun 1945:	Killed by Yugoslav partisans

Awards: *Knight's Cross (5 August 1940), German Cross in Gold (7 July 1942), 1939 Iron Cross (1st and 2nd Class), Tank Assault Badge, Afrika Cuff Title, 1939 Wound Badge in Black*

Hans FEIGE (GdI) (10 Nov 1880 – 17 Sep 1953)
1 Sep 1939 – 14 May 1940:	G.O.C. Military District (Wehrkreis) II
14 May 1940 – 20 Jan 1941:	G.O.C. XXXVI. Mountain Corps
(1 Dec 1940:	Promoted to General der Infanterie)
30 Jun 1942:	Retired

Awards: *German Cross in Gold (19 December 1941), 1939 Iron Cross (1st and 2nd Class)*

Hans FELBER (GdI) (8 Jul 1889 – 8 Mar 1962)
1 Sep 1939 – 15 Oct 1939:	Chief of Staff, 8. Army
(1 Oct 1939:	Promoted to Generalleutnant)
15 Oct 1939 – 15 Feb 1940:	Chief of Staff, 2. Army
15 Feb 1940 – 25 Oct 1940:	Chief of Staff, Army Group C
(1 Aug 1940:	Promoted to General der Infanterie)
25 Oct 1940 – 31 Jan 1942:	G.O.C. XIII. Army Corps
14 Apr 1942 – Jun 1942:	G.O.C. XXXXV. Army Corps
Jun 1942 – 15 Aug 1943:	G.O.C. LXXXIII. Army Corps
15 Aug 1943 – 26 Sep 1944:	Military Commander, Southeast
26 Sep 1944 – 27 Oct 1944:	C-in-C, Army Detachment Serbia
27 Oct 1944 – 6 Dec 1944:	G.O.C. Corps Command Vogesen
6 Dec 1944 – 12 Feb 1945:	G.O.C. XIII. Army Corps
22 Feb 1945 – 25 Mar 1945:	C-in-C, 7. Army
25 Mar 1945 – 8 May 1945:	Führer Reserve

Awards: *Knight's Cross, 1939 Clasp to the 1914 Iron Cross (1st and 2nd Class), 1914 Iron Cross (1st and 2nd Class)*

Kurt FELDT (GdKav) (22 Nov 1887 – 11 Mar 1970)
1 Sep 1939 – 25 Oct 1939:	C.O. 1. Cavalry Brigade
25 Oct 1939 – 28 Nov 1941:	C.O. 1. Cavalry Division
(1 Feb 1940:	Promoted to Generalmajor)
28 Nov 1941 – 14 Apr 1942:	C.O. 24. Panzer Division

(1 Feb 1942:   Promoted to Generalleutnant)
8 Jul 1942 – 10 Aug 1944:   Military Commander of South-West France
(1 Feb 1944:   Promoted to General der Kavallerie)
10 Aug 1944 – 5 Feb 1945:   G.O.C. Corps Feldt
5 Feb 1945 – 8 May 1945:   G.O.C. Corps South Jutland

Awards: Knight's Cross, 1939 Clasp to the 1914 Iron Cross (1st and 2nd Class), 1914 Iron Cross (1st and 2nd Class)

Erich **FELLGIEBEL** (GdNachriTr.) (4 Oct 1886 – 4 Sep 1944)
1 Sep 1939 – 20 Jul 1944:   Chief of Armed Forces Signals
(1 Feb 1940:   Promoted to Generalleutnant)
(1 Aug 1940:   Promoted to General der Nachrichtentruppen)
4 Sep 1944:   Executed for participation in 20 July Plot to kill Hitler

Awards: 1939 Clasp to the 1914 Iron Cross (1st and 2nd Class), 1914 Iron Cross (1st and 2nd Class)

Maximilian **FELZMANN** (GdA) (22 Apr 1894 – 8 Jul 1962)
1 Sep 1939 – 1 Nov 1942:   O.C. 251. Artillery Regiment
(1 Feb 1941:   Promoted to Oberst)
1 Nov 1942 – 10 Mar 1943:   Corps Artillery Commander (Arko) 130
10 Mar 1943 – 15 Nov 1943: C.O. 251. Infantry Division
(1 Jun 1943:   Promoted to Generalmajor)
15 Nov 1943 – 29 Aug 1944: G.O.C. Corps Detachment E
(1 Dec 1943:   Promoted to Generalleutnant)
29 Aug 1944 – 20 Sep 1944: G.O.C. XXXXVI. Panzer Corps
26 Oct 1944 – 15 Apr 1945: G.O.C. XXVII. Army Corps
(1 Jan 1945:   Promoted to General der Artillerie)
15 Apr 1945 – 8 May 1945:   G.O.C. Military District (Wehrkreis) V

Awards: Knight's Cross with Oakleaves, Knight's Cross, German Cross in Gold, 1939 Iron Cross (1st and 2nd Class)

Ernst **FESSMANN** (GdPzTr.) (Jan 1881 – 25 Oct 1962)
1 Sep 1939 – 1 Jun 1941:   C.O. 267. Infantry Division
(1 Jul 1941:   Confirmed as General der Panzertruppen from 1937 rank)
15 Jul 1941 – 8 Jan 1942:   Reserve Staff, Frankfurt an der Oder
31 May 1942 – 30 Apr 1943: Führer Reserve
30 Apr 1943:   Retired

Awards: 1939 Clasp to the 1914 Iron Cross (1st and 2nd Class), 1914 Iron Cross (1st and 2nd Class)

Valentin **FEURSTEIN** (GdGbgsTr.) (18 Jan 1885 – 8 Jun 1970)
1 Sep 1939 – May 1941:   C.O. 2. Mountain Division
May 1941 – 22 Jun 1943:   G.O.C. LXX. Army Corps
(1 Nov 1941:   Promoted to General der Gebirgstruppen)
Jul 1943 – 7 Mar 1945:   G.O.C. LI. Mountain Corps
26 Apr 1945 – 8 May 1945:   C-in-C, Alpine Front,
                            Inspector-General of Tyrolean Defense

Awards: Knight's Cross (12 August 1944), 1939 Iron Cross (1st and 2nd Class)

Wolfgang **FISCHER** (GdPzTr.) (11 Dec 1888 – 1 Feb 1943)
    1 Sep 1939 – 27 Oct 1939:   O.C. 69. Infantry Regiment
    27 Oct 1939 – 2 Aug 1941:   C.O. 10. Schützen Brigade
    (1 Aug 1941:   Promoted to Generalmajor)
    2 Aug 1941 – 1 Feb 1943:   C.O. 10. Panzer Division
    (1 Nov 1942:   Promoted to Generalleutnant)
    1 Feb 1943:   Killed in action, North Africa
    (1 Feb 1943:   Promoted to General der Panzertruppen, posthumously)
Awards: *Knight's Cross with Oakleaves (9 December 1942), Knight's Cross (3 June 1940), German Cross in Gold (22 April 1942), 1939 Clasp to the 1914 Iron Cross (1st and 2nd Class), Tank Assault Badge, 1939 Wound Badge in Gold, 1914 Iron Cross (1st and 2nd Class)*

Walter **FISCHER von Weikersthal** (GdI) (15 Sep 1890 – 11 Feb 1953)
    1 Sep 1939 – 25 Nov 1940:   Chief of Staff, 7. Army
    (1 Apr 1940:   Promoted to Generalleutnant)
    25 Nov 1940 – 1 Dec 1941:   C.O. 35. Infantry Division
    (1 Dec 1941:   Promoted to General der Infanterie)
    1 Dec 1941 – 15 Jan 1942:   G.O.C. LIII. Army Corps
    30 Apr 1942 – 25 Sep 1942:   G.O.C. XXXIII. Army Corps
    25 Sep 1942 – 24 Jul 1944:   G.O.C. LXVII. Army Corps
    24 Jul 1944 – 8 May 1945:   Transferred to Führer Resereve
Awards: *Knight's Cross, 1939 Clasp to the 1914 Iron Cross (1st and 2nd Class), 1914 Iron Cross (1st and 2nd Class)*

Wolfgang **FLECK** (GdI) (16 May 1879 – 1939)
Former commander of Military District (Wehrkreis) VI. Retired in 1934, but remained on Army List. Did not hold an active command during the war, dying shortly after its outbreak.
Awards: *1914 Iron Cross (1st and 2nd Class)*

Hermann **FOERTSCH** (GdI) (4 Apr 1885 – ?)
    1 Sep 1939 – 1940:   Chief of Staff, XXVI. Army Corps
    1940 – 10 May 1941:   Chief of General Staff Training
    10 May 1941 – 1 Aug 1942:   Chief of Staff, 12. Army
    (1 Feb 1942:   Promoted to Generalmajor)
    1 Aug 1942 – 23 Aug 1943:   Chief of Staff, Army Group E
    (1 Jan 1943:   Promoted to Generalleutnant)
    23 Aug 1943 – 28 Mar 1944:   Chief of Staff, Army Group F
    28 Mar 1944 – 22 Aug 1944:   C.O. 21. Infantry Division
    21 Sep 1944 – 31 Dec 1944:   G.O.C. X. Army Corps
    (1 Nov 1944:   Promoted to General der Infanterie)
    1 Feb 1945 – 28 Feb 1945:   Acting C-in-C, 19. Army
    28 Feb 1945 – 6 May 1945:   C-in-C, 1. Army
Awards: *Knight's Cross, 1939 Iron Cross (1st and 2nd Class)*

Max **FÖHRENBACH** (GdA) (12 Apr 1872 – 1942)
  1 Sep 1939 – 14 May 1940: Retired (since 1931)
  14 May 1940 – 30 Apr 1942: G.O.C. Military District (Wehrkreis) II
  (1 Sep 1940: Confirmed as General der Artillerie from 1931 rank)
  30 Jun 1942: Retired
  1942: Died in Freiburg, Germany
  Awards: *1914 Iron Cross (1st and 2nd Class)*

Otto-Wilhelm **FÖRSTER** (GdPi.) (16 Mar 1885 – ?)
  1 Sep 1939 – 31 Dec 1941: G.O.C. VI. Army Corps
  31 Dec 1941 – 31 Jan 1944: Führer Reserve
  31 Jan 1944: Retired
  Awards: *Knight's Cross, 1939 Clasp to the 1914 Iron Cross (1st and 2nd Class), 1914 Iron Cross (1st and 2nd Class)*

Sigismund von **FÖRSTER** (GdI) (23 Jun 1887 – ?)
  1 Sep 1939 – 15 Jan 1941: C.O. 26. Infantry Division
  15 Jan 1941 – 15 Apr 1941: C.O. 97. Light Division
  1 Oct 1941 – 20 Nov 1942: Rear Area Commander (Korück) 550
  (1 May 1943: Promoted to General der Infanterie)
  27 Nov 1942 – 10 Nov 1943: G.O.C. Corps Förster
  13 Feb 1944 – Sep 1944: G.O.C. LXXII. Army Corps
  Sep 1944 – 8 May 1945: Führer Reserve
  Awards: *German Cross in Gold (22 July 1943), 1939 Iron Cross (1st and 2nd Class)*

Prof. Dr. Carl **FRANZ** (Gen.obst.arzt) (27 Sept 1870 – 10 Oct 1946)
  1 Sep 1939 – 30 Jun 1944: Attached to the Inspector of Army Medical Service for special duties
  30 Jun 1944: Retired

Maximilian **FRETTER-PICO** (GdA) (6 Feb 1892 – 1984)
  1 Sep 1939 – 15 Apr 1941: Chief of Staff, XXIV. Army Corps
  (1 Mar 1941: Promoted to Generalmajor)
  15 Apr 1941 – 27 Dec 1941: C.O. 97. Jäger Division
  27 Dec 1941 – Sep 1942: G.O.C. XXX. Army Corps
  (1 Feb 1942: Promoted to Generalleutnant)
  (1 Jun 1942: Promoted to General der Artillerie)
  Sep 1942 – Feb 1943: C-in-C, Army Detachment Fretter-Pico
  17 Jul 1944 – 22 Dec 1944: C-in-C, 6. Army
  Mar 1945 – 8 May 1945: G.O.C. Military District (Wehrkreis) IX
  Awards: *Knight's Cross with Oakleaves (16 January 1944), Knight's Cross (26 December 1941), German Cross in Gold (19 September 1942), 1939 Iron Cross (1st and 2nd Class)*

Erich **FRIDERICI** (GdI) (21 Dec 1885 – ?)
  1 Sep 1939 – 27 Oct 1941:   Armed Forces Plenipotentiary to the Reichsprotektor of Bohemia-Moravia
  27 Oct 1941 – 1 Jul 1944:   Commanding General of Security Troops, South
  1 Jul 1944:   Retired
Awards: 1914 Iron Cross (1st and 2nd Class)

Walter **FRIES** (GdPzTr.) (22 Apr 1894 – ?)
  1 Sep 1939 – 15 Nov 1940:   O.C. II. Battalion, 15. Infantry Regiment
  15 Nov 1940 – 24 Dec 1942: O.C. 87. Infantry Regiment
  (1 Mar 1941:   Promoted to Oberst)
  24 Dec 1942 – 1 Mar 1943:   Instructor, Infantry Academy
  1 Mar 1943 – 24 Aug 1944:   C.O. 29. Infantry Division
  (1 Jun 1943:   Promoted to Generalmajor)
  (1 Jan 1944:   Promoted to Generalleutnant)
  20 Sep 1944 – 19 Jan 1945: G.O.C. XXXXVI. Panzer Corps
  (1 Dec 1944:   Promoted to General der Panzertruppen)
  20 Jan 1945 – 8 May 1945:   Führer Reserve
Awards: Knight's Cross with Oakleaves and Swords (11 August 1944), Knight's Cross with Oakleaves (29 January 1944), Knight's Cross (14 December 1941), German Cross in Gold (9 October 1942), 1939 Clasp to the 1914 Iron Cross (1st and 2nd Class), 1939 Wound Badge in Silver, 1914 Iron Cross (1st and 2nd Class)

Hans Freiherr von **FUNCK** (GdPzTr.) (23 Dec 1891 – ?)
  1 Sep 1939 – 15 Oct 1939:   Military Attache, Lisbon
  15 Oct 1939 – 13 Nov 1940: O.C. 5. Panzer Regiment
  13 Nov 1940 – Jan 1941:   C.O. 3. Panzer Brigade
  (1 Jan 1941:   Promoted to Generalmajor)
  Jan 1941 – 7 Feb 1941:   C.O. 5. Light Division
  15 Feb 1941 – 17 Aug 1943: C.O. 7. Panzer Division
  (1 Sep 1942:   Promoted to Generalleutnant)
  7 Dec 1943 – 2 Feb 1944:   G.O.C. XXIII. Army Corps
  (1 Mar 1944:   Promoted to General der Panzertruppen)
  4 Mar 1944 – 4 Sep 1944:   G.O.C. XXXXVII. Panzer Corps
  23 Aug 1944 – 24 Aug 1944: Acting C-in-C, 7. Army
  4 Sep 1944 – 28 Feb 1945:   Führer Reserve
  28 Feb 1945:   Retired
Awards: Knight's Cross with Oakleaves (22 August 1943), Knight's Cross (15 July 1941), German Cross in Gold (14 March 1943), 1939 Clasp to the 1914 Iron Cross (1st and 2nd Class), Tank Assault Badge, 1914 Iron Cross (1st and 2nd Class)

Kurt **GALLENKAMP** (GdA) (17 Feb 1890 – ?)
  1 Sep 1939 – 1 Oct 1939:   Chief of Staff, III. Army Corps
  1 Oct 1939 – 29 Sep 1941:   C.O. 78. Infantry Division
  (1 Apr 1940:   Promoted to Generalleutnant)
  (1 Apr 1942:   Promoted to General der Artillerie)
  10 Apr 1942 – 1 Jul 1942:   G.O.C. XXXI. Army Corps
  1 Jul 1942 – 10 Aug 1944:   G.O.C. LXXX. Army Corps
  10 Aug 1944 – 8 May 1945:   Führer Reserve
Awards: Knight's Cross, 1939 Iron Cross (1st and 2nd Class)

Martin **GAREIS** (GdI) (6 Oct 1891 – ?)
   1 Sep 1939 – 20 Sep 1939:   Instructor, Munich Military School
   20 Sep 1939 – 31 Dec 1941:   O.C. 282. Infantry Regiment
   31 Dec 1941 – 1 Feb 1944:   C.O. 98. Infantry Division
   (1 Feb 1942:   Promoted to Generalmajor)
   (1 Jan 1943:   Promoted to Generalleutnant)
   15 May 1944 – 25 Sep 1944:   C.O. 264. Infantry Division
   19 Jan 1945 – 8 May 1945:   G.O.C. XXXXVI. Panzer Corps
   (1 Apr 1945:   Promoted to General der Infanterie)
   Awards: Knight's Cross, 1939 Iron Cross (1st and 2nd Class)

Theodor **GEIB** (GdA) (15 Sep 1885 – 31 Jul 1944)
   1 Sep 1939 – 16 Aug 1943:   Master-General of Ordnance of the Army
   (1 Dec 1941:   Promoted to General der Artillerie)
   8 Sep 1943 – 31 May 1944:   Armed Forces Commander, Albania & Montenegro
   10 Jun 1944 – 30 Jul 1944:   Commander of Rear Army Area, South France
   31 Jul 1944:   Died of wounds sustained in action
   Awards: 1939 Clasp to the 1914 Iron Cross (1st and 2nd Class), 1914 Iron Cross (1st and 2nd Class)

Hubert **GERCKE** (GdI) (1 Apr 1881 – 7 Dec 1942)
   1 Sep 1939 – Jun 1940:   Retired
   Jun 1940 – 16 Jul 1940:   C.O. 278. Infantry Division
   10 Jan 1941 – 10 Jan 1942:   C.O. Division No. 401
   10 Jan 1942 – 2 Apr 1942:   C.O. Division No. 148
   2 Apr 1942 – 30 Jun 1942:   Commander of POWs, Military District (Wehrkreis) I
   30 Jun 1942:   Retired
   (1 Dec 1942:   Promoted to General der Infanterie)
   7 Dec 1942:   Died
   Awards: 1939 Clasp to the 1914 Iron Cross (1st and 2nd Class), 1914 Iron Cross (1st and 2nd Class)

Rudolf **GERCKE** (GdI) (17 Aug 1884 – 1947)
   1 Sep 1939 – 8 May 1945:   Chief of Army Field Transport
   (1 Oct 1939:   Promoted to Generalmajor)
   (1 Aug 1940:   Promoted to Generalleutnant)
   (1 Apr 1942:   Promoted to General der Infanterie)
   Awards: Knight's Cross of the War Merit Cross with Swords (23 September 1943), War Merit Cross with Swords (1st and 2nd Class)

Hermann **GEYER** (GdI) (7 Jul 1882 – 1946)
   1 Sep 1939 – 25 Oct 1939:   Retired
   25 Oct 1939 – 31 Dec 1941:   G.O.C. IX. Army Corps
   31 Dec 1941 – 31 Dec 1943:   Führer Reserve
   31 Dec 1943:   Retired
   Awards: Knight's Cross, 1939 Clasp to the 1914 Iron Cross (1st and 2nd Class), 1914 Iron Cross (1st and 2nd Class)

Leo Freiherr **GEYR von Schweppenburg** (GdPzTr.) (2 Mar 1886 – ?)
1 Sep 1939 – 7 Oct 1939:	C.O. 3. Panzer Division
(1 Apr 1940:	Promoted to General der Panzertruppen)
14 Feb 1940 – 7 Jan 1942:	G.O.C. XXIV. Army Corps
21 Jun 1942 – 20 Jul 1942:	G.O.C. III. Panzer Corps
20 Jul 1942 – 30 Sep 1942:	G.O.C. XXXX. Panzer Corps
5 Aug 1943 – 30 Nov 1943:	G.O.C. LVIII. Panzer Corps
1 Jan 1944 – 2 Jul 1944:	C-in-C, Panzer Group West
2 Jul 1944 – 8 May 1945:	Inspector of Panzer Troops

Awards: *Knight's Cross (9 July 1941), 1939 Clasp to the 1914 Iron Cross (1st and 2nd Class), Tank Assault Badge, 1914 Iron Cross (1st and 2nd Class), 1914 Wound Badge in Black*

Curt Ludwig Freiherr von **GIENANTH** (GdKav) (6 Dec 1876 – ?)
1 Sep 1939 – 8 Sep 1939:	Commander, Fortress Breslau & Border Zone 14
8 Sep 1939 – 19 Oct 1939:	G.O.C. Corps Gienanth
19 Oct 1939 – 5 May 1940:	G.O.C. XXXVI. Army Corps
1 Nov 1939 – 5 May 1940:	Commander, Central Zone, General Gouvernement
5 May 1940 – 21 Jul 1940:	C-in-C, East (Oberost)
21 Jul 1940 – 30 Sep 1942:	Military Commander, General Gouvernement
(1 Sep 1940:	Promoted to General der Kavallerie)
30 Sep 1942 – 30 Jun 1943:	Führer Reserve
30 Jun 1943:	Retired

Awards: *1914 Iron Cross (1st and 2nd Class)*

Werner Freiherr von und zu **GILSA** (GdI) (4 Mar 1889 – May 1945)
1 Sep 1939 – 31 Jan 1941:	O.C. 9. Infantry Regiment
(1 Feb 1941:	Promoted to Generalmajor)
1 Apr 1941 – 4 Apr 1943:	C.O. 216. Infantry Division
(1 Oct 1942:	Promoted to Generalleutnant)
11 Jun 1943 – 23 Nov 1944:	G.O.C. LXXXIX. Army Corps
(1 Jul 1943:	Promoted to General der Infanterie)
15 Mar 1945 – 5 May 1945:	Battle Commander, Dresden
5 May 1945 – 8 May 1945:	G.O.C. Corps Gilsa

Awards: *Knight's Cross with Oakleaves (24 January 1942), Knight's Cross (5 June 1940), 1939 Iron Cross (1st and 2nd Class)*

Dr. Prof. Edmund von **GLAISE-HORSTENAU** (GdI) (27 Feb 1882 – 20 Jul 1946)
1 Sep 1939 – May 1941:	Inspector of War Graves, Armed Forces High Command (OKW)
May 1941 – 25 Sep 1944:	Plenipotentiary General in Croatia
25 Sep 1944:	Transferred to Führer Reserve

Awards: *1914 Iron Cross (1st and 2nd Class)*

Gerhard **GLOKKE** (GdI) (26 Nov 1884 – 5 Jun 1944)
1 Sep 1939 – 5 Jun 1944:	G.O.C. Military District (Wehrkreis) VI
(1 Dec 1940:	Promoted to General der Infanterie)
5 Jun 1944:	Died in Münster

Awards: *German Cross in Silver, 1914 Iron Cross (1st and 2nd Class)*

Hans **GOLLNICK** (GdI) (22 May 1892 – ?)
1 Sep 1939 – 15 Oct 1941:	O.C. 76. Infantry Regiment
(1 Jun 1941:	Promoted to Generalmajor)
15 Oct 1941 – 1 Aug 1943:	C.O. 36. Panzer Grenadier Division
(1 Jan 1943:	Promoted to Generalleutnant)
2 Aug 1943 – 22 Mar 1944:	G.O.C. XXXXVI. Panzer Corps
(1 Oct 1943:	Promoted to General der Infanterie)
20 May 1944 – 8 May 1945:	G.O.C. XXVIII. Army Corps
1945:	C-in-C, Army Detachment Samland

Awards: Knight's Cross with Oakleaves (24 August 1943), Knight's Cross (21 November 1942), 1939 Iron Cross (1st and 2nd Class).

Friedrich **GOLLWITZER** (GdI) (27 Apr 1889 – ?)
1 Sep 1939 – 25 Oct 1939:	O.C. 41. Infantry Regiment
(1 Oct 1939:	Promoted to Generalmajor)
25 Oct 1939 – 2 Feb 1940:	C.O. Division No. 193
12 Feb 1940 – 10 Mar 1943:	C.O. 88. Infantry Division
(1 Oct 1941:	Promoted to Generalleutnant)
22 Jun 1943 – 28 Jun 1944:	G.O.C. LIII. Army Corps
(1 Dec 1943:	Promoted to General der Infanterie)
28 Jun 1944:	Captured at Vitebsk, Russia

Awards: Knight's Cross, German Cross in Gold, 1939 Clasp to the 1914 Iron Cross (1st and 2nd Class), 1914 Iron Cross (1st and 2nd Class).

Konrad von **GOSSLER** (GdKav)
Former Inspector of Cavalry, retired in early 1939. Available for recall at the outbreak of the war, but was not appointed to a command.

Fritz Hubert **GRAESER** (GdI) (3 Nov 1888 – Oct 1960)
1 Sep 1939 – 11 Jul 1941:	O.C. 29. Infantry Regiment
11 Jul 1941 – 1 Mar 1943:	Badly wounded, sick leave
(1 Oct 1941:	Promoted to Generalmajor)
(1 Mar 1943:	Promoted to Generalleutnant)
1 Mar 1943 – Mar 1944:	C.O. 3. Panzer Grenadier Division
27 Jun 1944 – 19 Aug 1944:	G.O.C. XXIV. Panzer Corps
19 Aug 1944 – 20 Sep 1944:	G.O.C. XXXXVIII. Panzer Corps
(1 Sep 1944:	Promoted to General der Panzertruppen)
21 Sep 1944 – 8 May 1945:	C-in-C, 4. Panzer Army

Awards: Knight's Cross with Oakleaves and Swords (8 May 1945), Knight's Cross with Oakleaves (26 June 1944), Knight's Cross (19 July 1940), German Cross in Gold (8 February 1942), 1939 Clasp to the 1914 Iron Cross (1st and 2nd Class), Infantry Assault Badge in Silver, 1939 Wound Badge in Silver, 1914 Iron Cross (1st and 2nd Class).

Walther **GRAEßNER** (GdI) (31 Jan 1891 – 15 Feb 1943)
1 Sep 1939 – 26 Sep 1939:	C.O. Division No. 177
(1 Oct 1939:	Promoted to Generalmajor)
15 Oct 1939 – 6 Feb 1940:	C.O. Division No. 187
6 Feb 1940 – 1 Jan 1942:	C.O. 298. Infantry Division

(1 Oct 1941): Promoted to Generalleutnant)
19 Feb 1942 – 15 Feb 1943: G.O.C. XII. Army Corps
(1 Jun 1942: Promoted to General der Infanterie)
15 Feb 1943: Died

Awards: *Knight's Cross, 1939 Iron Cross (1st and 2nd Class)*

Martin **GRASE** (GdI) (3 May 1891 – ?)
1 Sep 1939 – 1 Nov 1939: Staff Officer, 3. Army
1 Nov 1939 – 1 Mar 1940: Staff Officer, C-in-C North
1 Mar 1940 – 16 Jan 1942: O.C. 1. Infantry Regiment
(1 Oct 1941: Promoted to Generalmajor)
16 Jan 1942 – 30 Jun 1943: C.O. 1. Infantry Division
(1 Jan 1943: Promoted to Generalleutnant)
17 Sep 1943 – 1 Jan 1944: G.O.C. I. Army Corps
(1 Nov 1943: Promoted to General der Infanterie)
1 Jan 1944 – 15 Feb 1944: G.O.C. XXVI. Army Corps
18 Jul 1944 – 1 Nov 1944: Military Commander, Belgium & North France
1 Nov 1944 – 8 May 1945: G.O.C. Feldjägerkorps III

Awards: *Knight's Cross with Oakleaves (25 May 1943), Knight's Cross (18 October 1941), 1939 Iron Cross (1st and 2nd Class)*

Anton **GRASSER** (GdI) (3 Nov 1891 – ?)
1 Sep 1939 – 1940: O.C. I. Battalion, 119. Infantry Regiment
1940 – 4 Feb 1942: O.C. 119. Infantry Regiment
(1 Mar 1941: Promoted to Oberst)
4 Feb 1942 – 5 Nov 1943: C.O. 25. Infantry Division
(1 Apr 1942: Promoted to Generalmajor)
(1 Jan 1943: Promoted to Generalleutnant)
14 Nov 1943 – 9 Dec 1943: G.O.C. LVI. Panzer Corps
15 Feb 1944 – 11 May 1944: G.O.C. XXVI. Army Corps
(1 May 1944: Promoted to General der Infanterie)
3 Jul 1944 – Oct 1944: C-in-C, Army Detachment Narwa
Oct 1944 – Mar 1945: C-in-C, 11. Army
Mar 1945 – 8 May 1945: Führer Reserve

Awards: *Knight's Cross with Oakleaves (5 December 1943), Knight's Cross (16 June 1940), German Cross in Gold (11 March 1943), 1939 Iron Cross (1st and 2nd Class)*

Kurt von **GREIFF** (GdI) (24 Feb 1876 – 1945)
1 Sep 1939 – 10 Mar 1940: Commander of Field Headquarters (OFK) 592
10 Mar 1940 – 13 Nov 1940: G.O.C. Corps Command XXXXV
(1 Sep 1940: Confirmed as General der Infanterie)
13 Nov 1940 – 15 Jan 1941: Acting G.O.C. III. Army Corps
15 Jan 1941 – 14 Apr 1942: G.O.C. Corps Command XXXXV
14 Apr 1942 – 31 Aug 1942: Führer Reserve
31 Aug 1942: Retired

Awards: *Pour le Mérite, 1939 Clasp to the 1914 Iron Cross (1st and 2nd Class), 1914 Iron Cross (1st and 2nd Class)*

Hans von **GREIFFENBERG** (GdI) (12 Oct 1893 – 1951)
  1 Sep 1939 – 1 Jan 1941: Chief of Operations Section, Armed Forces High Command (OKW)
  (1 Aug 1940: Promoted to Generalmajor)
  1 Jan 1941 – 20 May 1941: Chief of Staff, 12. Army
  20 May 1941 – 1 Apr 1942: Chief of Staff, Army Group Center
  (1 Apr 1942: Promoted to Generalleutnant)
  1 Apr 1942 – 10 Oct 1943: Chief of Staff, Army Group A
  10 Oct 1943 – 1 Apr 1944: Military Attache, Budapest
  (1 Apr 1944: Promoted to General der Infanterie)
  1 Apr 1944 – 8 May 1945: Plenipotentiary General of the Wehrmacht in Hungary
Awards: *Knight's Cross, 1939 Iron Cross (1st and 2nd Class)*

Max **GRIMMEIß** (GdA) (27 Feb 1893 – ?)
  1 Sep 1939 – 1 Oct 1939: Chief of Staff, XII. Army Corps
  1 Oct 1939 – 1 Jan 1941: Chief of Staff, IX. Army Corps
  1 Jan 1941 – 1 Jan 1942: Chief of Staff, 15. Army
  1 Jan 1942 – 30 Oct 1944: Army General attached to the C-in-C of the Luftwaffe
  (1 Feb 1942: Promoted to Generalmajor)
  (1 Apr 1943: Promoted to Generalleutnant)
  1 Dec 1944 – 21 Jan 1945: G.O.C. Military District (Wehrkreis) XI
  21 Jan 1945 – 15 Apr 1945: G.O.C. LXIV. Army Corps
  (1 Apr 1945: Promoted to General der Artillerie)
  15 Apr 1945 – 8 May 1945: Führer Reserve
Awards: *German Cross in Gold, 1939 Iron Cross (1st and 2nd Class)*

Horst **GROßMANN** (GdI) (19 Nov 1891 – ?)
  1 Sep 1939 – 15 Oct 1939: Instructor, Potsdam Military School
  15 Oct 1939 – 25 Dec 1941: O.C. 84. Infantry Regiment
  21 Jan 1942 – 16 Dec 1943: C.O. 6. Infantry Division
  (1 Jan 1942: Promoted to Generalmajor)
  (1 Jan 1943: Promoted to Generalleutnant)
  Jan 1944 – Feb 1944: G.O.C. XXXV. Army Corps
  Mar 1944 – May 1944: G.O.C. LV. Army Corps
  11 Aug 1944 – 8 May 1945: G.O.C. VI. Army Corps
  (9 Nov 1944: Promoted to General der Infanterie)
Awards: *Knight's Cross with Oakleaves (4 September 1943), Knight's Cross (23 August 1941), German Cross in Gold (11 February 1943), 1939 Clasp to the 1914 Iron Cross (1st and 2nd Class), 1914 Iron Cross (1st and 2nd Class), 1914 Wound Badge in Black*

Otto **GRÜN** (GdA) (29 May 1882 – 26 Mar 1948)
  1 Sep 1939 – 31 May 1944: Inspector of Artillery, Replacement Army
  31 Aug 1944: Retired
Awards: *1914 Iron Cross (1st and 2nd Class)*

Siegfried **HAENICKE** (GdI) (8 Sep 1878 – 19 Feb 1946)
  1 Sep 1939 – 27 Mar 1942:   C.O. 61. Infantry Division
  (1 Apr 1941:   Promoted to Generalleutnant)
  (1 Apr 1942:   Promoted to General der Infanterie)
  23 Apr 1942 – 29 Jun 1942:   G.O.C. XXXVIII. Army Corps
  1 Oct 1942 – 13 Sep 1944:   G.O.C. Military District (Wehrkreis) General Gouvernement
  ?:   C-in-C, East (Oberost)
  13 Sep 1944 – 8 May 1945:   Commander of Corps Command 384
  Awards: Knight's Cross (17 September 1941), German Cross in Gold (4 September 1942), 1939 Clasp to the 1914 Iron Cross (1st and 2nd Class), Pour le Mérite (14 June 1918), 1914 Iron Cross (1st and 2nd Class)

Walther **HAHM** (GdI) (21 Dec 1894 – 1951)
  1 Sep 1939 – 7 Feb 1940:   Instructor, Munich Military School
  7 Feb 1940 – 20 Sep 1940:   O.C. II. Battalion, 81. Infantry Regiment
  1 Oct 1940 – 1 Jan 1941:   O.C. 480. Infantry Regiment
  1 Jan 1941 – 9 Nov 1943:   C.O. 260. Infantry Division
  (1 Aug 1941:   Promoted to Oberst)
  (1 Apr 1942:   Promoted to Generalmajor)
  (1 Jan 1943:   Promoted to Generalleutnant)
  1 Apr 1944 – 30 Sep 1944:   C.O. 389. Infantry Division
  (30 Jan 1945:   Promoted to General der Infanterie)
  30 Jan 1945 – 1 Apr 1945:   G.O.C. LXXXII. Army Corps
  15 Apr 1945 – 20 Apr 1945:   G.O.C. XIII. Army Corps
  20 Apr 1945 – 8 May 1945:   Führer Reserve
  Awards: Knight's Cross with Oakleaves, Knight's Cross, 1939 Iron Cross (1st and 2nd Class)

Hans **HALM** (GdI/GdFl.) (24 Feb 1879 – 9 Oct 1957)
  1 Sep 1939 – 1 May 1942:   G.O.C. Military District (Wehrkreis) VIII
  (30 Jun 1940:   Redesignated as General der Infanterie from General der Flieger)
  30 Jun 1942:   Retired
  Awards: 1914 Iron Cross (1st and 2nd Class)

Prof. Dr. Siegfried **HANDLOSER** (Gen.obst.arzt) (25 Mar 1885 – 3 Jul 1954)
  1 Sep 1939 – 13 Oct 1939:   Chief Medical Officer, 14. Army
  13 Oct 1939 – 6 Nov 1940:   Chief Medical Officer, 12. Army
  6 Nov 1940 – 1 Feb 1941:   Attached to Army Medical Inspectorate
  (1 Jan 1941:   Promoted to Generaloberstabsarzt)
  1 Feb 1941 – 1 Sep 1944:   Inspector & Chief of Army Medical Service
  1 Sep 1944 – 8 May 1945:   Chief of Armed Forces Medical Services
  Awards: Knight's Cross of the War Merit Cross with Swords

Hermann von **HANNECKEN** (GdI) (5 Jan 1890 – ?)
  1 Sep 1939 – 27 Sep 1942:   Senior Section Chief, Ministry of Economics
  (1 Jul 1940:   Promoted to Generalleutnant)
  (1 Dec 1941:   Promoted to General der Infanterie)

27 Sep 1942 – 27 Jan 1945: Armed Forces C-in-C, Denmark
27 Jan 1945 – 8 May 1945: Führer Reserve
Awards: *Knight's Cross of the War Merit Cross with Swords (21 December 1944), War Merit Cross with Swords (1st and 2nd Class)*

Christian **HANSEN** (GdA) (10 Apr 1885 – ?)
1 Sep 1939 – 15 Oct 1939: C.O. 25. Infantry Division
15 Oct 1939 – 12 Oct 1943: G.O.C. X. Army Corps
(1 Jun 1940: Promoted to General der Artillerie)
12 Oct 1943 – 1 Jun 1944: C-in-C, 16. Army
Jul 1944 – 31 Dec 1944: Führer Reserve
31 Dec 1944: Retired
Awards: *German Cross in Gold (2 April 1943), 1939 Iron Cross (1st and 2nd Class)*

Eric **HANSEN** (GdKav) (27 Mar 1889 – ?)
1 Sep 1939 – 15 Aug 1940: C.O. 4. Infantry Division
(1 Aug 1940: Promoted to General der Kavallerie)
15 Aug 1940 – 1 Oct 1940: C.O. 14. Panzer Division
1 Oct 1940 – 1 Jun 1941: Chief of Military Mission to Romania
1 Jun 1941 – 20 Jan 1943: G.O.C. LIV. Army Corps
20 Jan 1943 – 26 Aug 1944: Military Commander, Romania
26 Aug 1944: Captured, POW
Awards: *Knight's Cross (4 September 1941), German Cross in Gold (19 September 1942), 1939 Iron Cross (1st and 2nd Class)*

Gustav **HARTENECK** (GdKav) (27 Jul 1892 – ?)
1 Sep 1939 – 10 Nov 1940: Chief of Operations, 1. Army
10 Nov 1940 – 19 Oct 1941: Chief of Staff, XXVII. Army Corps
26 Oct 1941 – 1 Dec 1943: Chief of Staff, 2. Army
(1 Feb 1942: Promoted to Generalmajor)
(1 Apr 1943: Promoted to Generalleutnant)
1 Jan 1944 – 19 Jun 1944: Division Commander, General Gouvernement
19 Jun 1944 – 1 Jul 1944: C.O. 72. Infantry Division
1 Jul 1944 – 8 May 1945: G.O.C. I. Cavalry Corps
(1 Sep 1944; Promoted to General der Kavallerie)
Awards: *Knight's Cross (21 September 1944), German Cross in Gold (20 March 1942), 1939 Iron Cross (1st and 2nd Class)*

Alexander von **HARTMANN** (GdI) (11 Dec 1890 – 24 Jan 1943)
1 Sep 1939 – 24 Mar 1941: O.C. 37. Infantry Regiment
(1 Jan 1941: Promoted to Generalmajor)
28 Mar 1941 – 24 Jan 1943: C.O. 71. Infantry Division
(1 Sep 1942: Promoted to Generalleutnant)
24 Jan 1943: Killed in action, Stalingrad
(24 Jan 1943: Promoted to General der Infanterie, posthumously)
Awards: *1939 Iron Cross (1st and 2nd Class)*

Otto **HARTMANN** (GdA) (11 Sep 1884 – ?)
  1 Sep 1939 – Feb 1941:   G.O.C. XXX. Army Corps
  (1 Apr 1940:   Promoted to General der Artillerie)
  1 Jan 1943 – 13 Sep 1943: Commanding General of Security Troops, Army Group Area A
  1 Feb 1944 – 8 May 1945: Chief of Special Staff Hartmann, Army Group C
Awards: Knight's Cross, 1939 Clasp to the 1914 Iron Cross (1st and 2nd Class), 1914 Iron Cross (1st and 2nd Class)

Walter **HARTMANN** (GdA) (23 Jul 1891 – ?)
  1 Sep 1939 – Feb 1940:   O.C. 24. Artillery Regiment
  Feb 1940 – 15 Jul 1941:   Artillery Commander (Arko) 140
  15 Jul 1941 – 1 May 1942: Badly wounded, sick leave
  (1 Oct 1941:   Promoted to Generalmajor)
  1 May 1942 – 29 Aug 1942: C.O. Division No. 407
  10 Sep 1942 – 1 Feb 1943: C.O. 390. Field Training Division
  (1 Feb 1943:   Promoted to Generalleutnant)
  1 Feb 1943 – 20 Nov 1943: C.O. 87. Infantry Division
  20 Jan 1944 – 1 May 1944: G.O.C. I. Army Corps
  (1 May 1944:   Promoted to General der Artillerie)
  1 May 1944 – 1 Sep 1944: G.O.C. I. Mountain Corps
  10 Sep 1944 – 19 Mar 1945: G.O.C. VIII. Army Corps
  18 Apr 1945 – 8 May 1945: G.O.C. XXIV. Panzer Corps
Awards: Knight's Cross with Oakleaves and Swords (18 March 1945), Knight's Cross with Oakleaves (30 November 1943), Knight's Cross (10 August 1941), 1939 Iron Cross (1st and 2nd Class), 1939 Wound Badge in Black

Ernst **HASSE** (GdI) (7 Jul 1867 – 1945)
  Former commander of Military District (Wehrkreis) V. Retired in 1927, but remained on Army List. Held no active command during the war.
Awards: 1914 Iron Cross (1st and 2nd Class)

Otto **HASSE** (GdI) (21 Jun 1871 – 1942)
  Former Chief of General Staff (1925) and C-in-C of Gruppenkommando 1. Retired in 1932, but remained on the Army List. Held no active command during the war.
Awards: Pour le Mérite with Oakleaves

Wilhelm **HASSE** (GdI) (24 Nov 1894 – 1945)
  1 Sep 1939 – Dec 1940:   Chief of Operations, Army Group North
  Dec 1940 – 25 Jan 1942:   Chief of Staff, 18. Army
  25 Jan 1942 – 22 Jan 1943: Chief of Staff, Army Group North
  (1 Feb 1942:   Promoted to Generalmajor)
  (1 Jan 1943:   Promoted to Generalleutnant)
  5 Nov 1943 – 15 Mar 1944: C.O. 30. Infantry Division
  15 Jul 1944 – 15 Jan 1945: G.O.C. II. Army Corps
  (1 Aug 1944:   Promoted to General der Infanterie)
  30 Mar 1945 – 3 Apr 1945: C-in-C, 17. Army
  3 Apr 1945 – 8 May 1945: C-in-C, 1. Panzer Army
Awards: Knight's Cross with Oakleaves (14 January 1945), Knight's Cross (12 Aug-

ust 1944), German Cross in Gold (26 January 1942), 1939 Iron Cross (1st and 2nd Class)

Friedrich Wilhelm **HAUCK** (GdA) (10 Jan 1897 – ?)
1 Sep 1939 – 1 Jun 1940:	Chief of Operations, V. Army Corps
1 Jun 1940 – 1 Feb 1941:	Chief of Staff, XXXVII. Army Corps
(1 Dec 1940:	Promoted to Oberst)
1 Feb 1941 – 1 Dec 1941:	Quartermaster, 11. Army
1 Dec 1941 – 5 Mar 1943:	O.C. 386. Infantry Regiment
5 Mar 1943 – Dec 1944:	C.O. 305. Infantry Division
(1 Jun 1943:	Promoted to Generalmajor)
(1 Mar 1944:	Promoted to Generalleutnant)
Late 1944:	G.O.C. Corps Group Hauck
Jan 1945 – Mar 1945:	Training course for Corps commanders
7 Mar 1945 – 8 May 1945:	G.O.C. LI. Mountain Corps
(20 Apr 1945:	Promoted to General der Artillerie)

Awards: Knight's Cross (11 June 1944), German Cross in Gold, German Cross in Silver, 1939 Iron Cross (1st and 2nd Class)

Bruno Ritter von **HAUENSCHILD** (GdPzTr.) (9 Jun 1896 – 1953)
1 Sep 1939 – 15 Oct 1939:	O.C. 9. Reconnaissance Regiment
15 Oct 1939 – 12 Apr 1941:	O.C. 7. Panzer Regiment
(1 Nov 1940:	Promoted to Oberst)
12 Apr 1941 – 20 Nov 1941:	C.O. 4. Panzer Brigade
(1 Apr 1942:	Promoted to Generalmajor)
15 Apr 1942 – 12 Sep 1942:	C.O. 24. Panzer Division
20 Nov 1943 – 24 Jan 1945:	Commandant, Panzer Troops Training School
(1 Jan 1944:	Promoted to Generalleutnant)
24 Jan 1945 – 15 Mar 1945:	G.O.C. Military District (Wehrkreis) III
15 Mar 1945 – 8 May 1945:	Battle Commander, Berlin
(Apr 1945:	Promoted to General der Panzertruppen ?)

Awards: Knight's Cross with Oakleaves, Knight's Cross, 1939 Clasp to th 1914 Iron Cross (1st and 2nd Class), Bavarian Military Max Joseph Order, 1914 Iron Cross (1st and 2nd Class)

Arthur **HAUFFE** (GdI) (20 Dec 1891 – 22 Jul 1944)
1 Sep 1939 – 26 Sep 1939:	Chief of Staff, Border Command Upper Rhine
26 Sep 1939 – 5 Feb 1940:	Chief of Staff, XXV. Army Corps
15 Feb 1940 – 1 Jun 1941:	Chief of Staff, XXXVIII. Panzer Corps
(1 Jun 1941:	Promoted to Generalmajor)
1 Jun 1941 – 20 Jan 1943:	Chief of Staff, Military Mission to Romania
(1 Jan 1943:	Promoted to Generalleutnant)
7 Feb 1943 – 20 Aug 1943:	C.O. 46. Infantry Division
7 Sep 1943 – 22 Jul 1944:	G.O.C. XIII. Army Corps
(1 Nov 1943:	Promoted to General der Infanterie)
22 Jul 1944:	Killed in action, Eastern Front

Awards: Knight's Cross (25 July 1943), German Cross in Gold (11 April 1944), 1939 Iron Cross (1st and 2nd Class), 1939 Wound Badge in Gold

Erich **HEINEMANN** (GdA) (31 Jan 1881 – 1956)
   1 Sep 1939 – 1 Mar 1940:   In retirement
   1 Mar 1940 – 15 May 1940:   Army Artillery Commander, 8. Army
   15 May 1940 – 15 Sep 1943:   Army Artillery Commander (Harko) 302
   1 Dec 1943 – 28 Feb 1945:   G.O.C. LXV. Army Corps (V-Weapons)
   (1 Jan 1944:   Promoted to General der Artillerie)
   28 Feb 1945:   Retired
Awards: *German Cross in Gold (25 March 1942), German Cross in Silver, Knight's Cross of the War Merit Cross with Swords (23 September 1943), War Merit Cross with Swords (1st and 2nd Class), 1939 Iron Cross (1st and 2nd Class)*

Ernst-Eberhard **HELL** (GdA) (19 Sep 1887 – ?)
   1 Sep 1939 – 12 Aug 1940:   C.O. 269. Infantry Division
   (1 Jul 1940:   Promoted to Generalleutnant)
   12 Aug 1940 – 8 Jan 1942:   C.O. 15. Infantry Division
   8 Jan 1942 – Aug 1944:   G.O.C. VII. Army Corps
   (1 Feb 1942:   Promoted to General der Artillerie)
   Aug 1944:   Captured, POW
Awards: *Knight's Cross with Oakleaves (4 June 1944), Knight's Cross (1 February 1943), German Cross in Gold (14 June 1942), 1939 Iron Cross (1st and 2nd Class)*

Georg Ritter von **HENGL** (GdGbgsTr.) (21 Oct 1897 – 1952)
   1 Sep 1939 – 1 Apr 1940:   O.C. III. Battalion, 99. Mountain Regiment
   1 Apr 1940 – 1 Jan 1942:   O.C. 137. Mountain Regiment
   (1 Dec 1940:   Promoted to Oberst)
   1 Jan 1942 – 1 Oct 1943:   C.O. 2. Mountain Division
   (1 Apr 1942:   Promoted to Generalmajor)
   (1 Jan 1943:   Promoted to Generalleutnant)
   1 Oct 1943 – 15 May 1944:   G.O.C. XIX. Mountain Corps
   (1 Jan 1944:   Promoted to General der Gebirgstruppen)
   ?:   Acting C-in-C, 20. Mountain Army
   1 Jun 1944 – 1 Feb 1945:   Chief of Army National Socialist Leadership Staff
   1 Feb 1945 – 6 Apr 1945:   G.O.C. LIX. Army Corps
   6 Apr 1945 – 8 May 1945:   Chief of Army National Socialist Leadership Staff
Awards: *Knight's Cross (25 August 1941), German Cross in Gold (21 June 1944), 1939 Clasp to the 1914 Iron Cross (1st and 2nd Class), Knight's Cross of the Bavarian Military Max Joseph Order (29 October 1918), 1914 Iron Cross (1st and 2nd Class), 1914 Observer's Badge*

Sigfrid **HENRICI** (GdPzTr.) (10 May 1889 – ?)
   1 Sep 1939 – 16 Mar 1941:   Corps Artillery Commander (Arko) 30
   16 Mar 1941 – 13 Nov 1942:   C.O. 16. (Motorized) Infantry Division
   (1 Jun 1941:   Promoted to Generalleutnant)
   13 Nov 1942 – 2 Sep 1944:   Führer Reserve
   (1 Jan 1943:   Promoted to General der Panzertruppen)
   2 Sep 1944 – 8 May 1945:   G.O.C. XXXX. Panzer Corps
Awards: *Knight's Cross with Oakleaves (9 December 1943), Knight's Cross (13 October 1941), German Cross in Gold (13 August 1943), 1939 Iron Cross (1st and 2nd Class), Tank Assault Badge*

Traugott **HERR** (GdPzTr.) (16 Sep 1890 – ?)
  1 Sep 1939 – 20 Sep 1939:   O.C. 13. Replacement Infantry Regiment
  20 Sep 1939 – 17 Oct 1940:   O.C. 66. Infantry Regiment
  17 Oct 1940 – 29 Nov 1941:   C.O. 13. Schützen Brigade
  1 Dec 1941 – 1 Nov 1942:   C.O. 13. Panzer Division
  (1 Apr 1942:   Promoted to Generalmajor)
  1 Nov 1942 – 1 Jul 1943:   Wounded, sick leave
  (1 Dec 1942:   Promoted to Generalleutnant)
  1 Jul 1943 – 17 Jul 1943:   G.O.C. LXXVI. Army Corps
  17 Jul 1943 – 22 Nov 1944:   G.O.C. LXXVI. Panzer Corps
  (1 Sep 1943:   Promoted to General der Panzertruppen)
  22 Nov 1944 – 12 Dec 1944:   C-in-C, 14. Army
  12 Dec 1944 – 26 Dec 1944:   G.O.C. LXXVI. Panzer Corps
  15 Feb 1942 – 8 May 1945:   C-in-C, 10. Army

Awards: Knight's Cross with Oakleaves and Swords (18 December 1944), Knight's Cross with Oakleaves (9 August 1942), Knight's Cross (2 October 1941), 1939 Clasp to the 1914 Iron Cross (1st and 2nd Class), Tank Assault Badge, 1939 Wound Badge in Black, 1914 Iron Cross (1st and 2nd Class)

Friedrich **HERRLEIN** (GdI) (27 Apr 1889 – ?)
  1 Sep 1939 – 15 Feb 1941:   O.C. 116. Infantry Regiment
  (1 Feb 1941:   Promoted to Generalmajor)
  15 Feb 1941 – 28 Mar 1941:   C.O. 71. Infantry Division
  28 Mar 1941 – 15 Dec 1941:   C.O. 18. Infantry Division
  (1 Sep 1942:   Promoted to Generalleutnant)
  15 Feb 1942 – 6 Oct 1943:   General of Infantry attached to C-in-C, Army
  6 Oct 1943 – 5 Feb 1945:   G.O.C. LV. Army Corps
  (1 Feb 1944:   Promoted to General der Infanterie)
  Mar 1945 – 8 May 1945:   Special Purposes General attached to Army Group South

Awards: Knight's Cross, 1939 Clasp to the 1914 Iron Cross (1st and 2nd Class), 1914 Iron Cross (1st and 2nd Class)

Traugott Herr

Kurt **HERZOG** (GdA) (27 Mar 1889 – 1948)
 1 Sep 1939 – 30 Sep 1939: Commander of Reserve Troops I
 30 Sep 1939 – 7 Feb 1940: Corps Artillery Commander (Arko) 108
 7 Feb 1940 – 10 Jun 1942: C.O. 291. Infantry Division
 (1 Feb 1941: Promoted to Generalleutnant)
 29 Jun 1942 – 8 Jan 1945: G.O.C. XXXVIII. Army Corps
 (1 Jul 1942: Promoted to General der Artillerie)
 8 Jan 1945 – 8 May 1945: Führer Reserve
Awards: *Knight's Cross with Oakleaves (12 January 1945), Knight's Cross (18 October 1941), 1939 Iron Cross (1st and 2nd Class)*

Otto **HITZFELD** (GdI) (7 May 1898 – 1980)
 1 Sep 1939 – 15 Nov 1940: O.C. III. Battalion, 158. Infantry Regiment
 15 Nov 1940 – 5 Jul 1941: O.C. 593. Infantry Regiment
 (1 Apr 1941: Promoted to Oberst)
 5 Jul 1941 – 19 Jan 1943: O.C. 213. Infantry Regiment
 19 Jan 1943 – 10 Nov 1944: C.O. 102. Infantry Division
 (1 Apr 1943: Promoted to Generalmajor)
 (1 Oct 1943: Promoted to Generalleutnant)
 17 Dec 1944 – Mar 1945: G.O.C. LXVII. Army Corps
 1 Mar 1945: Promoted to General der Infanterie)
 Mar 1945: C-in-C, 11. Army
Awards: *Knight's Cross with Oakleaves and Swords (9 May 1945), Knight's Cross with Oakleaves (17 January 1942), Knight's Cross (30 October 1941), 1939 Clasp to the 1914 Iron Cross (1st and 2nd Class), 1939 Wound Badge in Gold, 1914 Iron Cross (1st and 2nd Class)*

Friedrich **HOCHBAUM** (GdGbgsTr.) (7 Aug 1894 – 28 Jan 1955)
 1 Sep 1939 – 26 Jul 1940: Adjutant, Military District (Wehrkreis) II
 26 Jul 1940 – 2 Nov 1942: O.C. 253. Infantry Regiment
 (1 Jan 1941: Promoted to Oberst)
 2 Nov 1942 – 31 May 1944: C.O. 34. Infantry Division
 (1 Jan 1943: Promoted to Generalmajor)
 (1 Jul 1943: Promoted to Generalleutnant)
 23 Jun 1944 – 8 May 1945: G.O.C. XVIII. Mountain Corps
 (1 Sep 1944: Promoted to General der Infanterie)
Awards: *Knight's Cross with Oakleaves (4 June 1944), Knight's Cross (22 August 1943), German Cross in Gold (25 April 1942), 1939 Iron Cross (1st and 2nd Class)*

Gustav **HOEHNE** (GdI) (17 Feb 1893 – 1951)
 1 Sep 1939 – 25 Oct 1940: O.C. 28. Infantry Regiment
 (1 Aug 1940: Promoted to Generalmajor)
 25 Oct 1940 – 23 Jul 1942: C.O. 8. Jäger Division
 (1 Aug 1942: Promoted to Generalleutnant)
 28 Nov 1942 – 2 Mar 1943: G.O.C. Corps Laux
 (1 May 1943: Promoted to General der Infanterie)
 20 Jul 1943 – 10 Sep 1944: G.O.C. VIII. Army Corps
 1 Dec 1944 – 8 May 1944: G.O.C. LXXXIX. Army Corps
Awards: *Knight's Cross with Oakleaves (17 May 1943), Knight's Cross (30 June*

1940), 1939 Clasp to the 1914 Iron Cross (1st and 2nd Class), 1914 Iron Cross (1st and 2nd Class).

Walter **HOERNLEIN** (GdI) (2 Jan 1893 – ?)
1 Sep 1939 – 1 Nov 1939:	O.C. I. Battalion, 69. Infantry Regiment
1 Nov 1939 – 10 Aug 1941:	O.C. 80. Infantry Regiment
(1 Apr 1940:	Promoted to Oberst)
10 Aug 1941 – 1 Apr 1942:	O.C. Infantry Regiment 'Gross Deutschland'
(1 Apr 1942:	Promoted to Generalmajor)
1 Apr 1942 – 1 Feb 1944:	C.O. Infantry Division 'Gross Deutschland'
(1 Jan 1943:	Promoted to Generalleutnant)
1 Sep 1944 – 30 Jan 1945:	G.O.C. LXXXII. Army Corps
(1 Nov 1944:	Promoted to General der Infanterie)
1 Feb 1945 – 15 Apr 1945:	G.O.C. Military District (Wehrkreis) II
15 Apr 1945 – 8 May 1945:	G.O.C. XXVII. Army Corps

Awards: Knight's Cross with Oakleaves (15 March 1943), Knight's Cross (30 July 1941), German Cross in Gold (14 February 1943), 1939 Iron Cross (1st and 2nd Class)

Rudolf **HOFMANN** (GdI) (4 Sep 1895 – ?)
1 Sep 1939 – 6 Feb 1940:	Chief of Operations, XIII. Army Corps
(1 Jan 1940:	Promoted to Oberst)
6 Feb 1940 – 1 Nov 1941:	Chief of Staff, XIII. Army Corps
1 Nov 1941 – 14 Jan 1942:	Chief of Staff, 9. Army
(1 Apr 1942:	Promoted to Generalmajor)
1 May 1942 – 7 Nov 1944:	Chief of Staff, 15. Army
(1 Apr 1943:	Promoted to Generalleutnant)
7 Nov 1944 – 7 Apr 1945:	Chief of Staff, Army Group H
7 Apr 1945 – 8 May 1945:	Chief of Staff, C-in-C, Northwest
(20 Apr 1945:	Promoted to General der Infanterie)

Awards: Knight's Cross (7 May 1945), German Cross in Gold (9 November 1944), 1939 Iron Cross (1st and 2nd Class)

Dr. Karl **HOLM** (Gen.obst.arzt) (15 Aug 1884 – 1945)
1 Sep 1939 – 10 Oct 1939:	Chief Medical Officer, 2. Army
10 Oct 1939 – 14 May 1940:	Chief Medical Officer to C-in-C, East
14 May 1940 – 10 Sep 1942:	Chief Medical Officer, 9. Army
10 Sep 1942 – 20 May 1943:	Chief Medical Officer, Army Group Center
20 May 1943 – 1 Jul 1943:	Führer Reserve
1 Jul 1943 – 1945:	Chief Medical Officer, Military District (Wehrkreis) II
1945:	Committed suicide

Awards: German Cross in Silver (7 September 1943)

Friedrich **HOSSBACH** (GdI) (21 Nov 1894 – ?)
1 Sep 1939 – 25 Oct 1939:	Chief of Staff, XXX. Army Corps
25 Oct 1939 – 21 Jan 1942:	O.C. 82. Infantry Regiment
21 Jan 1942 – 28 Feb 1942:	C.O. 31. Infantry Division
(1 Mar 1942:	Promoted to Generalmajor)

1 Apr 1942 – 6 Jul 1942:	C.O. 82. Infantry Division
(1 Aug 1942:	Promoted to Generalleutnant)
16 May 1943 – 2 Aug 1943:	C.O. 31. Infantry Division
2 Aug 1943 – 1 Aug 1943:	Deputy G.O.C. LVI. Panzer Corps
1 Aug 1943 – 14 Jun 1944:	G.O.C. LVI. Panzer Corps
(1 Nov 1943:	Promoted to General der Infanterie)
18 Jul 1944 – 29 Jan 1945:	C-in-C, 4. Army
29 Jan 1945 – 8 May 1945:	Führer Reserve

Awards: Knight's Cross with Oakleaves (11 September 1943), Knight's Cross (7 October 1940), 1939 Iron Cross (1st and 2nd Class).

Dr. Alfred Ritter von **HUBICKI** (GdPzTr.) (5 Feb 1887 – 1971)

1 Sep 1939 – 3 Jan 1940:	C.O. 4. Light Division
3 Jan 1940 – 15 Apr 1942:	C.O. 9. Panzer Division
(1 Aug 1940:	Promoted to Generalleutnant)
1 Aug 1942 – 24 Oct 1942:	G.O.C. Corps Schelde
(1 Oct 1942:	Promoted to General der Panzertruppen)
24 Oct 1942 – 18 Dec 1942:	G.O.C. LXXXIX. Panzer Corps
30 Apr 1943 – 11 Jun 1943:	G.O.C. LXXXIX. Army Corps
11 Jun 1943 – 20 Jul 1943:	Chief of Center Replacement Staff
20 Jul 1943 – 26 Jul 1944:	Chief of Special Staff II, Army High Command (OKH)
26 Jul 1944 – 31 Mar 1945:	Chief of Military Mission to Slovakia
31 Mar 1945:	Retired

Awards: Knight's Cross, German Cross in Gold, 1939 Clasp to the 1914 Iron Cross (1st and 2nd Class), Knight's Cross of the Bavarian Military Max Joseph Order, Austrian Military Service Cross (1st Class), Order of the Iron Crown (3rd Class) with Swords, Military Service Cross (3rd Class) with Swords, 1914 Iron Cross (1st and 2nd Class)

Curt **JAHN** (GdA) (16 Feb 1892 – ?)

1 Sep 1939 – 5 Oct 1940:	Commandant, Artillery School
5 Oct 1940 – 6 May 1941:	C.O. 121. Infantry Division
(1 Nov 1940:	Promoted to Generalleutnant)
25 May 1941 – 1 Apr 1942:	C.O. 3. Infantry Division
15 May 1942 – 1 Mar 1943:	C.O. 233. Infantry Division
15 Mar 1943 – 1 Jul 1943:	C.O. 709. Infantry Division
1 Jul 1943 – 14 Apr 1944:	Army Artillery Commander (Harko) 308
14 Apr 1944 – 24 May 1944:	C.O. 18. Panzer Grenadier Division
25 May 1944 – 4 Jun 1944:	C.O. 12. Infantry Division
12 Jun 1944 – 8 Jul 1944:	Training Course for Corps Commanders
8 Jul 1944 – 1 Sep 1944:	G.O.C. LXXXVII. Army Corps
1 Sep 1944 – 8 May 1945:	G.O.C. German-Italian Corps Lombardy
(1 Oct 1944:	Promoted to General der Artillerie)

Awards: German Cross in Gold, 1939 Iron Cross (1st and 2nd Class).

Alfred **JAKOB** (GdPi.) (1 Apr 1883 – ?)
  1 Sep 1939 – 8 May 1945: Inspector of Fortifications & Railway Engineers, OKW
  (1 Jun 1940: Promoted to General der Pioniere)
  Awards: *Knight's Cross of the War Merit Cross with Swords (4 June 1943), 1939 Clasp to the 1914 Iron Cross (1st and 2nd Class), War Merit Cross with Swords (1st and 2nd Class), 1914 Iron Cross (1st and 2nd Class)*

Erich **JASCHKE** (GdI) (11 May 1890 – ?)
  1 Sep 1939 – 1 Mar 1941: Chief of Staff to the General of Infantry, Army High Command (OKH)
  1 Mar 1941 – 12 Jan 1942: O.C. 90. Infantry Regiment
  (1 Oct 1941: Promoted to Generalmajor)
  12 Jan 1942 – 31 Jan 1943: C.O. 20. (Motorized) Infantry Division
  (1 Jan 1943: Promoted to Generalleutnant)
  1 Mar 1943 – 6 Oct 1943: G.O.C. LV. Army Corps
  (1 May 1943: Promoted to General der Infanterie)
  16 Oct 1943 – 8 May 1945: General of Infantry, Army High Command (OKH)
  Awards: *Knight's Cross with Oakleaves (7 September 1943), Knight's Cross (2 December 1941), 1939 Clasp to the 1914 Iron Cross (1st and 2nd Class), 1914 Iron Cross (1st and 2nd Class)*

Georg **JAUER** (GdPzTr.) (26 Sep 1896 – ?)
  1 Sep 1939 – 1 Oct 1940: Attached to Army Personnel Office
  (1 Oct 1940: Promoted to Oberst)
  1 Oct 1940 – 5 Mar 1941: Section Chief, Army Personnel Office
  5 Mar 1941 – 15 Mar 1942: O.C. 29. Artillery Regiment
  15 Mar 1942 – 30 Jan 1943: O.C. Artillery Regiment 'Gross Deutschland'
  30 Jan 1943 – 1 Jan 1945: C.O. 20. Panzer Grenadier Division
  (1 Apr 1943: Promoted to Generalmajor)
  (1 Oct 1943: Promoted to Generalleutnant)
  12 Mar 1945 – 8 May 1945: G.O.C. Panzer Corps 'Grossdeutschland'
  (15 Mar 1945: Promoted to General der Panzertruppen)
  Awards: *Knight's Cross with Oakleaves (10 February 1945), Knight's Cross (4 May 1944), German Cross in Gold (19 December 1941), 1939 Clasp to the 1914 Iron Cross (1st and 2nd Class), General Assault Badge, 1914 Iron Cross (1st and 2nd Class)*

Ferdinand **JODL** (GdGbgsTr.) (28 Nov 1896 – 1956)
  1 Sep 1939 – 1 Jun 1940: Chief of Operations, XII. Army Corps
  1 Jun 1940 – 25 Oct 1940: Chief of Staff, XII. Army Corps
  25 Oct 1940 – 14 Jan 1942: Chief of Staff, XXXXIX. Mountain Corps
  (1 Nov 1940: Promoted to Oberst)
  14 Jan 1942 – 2 Mar 1944: Chief of Staff, 20. Mountain Army
  (1 Feb 1942: Promoted to Generalmajor)
  (1 Sep 1943: Promoted to Generalleutnant)
  15 May 1944 – 1 Dec 1944: G.O.C. XIX. Mountain Corps
  (1 Sep 1944: Promoted to General der Gebirgstruppen)
  1 Dec 1944 – 8 May 1945: C-in-C, Army Detachment Narvik

Awards: *Knight's Cross (13 January 1945), German Cross in Gold (11 April 1943), 1939 Iron Cross (1st and 2nd Class)*

Hans **JORDAN** (GdI) (27 Dec 1892 – ?)
    1 Sep 1939 – 1 Nov 1939:   Instructor, Wiener Neustadt Military School
    1 Nov 1939 – 13 Dec 1941:   O.C. 49. Infantry Regiment
    (1 Oct 1941:   Promoted to Generalmajor)
    13 Dec 1941 – 1 Nov 1942:   C.O. 7. Infantry Division
    (1 Nov 1942:   Promoted to Generalleutnant)
    1 Nov 1942 – 20 May 1944:   G.O.C. VI. Army Corps
    (1 Jan 1943:   Promoted to General der Infanterie)
    20 May 1944 – 27 Jun 1944:   C-in-C, 9. Army
    1945:   C-in-C, Tirol Army
Awards: *Knight's Cross with Oakleaves and Swords (20 July 1944), Knight's Cross with Oakleaves (16 January 1942), Knight's Cross (5 June 1940), German Cross in Gold (23 December 1943), 1939 Iron Cross (1st and 2nd Class)*

Ernst **KABISCH** (GdI) (2 Jun 1866 – 1951)
    1 Sep 1939 – 15 Jun 1940:   Attached to staff of Army Group B
    15 Jun 1940:   Retired
Awards: *Pour le Merite, 1914 Iron Cross (1st and 2nd Class)*

Rudolf **KAEMPFE** (GdA) (10 Apr 1883 – ?)
    1 Sep 1939 – 1 May 1941:   C.O. 31. Infantry Division
    1 May 1941 – 30 Sep 1942:   G.O.C. XXXV. Army Corps
    (1 Jul 1941:   Promoted to General der Artillerie)
    31 Dec 1942:   Retired
Awards: *German Cross in Gold (19 December 1941), 1939 Iron Cross (1st and 2nd Class)*

Dr. **KÄFER** (Gen.obst.arzt) (? – 1943)
    1 Sep 1939 – 31 Aug 1943:   Führer Reserve
    31 Aug 1943:   Retired
    1943:   Died

Friedrich **KARMANN** (GdI) (31 Jul 1885 – Sep 1939)
    1 Sep 1939 – ? Sep 1939:   Chief of the Army Administration Office
    ? Sep 1939:   Died
Awards: *1939 Clasp to the 1914 Iron Cross (1st and 2nd Class), 1914 Iron Cross (1st and 2nd Class)*

Leonhard **KAUPISCH** (GdA/GdFl) (1 Sep 1878 – 1945)
    1 Sep 1939 – 15 Oct 1939:   G.O.C. Corps Kaupisch
    15 Oct 1939 – 10 Apr 1942:   G.O.C. XXXI. Army Corps
    (1 Sep 1940:   Redesignated General der Artillerie from General der Flieger)
    9 Apr 1940 – 31 May 1940:   Military Commander, Denmark
    30 Jun 1942:   Retired
Awards: *1939 Clasp to the 1914 Iron Cross (1st and 2nd Class), 1914 Iron Cross (1st and 2nd Class)*

Hugo von **KAYSER** (GdKav) (15 Jun 1873 – 1949)
Former C-in-C, Gruppenkommando 2 and Inspector of Cavalry. Retired in 1931, but remained on Army List. Held no active command during the war.
Awards: *1914 Iron Cross (1st and 2nd Class)*

Walter **KEINER** (GdA) (10 Dec 1890 – ?)
1 Sep 1939 – 17 Sep 1941:	C.O. 62. Infantry Division
(1 Sep 1940:	Promoted to Generalleutnant)
17 Sep 1941 – 15 Aug 1943:	Badly wounded, sick leave
(1 Jan 1943:	Promoted to General der Artillerie)
15 Aug 1943 – 1 Aug 1944:	Chief of Army Ordnance
1 Aug 1944 – 8 May 1945:	Chief of Army General Office

Awards: *Knight's Cross, 1939 Iron Cross (1st and 2nd Class)*

Bodewin **KEITEL** (GdI) (25 Dec 1888 – 1952)
1 Sep 1939 – 30 Sep 1942:	Chief of Army Personnel Office
(1 Mar 1941:	Promoted to Generalleutnant)
(1 Apr 1941:	Promoted to General der Infanterie)
30 Apr 1943 – 30 Nov 1944:	G.O.C. Military District (Wehrkreis) XX
1 Apr 1945 – 8 May 1945:	Inspector of Army Welfare

Awards: *1939 Clasp to the 1914 Iron Cross (1st and 2nd Class), 1914 Iron Cross (1st and 2nd Class)*

Werner **KEMPF** (GdPzTr.) (9 Mar 1886 – ?)
1 Sep 1939 – 18 Oct 1939:	C.O. Division Kempf
18 Oct 1939 – 6 Jan 1941:	C.O. 6. Panzer Division
(31 Jul 1940:	Promoted to Generalleutnant)
6 Jan 1941 – 31 Jan 1942:	G.O.C. XXXXVIII. Panzer Corps
(1 Apr 1941:	Promoted to General der Panzertruppen)
17 Feb 1942 – 30 Jul 1943:	C-in-C, Army Detachment Kempf
30 Jul 1943 – 15 Aug 1943:	C-in-C, 8. Army
15 Aug 1943 – 1 May 1944:	Führer Reserve
1 May 1944 – 31 Aug 1944:	Military Commander, Baltic
31 Aug 1944 – 8 May 1945:	Führer Reserve

Awards: *Knight's Cross with Oakleaves (10 August 1942), Knight's Cross (3 June 1940), 1939 Iron Cross (1st and 2nd Class), Tank Assault Badge*

Mortimer von **KESSEL** (GdPzTr.) (25 May 1893 – ?)
1 Sep 1939 – 1 Nov 1939:	O.C. 8. Reconnaissance Regiment
(1 Oct 1939:	Promoted to Oberst)
1 Nov 1939 – 15 Jan 1943:	Section Chief, Army Personnel Office
(1 Nov 1942:	Promoted to Generalmajor)
8 May 1943 – 6 Nov 1944:	C.O. 20. Panzer Division
(1 Dec 1943:	Promoted to Generalleutnant)
27 Dec 1944 – 8 May 1945:	G.O.C. VII. Army Corps
(1 Mar 1945:	Promoted to General der Panzertruppen)

Awards: *Knight's Cross with Oakleaves, Knight's Cross, 1939 Iron Cross (1st and 2nd Class)*

Werner **KIENITZ** (GdI) (3 Jun 1885 – ?)
  1 Sep 1939 – 23 Jan 1942:   G.O.C. XVII. Army Corps
  1 May 1942 – 1 Jan 1945:   G.O.C. Military District (Wehrkreis) II
  1 Jan 1945 – 8 May 1945:   Führer Reserve
  Awards: *Knight's Cross, 1939 Clasp to the 1914 Iron Cross (1st and 2nd Class), 1914 Iron Cross (1st and 2nd Class)*

Eberhard **KINZEL** (GdI) (18 Oct 1897 – May 1945)
  1 Sep 1939 – 2 Jun 1942:   Chief of Foreign Armies East Section, Army General Staff
  (1 Feb 1941:   Promoted to Oberst)
  2 Jun 1942 – 22 Jan 1943:   Chief of Staff, XXIX. Army Corps
  (1 Jan 1943:   Promoted to Generalmajor)
  22 Jan 1943 – 18 Jul 1944:   Chief of Staff, Army Group North
  (1 Sep 1943:   Promoted to Generalleutnant)
  28 Mar 1945 – 22 Apr 1945:   Chief of Staff, Army Group Vistula
  (20 Apr 1945:   Promoted to General der Infanterie)
  22 Apr 1945 – 8 May 1945:   Chief of Staff, Command Staff North
  May 1945:   Committed suicide
  Awards: *Knight's Cross, 1939 Iron Cross (1st and 2nd Class)*

Friedrich **KIRCHNER** (GdPzTr.) (26 Mar 1885 – ?)
  1 Sep 1939 – 2 Nov 1939:   C.O. 1. Schützen Brigade
  2 Nov 1939 – 17 Jul 1941:   C.O. 1. Panzer Division
  (1 Apr 1940:   Promoted to Generalleutnant)
  13 Oct 1941 – 15 Nov 1941:   G.O.C. XXXXI. Army Corps
  15 Nov 1941 – 8 May 1945:   G.O.C. LVII. Panzer Corps
  (1 Feb 1942:   Promoted to General der Panzertruppen)
  Awards: *Knight's Cross with Oakleaves and Swords (26 January 1945), Knight's Cross with Oakleaves (12 February 1944), Knight's Cross (20 May 1940), German Cross in Gold (22 April 1942), 1939 Iron Cross (1st and 2nd Class), Tank Assault Badge*

Dr. Franz **KLEBERGER** (Gen.obst.int.)
  1 Sep 1939 – 8 May 1945:   Intendant to the Quartermaster-General of the Army
  (1 Oct 1941:   Promoted to Generalstabsintendant)
  (1944?:   Promoted to Generaloberstabsintendant)

Ulrich **KLEEMANN** (GdPzTr.) (23 Mar 1892 – ?)
  1 Sep 1939 – Jan 1940:   O.C. 3. Schützen Regiment
  Jan 1940 – 10 Apr 1942:   C.O. 3. Schützen Brigade
  (1 Nov 1941:   Promoted to Generalmajor)
  10 Apr 1942 – 1 Nov 1942:   C.O. 90. Light Division
  (1 Apr 1943:   Promoted to Generalleutnant)
  Jun 1943 – 1 Sep 1944:   C.O. Assault Division Rhodos
  (1 Sep 1944:   Promoted to General der Panzertruppen)
  2 Sep 1944 – 10 Oct 1944:   G.O.C. IV. Army Corps
  10 Oct 1944 – 27 Nov 1944:   G.O.C. IV. Panzer Corps
  27 Nov 1944 – 8 May 1945:   G.O.C. Panzer Corps Feldherrnhalle

?:   C-in-C, 8. Army
Awards: *Knight's Cross with Oakleaves (16 September 1943), Knight's Cross (13 October 1941), 1939 Iron Cross (1st and 2nd Class), Tank Assault Badge, Afrika Cuff Title*

Philipp **KLEFFEL** (GdKav) (9 Dec 1887 – ?)
1 Sep 1939 – 15 Apr 1940:   Chief of Staff, Military District (Wehrkreis) XI
15 Apr 1940 – 16 Jan 1942:   C.O. 1. Infantry Division
(1 Jun 1941:   Promoted to Generalleutnant)
16 Jan 1942 – 3 Mar 1942:   G.O.C. L. Army Corps
(1 Mar 1942:   Promoted to General der Kavallerie)
3 Mar 1942 – 17 Sep 1943:   G.O.C. I. Army Corps
15 Jan 1944 – 16 Apr 1944:   Acting G.O.C. Military District (Wehrkreis) IX
16 Apr 1944 – 4 Jul 1944:   Special Staff I, Army High Command (OKH)
4 Jul 1944 – 16 Dec 1944:   G.O.C. XVI. Army Corps
16 Dec 1944 – 8 May 1945:   G.O.C. XXX. Army Corps
28 Mar 1945 – Apr 1945:   Deputy C-in-C, 25. Army
Awards: *Knight's Cross (17 February 1942), German Cross in Gold (10 May 1943), 1939 Iron Cross (1st and 2nd Class)*

Baptist **KNIESS** (GdI) (17 Apr 1885 – ?)
1 Sep 1939 – 12 Nov 1942:   C.O. 215. Infantry Division
(1 Jul 1940:   Promoted to Generalleutnant)
12 Nov 1942 – 7 Apr 1943:   G.O.C. LXVI. Army Corps
(1 Dec 1942:   Promoted to General der Infanterie)
7 Apr 1943 – 10 May 1943:   G.O.C. Corps Kniess
15 Jun 1943 – 7 Sep 1943:   G.O.C. LXVI. Army Corps
7 Sep 1943 – 10 Jul 1944:   Support Command Staff, South France
10 Jul 1944 – 15 Nov 1944:   G.O.C. LXXXV. Army Corps
15 Nov 1944 – 8 May 1945:   Führer Reserve
Awards: *German Cross in Gold (3 August 1942), 1939 Iron Cross (1st and 2nd Class)*

Otto von **KNOBELSDORFF** (GdPzTr.) (31 Mar 1886 – ?)
1 Sep 1939 – 1 Feb 1940:   Chief of Staff, XXXIII. Army Corps
(1 Feb 1940:   Promoted to Generalleutnant)
1 Feb 1940 – 1 Nov 1940:   C.O. 19. Infantry Division
1 Nov 1940 – 5 Jan 1942:   C.O. 19. Panzer Division
May 1942 – Jun 1942:   G.O.C. X. Army Corps
Jun 1942 – 1 Jul 1942:   G.O.C. II. Army Corps
1 Jul 1942 – 3 Oct 1942:   G.O.C. Corps Knobelsdorff
(1 Aug 1942:   Promoted to General der Panzertruppen)
3 Oct 1942 – 30 Nov 1942:   G.O.C. XXIV. Panzer Corps
30 Nov 1942 – 30 Sep 1943:   G.O.C. XXXXVIII. Panzer Corps
31 Jan 1944 – 2 Sep 1944:   G.O.C. XXXX. Panzer Corps
5 Sep 1944 – 30 Nov 1944:   C-in-C, 1. Army
30 Nov 1944 – 8 May 1945:   Führer Reserve
Awards: *Knight's Cross with Oakleaves and Swords (29 September 1944), Knight's Cross with Oakleaves (12 November 1943), Knight's Cross (17 September 1941),*

German Cross in Gold (16 February 1943), 1939 Clasp to the 1914 Iron Cross (1st and 2nd Class), 1939 Wound Badge in Silver, Tank Assault Badge, Cholm Shield, Demjansk Shield, 1914 Iron Cross (1st and 2nd Class)

Fritz **KOCH** (GdI) (15 Jan 1879 – ?)
  1 Sep 1939 – 30 Apr 1940:   C.O. 254. Infantry Division
  1 May 1940 – 10 Dec 1941:   G.O.C. XXXXIV. Army Corps
  (1 Dec 1940:   Promoted to General der Infanterie)
  31 May 1942:   Retired
Awards: *Knight's Cross, 1939 Clasp to the 1914 Iron Cross (1st and 2nd Class), 1914 Iron Cross (1st and 2nd Class)*

Rudolf **KOCH-ERPACH** (GdKav) (9 Apr 1886 – ?)
  1 Sep 1939 – 25 Oct 1940:   C.O. 8. Infantry Division
  1 Nov 1940 – 1 Mar 1941:   G.O.C. LX. Army Corps
  (1 Dec 1940:   Promoted to General der Kavallerie)
  1 Apr 1941 – 1 May 1941:   G.O.C. XXXV. Army Corps
  15 Jul 1941 – 30 Apr 1942:   Chief of Liaison Staff, Breslau
  15 May 1942 – 26 Jan 1945:   G.O.C. Military District (Wehrkreis) VIII
  26 Jan 1945 – 10 Apr 1945:   G.O.C. LVI. Panzer Corps
  6 May 1945 – 8 May 1945:   C-in-C, 1. Army
Awards: *Knight's Cross, 1939 Clasp to the 1914 Iron Cross (1st and 2nd Class), 1914 Iron Cross (1st and 2nd Class)*

Friedrich **KÖCHLING** (GdI) (22 Jun 1893 – ?)
  1 Sep 1939 – 10 Apr 1942:   O.C. 287. Infantry Regiment
  (1 Apr 1942:   Promoted to Generalmajor)
  10 Apr 1942 – 5 Sep 1942:   C.O. 254. Infantry Division
  (1 Jan 1943:   Promoted to Generalleutnant)
  15 Oct 1943 – 30 Nov 1943:   Deputy Military Commander, Crimea
  30 Nov 1943 – 15 Jan 1944:   G.O.C. XXXXIV. Army Corps
  (1 Feb 1944:   Promoted to General der Infanterie)
  15 Feb 1944 – 15 Mar 1944:   G.O.C. XXXXIX. Mountain Corps
  25 Jun 1944 – 21 Sep 1944:   G.O.C. X. Army Corps
  21 Sep 1944 – 10 Mar 1945:   G.O.C. LXXXI. Army Corps
  10 Mar 1945 – 8 May 1945:   Führer Reserve
Awards: *Knight's Cross, German Cross in Gold, 1939 Iron Cross (1st and 2nd Class)*

Karl-Erik **KÖHLER** (GdKav) (3 Dec 1895 – ?)
  1 Sep 1939 – 15 Feb 1940:   Attached to Army High Command (OKH)
  15 Feb 1940 – 1 Mar 1941:   Chief of Staff, Army General Office
  (1 Aug 1940:   Promoted to Oberst)
  1 Mar 1941 – 30 Mar 1943:   Chief of Staff, Replacement Army
  (1 Apr 1942:   Promoted to Generalmajor)
  30 Mar 1943 – Aug 1944:   C.O. 306. Infantry Division
  (1 Jun 1943:   Promoted to Generalleutnant)
  8 Apr 1944 – 20 Apr 1944:   Deputy G.O.C. XXXIV. Army Corps
  Aug 1944 – 31 Mar 1945:   G.O.C. XXXIII. Army Corps

(9 Nov 1944: Promoted to General der Kavallerie)
1 Apr 1945 – 8 May 1945: G.O.C. XX. Army Corps
Awards: *Knight's Cross, German Cross in Gold, 1939 Iron Cross (1st and 2nd Class)*

Rudolf **KONRAD** (GdGbgsTr.) (7 Mar 1891 – ?)
1 Sep 1939 – 15 Feb 1940: Chief of Staff, XVIII. Army Corps
15 Feb 1940 – 5 Nov 1940: Chief of Staff, 2. Army
5 Nov 1940 – 1 Nov 1941: Army Liaison Officer to the C-in-C of the Luftwaffe
(1 Dec 1940: Promoted to Generalleutnant)
1 Nov 1941 – 19 Dec 1941: C.O. 7. Mountain Division
19 Dec 1941 – 10 May 1944: G.O.C. XXXXIX. Mountain Corps
(1 Mar 1942: Promoted to General der Gebirgstruppen)
4 Dec 1944 – 27 Jan 1945: Commander, Margarethen Command Area
29 Jan 1945 – 8 May 1945: G.O.C. LXVIII. Army Corps
Awards: *Knight's Cross (1 August 1942), German Cross in Gold (23 February 1944), 1939 Iron Cross (1st and 2nd Class)*

Joachim von **KORTZFLEISCH** (GdI) (3 Jan 1890 – 20 Apr 1945)
1 Sep 1939 – 1 Mar 1940: C.O. 1. Infantry Division
1 Mar 1940 – 6 May 1942: G.O.C. XI. Army Corps
(1 Aug 1940: Promoted to General der Infanterie)
28 Jun 1942 – 15 Aug 1942: Acting G.O.C. XXXXIII. Army Corps
28 Feb 1943 – 24 Jan 1945: G.O.C. Military District (Wehrkreis) III
22 Feb 1945 – 20 Apr 1945: Commander of Rhine Bridgeheads, Army Group B
20 Apr 1945: Killed in action
Awards: *Knight's Cross, 1939 Clasp to the 1914 Iron Cross (1st and 2nd Class), 1939 Wound Badge in Gold, 1914 Iron Cross (1st and 2nd Class)*

Ernst **KÖSTRING** (GdKav) (20 Jun 1876 – 1953)
1 Sep 1939 – 31 Aug 1941: Military Attache, Moscow and Lithuania
(1 Oct 1940: Promoted to General der Kavallerie)
1 Sep 1942 – 30 Apr 1943: Advisor on Caucasus Questions, Army Group A
13 Jun 1943 – 1 Jan 1944: Inspector-General of Eastern Troops,
    C-in-C, Eastern Armies
1 Jan 1944 – 4 May 1945: Commander of Volunteer Units
Awards: *Knight's Cross of the War Merit Cross with Swords (4 November 1944), War Merit Cross with Swords (1st and 2nd Class), 1914 Iron Cross (1st and 2nd Class)*

Hans **KREBS** (GdI) (4 Mar 1898 – May 1945)
1 Sep 1939 – 15 Dec 1939: Chief of Army Training Section
15 Dec 1939 – 14 Jan 1942: Chief of Staff, VII. Army Corps
(1 Oct 1940: Promoted to Oberst)
14 Jan 1942 – 1 Mar 1943: Chief of Staff, 9. Army
(1 Feb 1942: Promoted to Generalmajor)
1 Mar 1943 – 5 Sep 1944: Chief of Staff, Army Group Center
(1 Apr 1943: Promoted to Generalleutnant)
(1 Aug 1944: Promoted to General der Infanterie)

5 Sep 1944 – 17 Feb 1945:	Chief of Staff, Army Group B
17 Feb 1945 – 28 Mar 1945:	Acting Chief of the Army General Staff
28 Mar 1945 – 8 May 1945:	Chief of the Army General Staff

Awards: *Knight's Cross with Oakleaves (20 February 1945), Knight's Cross (26 March 1944), German Cross in Gold (26 January 1942), 1939 Iron Cross (1st and 2nd Class)*

Franz Freiherr **KRESS von Kressenstein** (GdKav) (23 Jul 1881 – 14 Jan 1957)
Former commander of XII. Army Corps. Retired in 1938, but remained on the Army List. He was called up to command Military District (Wehrkreis) VII in preparation for war, but was relieved less than a week before the outbreak of hostilities, and did not receive an appointment to active command during the war.
Awards: *1914 Iron Cross (1st and 2nd Class)*

Hans **KREYSING** (GdGbgsTr.) (17 Aug 1890 – ?)

1 Sep 1939 – 23 Oct 1940:	O.C. 16. Infantry Regiment
(1 Jul 1940:	Promoted to Generalmajor)
23 Oct 1940 – 10 Aug 1943:	C.O. 3. Mountain Division
(1 Jul 1942:	Promoted to Generalleutnant)
(1 Nov 1943:	Promoted to General der Gebirgstruppen)
21 Nov 1943 – 28 Dec 1944:	G.O.C. XVII. Army Corps
28 Dec 1944 – 8 May 1945:	C-in-C, 8. Army

Awards: *Knight's Cross with Oakleaves and Swords (13 April 1944), Knight's Cross with Oakleaves (20 January 1943), Knight's Cross (29 May 1940), 1939 Iron Cross (1st and 2nd Class)*

Karl **KRIEBEL** (GdI) (26 Feb 1888 – ?)

1 Sep 1939 – 15 Sep 1939:	Commandant, Dresden Military School
15 Sep 1939 – 24 Jul 1940:	C.O. 56. Infantry Division
24 Jul 1940 – 17 Dec 1941:	C.O. 46. Infantry Division
(1 Aug 1940:	Promoted to Generalleutnant)
15 Jul 1942 – 1 Mar 1943:	Inspector of Recruiting, Nuremberg
(1 Apr 1943:	Promoted to General der Infanterie)
1 Mar 1943 – 12 Apr 1945:	G.O.C. Military District (Wehrkreis) VII

Awards: *Knight's Cross, 1939 Clasp to the 1914 Iron Cross (1st and 2nd Class), 1914 Iron Cross (1st and 2nd Class)*

Ernst-Anton von **KROSIGK** (GdI) (5 Mar 1898 – 16 Mar 1945)

1 Sep 1939 – 16 Mar 1941:	Chief of Operations, XXII. Army Corps
16 Mar 1941 – 1942:	Chief of Staff to Commander of Army Rear Area 103
(1 Apr 1941:	Promoted to Oberst)
1942 – 1 Jul 1943:	Chief of Staff, I. Army Corps
1 Jul 1943 – 1 Oct 1944:	C.O. 1. Infantry Division
(1 Sep 1943:	Promoted to Generalmajor)
(1 May 1944:	Promoted to Generalleutnant)
16 Dec 1944 – 16 Mar 1945:	G.O.C. XVI. Army Corps
(30 Jan 1945:	Promoted to General der Infanterie)
10 Mar 1945 – 16 Mar 1945:	C-in-C, 16. Army
16 Mar 1945:	Killed in action

Awards: Knight's Cross with Oakleaves (12 April 1945, posthumously), Knight's Cross (12 February 1944), German Cross in Gold (9 August 1942), 1939 Iron Cross (1st and 2nd Class), 1939 Wound Badge in Gold

Eugen Walther **KRÜGER** (GdPzTr.) (23 Mar 1892 – ?)
1 Sep 1939 – 9 Nov 1939:	O.C. 171. Infantry Regiment
9 Nov 1939 – 15 Feb 1940:	Chief of Staff, 1. Schützen Brigade
15 Feb 1940 – 17 Jul 1941:	C.O. 1. Schützen Brigade
(1 Apr 1941:	Promoted to Generalmajor)
17 Jul 1941 – 1 Jan 1944:	C.O. 1. Panzer Division
(1 Oct 1942:	Promoted to Generalleutnant)
9 Feb 1944 – 25 Mar 1945:	G.O.C. LVIII. Panzer Corps
(1 Feb 1944:	Promoted to General der Panzertruppen)
10 Apr 1945 – 8 May 1945:	G.O.C. Military District (Wehrkreis) IV

Awards: Knight's Cross with Oakleaves (24 January 1944), Knight's Cross (15 July 1941), German Cross in Gold (27 August 1942), 1939 Clasp to the 1914 Iron Cross (1st and 2nd Class), Tank Assault Badge, 1914 Iron Cross (1st and 2nd Class)

Ludwig **KÜBLER** (GdGbgsTr.) (2 Sep 1889 – Feb 1947)
1 Sep 1939 – 25 Oct 1940:	C.O. 1. Mountain Division
(1 Dec 1939:	Promoted to Generalleutnant)
(1 Aug 1940:	Promoted to General der Gebirgstruppen)
25 Oct 1940 – 19 Dec 1941:	G.O.C. XXXXIX. Mountain Corps
19 Dec 1941 – 20 Jan 1942:	C-in-C, 4. Army
21 Jan 1942 – 8 May 1945:	G.O.C. LXXXVII. Mountain Corps

Awards: Knight's Cross (27 October 1939), 1939 Iron Cross (1st and 2nd Class)

Friedrich **KÜHN** (GdPzTr.) (7 Aug 1889 – 15 Feb 1944)
1 Sep 1939 – 10 Dec 1939:	Commandant, Panzer Troops School
10 Dec 1939 – 15 Feb 1940:	C.O. 14. Panzer Brigade
(1 Jul 1940:	Promoted to Generalmajor)
15 Feb 1940 – Sep 1940:	C.O. 3. Panzer Brigade
Sep 1940 – 4 Oct 1940:	C.O. 3. Panzer Division
1 Nov 1940 – 22 Mar 1941:	C.O. 15. Panzer Division
22 Mar 1941 – 1 Jul 1942:	C.O. 14. Panzer Division
(1 Jul 1942:	Promoted to Generalleutnant)
10 Sep 1942 – 23 Feb 1943:	Chief of Army Motorization
23 Feb 1943 – 15 Feb 1944:	Chief of Wehrmacht Motorized Transport
(1 Apr 1943:	Promoted to General der Panzertruppen)
15 Feb 1944:	Killed in air raid on Berlin

Awards: Knight's Cross (4 July 1940), German Cross in Gold (22 April 1942), 1939 Iron Cross (1st and 2nd Class), 1939 Wound Badge in Gold

Walter **KUNTZE** (GdPi) (23 Feb 1883 – ?)
1 Sep 1939 – 14 Feb 1940:	G.O.C. XXIV. Army Corps
15 Feb 1940 – 10 Oct 1941:	G.O.C. XXXXII. Army Corps
29 Oct 1941 – 8 Aug 1942:	C-in-C, 12. Army, C-in-C, South-East
15 Sep 1942 – 31 Jan 1945:	Chief of Training, Replacement Army
15 Mar 1945 – 8 May 1945:	G.O.C. Military District (Wehrkreis) III

Awards: Knight's Cross, 1939 Clasp to the 1914 Iron Cross (1st and 2nd Class), 1914 Iron Cross (1st and 2nd Class)

Adolf **KUNTZEN** (GdPzTr.) (2 Jul 1889 – ?)
    1 Sep 1939 – 16 Oct 1939:   C.O. 3. Light Infantry Division
    16 Oct 1939 – 20 Feb 1941:   C.O. 8. Panzer Division
    (1 Apr 1940:   Promoted to Generalleutnant)
    15 Mar 1941 – 31 Jan 1942:   G.O.C. LVII. Panzer Corps
    (1 Apr 1941:   Promoted to General der Panzertruppen)
    1 Apr 1942 – 10 Jun 1942:   G.O.C. XXXII. Army Corps
    Jun 1942 – 4 Sep 1944:   G.O.C. LXXXI. Army Corps
    4 Sep 1944 – 31 Dec 1944:   Führer Reserve
    31 Dec 1944:   Retired
Awards: Knight's Cross, 1939 Clasp to the 1914 Iron Cross (1st and 2nd Class), 1914 Iron Cross (1st and 2nd Class)

Willibald Freiherr von **LANGERMANN und Erlencamp** (GdPzTr.) (29 Mar 1890 – 3 Oct 1942)
    1 Sep 1939 – 4 Dec 1939:   Inspector of Riding and Driving
    4 Dec 1939 – 7 May 1940:   C.O. Division No. 410
    (1 Mar 1940:   Promoted to Generalmajor)
    7 May 1940 – 7 Sep 1940:   C.O. 29. Infantry Division
    8 Sep 1940 – 6 Jan 1942:   C.O. 4. Panzer Division
    7 Jan 1942 – 3 Oct 1942:   G.O.C. XXIV. Army Corps
    (15 Jan 1942:   Promoted to Generalleutnant)
    (1 Jun 1942:   Promoted to General der Panzertruppen)
    3 Oct 1942:   Killed in action
Awards: Knight's Cross with Oakleaves (17 February 1942), Knight's Cross (15 August 1940), 1939 Clasp to the 1914 Iron Cross (1st and 2nd Class), Tank Assault Badge, 1939 Wound Badge in Gold, 1914 Iron Cross (1st and 2nd Class)

Hubert **LANZ** (GdGbgsTr.) (22 May 1896 – 1982)
    1 Sep 1939 – 1 Feb 1940:   Chief of Staff, Military District (Wehrkreis) V
    1 Feb 1940 – 26 Oct 1940:   Chief of Staff, XVIII. Army Corps
    26 Oct 1940 – 1 Jan 1942:   C.O. 1. Mountain Division
    (1 Nov 1940:   Promoted to Generalmajor)
    (1 Dec 1942:   Promoted to Generalleutnant)
    (28 Jan 1943:   Promoted to General der Gebirgstruppen)
    28 Jan 1943 – 22 Feb 1943:   C-in-C, Army Detachment Lanz
    22 Feb 1943 – 8 May 1945:   G.O.C. XXII. Mountain Corps
    ?:   Acting C-in-C, Army Group A
    ?:   Acting C-in-C, 18. Army
Awards: Knight's Cross with Oakleaves (23 December 1942), Knight's Cross (10 January 1940), 1939 Clasp to the 1914 Iron Cross (1st and 2nd Class), Narvik Shield, 1914 Iron Cross (1st and 2nd Class)

Otto **LASCH** (GdI) (25 Jun 1893 – ?)
  1 Sep 1939 – 26 Oct 1939:   O.C. III. Battalion, 3. Infantry Regiment
  26 Oct 1939 – 12 Sep 1942:   O.C. 43. Infantry Regiment
  (1 Dec 1939:   Promoted to Oberst)
  (1 Aug 1942:   Promoted to Generalmajor)
  27 Sep 1942 – Oct 1943:   C.O. 217. Infantry Division
  (1 Apr 1943:   Promoted to Generalleutnant)
  20 Nov 1943 – Aug 1944:   C.O. 349. Infantry Division
  1 Sep 1944 – 1 Nov 1944:   G.O.C. LXIV. Army Corps
  (1 Nov 1944:   Promoted to General der Infanterie)
  1 Nov 1944 – Mar 1945:   G.O.C. Military District (Wehrkreis) I
  28 Jan 1945 – 8 May 1945:   Fortress Commander, Königsberg
Awards: Knight's Cross with Oakleaves (10 September 1944), Knight's Cross (17 July 1941), 1939 Iron Cross (1st and 2nd Class)

Paul **LAUX** (GdI) (11 Nov 1887 – 3 Sep 1944)
  1 Sep 1939 – 5 Oct 1940:   Quartermaster-General, 1. Army
  5 Oct 1940 – 10 Oct 1942:   C.O. 126. Infantry Division
  (1 Jan 1941:   Promoted to Generalleutnant)
  10 Oct 1942 – 28 Nov 1942:   G.O.C. Corps Laux
  19 Jan 1943 – 1 Jun 1944:   G.O.C. II. Army Corps
  (1 Dec 1942:   Promoted to General der Infanterie)
  1 Jun 1944 – 3 Sep 1944:   C-in-C, 16. Army
  3 Sep 1944:   Killed in air crash
Awards: Knight's Cross with Oakleaves (17 May 1943), Knight's Cross (14 December 1941), 1939 Iron Cross (1st and 2nd Class), 1939 Wound Badge in Gold

Leopold Freiherr von **LEDEBUR** (GdI) (7 Jan 1868 – 1951)
  Former G.O.C. Military District (Wehrkreis) VI. Retired in 1929, but remained on Army List. Held no active command during the war.
Awards: Pour le Mérite, 1914 Iron Cross (1st and 2nd Class)

Emil **LEEB** (GdA) (17 Jun 1881 – ?)
  1 Sep 1939 – 1 Mar 1940:   G.O.C. XI. Army Corps
  16 Apr 1940 – 1 May 1945:   Chief of Army Weapons Office
  1 May 1945:   Retired
Awards: Knight's Cross of the War Merit Cross with Swords (14 June 1944), German Cross in Silver, 1939 Clasp to the 1914 Iron Cross (1st and 2nd Class), War Merit Cross with Swords (1st and 2nd Class), 1914 Iron Cross (1st and 2nd Class)

Dr. Rudolf **LEHMANN** (Gen.obst.richter)
  1 Sep 1939 – 8 May 1945:   Judge-Advocate-General of the Armed Forces
  (1 Aug 1944:   Promoted to Generaloberstabsrichter)

Joachim **LEMELSEN** (GdA/GdPzTr.) (26 Sep 1888 – 1954)
  1 Sep 1939 – 7 May 1940:   C.O. 29. (Motorized) Infantry Division
  29 May 1940 – 25 Nov 1940:   C.O. 5. Panzer Division
  (1 Aug 1940:   Promoted to General der Artillerie)
  25 Nov 1940 – 4 Nov 1943:   G.O.C. XXXXVII. Panzer Corps

(4 Jun 1941:   Redesignated General der Panzertruppen)
4 Nov 1943 – 31 Dec 1943:   Deputy C-in-C, 10. Army
1 May 1944 – 2 Jun 1944:   C-in-C, 1. Army
5 Jun 1944 – 15 Oct 1944:   C-in-C, 14. Army
26 Oct 1944 – 15 Feb 1945:   C-in-C, 10. Army
22 Feb 1945 – 8 May 1944:   C-in-C, 14. Army

Awards: *Knight's Cross with Oakleaves (7 September 1943), Knight's Cross (27 July 1941), German Cross in Gold (15 July 1942), 1939 Clasp to the 1914 Iron Cross (1st and 2nd Class), Tank Assault Badge, 1914 Iron Cross (1st and 2nd Class)*

Karl von **LE SUIRE** (GdGbgsTr.) (8 Nov 1898 – 1954)
  1 Sep 1939 – 4 Jun 1940:   Chief of Operations, 30. Infantry Division
  4 Jun 1940 – 14 Jun 1940:   Attached to Army General Staff
  14 Jun 1940 – 30 Aug 1942:   Chief of Staff, Norway Mountain Corps
  (1 Dec 1941:   Promoted to Oberst)
  30 Aug 1942 – 13 Feb 1943:   O.C. 99. Mountain Regiment
  13 Feb 1943 – 1 May 1943:   C.O. 46. Infantry Division
  (1 May 1943:   Promoted to Generalmajor)
  1 May 1943 – 10 Jul 1944:   C.O. 117. Jäger Division
  (1 Jan 1944:   Promoted to Generalleutnant)
  21 Sep 1944 – 8 May 1945:   G.O.C. XXXXIX. Mountain Corps
  (1 Oct 1944:   Promoted to General der Gebirgstruppen)

Awards: *Knight's Cross, 1939 Iron Cross (1st and 2nd Class)*

Ernst von **LEYSER** (GdI) (18 Nov 1889 – ?)
  1 Sep 1939 – 25 Oct 1939:   O.C. 6. Replacement Regiment
  25 Oct 1939 – 1 Apr 1941:   O.C. 169. Infantry Regiment
  (1 Feb 1941:   Promoted to Generalmajor)
  1 Apr 1941 – 1 Sep 1942:   C.O. 269. Infantry Division
  (1 Oct 1942:   Promoted to Generalleutnant)
  1 Oct 1942 – 1 Jul 1943:   G.O.C. XXVI. Army Corps
  (1 Dec 1942:   Promoted to General der Infanterie)
  1 Nov 1943 – 1 Aug 1944:   G.O.C. XV. Mountain Corps
  1 Aug 1944 – 29 Apr 1945:   G.O.C. XXI. Mountain Corps
  29 Apr 1945 – 8 May 1945:   Führer Reserve

Awards: *Knight's Cross (18 September 1941), German Cross in Gold (14 April 1943), 1939 Iron Cross (1st and 2nd Class)*

Walther **LICHEL** (GdI) (1 May 1885 – ?)
  1 Sep 1939 – 1 Oct 1940:   C.O. 3. Infantry Division
  (1 Feb 1940:   Promoted to Generalleutnant)
  5 Oct 1940 – 5 Aug 1941:   C.O. 123. Infantry Division
  5 Aug 1941 – 31 Aug 1944:   Wounded, sick leave
  (1 Dec 1942:   Promoted to General der Infanterie)
  31 Aug 1944 – 8 May 1945:   Deputy G.O.C. XI. Army Corps

Awards: *Knight's Cross, 1939 Clasp to the 1914 Iron Cross (1st and 2nd Class), 1914 Iron Cross (1st and 2nd Class)*

Curt **LIEBMANN** (GdI) (29 Jan 1881 – ?)
　1 Sep 1939 – 30 Oct 1939:　　C-in-C, 5. Army
　15 Oct 1939 – 20 Oct 1939:　　Acting C-in-C, East (Oberost)
　30 Oct 1939:　　Retired
　Awards: *1914 Iron Cross (1st and 2nd Class)*

Fritz **LINDEMANN** (GdA) (11 Apr 1894 – 1944)
　1 Sep 1939 – 11 Jan 1942:　　Corps Artillery Commander (Arko) 138
　(1 Jan 1942:　　Promoted to Generalmajor)
　11 Jan 1942 – 12 Aug 1943:　　C.O. 132. Infantry Division
　(1 Jan 1943:　　Promoted to Generalleutnant)
　1 Oct 1943 – 21 Jul 1944:　　General of Artillery, Replacement Army (Ersatzheer)
　(1 Dec 1943:　　Promoted to General der Artillerie)
　5 Aug 1944:　　Dismissed
　Late 1944:　　Executed for complicity in the July 20 Plot to kill Hitler
　Awards: *Knight's Cross (4 September 1941), German Cross in Gold (23 August 1942), 1939 Iron Cross (1st and 2nd Class)*

Herbert **LOCH** (GdA) (5 Aug 1886 – ?)
　1 Sep 1939 – 27 Oct 1941:　　C.O. 17. Infantry Division
　(1 Mar 1940:　　Promoted to Generalleutnant)
　(1 Oct 1941:　　Promoted to General der Artillerie)
　27 Oct 1941 – 28 Mar 1944:　　G.O.C. XXVIII. Army Corps
　29 Mar 1944 – 2 Sep 1944:　　C-in-C, 18. Army
　28 Sep 1944 – Feb 1945:　　G.O.C. Corps Command Eifel
　Feb 1945 – 16 Apr 1945:　　G.O.C. Corps Command B
　16 Apr 1945:　　Command destroyed on the Western Front
　Awards: *Knight's Cross, German Cross in Gold, 1939 Iron Cross (1st and 2nd Class)*

Walther **LUCHT** (GdA) (26 Feb 1882 – 1949)
　1 Sep 1939 – 6 Feb 1940:　　O.C. 215. Artillery Regiment
　6 Feb 1940 – 1 Jan 1942:　　Corps Artillery Commander (Arko) 44
　(1 Aug 1940:　　Promoted to Generalmajor)
　1 Jan 1942 – 17 Feb 1942:　　Army Artillery Commander (Harko) 310
　17 Feb 1942 – 1 Mar 1942:　　C.O. 87. Infantry Division
　1 Mar 1942 – 1 Jul 1943:　　C.O. 336. Infantry Division
　(1 Nov 1942:　　Promoted to Generalleutnant)
　22 Jul 1943 – 1 Nov 1943:　　Area Commander, Kerch Straits
　(1 Oct 1943:　　Promoted to General der Artillerie)
　1 Nov 1943 – Mar 1945:　　G.O.C. LXVI. Army Corps
　Mar 1945 – 10 Apr 1945:　　C-in-C, 11. Army
　15 Apr 1945 – 20 Apr 1945:　　G.O.C. LXXXII. Army Corps
　20 Apr 1945 – 8 May 1945:　　G.O.C. XIII. Army Corps
　Awards: *Knight's Cross with Oakleaves (9 January 1945), Knight's Cross (30 January 1943), German Cross in Gold (12 March 1942), 1939 Iron Cross (1st and 2nd Class)*

Erich **LÜDKE** (GdI) (20 Oct 1882 – 1946)
  1 Sep 1939 – 1 Jun 1940:   G.O.C. Military District (Wehrkreis) X
  1 Jun 1940 – 27 Sep 1942:   Armed Forces C-in-C, Denmark
  (1 Dec 1940:   Promoted to General der Infanterie)
  27 Sep 1942 – 31 Jan 1944:   Führer Reserve
  31 Jan 1944:   Retired
  Awards: *1914 Iron Cross (1st and 2nd Class)*

Hartwig von **LUDWIGER** (GdI) (29 Jun 1895 – 1947)
  1 Sep 1939 – 1 Mar 1940:   O.C. III. Battalion, 28. Infantry Regiment
  1 Mar 1940 – 20 Feb 1943:   O.C. 83. Jäger Regiment
  (1 Sep 1941:   Promoted to Oberst)
  20 Feb 1943 – 30 Apr 1943:   C.O. 704. Infantry Division
  (1 May 1943:   Promoted to Generalmajor)
  1 May 1943 – 29 Apr 1945:   C.O. 104. Jäger Division
  (1 Jan 1944:   Promoted to Generalleutnant)
  29 Apr 1945 – 8 May 1945:   G.O.C. XXI. Mountain Corps
  (1945?:   Promoted to General der Infanterie)
  Awards: *Knight's Cross with Oakleaves (23 December 1942), Knight's Cross (15 July 1941), 1939 Clasp to the 1914 Iron Cross (1st and 2nd Class), 1914 Iron Cross (1st and 2nd Class)*

Rudolf **LÜTERS** (GdI) (10 May 1883 – 1945)
  1 Sep 1939 – 6 May 1941:   Inspector of Recruiting, Graz
  6 May 1941 – 20 Oct 1942:   C.O. 223. Infantry Division
  1 Nov 1942 – 25 Aug 1943:   Commander of German Troops in Croatia
  (1 Jan 1943:   Promoted to General der Infanterie)
  25 Aug 1943 – 10 Oct 1943:   G.O.C. XV. Mountain Corps
  12 Dec 1943 – 1 Jan 1944:   Chief of Replacement Staff South
  1 Jan 1944 – 31 Jul 1944:   Führer Reserve
  31 Jul 1944:   Retired
  Awards: *German Cross in Gold (30 April 1943), 1939 Iron Cross (1st and 2nd Class), Pour le Mérite*

Heinrich Freiherr von **LÜTTWITZ** (GdPzTr.) (6 Dec 1896 – ?)
  1 Sep 1939 – 4 Sep 1940:   O.C. 59. Motorcycle Battalion
  4 Sep 1940 – 2 Jul 1941:   O.C. I. Battalion, 11. Schützen Regiment
  2 Jul 1941 – 1 Jun 1942:   O.C. 59. Panzer Grenadier Regiment
  (1 Oct 1941:   Promoted to Oberst)
  1 Jun 1942 – 1 Oct 1942:   C.O. 20. Schützen Brigade
  1 Oct 1942 – 5 May 1943:   C.O. 20. Panzer Division
  (1 Dec 1942:   Promoted to Generalmajor)
  (1 Jun 1943:   Promoted to Generalleutnant)
  1 Feb 1944 – 31 Aug 1944:   C.O. 2. Panzer Division
  4 Sep 1944 – 8 May 1945:   G.O.C. XXXXVII. Panzer Corps
  (1 Nov 1944:   Promoted to General der Panzertruppen)
  Apr 1945 – 8 May 1945:   C-in-C, Army Detachment Lüttwitz
  Awards: *Knight's Cross with Oakleaves and Swords (9 May 1945), Knight's Cross with Oakleaves (3 September 1944), Knight's Cross (27 May 1942), 1939 Iron Cross*

(1st Class), 1939 Clasp to the 1914 Iron Cross (2nd Class), Tank Assault Badge, 1914 Iron Cross (2nd Class)

Smilo Freiherr von **LÜTTWITZ** (GdPzTr.) (23 Dec 1895 – ?)
1 Sep 1939 – 14 Jun 1940:	Adjutant, XV. Army Corps
14 Jun 1940 – 1 Mar 1942:	O.C. 12. Schützen Regiment
(1 Nov 1941:	Promoted to Oberst)
1 Mar 1942 – 14 Jul 1942:	C.O. 4. Schützen Brigade
14 Sep 1942 – 6 Jul 1944:	C.O. 26. Panzer Division
(1 Sep 1942:	Promoted to Generalmajor)
(1 Oct 1943:	Promoted to Generalleutnant)
20 Jul 1944 – 28 Aug 1944:	G.O.C. XXXXVI. Panzer Corps
(1 Sep 1944:	Promoted to General der Panzertruppen)
21 Sep 1944 – 9 Jan 1945:	C-in-C, 9. Army
31 Mar 1945 – 8 May 1945:	G.O.C. LXXXV. Army Corps

Awards: Knight's Cross with Oakleaves and Swords (4 July 1944), Knight's Cross with Oakleaves (16 March 1944), Knight's Cross (14 January 1942), German Cross in Gold (27 October 1941), 1939 Iron Cross (1st Class and 2nd Class), Tank Assault Badge

Oswald **LUTZ** (GdPzTr.) (6 Nov 1876 – 1944)
1 Sep 1939 – 22 Sep 1941:	Retired, former G.O.C. Panzer Corps and Inspector of Army Motorization
22 Sep 1941 – 31 May 1942:	Chief of Transistria Liaison Staff
31 May 1942:	Retired
1944:	Died

Awards: 1914 Iron Cross (1st and 2nd Class)

Hasso von **MANTEUFFEL** (GdPzTr.) (14 Jan 1897 – 24 Sep 1978)
1 Sep 1939 – 13 Jun 1940:	Panzer Training Course
13 Jun 1940 – 15 Oct 1940:	O.C. 3. Motorcycle Battalion
1 May 1941 – 25 Aug 1941:	O.C. I. Battalion, 7. Schützen Regiment
25 Aug 1941 – 15 Jul 1942:	O.C. 6. Panzer Grenadier Regiment
(1 Oct 1941:	Promoted to Oberst)
15 Jul 1942 – 4 Nov 1942:	C.O. 7. Panzer Grenadier Brigade
5 Feb 1943 – 30 Apr 1943:	C.O. Division von Manteuffel
(1 May 1943:	Promoted to Generalmajor)
30 Apr 1943 – 20 Aug 1943:	Sick leave; Führer Reserve
20 Aug 1943 – 1 Jan 1944:	C.O. 7. Panzer Division
(1 Feb 1944:	Promoted to Generalleutnant)
1 Feb 1944 – 1 Sep 1944:	C.O. Panzer Division 'Grossdeutschland'
(1 Sep 1944:	Promoted to General der Panzertruppen)
9 Sep 1944 – 8 Mar 1945:	C-in-C, 5. Panzer Army
9 Mar 1945 – 8 May 1945:	C-in-C, 3. Panzer Army

Awards: Knight's Cross with Oakleaves, Swords and Diamonds (18 February 1945), Knight's Cross with Oakleaves and Swords (22 February 1944), Knight's Cross with Oakleaves (23 November 1943), Knight's Cross (31 December 1941), 1939 Iron Cross (1st and 2nd Class), Tank Assault Badge, Afrika Cuff Title, Golden Hitlerjugend Honor Badge with Oakleaves, Reich Sports Badge in Gold, German Horseman's Badge in Gold

Erich **MARCKS** (GdA) (6 Jun 1891 – 12 Jun 1944)
   1 Sep 1939 – 25 Oct 1939:   Chief of Staff, VIII. Army Corps
   25 Oct 1939 – 10 Dec 1940:   Chief of Staff, 18. Army
   10 Dec 1940 – 26 Jun 1941:   C.O. 101. Jäger Division
   (1 Mar 1941:   Promoted to Generalleutnant)
   26 Jun 1941 – 25 Mar 1942:   Wounded, sick leave
   25 Mar 1942 – 20 Sep 1942:   C.O. 337. Infantry Division
   20 Sep 1942 – 1 Oct 1942:   G.O.C. LXVI. Army Corps
   (1 Oct 1942:   Promoted to General der Artillerie)
   1 Oct 1942 – 1 Aug 1943:   G.O.C. LXXXVII. Army Corps
   1 Aug 1943 – 12 Jun 1944:   G.O.C. LXXXIV. Army Corps
   12 Jun 1944:   Killed in action, Normandy
Awards: *Knight's Cross with Oakleaves (24 June 1944), Knight's Cross (26 June 1941), 1939 Iron Cross (1st and 2nd Class), 1939 Wound Badge in Gold*

Robert **MARTINEK** (GdA) (2 Feb 1889 – 28 Jun 1944)
   1 Sep 1939 – 1 Feb 1940:   Corps Artillery Commander (Arko) XVIII
   1 Feb 1940 – 10 Nov 1941:   Corps Artillery Commander (Arko) 7
   (1 Jun 1941:   Promoted to Generalmajor)
   10 Nov 1941 – 1 Jan 1942:   C.O. 267. Infantry Division
   (1 Dec 1941:   Promoted to Generalleutnant)
   1 Jan 1942 – 1 Dec 1942:   C.O. 1. Mountain Division
   1 Dec 1942 – 28 Jun 1944:   G.O.C. XXXIX. Panzer Corps
   (1 Jan 1943:   Promoted to General der Artillerie)
   28 Jun 1944:   Killed in action, Eastern Front
Awards: *Knight's Cross with Oakleaves (10 February 1944), Knight's Cross (26 December 1941), German Cross in Gold (21 March 1943), 1939 Iron Cross (1st and 2nd Class), 1939 Wound Badge in Gold*

Friedrich **MATERNA** (GdI) (21 Jun 1885 – 1946)
   1 Sep 1939 – 1 Oct 1940:   C.O. 45. Infantry Division
   1 Oct 1940 – 10 Sep 1942:   G.O.C. XX. Army Corps
   (1 Nov 1940:   Promoted to General der Infanterie)
   31 Jan 1943 – 10 Dec 1943:   G.O.C. Military District (Wehrkreis) XVIII
   10 Dec 1943 – 1 Sep 1944:   Führer Reserve
   1 Sep 1944:   Retired
Awards: *Knight's Cross (5 August 1940), German Cross in Gold (15 December 1942), 1939 Iron Cross (1st and 2nd Class)*

Franz **MATTENKLOTT** (GdI) (19 Nov 1884 – 1954)
   1 Sep 1939 – 25 Jul 1940:   C.O. 72. Infantry Division
   (1 Feb 1940:   Promoted to Generalleutnant)
   25 Jul 1940 – 1 Jan 1942:   Commandant, Metz
   (1 Oct 1941:   Promoted to General der Infanterie)
   1 Jan 1942 – 14 Jun 1944:   G.O.C. XXXXII. Army Corps
   Aug 1942 – Apr 1943:   Military Commander, Crimea
   14 Jun 1944 – 8 May 1945:   G.O.C. Military District (Wehrkreis) VI
Awards: *Knight's Cross (23 Noovember 1941), German Cross in Gold (19 September 1942), 1939 Iron Cross (1st and 2nd Class)*

Gerhard **MATZKY** (GdI) (19 Mar 1894 – ?)
1 Sep 1939 – Dec 1940:	Military Attache, Tokyo
5 Jan 1941 – 10 Jan 1943:	Deputy Chief of Army General Staff (O.Qu.IV)
(1 Apr 1941:	Promoted to Generalmajor)
10 Jan 1943 – 1 Mar 1944:	C.O. 21. Infantry Division
(1 Apr 1943:	Promoted to Generalleutnant)
28 Mar 1944 – 28 May 1944:	G.O.C. XXVIII. Army Corps
6 Jul 1944 – 8 May 1945:	G.O.C. XXVI. Army Corps
(1 Sep 1944:	Promoted to General der Infanterie)

Awards: Knight's Cross, German Cross in Gold, 1939 Iron Cross (1st and 2nd Class)

Anton Reichard Freiherr von **MAUCHENHEIM** gen. **von Bechtoldsheim** (GdA) (9 July 1896 – ?)
1 Sep 1939 – 3 Oct 1939:	Leave
3 Oct 1939 – 5 Oct 1939:	Chief of Operations, 10. Army
5 Oct 1939 – 15 Feb 1941:	Chief of Operations, 6. Army
(1 Feb 1940:	Promoted to Oberst)
15 Feb 1941 – 1 Oct 1941:	Chief of Staff, XXIII. Army Corps
1 Oct 1941 – 23 May 1942:	Chief of Staff, XXIX. Army Corps
(1 Jun 1942:	Promoted to Generalmajor)
18 Jun 1942 – 1 Aug 1943:	Chief of Staff, 1. Army
(1 Jun 1943:	Promoted to Generalleutnant)
5 Nov 1943 – 2 Jul 1944:	C.O. 257. Infantry Division
2 Jul 1944 – 1 Sep 1944:	G.O.C. XXIX. Army Corps
15 Dec 1944 – 8 May 1945:	G.O.C. LXXI. Army Corps
(1 Mar 1945:	Promoted to General der Artillerie)

Awards: 1939 Iron Cross (1st and 2nd Class)

Dr. Karl **MAUSS** (GdPzTr.) (17 May 1898 – 9 Feb 1959)
1 Sep 1939 – 11 Sep 1939:	O.C. 14. Company, 69. Infantry Regiment
11 sep 1939 – 1 Mar 1942:	O.C. II. Battalion, 69. Infantry Regiment
(1 Apr 1941:	Promoted to Oberstleutnant)
1 Mar 1942 – 30 Jan 1944:	O.C. 33. Panzer Grenadier Regiment
(1 Apr 1942:	Promoted to Oberst)
30 Jan 1944 – 22 Mar 1945:	C.O. 7. Panzer Division
(1 Apr 1944:	Promoted to Generalmajor)
(1 Oct 1944:	Promoted to Generalleutnant)
(Mar 1945?:	Promoted to General der Panzertruppen)
22 Mar 1945 – 8 May:	Wounded in action, sick leave

Awards: Knight's Cross with Oakleaves, Swords and Diamonds, Knight's Cross with Oakleaves and Swords, Knight's Cross with Oakleaves, Knight's Cross, German Cross in Gold, 1939 Clasp to the 1914 Iron Cross (1st and 2nd Class), Close Combat Clasp in Bronze, 1939 Wound Badge in Black, 1914 Iron Cross (1st and 2nd Class)

Dr. Johannes **MAYER** (GdI) (6 Sep 1893 – ?)
1 Sep 1939 – 6 Feb 1940:	O.C. I. Battalion, 65. Infantry Regiment
6 Feb 1940 – 16 Jan 1942:	O.C. 501. Infantry Regiment
(1 Oct 1940:	Promoted to Oberst)
16 Jan 1942 – 22 Mar 1942:	C.O. Ski Brigade
22 Mar 1942 – 16 Jul 1944:	C.O. 329. Infantry Division
(1 Apr 1942:	Promoted to Generalmajor)
(1 Feb 1943:	Promoted to Generalleutnant)
15 Jan 1945 – 1 Apr 1945:	G.O.C. II. Army Corps
(1 Apr 1945:	Promoted to General der Infanterie)
1 Apr 1945 – 8 May 1945:	Führer Reserve

Awards: *Knight's Cross with Oakleaves and Swords (23 August 1944), Knight's Cross with Oakleaves (13 April 1944), Knight's Cross (13 September 1941), 1939 Clasp to the 1914 Iron Cross (1st and 2nd Class), 1914 Iron Cross (1st and 2nd Class)*

Horst von **MELLENTHIN** (GdA) (31 Jul 1898 – ?)
1 Sep 1939 – Oct 1940:	Chief of Attache Section, Army High Command (OKH)
Oct 1940 – Nov 1940:	O.C. 677. Artillery Regiment
Nov 1940 – 1 May 1943:	Chief of Attache Section, Army High Command (OKH)
(1 Mar 1941:	Promoted to Oberst)
1 May 1943 – Aug 1943:	O.C. 67. Infantry Regiment
Aug 1943 – 1 Sep 1943:	C.O. 23. Infantry Division
1 Sep 1943 – 1 Oct 1943:	C.O. 93. Infantry Division
(1 Dec 1943:	Promoted to Generalmajor)
1 Dec 1943 – 20 Oct 1944:	C.O. 205. Infantry Division
(1 Jul 1944:	Promoted to Generalleutnant)
20 Oct 1944 – 20 Nov 1944:	Deputy G.O.C. XVI. Army Corps
8 Jan 1945 – 15 Mar 1945:	G.O.C. XXXVIII. Panzer Corps
16 Mar 1945 – 19 Mar 1945:	G.O.C. XI. Army Corps
(16 Mar 1945:	Promoted to General der Artillerie)
19 Mar 1945 – 8 May 1945:	G.O.C. VIII. Army Corps

Awards: *Knight's Cross with Oakleaves (4 April 1945), Knight's Cross (10 October 1944), German Cross in Gold (25 March 1944), 1939 Clasp to the 1914 Iron Cross (1st and 2nd Class), Tank Assault Badge, 1914 Iron Cross (1st and 2nd Class)*

Walter **MELZER** (GdI) (7 Oct 1894 – ?)
1 Sep 1939 – 25 Feb 1942:	O.C. 151. Infantry Regiment
(1 Aug 1940:	Promoted to Oberst)
25 Feb 1942 – 31 Oct 1942:	O.C. 694. Infantry Regiment
7 Dec 1942 – 1 Jan 1943:	C.O. 332. Infantry Division
1 Jan 1943 – 12 Oct 1944:	C.O. 252. Infantry Division
(1 Feb 1943:	Promoted to Generalmajor)
(1 Aug 1943:	Promoted to Generalleutnant)
12 Oct 1944 – 8 May 1945:	G.O.C. XXIII. Army Corps
(30 Jan 1945:	Promoted to General der Infanterie)

Awards: *Knight's Cross with Oakleaves, Knight's Cross, German Cross in Gold, 1939 Iron Cross (1st and 2nd Class)*

Hermann **METZ** (GdI) (9 Jun 1878 – ?)
  1 Sep 1939 – 1 Nov 1939:   G.O.C. Schützenkommando 12
  1 Nov 1939 – 6 Nov 1941:   G.O.C. XXXIV. Army Corps
  (1 Dec 1940:   Promoted to General der Infanterie)
  6 Nov 1941 – 31 Jan 1943:   Führer Reserve
  31 Jan 1943:   Retired
  Awards: German Cross in Gold (11 January 1942), 1939 Iron Cross (1st and 2nd Class)

Horst von **METZSCH** (GdA) (14 Jun 1874 – 1946)
  1 Sep 1939 – 30 Sep 1939:   Chief of Army Archives
  30 Sep 1939:   Retired
  Awards: Pour le Mérite, 1914 Iron Cross (1st and 2nd Class)

Heinrich **MEYER-BÜRDORF** (GdA) (13 Dec 1888 – ?)
  1 Sep 1939 – 1 Feb 1940:   O.C. 720. Artillery Regiment
  (1 Oct 1939:   Promoted to Generalmajor)
  1 Feb 1940 – 1 Oct 1940:   Corps Artillery Commander (Arko) 27
  1 Oct 1940 – 10 Jan 1944:   C.O. 131. Infantry Division
  (1 Oct 1941:   Promoted to Generalleutnant)
  1 Feb 1944 – 8 May 1945:   General of Artillery attached to C-in-C, West
  (20 Apr 1945:   Promoted to General der Artillerie)
  Awards: Knight's Cross, German Cross in Gold, 1939 Iron Cross (1st and 2nd Class)

Friedrich **MIETH** (GdI) (4 Jun 1888 – 2 Sep 1944)
  1 Sep 1939 – 10 Feb 1940:   Chief of Staff, 1. Army
  10 Feb 1940 – 25 Jun 1940:   Deputy Chief of the Army General Staff (O.Qu.I)
  (1 Mar 1940:   Promoted to Generalleutnant)
  25 Jun 1940 – 10 Dec 1940:   Chief of Armistice Commission, France
  10 Dec 1940 – 10 Nov 1942:   C.O. 112. Infantry Division
  24 Nov 1942 – 1 Apr 1943:   Commander of Security Troops, Army Group Don
  1 Apr 1943 – 20 Jul 1943:   G.O.C. Corps Mieth
  (20 Apr 1943:   Promoted to General der Infanterie)
  20 Jul 1943 – 2 Sep 1944:   G.O.C. IV. Army Corps
  2 Sep 1944:   Killed in action, Eastern Front
  Awards: Knight's Cross with Oakleaves (1 March 1944), Knight's Cross (2 November 1943), German Cross in Gold (26 December 1941), 1939 Clasp to the 1914 Iron Cross (1st and 2nd Class), 1939 Wound Badge in Gold, 1914 Iron Cross (1st and 2nd Class)

Arnold Ritter von **MÖHL** (GdI) (26 Mar 1867 – 27 Dec 1944)
  Former C-in-C of Gruppenkommando 2 and 4. Retired in 1924, but remained on the Army List. Held no active command during the war.
  Awards: Pour le Mérite, Knight's Cross of the Bavarian Military Max Joseph Order, 1914 Iron Cross (1st and 2nd Class)

Willi **MOSER** (GdA) (2 Nov 1887 – 1946)
  1 Sep 1939 – 6 Apr 1940:   Corps Artillery Commander (Arko) 17
  6 Apr 1940 – 1 Nov 1942:   C.O. 299. Infantry Division
  (1 Aug 1941:   Promoted to Generalleutnant)
  1 Nov 1942 – 15 Dec 1944:   G.O.C. LXXI. Army Corps
  (1 Dec 1942:   Promoted to General der Artillerie)
  5 Feb 1945 – 8 May 1945:   G.O.C. Feldjäger Corps I
  Awards: *Knight's Cross (26 October 1941), German Cross in Gold (27 May 1942), 1939 Iron Cross (1st and 2nd Class)*

Wolfgang **MUFF** (GdI) (15 Mar 1880 – 1947)
  1 Sep 1939 – 28 Feb 1943:   G.O.C. Military District (Wehrkreis) XI
  (1 Dec 1940:   Promoted to General der Infanterie)
  30 Apr 1943:   Retired
  Awards: *1939 Clasp to the 1914 Iron Cross (1st and 2nd Class), 1914 Iron Cross (1st and 2nd Class)*

Eugen **MÜLLER** (GdA) (19 Jul 1891 – 1951)
  1 Sep 1939 – 30 Sep 1940:   Quartermaster-General of the Army
  (1 Aug 1940:   Promoted to Generalleutnant)
  30 Sep 1940 – 8 May 1945:   Special Purposes General attached to the C-in-C of the Army
  (1 Jun 1942:   Promoted to General der Artillerie)
  Awards: *1939 Iron Cross (1st and 2nd Class)*

Friedrich-Wilhelm **MÜLLER** (GdI) (29 Aug 1897 – 20 May 1947)
  1 Sep 1939 – 1 Oct 1940:   O.C. III. Battalion, 105. Infantry Regiment
  1 Oct 1940 – 1 Aug 1942:   O.C. 105. Infantry Regiment
  (1 Jan 1942:   Promoted to Oberst)
  (1 Aug 1942:   Promoted to Generalmajor)
  1 Aug 1942 – 15 Feb 1944:   C.O. 22. Infantry Division
  (1 Apr 1943:   Promoted to Generalleutnant)
  4 May 1944 – 2 Jun 1944:   G.O.C. V. Army Corps
  2 Jun 1944 – 10 Jun 1944:   G.O.C. LIX. Army Corps
  (1 Jul 1944:   Promoted to General der Infanterie)
  1 Jul 1944 – 21 Aug 1944:   Commander, Fortress Crete
  21 Aug 1944 – 8 Dec 1944:   G.O.C. XXXIV. Army Corps
  8 Dec 1944 – 29 Jan 1945:   G.O.C. LXVIII. Army Corps
  29 Jan 1945 – 27 Apr 1945:   C-in-C, 4. Army
  27 Apr 1945 – 8 May 1945:   Führer Reserve
  Awards: *Knight's Cross with Oakleaves and Swords (27 January 1945), Knight's Cross with Oakleaves (8 April 1942), Knight's Cross (22 September 1941), German Cross in Gold (18 June 1943), 1939 Iron Cross (1st and 2nd Class)*

Ludwig **MÜLLER** (GdI) (28 Jun 1892 – ?)
  1 Sep 1939 – 20 Oct 1939:   Chief of Operations, XXIV. Army Corps
  20 Oct 1939 – 1 Jun 1940:   Chief of Staff, XXXVII. Army Corps
  (1 Feb 1940:   Promoted to Oberst)
  1 Jun 1940 – 1 Oct 1941:   Chief of Staff, XXIX. Army Corps

1 Oct 1941 – 16 Mar 1942:	Chief of Staff, XXIII. Army Corps
27 Aug 1942 – 5 Feb 1943:	C.O. 198. Infantry Division
(1 Oct 1942:	Promoted to Generalmajor)
1 Jun 1943 – 13 Dec 1943:	C.O. 97. Infantry Division
(1 Jul 1943:	Promoted to Generalleutnant)
5 Jan 1944 – 25 Jan 1944:	Training Course for Corps Commanders
24 Feb 1944 – 21 Aug 1944:	G.O.C. XXXIV. Army Corps
(1 May 1944:	Promoted to General der Infanterie)
21 Aug 1944:	Captured on the Eastern Front, POW

Awards: *Knight's Cross with Oakleaves (6 April 1944), Knight's Cross (25 October 1943), German Cross in Gold (28 February 1942), 1939 Clasp to the 1914 Iron Cross (1st and 2nd Class), 1914 Iron Cross (1st and 2nd Class)*

Emmerich von **NAGY** (GdI) (15 Sep 1882 – ?)

1 Sep 1939 – 25 Oct 1939:	Commandant, Klagenfurt
25 Oct 1939 – 9 Dec 1939:	C.O. Frontier Defense Command 20
9 Dec 1939 – 2 May 1941:	C.O. 538. Infantry Division
5 Jun 1941 – 1 Mar 1942:	Attached to Staff of Norway Mountain Corps
1 Mar 1942 – 1 Nov 1942:	G.O.C. LXXI. Army Corps
(1 Aug 1942:	Promoted to General der Infanterie)
1 Nov 1942 – 31 Jan 1943:	Führer Reserve
31 Jan 1943:	Retired

Awards: *1939 Iron Cross (1st and 2nd Class)*

Walther K. **NEHRING** (GdPzTr.) (15 Aug 1892 – 20 Apr 1983)

1 Sep 1939 – 1 Jun 1940:	Chief of Staff, XIX. Army Corps
1 Jun 1940 – 26 Oct 1940:	Chief of Staff, Panzer Group Guderian
(1 Aug 1940:	Promoted to Generalmajor)
26 Oct 1940 – 26 Jan 1942:	C.O. 18. Panzer Division
(1 Feb 1942:	Promoted to Generalleutnant)
9 Mar 1942 – 31 Aug 1942:	G.O.C. Africa Corps
(1 Jul 1942:	Promoted to General der Panzertruppen)
15 Nov 1942 – 9 Dec 1942:	Military Commander, Tunisia
17 Nov 1942 – 3 Dec 1942:	G.O.C. LXXXX. Army Corps
9 Feb 1943 – 27 Jun 1944:	G.O.C. XXIV. Panzer Corps
2 Jul 1944 – 4 Aug 1944:	Deputy C-in-C, 4. Panzer Army
4 Aug 1944 – 19 Aug 1944:	G.O.C. XXXXVIII. Panzer Corps
19 Aug 1944 – 19 Mar 1945:	G.O.C. XXIV. Panzer Corps
19 Mar 1945 – 3 Apr 1945:	C-in-C, 1. Panzer Army
3 Apr 1945 – 8 May 1945:	Führer Reserve

Awards: *Knight's Cross with Oakleaves and Swords (22 January 1945), Knight's Cross with Oakleaves (8 February 1944), Knight's Cross (24 July 1941), 1939 Clasp to the 1914 Iron Cross (1st and 2nd Class), Tank Assault Badge, Afrika Cuff Title, 1939 Wound Badge in Gold, 1914 Iron Cross (1st and 2nd Class)*

Ferdinand **NEULING** (GdI) (22 Aug 1885 – ?)

1 Sep 1939 – Dec 1941:	C.O. 239. Infantry Division
(1 Dec 1940:	Promoted to Generalleutnant)
Dec 1941 – 15 Sep 1942:	Führer Reserve

15 Sep 1942 – 18 Aug 1944:   G.O.C. LXII. Army Corps
(1 Oct 1942:   Promoted to General der Infanterie)
18 Aug 1944:   Captured, POW
Awards: *Knight's Cross, German Cross in Gold, 1939 Iron Cross (1st and 2nd Class)*

Günther von **NIEBELSCHÜTZ** (GdI) (27 Jun 1882 – 1945)
1 Sep 1939 – 1941:   G.O.C. Borderguard Command, Southeast Prussia
1941 – 1943:   Rear Area Commander, 18. Army
1943:   Retired
Awards: *1939 Clasp to the 1914 Iron Cross (1st and 2nd Class), 1914 Iron Cross (1st and 2nd Class)*

Hermann **NIEHOFF** (GdI) (3 Apr 1897 – ?)
1 Sep 1939 – 6 Sep 1939:   O.C. I. Battalion, 39. Infantry Regiment
6 Sep 1939 – 3 Jun 1940:   O.C. 211. Replacement Regiment
(1 Nov 1939:   Promoted to Oberstleutnant)
3 Jun 1940 – 1 Apr 1943:   O.C. 464. Infantry Regiment
(1 Oct 1941:   Promoted to Oberst)
1 Apr 1943 – 2 Mar 1945:   C.O. 371. Infantry Division
(1 Jun 1943:   Promoted to Generalmajor)
(1 Apr 1944:   Promoted to Generalleutnant)
2 Mar 1945 – 8 May 1945:   Commandant, Fortress Breslau
(1 Apr 1945:   Promoted to General der Infanterie)
Awards: *Knight's Cross with Oakleaves and Swords (26 April 1945), Knight's Cross with Oakleaves (5 March 1945), Knight's Cross (15 June 1944), German Cross in Gold (6 January 1942), 1939 Clasp to the 1914 Iron Cross (1st and 2nd Class), Honor Roll Clasp, 1914 Iron Cross (1st and 2nd Class), 1914 Wound Badge in Black*

Hans von **OBSTFELDER** (GdI) (6 Sep 1896 – ?)
1 Sep 1939 – 21 May 1940:   C.O. 28. Infantry Division
(1 Jun 1940:   Promoted to General der Infanterie)
1 Jun 1940 – 21 May 1943:   G.O.C. XXIX. Army Corps
25 Aug 1943 – 1 Oct 1944:   G.O.C. LXXXVI. Army Corps
30 Nov 1944 – 28 Feb 1945:   C-in-C, 1. Army
1 Mar 1945 – 25 Mar 1945:   C-in-C, 19. Army
25 Mar 1945 – 8 May 1945:   C-in-C, 7. Army
Awards: *Knight's Cross with Oakleaves and Swords (5 November 1944), Knight's Cross with Oakleaves (7 June 1943), Knight's Cross (27 July 1941), German Cross in Gold (21 April 1943), 1939 Iron Cross (1st and 2nd Class)*

Friedrich **OLBRICHT** (GdI) (4 Oct 1888 – 20 Jul 1944)
1 Sep 1939 – 15 Feb 1940:   C.O. 24. Infantry Division
15 Feb 1940 – 20 Jul 1944:   Chief of General Administration Office, Army High Command (OKH)
(1 Jun 1940:   Promoted to General der Infanterie)
20 Jul 1944:   Executed for participation in the July 20 Plot to kill Hitler
Awards: *Knight's Cross (27 October 1939), 1939 Clasp to the 1914 Iron Cross (1st and 2nd Class), 1914 Iron Cross (1st and 2nd Class)*

Erwin **OßWALD** (GdI) (25 Jun 1882 – 1947)
  1 Sep 1939 – 31 Aug 1943:   G.O.C. Military District (Wehrkreis) V
  (1 Dec 1940:   Promoted to General der Infanterie)
  31 Aug 1943 – 31 Oct 1943: Führer Reserve
  31 Oct 1943:   Retired
Awards: *German Cross in Silver, 1939 Clasp to the 1914 Iron Cross (1st and 2nd Class), 1914 Iron Cross (1st and 2nd Class)*

Herbert **OSTERKAMP** (GdA) (7 May 1894 – ?)
  1 Sep 1939 – 12 Sep 1939:   Section Chief, Army High Command (OKH)
  12 Sep 1939 – 18 Sep 1939: Chief of Staff, Military Commander Cracow
  (18 Sep 1939:   Promoted to Generalmajor)
  18 Sep 1939 – 6 Oct 1944:   Chief of Administration Office, Army High Command (OKH)
  (20 Apr 1941:   Promoted to Generalleutnant)
  (1 Jun 1943:   Promoted to General der Artillerie)
  6 Oct 1944 – 8 May 1945:   G.O.C. Military District (Wehrkreis) XII
Awards: *Knight's Cross of the War Merit Cross with Swords (7 November 1944), War Merit Cross with Swords (1st and 2nd Class)*

Eugen **OTT** (GdI) (20 May 1890 – ?)
  1 Sep 1939 – 30 Sep 1939:   C.O. 7. Infantry Division
  10 Oct 1939 – 25 Mar 1941: General of Infantry attached to the C-in-C of the Army
  (1 Mar 1940:   Promoted to Generalleutnant)
  25 Mar 1941 – 10 May 1941: G.O.C. XXX. Army Corps
  10 May 1941 – 6 Oct 1941:   General of Infantry attached to the C-in-C of the Army
  (1 Oct 1941:   Promoted to General der Infanterie)
  6 Oct 1941 – 10 Dec 1941:   G.O.C. XI. Army Corps
  10 Dec 1941 – 1 Oct 1943:   G.O.C. LII. Army Corps
  1 Oct 1943 – 10 Feb 1944:   General of Infantry attached to the C-in-C of the Army
  10 Feb 1944 – 15 Jan 1945: Inspector of Liaisons with Italy
  15 Jan 1945 – 8 May 1945:   Inspector of Italian Liaison to the C-in-C, Southwest
Awards: *Knight's Cross, 1939 Iron Cross (1st and 2nd Class)*

Paul **OTTO** (GdI) (12 Jul 1881 – ?)
  1 Sep 1939 – 6 Sep 1939:   Leave
  6 Sep 1939 – 1 Nov 1939:   C.O. 13. Infantry Division
  1 Nov 1939 – 1 May 1942:   Chief of German Mission to Slovakia
  (1 Dec 1940:   Promoted to General der Infanterie)
  1 May 1942 – 1 May 1943:   G.O.C. Military District (Wehrkreis) IX
  1 May 1943 – 31 Oct 1943:   Führer Reserve
  31 Oct 1943:   Retired
Awards: *1939 Clasp to the 1914 Iron Cross (1st and 2nd Class), 1914 Iron Cross (1st and 2nd Class)*

Karl von **OVEN** (GdI) (29 Nov 1888 – ?)
  1 Sep 1939 – 8 Nov 1939:   O.C. 59. Infantry Regiment
  8 Nov 1939 – 16 May 1940:   Inspector of Recruiting, Allenstein
  16 May 1940 – Sep 1940:   C.O. 393. Infantry Division
  15 Nov 1940 – 24 Jan 1943:   C.O. 56. Infantry Division
  (1 Jul 1941:   Promoted to Generalleutnant)
  24 Jan 1943 – 25 Mar 1944:   G.O.C. XXXXIII. Army Corps
  (1 Apr 1943:   Promoted to General der Infanterie)
  17 May 1944 – Mar 1945:   G.O.C. Feldjägerkommando II
  Mar 1945 – 8 May 1945:   Führer Reserve
  Awards: *Knight's Cross, 1939 Iron Cross (1st and 2nd Class)*

Hans **PETRI** (GdI) (23 Sep 1877 – 1945)
  1 Sep 1939 – 25 Oct 1939:   Retired
  25 Oct 1939 – 1 Feb 1940:   C.O. 402. Infantry Division
  7 Jun 1940 – 5 Oct 1940:   C.O. 272. Infantry Division
  5 Oct 1940 – 1 Apr 1942:   C.O. 192. Infantry Division
  (1 Feb 1941:   Promoted to Generalleutnant z.V.)
  (1 Apr 1942:   Promoted to General der Infanterie z.V.)
  1 Apr 1942 – 31 May 1942:   Führer Reserve
  31 May 1942:   Retired
  Awards: *Pour le Mérite, 1939 Clasp to the 1914 Iron Cross (1st and 2nd Class), 1914 Iron Cross (1st and 2nd Class)*

Theodor **PETSCH** (GdI) (27 Jun 1884 – ?)
  1 Sep 1939 – 3 May 1941:   O.C. 353. Infantry Regiment
  3 May 1941 – 1 Nov 1944:   C.O. 710. Infantry Division
  (1 Jun 1941:   Promoted to Generalmajor)
  (1 Nov 1942:   Promoted to Generalleutnant)
  9 Dec 1944 – Mar 1945:   G.O.C. Military District (Wehrkreis) IX
  (1 Mar 1945:   Promoted to General der Infanterie)
  Mar 1945 – 8 May 1945:   Führer Reserve
  Awards: *German Cross in Gold, 1939 Iron Cross (1st and 2nd Class)*

Walter **PETZEL** (GdA) (28 Dec 1883 – ?)
  1 Sep 1939 – 25 Oct 1939:   G.O.C. I. Army Corps
  (1 Oct 1939:   Promoted to General der Artillerie)
  25 Oct 1939 – 1 Feb 1945:   G.O.C. Military District (Wehrkreis) XXI
  1 Feb 1945 – 8 May 1945:   Führer Reserve
  Awards: *1939 Clasp to the 1914 Iron Cross (1st and 2nd Class), 1914 Iron Cross (1st and 2nd Class)*

Max **PFEFFER** (GdA) (12 Jun 1883 – 1955)
  1 Sep 1939 – 5 Apr 1940:   Corps Artillery Commander (Arko) 44
  5 Apr 1940 – 16 Jan 1943:   C.O. 297. Infantry Division
  (1 Dec 1942:   Promoted to General der Artillerie)
  17 Jan 1943 – 31 Jan 1943:   G.O.C. IV. Army Corps
  31 Jan 1943:   Captured at Stalingrad, POW
  Awards: *Knight's Cross, 1939 Clasp to the 1914 Iron Cross (1st and 2nd Class), 1914 Iron Cross (1st and 2nd Class)*

Georg **PFEIFFER** (GdA) (5 May 1890 – 28 Jun 1944)
  1 Sep 1939 – 1 Oct 1939:   O.C. 23. Artillery Regiment
  1 Oct 1939 – 1 Sep 1940:   Corps Artillery Commander (Arko) 105
  (1 Jun 1940:   Promoted to Generalmajor)
  1 Sep 1940 – 29 Jan 1943:   C.O. 94. Infantry Division
  (1 Jun 1942:   Promoted to Generalleutnant)
  29 Jan 1943 – 21 Feb 1943:   C.O. 306. Infantry Division
  1 Mar 1943 – 2 Jan 1944:   C.O. 94. Infantry Division
  (1 May 1944:   Promoted to General der Artillerie)
  20 May 1944 – 28 Jun 1944:   G.O.C. VI. Army Corps
  28 Jun 1944:   Killed in action, Eastern Front
  Awards: *Knight's Cross (15 January 1943), German Cross in Gold (16 January 1942), 1939 Iron Cross (1st and 2nd Class), 1939 Wound Badge in Gold*

Günther von **POGRELL** (GdKav) (5 Jun 1879 – 1944)
  1 Sep 1939 – 10 Jan 1940:   Rear Area Commander 587
  10 Jan 1940 – 5 Mar 1940:   Commander, Administrative HQ 587
  5 Mar 1940 – 1 Apr 1942:   G.O.C. Corps Command XXXII
  1 Apr 1942 – 31 May 1942:   Führer Reserve
  31 May 1942:   Retired
  Awards: *1939 Clasp to the 1914 Iron Cross (1st and 2nd Class), 1914 Iron Cross (1st and 2nd Class)*

Maximilian von **POSECK** (GdKav) (1 Oct 1865 – 1946)
  Former Inspector of Cavalry. Retired in 1926, but remained on Army List. Held no active command during the war.
  Awards: *1914 Iron Cross (1st and 2nd Class)*

Karl Ritter von **PRAGER** (GdI) (23 Oct 1875 – ?)
  1 Sep 1939 – 6 Nov 1939:   G.O.C. XXVII. Army Corps
  6 Nov 1939 – 1 May 1942:   G.O.C. XXV. Army Corps
  (1 Sep 1940:   Promoted to General der Infanterie)
  1 May 1942 – 30 Jun 1942:   Führer Reserve
  30 Jun 1942:   Retired
  Awards: *German Cross in Gold, 1939 Clasp to the 1914 Iron Cross (1st and 2nd Class), Pour le Mérite, Knight's Cross of the Bavarian Military Max Joseph Order, 1914 Iron Cross (1st and 2nd Class)*

Albert **PRAUN** (GdNachriTr.) (11 Dec 1894 – ?)
  1 Sep 1939 – 1 Feb 1940:   O.C. 696. Signals Regiment
  1 Feb 1940 – 19 May 1940:   Chief of Signals, 7. Army
  19 May 1940 – 1 Jun 1940:   Chief of Signals, Panzer Group Hoth
  1 Jun 1940 – 15 Jul 1940:   Chief of Signals, Panzer Group Guderian
  15 Jul 1940 – 11 Dec 1940:   Chief of Signals, Occupation Zone C, France
  11 Dec 1940 – 6 Oct 1941:   Chief of Signals, 2. Panzer Group
  6 Oct 1941 – 25 Apr 1942:   O.C. 482. Infantry Regiment,
                               O.C. 486. Infantry Regiment
  25 Apr 1942 – Jul 1942:   C.O. 4. Panzer Grenadier Brigade
  Jul 1942 – 24 Aug 1942:   C.O. 18. Panzer Division

(1 Aug 1942:   Promoted to Generalmajor)
24 Aug 1942 – 25 Sep 1943: C.O. 129. Infantry Division
(1 Feb 1943:   Promoted to Generalleutnant)
1 Oct 1943 – 1 Apr 1944:   Chief of Signals, Army Group Center
12 Apr 1944 – 10 Aug 1944: C.O. 277. Infantry Division
11 Aug 1944 – 8 May 1945: Chief of Wehrmacht Communications
(1 Oct 1944:   Promoted to General der Nachrichtentruppen)

Awards: *Knight's Cross, German Cross in Gold, 1939 Iron Cross (1st and 2nd Class)*

Helmuth **PRIESS** (GdI) (6 Mar 1896 – 21 Oct 1944)
1 Sep 1939 – 15 Oct 1940: Attached to Armed Forces High Command (OKW)
(1 Oct 1940:   Promoted to Oberst)
15 Oct 1940 – 15 Mar 1942: Quartermaster, 1. Army
15 Mar 1942 – 11 Nov 1942: O.C. 671. Infantry Regiment
11 Nov 1942 – 10 Jul 1944: C.O. 121. Infantry Division
(1 Jan 1943:   Promoted to Generalmajor)
(1 Jul 1943:   Promoted to Generalleutnant)
27 Jul 1944 – 21 Oct 1944: G.O.C. XXVII. Army Corps
(1 Oct 1944:   Promoted to General der Infanterie)
21 Oct 1944:   Killed in action, East Prussia

Awards: *Knight's Cross, German Cross in Gold, 1939 Iron Cross (1st and 2nd Class), 1939 Wound Badge in Gold*

Carl **PÜCHLER** (GdI) (13 May 1894 – 1949)
1 Sep 1939 – 25 Oct 1939: O.C. II. Battalion, 34. Infantry Regiment
25 Oct 1939 – 10 Dec 1940: O.C. 34. Infantry Regiment
(1 Nov 1939:   Promoted to Oberst)
10 Dec 1940 – 1 Jun 1942: O.C. 228. Infantry Regiment
1 Jun 1942 – 5 Nov 1943:   C.O. 257. Infantry Division
(1 Jul 1942:   Promoted to Generalmajor)
(1 Apr 1943:   Promoted to Generalleutnant)
13 Nov 1943 – 18 Apr 1944: G.O.C. XXXIX. Panzer Corps
24 Jul 1944 – 25 Jul 1944: G.O.C. LXVII. Army Corps
(1 Nov 1944:   Promoted to General der Infanterie)
30 Nov 1944 – 15 Dec 1944: G.O.C. LXXXVI. Army Corps
15 Dec 1944 – 16 Apr 1945: G.O.C. LXXIV. Army Corps
16 Apr 1945:   Captured on the Western Front, POW

Awards: *Knight's Cross, German Cross in Gold, 1939 Iron Cross (1st and 2nd Class)*

Friedrich von **RABENAU** (GdA) (10 Oct 1884 – 12 Apr 1945)
1 Sep 1939 – 29 Sep 1939: C.O. 73. Infantry Division
1 Dec 1939 – 31 Aug 1943: Chief of Army Archives
(1 Sep 1940:   Promoted to General der Artillerie)
31 Aug 1943:   Retired
12 Apr 1945:   Shot by the SS, Berlin

Awards: *1939 Clasp to the 1914 Iron Cross (1st and 2nd Class), 1914 Iron Cross (1st and 2nd Class)*

Erich **RASCHICK** (GdI) (15 Apr 1882 – 1945)
   1 Sep 1939 – 21 Oct 1939:   G.O.C. XXIII. Army Corps
   21 Oct 1939 – 1 Mar 1940:   G.O.C. XXXVII. Army Corps
   1 Mar 1940 – 15 Mar 1941:   Special Purposes General II
   1 May 1941 – 1 Mar 1944:   G.O.C. Military District (Wehrkreis) X
   1 Mar 1944 – 30 Jul 1944:   Führer Reserve
   30 Jul 1944:   Retired
Awards: *1939 Clasp to the 1914 Iron Cross (1st and 2nd Class), 1914 Iron Cross (1st and 2nd Class)*

Siegfried **RASP** (GdI) (10 Jan 1898 – ?)
   1 Sep 1939 – 19 Oct 1939:   Chief of Operations, 17. Infantry Division
   19 Oct 1939 – 1 Jan 1940:   Chief of Operations, 1. Army
   1 Jan 1940 – 20 Jun 1940:   Instructor, General Staff Training Course
   20 Jun 1940 – 15 May 1942:   Chief of Operations, 7. Army
   (1 Jul 1941:   Promoted to Oberst)
   15 May 1942 – 26 Aug 1943:   Chief of Staff, XXIII. Army Corps
   26 Aug 1943 – 10 Sep 1943:   C.O. 3. Mountain Division
   10 Sep 1943 – 30 Jun 1944:   C.O. 335. Infantry Division
   (1 Nov 1943:   Promoted to Generalmajor)
   (1 Apr 1944:   Promoted to Generalleutnant)
   12 Jul 1944 – 23 Sep 1944:   C.O. 78. Assault Division
   23 Sep 1944 – 15 Dec 1944:   Chief of Command Staff, Army Group Northwest
   (1 Dec 1944:   Promoted to General der Infanterie)
   19 Dec 1944 – 1 Feb 1945:   C-in-C, 19. Army
   2 Apr 1945 – 8 May 1945:   G.O.C. Corps Ems
Awards: *Knight's Cross, German Cross in Gold, 1939 Iron Cross (1st and 2nd Class)*

Hermann **RECKNAGEL** (GdI) (18 Jul 1892 – 23 Jan 1945)
   1 Sep 1939 – 1 Jan 1942:   O.C. 54. Infantry Regiment
   (1 Feb 1940:   Promoted to Oberst)
   1 Jan 1942 – 1 Nov 1943:   C.O. 111. Infantry Division
   (1 Mar 1942:   Promoted to Generalmajor)
   (1 Mar 1943:   Promoted to Generalleutnant)
   15 Nov 1943 – 25 Feb 1944:   Attached to Special Staff I, Army High Command (OKH)
   14 Jun 1944 – 23 Jan 1945:   G.O.C. XXXXII. Army Corps
   (1 Jul 1944:   Promoted to General der Infanterie)
   23 Jan 1945:   Killed in action, Eastern Front
Awards: *Knight's Cross with Oakleaves and Swords (23 October 1944), Knight's Cross with Oakleaves (6 November 1943), Knight's Cross (5 August 1940), German Cross in Gold (11 February 1943), 1939 Clasp to the 1914 Iron Cross (1st and 2nd Class), 1939 Wound Badge in Gold, 1914 Iron Cross (1st and 2nd Class)*

Hermann **REINECKE** (GdI) (14 Feb 1888 – ?)
   1 Sep 1939 – 1 Dec 1939:   Section Chief, Armed Forces High Command (OKW)
   1 Dec 1939 – 8 May 1945:   Chief of Army Administration Office
   (1 Aug 1940:   Promoted to Generalleutnant)
   (1 Jun 1942:   Promoted to General der Infanterie)

1 Jan 1944 – 8 May 1945: Chief of National Socialist Leadership Staff, Armed Forces High Command (OKW)
Awards: *Golden Party Badge, Golden Hitlerjugend Honor Badge with Oakleaves, 1939 Iron Cross (1st and 2nd Class)*

Hans Wolfgang **REINHARD** (GdI) (11 Dec 1888 – 1950)
1 Sep 1939 – 25 Nov 1940: C.O. 35. Infantry Division
(1 Oct 1939: Promoted to Generalleutnant)
(1 Nov 1940: Promoted to General der Infanterie)
25 Nov 1940 – 8 May 1942: G.O.C. LI. Army Corps
1 Jul 1942 – 31 Dec 1944: G.O.C. LXXXVIII. Army Corps
31 Jan 1945 – 10 Apr 1945: G.O.C. Military District (Wehrkreis) IV
10 Apr 1945 – 8 May 1945: Führer Reserve
Awards: *Knight's Cross, 1939 Clasp to the 1914 Iron Cross (1st and 2nd Class), 1914 Iron Cross (1st and 2nd Class)*

Hermann **REINICKE** (GdI) (18 Mar 1870 – 1945)
Former Chief of Army Personnel Office. Retired in 1929, but remained on the Army List. Held no active command during the war.
Awards: *Pour le Mérite, 1914 Iron Cross (1st and 2nd Class)*

Julius **RINGEL** (GdGbgsTr.) (16 Nov 1889 – ?)
1 Sep 1939 – 27 Oct 1939: Chief of Operations, 268. Infantry Division
27 Oct 1939 – 1 Apr 1940: O.C. 266. Infantry Regiment
1 Apr 1940 – 14 Jun 1940: C.O. 5. Mountain Division (formation incomplete)
14 Jun 1940 – 23 Oct 1940: C.O. 3. Mountain Division
(1 Nov 1940: Promoted to Generalmajor)
1 Nov 1940 – 10 Feb 1944: C.O. 5. Mountain Division
(1 Dec 1942: Promoted to Generalleutnant)
31 Mar 1944 – 24 Jun 1944: G.O.C. LXIX. Mountain Corps
(1 Jun 1944: Promoted to General der Gebirgstruppen)
24 Jun 1944 – Feb 1945: Deputy G.O.C. XVIII. Mountain Corps
Feb 1945 – 8 May 1945: G.O.C. Corps Ringel
Awards: *Knight's Cross with Oakleaves (25 October 1943), Knight's Cross (13 June 1941), 1939 Iron Cross (1st and 2nd Class), Narvik Shield, Kreta Cuff Title*

Enno von **RINTELEN** (GdI) (6 Nov 1891 – ?)
1 Sep 1939 – 31 Aug 1943: Military Attaché, Rome
20 Apr 1940 – 1 Sep 1943: German Liaison General attached to Italian High Command
(1 Jun 1941: Promoted to Generalleutnant)
(1 Jul 1942: Promoted to General der Infanterie)
1 Sep 1943 – 31 Dec 1944: Führer Reserve
31 Dec 1944: Retired
Awards: *1939 Iron Cross (1st and 2nd Class)*

Friedrich **ROESE** (GdI) (21 Oct 1879 – ?)
    1 Sep 1939 – 1 May 1942:   Inspector of Infantry, Replacement Army (Ersatzheer)
    (1 Feb 1942:   Promoted to General der Infanterie z.V.)
    1 Jul 1942:   Retired
    1 Jul 1942 – 8 May 1945:   Chief of Army Museums
    Awards: *1939 Clasp to the 1914 Iron Cross (1st and 2nd Class), 1914 Iron Cross (1st and 2nd Class)*

Otto **ROETTIG** (GdI) (22 Jul 1887 – ?)
    1 Sep 1939 – 10 Nov 1939:   O.C. 47. Infantry Regiment
    10 Nov 1939 – 10 Jan 1940:   Commandant, Posen
    10 Jan 1940 – 10 Apr 1942:   C.O. 198. Infantry Division
    (1 Jun 1941:   Promoted to Generalleutnant)
    25 Jun 1942 – 10 May 1943:   Special Purposes General attached to Army Group Center
    10 May 1943 – 15 Jun 1943:   G.O.C. LXVI. Army Corps
    1 Jul 1943 – 4 Dec 1944:   Inspector-General for Wehrmacht POW Matters
    (1 Aug 1943:   Promoted to General der Infanterie)
    4 Dec 1944 – 8 May 1945:   Chief of Special Staff I, Army High Command (OKH)
    Awards: *German Cross in Gold, 1939 Iron Cross (1st and 2nd Class)*

Edgar **RÖHRICHT** (GdI) (16 Jun 1892 – ?)
    1 Sep 1939 – 10 Oct 1939:   Chief of Staff, V. Army Corps
    10 Oct 1939 – 26 Oct 1940:   Chief of Section 4, Army General Staff
    26 Oct 1940 – 18 Jun 1942:   Chief of Staff, 1. Army
    (1 Feb 1942:   Promoted to Generalmajor)
    3 Oct 1942 – Sep 1943:   C.O. Infantry Division
    (1 Apr 1943:   Promoted to Generalleutnant)
    Sep 1943:   G.O.C. XII. Army Corps
    Dec 1943 – Jan 1944:   G.O.C. XX. Army Corps
    22 Mar 1944 – 29 Jan 1945:   G.O.C. LIX. Army Corps
    (1 Sep 1944:   Promoted to General der Infanterie)
    29 Jan 1945 – 8 May 1945:   Führer Reserve
    Awards: *Knight's Cross, German Cross in Gold, 1939 Iron Cross (1st and 2nd Class)*

Rudolf Freiherr von **ROMAN** (GdA) (19 Nov 1893 – ?)
    1 Sep 1939 – 23 Sep 1939:   O.C. 10. Artillery Regiment
    23 Sep 1939 – 1 Nov 1939:   Attached to Army High Command (OKH)
    1 Nov 1939 – 15 Nov 1939:   O.C. 17. Artillery Regiment
    15 Nov 1939 – 1 Dec 1941:   Corps Artillery Commander (Arko) 3
    (1 Sep 1941:   Promoted to Generalmajor)
    1 Dec 1941 – 10 Sep 1942:   C.O. 35. Infantry Division
    10 Sep 1942 – 1 Apr 1945:   G.O.C. XX. Army Corps
    (1 Oct 1942:   Promoted to Generalleutnant)
    (1 Nov 1942:   Promoted to General der Artillerie)
    1 Apr 1945 – 8 May 1945:   Führer Reserve
    Awards: *Knight's Cross with Oakleaves (28 October 1943), Knight's Cross (19*

February 1942), German Cross in Gold (19 December 1941), 1939 Iron Cross (1st and 2nd Class)

Kurt **RÖPKE** (GdI) (29 Nov 1896 – ?)
   1 Sep 1939 – 15 Dec 1939:   O.C. II. Battalion, 203. Infantry Regiment
   15 Dec 1939 – 1 Aug 1940:   Instructor, Infantry School
   1 Aug 1940 – 1 Sep 1942:   O.C. 50. Infantry Regiment
   (1 Apr 1941:   Promoted to Oberst)
   1 Sep 1942 – 26 May 1943:   Instructor, Infantry School
   26 May 1943 – 20 Aug 1943:   C.O. 320. Infantry Division
   (1 Aug 1943:   Promoted to Generalmajor)
   20 Aug 1943 – 10 Jul 1944:   C.O. 46. Infantry Division
   (1 Feb 1944:   Promoted to Generalleutnant)
   1 Sep 1944 – 8 May 1945:   G.O.C. XXIX. Army Corps
   (15 Oct 1944:   Promoted to General der Infanterie)
Awards: *Knight's Cross with Oakleaves (14 April 1945), Knight's Cross (17 November 1943), German Cross in Gold (9 October 1942), 1939 Iron Cross (1st and 2nd Class)*

Franz von **ROQUES** (GdI) (1 Sep 1877 – ?)
   1 Sep 1939 – 26 Sep 1939:   Retired
   26 Sep 1939 – 1 Jun 1940:   C.O. 177. Infantry Division
   1 Jun 1940 – 16 Mar 1941:   Special Purposes General I
   16 Mar 1941 – 1 Apr 1943:   Commander of Security Troops, Army Group North
   (1 Jul 1941:   Promoted to General der Infanterie z.V.)
   1 Apr 1943 – 31 Jul 1943:   Führer Reserve
   31 Jul 1943:   Retired
Awards: *1939 Clasp to the 1914 Iron Cross (1st and 2nd Class), 1914 Iron Cross (1st and 2nd Class)*

Karl von **ROQUES** (GdFlak/GdI) (7 May 1880 – 24 Dec 1949)
   1 Sep 1939 – 1 Dec 1939:   Retired (as General der Flakartillerie)
   1 Dec 1939 – 14 May 1940:   C.O. 143. Infantry Division
   14 May 1940 – 16 Mar 1941:   Special Purposes General, Military District (Wehrkreis) III
   16 Mar 1941 – 15 Jun 1942:   Commander of Rear Area 103, Army Group South
   (1 Jul 1941:   Redesignated General der Infanterie)
   15 Jun 1942 – 19 Jul 1942:   Führer Reserve
   19 Jul 1942 – 31 Dec 1942:   Commander of Security Troops, Army Group A
   31 Dec 1942 – 31 Mar 1943:   Führer Reserve
   31 Mar 1943:   Retired
Awards: *1939 Clasp to the 1914 Iron Cross (1st and 2nd Class), Knight's Cross of the Royal Hohenzollern House Order with Swords, 1914 Iron Cross (1st and 2nd Class)*

Edwin Graf von **ROTKIRCH und Trach** (GdKav) (1 Nov 1888 – ?)
   1 Sep 1939 – 25 Apr 1940:   Chief of Staff, XXXIV. Army Corps
   (1 Mar 1940:   Promoted to Generalmajor)
   25 Apr 1940 – 11 Nov 1940:   C.O. 442. Landesschützen Division

11 Nov 1940 – 5 Jan 1942: Chief of Administrative HQ 365
5 Jan 1942 – 22 Jun 1943: C.O. 330. Infantry Division
(1 Mar 1942: Promoted to Generalleutnant)
Sep 1943 – 1 Jan 1944: Rear Area Commander, Army Group Center
(1 Jan 1944: Promoted to General der Kavallerie)
1 Jan 1944 – 3 Nov 1944: Acting G.O.C. miscellaneous Army Corps
3 Nov 1944 – 29 Mar 1945: G.O.C. LIII. Army Corps
29 Mar 1945 – 8 May 1945: Führer Reserve
Awards: *German Cross in Gold, 1939 Iron Cross (1st and 2nd Class)*

Hans **RÖTTIGER** (GdPzTr.) (16 Apr 1896 – 15 Apr 1960)
1 Sep 1939 – 15 Oct 1939: Attached to Army General Staff
15 Oct 1939 – 5 Feb 1940: Chief of Operations, VI. Army Corps
5 Feb 1940 – 1 Jan 1942: Chief of Staff, XXXXI. Army Corps
(1 Jan 1941: Promoted to Oberst)
1 Jan 1942 – 28 Apr 1942: Chief of Staff, 4. Panzer Army
(1 Feb 1942: Promoted to Generalmajor)
28 Apr 1942 – 16 Jul 1943: Chief of Staff, 4. Army
16 Jul 1943 – 24 Mar 1944: Chief of Staff, Army Group A
(1 Sep 1943: Promoted to Generalleutnant)
5 Jun 1944 – 8 May 1945: Chief of Staff, Army Group C
(30 Jan 1945: Promoted to General der Panzertruppen)
Awards: *1939 Iron Cross (1st and 2nd Class)*

Adolf Ritter von **RUITH** (GdI) (11 May 1872 – 1950)
Former commander of 7. Infantry Division. Retired in 1930, but remained on the Army List. Held no active command during the war.
Awards: *Knight's Cross of the Bavarian Military Max Joseph Order, 1914 Iron Cross (1st and 2nd Class)*

Karl **SACHS** (GdPi) (5 Feb 1886 – 1953)
1 Sep 1939 – 31 Mar 1941: General of Pioneers, Army Group B
31 Mar 1941 – 1 May 1942: C.O. 257. Infantry Division
1 May 1942 – 20 Sep 1942: C.O. Division No. 159
20 Sep 1942 – 1 Sep 1944: G.O.C. LXIV. Army Corps
(1 Oct 1942: Promoted to General der Pioniere)
2 Sep 1944 – 31 Dec 1944: Führer Reserve
31 Dec 1944: Retired
Awards: *German Cross in Gold, 1939 Iron Cross (1st and 2nd Class)*

Dietrich von **SAUCKEN** (GdPzTr.) (16 May 1892 – 27 Sep 1980)
1 Sep 1939 – 1 Oct 1940: O.C. 2. Reserve Regiment
16 Nov 1940 – 9 Dec 1941: C.O. 4. Schützen Brigade
27 Dec 1941 – 2 Jan 1942: C.O. 4. Panzer Division
(1 Jan 1942: Promoted to Generalmajor)
24 Aug 1942 – 31 May 1943: Commandant, Motorized Troops School
(1 Apr 1943: Promoted to Generalleutnant)
31 May 1943 – 1 May 1944: C.O. 4. Panzer Division
1 May 1944 – 29 Jun 1944: Deputy G.O.C. III. Panzer Corps

29 Jun 1944 – 15 Oct 1944:	G.O.C. XXXIX. Panzer Corps
(1 Aug 1944:	Promoted to General der Panzertruppen)
Dec 1944 – 12 Mar 1945:	G.O.C. Panzer Corps "Grossdeutschland"
12 Mar 1945 – 8 May 1945:	C-in-C, 2. Army

Awards: *Knight's Cross with Oakleaves, Swords and Diamonds (9 May 1945), Knight's Cross with Oakleaves and Swords (20 February 1944), Knight's Cross with Oakleaves (22 August 1943), Knight's Cross (6 January 1942), 1939 Clasp to the 1914 Iron Cross (1st and 2nd Class), Tank Assault Badge, Knight's Cross of the House Order of Hohenzollern with Swords, Austrian Military Service Cross, 1914 Iron Cross (1st and 2nd Class), 1914 Wound Badge in Gold*

Ferdinand **SCHAAL** (GdPzTr.) (7 Feb 1889 – ?)

1 Sep 1939 – 2 Aug 1941:	C.O. 10. Panzer Division
15 Aug 1941 – 1 Sep 1941:	G.O.C. Africa Corps
1 Sep 1941 – 13 Sep 1941:	G.O.C. XXXIV. Army Corps
13 Sep 1941 – 1 Aug 1943:	G.O.C. LVI. Panzer Corps
(1 Oct 1941:	Promoted to General der Panzertruppen)
1 Sep 1943 – 26 Jul 1944:	G.O.C. Military District (Wehrkreis) Bohemia-Moravia
?:	Acting C-in-C, 8. Army
? – 8 May 1945:	Führer Reserve

Awards: *Knight's Cross (13 July 1940), German Cross in Gold (8 March 1942), 1939 Iron Cross (1st and 2nd Class)*

Friedrich August **SCHACK** (GdI) (27 Mar 1892 – ?)

1 Sep 1939 – 18 Jan 1940:	O.C. 15. Machine-Gun Battalion
18 Jan 1940 – 23 Aug 1942:	O.C. 392. Infantry Regiment
(1 Oct 1940:	Promoted to Oberst)
1 Oct 1942 – 29 Mar 1943:	Commandant, Potsdam Military School
Apr 1943:	Training Course for Division Commanders
7 May 1943 – 3 Oct 1943:	C.O. 216. Infantry Division
(1 Jul 1943:	Promoted to Generalmajor)
15 Dec 1943 – Aug 1944:	C.O. 272. Infantry Division
(1 Jan 1944:	Promoted to Generalleutnant)
4 Sep 1944 – 21 Sep 1944:	G.O.C. LXXXI. Army Corps
15 Nov 1944 – 16 Dec 1944:	G.O.C. LXXXV. Army Corps
1 Jan 1945 – 30 Jan 1945:	Training Course for Corps Commanders
26 Mar 1945 – Apr 1945:	G.O.C. XXXII. Army Corps
(20 Apr 1945:	Promoted to General der Infanterie)
Apr 1945 – 8 May 1945:	Führer Reserve

Awards: *Knight's Cross with Oakleaves, Knight's Cross, 1939 Iron Cross (1st and 2nd Class)*

Hubert **SCHALLER-KALIDE** (GdI) (19 Dec 1882 – ?)

1 Sep 1939 – 31 Jan 1943:	G.O.C. Military District (Wehrkreis) XVIII
(1 Dec 1940:	Promoted to General der Infanterie)
31 Mar 1943:	Retired

Awards: *1939 Clasp to the 1914 Iron Cross (1st and 2nd Class), 1914 Iron Cross (1st and 2nd Class)*

Hans Karl von **SCHEELE** (GdI) (23 May 1892 – 1955)
1 Sep 1939 – 13 Dec 1941: O.C. 191. Infantry Regiment
(1 Oct 1941: Promoted to Generalmajor)
13 Dec 1941 – 1 Feb 1943: C.O. 208. Infantry Division
1 Feb 1943 – 31 Mar 1943: G.O.C. Corps von Scheele
(1 Mar 1943: Promoted to Generalleutnant)
31 Mar 1943 – 22 Jun 1943: Deputy G.O.C. LIII. Army Corps
1 Oct 1943 – 20 Nov 1943: G.O.C. LII. Army Corps
20 Nov 1943 – 2 Jan 1944: Chief of Field Gendarmerie
(1 Dec 1943: Promoted to General der Infanterie)
2 Jan 1944 – 1 Nov 1944: G.O.C. Feldzeug Corps II
1 Nov 1944 – 8 May 1945: President, Supreme Military Tribunal
Awards: *Knight's Cross with Oakleaves (2 April 1943), Knight's Cross (4 July 1940), 1939 Iron Cross (1st and 2nd Class)*

Otto **SCHELLERT** (GdI) (1 Jan 1889 – ?)
1 Sep 1939 – Nov 1939: O.C. 106. Infantry Regiment
Nov 1939 – 10 Apr 1940: C.O. Division No. 405
1 May 1940 – 15 Mar 1941: C.O. 166. Replacement Division
(1 Jan 1941: Promoted to Generalleutnant)
15 Mar 1941 – 18 Jan 1943: C.O. 253. Infantry Division
1 May 1943 – 9 Dec 1944: G.O.C. Military District (Wehrkreis) IX
(1 Jul 1943: Promoted to General der Infanterie)
9 Dec 1944 – 31 Mar 1945: Führer Reserve
31 Mar 1945: Retired
Awards: *German Cross in Gold, 1939 Iron Cross (1st and 2nd Class)*

Max von **SCHENCKENDORFF** (GdI) (24 Feb 1875 – 6 Jul 1943)
1 Sep 1939 – 25 Oct 1939: Commander, Borderguard Command 13
25 Oct 1939 – 1 Sep 1940: Commandant, Posen
1 Sep 1940 – 1 Apr 1941: G.O.C. XXXV. Army Corps
(1 Dec 1940: Promoted to General der Infanterie)
1 Apr 1941 – 6 Jul 1943: Rear Area Commander, Army Group Center
6 Jul 1943: Died
Awards: *German Cross in Gold (26 December 1941), 1939 Iron Cross (1st and 2nd Class)*

Erich von **SCHICKFUSS und Neudorf** (GdI) (27 May 1880 – ?)
1 Sep 1939 – 8 May 1945: Instructor for Senior Intendant Officers
Awards: *1939 Clasp to the 1914 Iron Cross (1st and 2nd Class), 1914 Iron Cross (1st and 2nd Class)*

Hans **SCHLEMMER** (GdGbgsTr.) (18 Jan 1893 – ?)
1 Sep 1939 – 25 Sep 1939: O.C. III. Battalion, 111. Mountain Artillery Regiment
25 Sep 1939 – 5 Mar 1941: O.C. 7. Artillery Regiment
5 Mar 1941 – 17 Dec 1941: Corps Artillery Commander (Arko) 148
17 Dec 1941 – Feb 1944: C.O. 134. Infantry Division
(10 Mar 1942: Promoted to Generalmajor)

(1 Jan 1943:   Promoted to Generalleutnant)
1 Jun 1944 – 2 Jul 1944:   Training Course for Corps Commanders
2 Jul 1944 – 8 May 1945:   G.O.C. LXXV. Army Corps
(9 Nov 1944:   Promoted to General der Gebirgstruppen)

Awards: *Knight's Cross with Oakleaves (18 January 1944), Knight's Cross (21 April 1942), German Cross in Gold (19 December 1941), 1939 Clasp to the 1914 Iron Cross (1st and 2nd Class), 1914 Iron Cross (1st and 2nd Class)*

Hans **SCHMIDT** (GdI) (28 Apr 1877 – 1948)
1 Sep 1939 – 1 Jan 1941:   C.O. 260. Infantry Division
(1 Sep 1940:   Promoted to Generalleutnant z.V.)
1 Jan 1941 – 31 Dec 1941:   Wounded, sick leave
31 Dec 1941 – 15 Oct 1943:   G.O.C. IX. Army Corps
(1 Feb 1942:   Promoted to General der Infanterie)
31 Oct 1943 – Apr 1945:   Retired
Apr 1945 – 8 May 1945:   C-in-C, 24. Army

Awards: *Knight's Cross with Oakleaves (24 November 1943), Knight's Cross (22 September 1941), German Cross in Gold (6 November 1942), 1939 Iron Cross (1st and 2nd Class), 1939 Wound Badge in Black*

Rudolf **SCHMUNDT** (GdI) (13 Aug 1896 – 1 Oct 1944)
1 Sep 1939 – 2 Oct 1942:   Chief Army Adjutant to the Führer
(1 Jan 1942:   Promoted to Generalmajor)
2 Oct 1942 – 1 Oct 1944:   Chief of Army Personnel Office
(1 Apr 1943:   Promoted to Generalleutnant)
(1 Sep 1944:   Promoted to General der Infanterie)
1 Oct 1944:   Died of injuries received in the July 20 Plot to kill Hitler

Awards: *German Order with Diamonds (7 October 1944, posthumously), July 20 1944 Wound Badge in Gold, 1914 Iron Cross (1st and 2nd Class), 1914 Wound Badge in Black*

Willi **SCHNECKENBURGER** (GdI) (30 Mar 1891 – 14 Oct 1944)
1 Sep 1939 – 5 Oct 1940:   Chief of Staff, Military District (Wehrkreis) III
(1 Jul 1940:   Promoted to Generalmajor)
5 Oct 1940 – 24 Dec 1942:   C.O. 125. Infantry Division
(1 Jul 1942:   Promoted to Generalleutnant)
1 Jan 1943 – 5 Mar 1943:   German Liaison General attached to 3. Romanian Army
5 Mar 1943 – 1 Aug 1943:   G.O.C. XVII. Army Corps
(1 May 1943:   Promoted to General der Infanterie)
1 Jun 1944 – Aug 1944:   Chief of the German Mission to Bulgaria
Aug 1944 – 14 Oct 1944:   G.O.C. Corps Belgrade
14 Oct 1944:   Killed in action, Yugoslavia

Awards: *Knight's Cross (1 August 1942), German Cross in Gold (5 May 1942), 1939 Iron Cross (1st and 2nd Class), 1939 Wound Badge in Gold*

Rudolf **SCHNIEWINDT** (GdI) (25 Dec 1875 – 1954)
    1 Sep 1939 – 1 May 1942:   G.O.C. Military District (Wehrkreis) IX
    (1 Sep 1940:   Promoted to General der Infanterie)
    30 Jun 1942:   Retired
Awards: *1939 Clasp to the 1914 Iron Cross (1st and 2nd Class), Pour le Mérite, 1914 Iron Cross (1st and 2nd Class)*

Walter **SCHROTH** (GdI) (3 Jun 1882 – 6 Oct 1944)
    1 Sep 1939 – 19 Feb 1942:   G.O.C. XII. Army Corps
    30 Apr 1942 – 1 Mar 1943:   G.O.C. Military District (Wehrkreis) IV
    1 May 1943 – 6 Oct 1944:   G.O.C. Military District (Wehrkreis) XII
    6 Oct 1944:   Killed in automobile accident
Awards: *Knight's Cross, 1939 Clasp to the 1914 Iron Cross (1st and 2nd Class), 1914 Iron Cross (1st and 2nd Class)*

Albrecht **SCHUBERT** (GdI) (23 Jun 1886 – ?)
    1 Sep 1939 – 1 Oct 1939:   C.O. 44 Infantry Division
    26 Oct 1939 – 25 Jul 1942:   G.O.C. XXIII. Army Corps
    (1 Jun 1940:   Promoted to General der Infanterie)
    28 Feb 1943 – 21 Aug 1943:   G.O.C. Military District (Wehrkreis) XI
    21 Aug 1943 – Apr 1945:   G.O.C. Military District (Wehrkreis) XVII
    Apr 1945 – 8 May 1945:   Führer Reserve
Awards: *Knight's Cross (17 September 1941), German Cross in Gold (20 January 1943), 1939 Iron Cross (1st and 2nd Class)*

Fritz **SCHULZ** (GdI) (15 Oct 1897 – ?)
    1 Sep 1939 – 20 Apr 1940:   Attached to Armed Forces High Command (OKW)
    20 Apr 1940 – 12 May 1942:   Chief of Staff, XXXXIII. Army Corps
    (1 Jan 1941:   Promoted to Oberst)
    12 May 1942 – 27 Nov 1942:   Chief of Staff, 11. Army
    (1 Jul 1942:   Promoted to Generalmajor)
    27 Nov 1942 – Feb 1943:   Chief of Staff, Army Group Don
    Feb 1943 – 1 Mar 1943:   Chief of Staff, Army Group South
    1 May 1943 – 25 Nov 1943:   C.O. 28. Infantry Division
    (1 Jul 1943:   Promoted to Generalleutnant)
    25 Nov 1943 – 9 Jan 1944:   G.O.C. III. Panzer Corps
    8 Feb 1944 – 22 Mar 1944:   G.O.C. LIX. Army Corps
    22 Mar 1944 – 20 Jul 1944:   G.O.C. XXXXVI. Panzer Corps
    (1 Apr 1944:   Promoted to General der Infanterie)
    25 Jul 1944 – 30 Mar 1945:   C-in-C, 17. Army
    4 Apr 1945 – 8 May 1945:   C-in-C, Army Group G
Awards: *Knight's Cross with Oakleaves and Swords (26 February 1945), Knight's Cross with Oakleaves (20 March 1944), Knight's Cross (29 March 1942), 1939 Iron Cross (1st and 2nd Class)*

Prof. Dr. Kurt **SCHULZE** (Gen.obst.vet.)
    1 Sep 1939 – 8 May 1945:   Chief Army Veterinary Officer
Awards: *Knight's Cross of the War Merit Cross with Swords (15 May 1944), War Merit Cross with Swords (1st and 2nd Class)*

Felix **SCHWALBE** (GdI) (25 Mar 1892 – ?)
  1 Sep 1939 – 28 Jul 1940:   O.C. 461. Infantry Regiment
  (1 Mar 1940:   Promoted to Oberst)
  28 Jul 1940 – 1 Feb 1941:   Chief of Control Commission III
  1 Feb 1941 – 11 Feb 1942:   O.C. 109. Infantry Regiment
  27 Sep 1942 – 30 Sep 1944:   C.O. 344. Infantry Division
  (1 Oct 1942:   Promoted to Generalmajor)
  (1 Oct 1943:   Promoted to Generalleutnant)
  30 Sep 1944 – 22 Dec 1944:   C.O. 719. Infantry Division
  22 Dec 1944 – 8 May 1945:   G.O.C. LXXXVIII. Army Corps
  (1 Mar 1945:   Promoted to General der Infanterie)
  Awards: *Knight's Cross, 1939 Iron Cross (1st and 2nd Class)*

Maximilian **SCHWANDNER** (GdI) (20 Feb 1881 – ?)
  1 Sep 1939 – 5 Mar 1940:   Sick leave
  5 Mar 1940 – 1 Jun 1940:   Special Purposes General I
  1 Jun 1940 – 15 Oct 1940:   G.O.C. Military District (Wehrkreis) X
  25 Oct 1940 – 28 Dec 1941:   G.O.C. Corps Command LIX
  (1 Dec 1940:   Promoted to General der Infanterie)
  28 Dec 1941 – 30 Aug 1942:   Führer Reserve
  30 Aug 1942:   Retired
  Awards: *1939 Clasp to the 1914 Iron Cross (1st and 2nd Class), 1914 Iron Cross (1st and 2nd Class)*

Viktor von **SCHWEDLER** (GdI) (18 Jan 1885 – 1954)
  1 Sep 1939 – 18 Oct 1942:   G.O.C. IV. Army Corps
  1 Mar 1943 – 31 Jan 1945:   G.O.C. Military District (Wehrkreis) IV
  31 Jan 1945 – 8 May 1945:   Führer Reserve
  Awards: *Knight's Cross, 1939 Clasp to the 1914 Iron Cross (1st and 2nd Class), 1914 Iron Cross (1st and 2nd Class)*

Gerhard Graf von **SCHWERIN** (GdPzTr.) (23 Jun 1899 – ?)
  1 Sep 1939 – 1 Oct 1939:   Attached to Army High Command (OKH)
  1 Oct 1939 – 16 Jan 1941:   O.C. I. Battalion, Infantry Regiment '*Grossdeutschland*'
  16 Jan 1941 – 20 Jul 1941:   O.C. 200. Special Purposes Regiment
  20 Jul 1941 – 23 Jul 1942:   O.C. 76. Infantry Regiment
  (1 Aug 1941:   Promoted to Oberst)
  23 Jul 1942 – 13 Nov 1942:   C.O. 8. Infantry Division
  (1 Oct 1942:   Promoted to Generalmajor)
  13 Nov 1942 – Jan 1944:   C.O. 16. Panzer Grenadier Division
  (1 Jun 1943:   Promoted to Generalleutnant)
  1 May 1944 – 1 Sep 1944:   C.O. 116. Panzer Division
  9 Dec 1944 – 26 Dec 1944:   C.O. 90. Panzer Grenadier Division
  26 Dec 1944 – 25 Apr 1945:   G.O.C. LXXVI. Panzer Corps
  (1 Apr 1945:   Promoted to General der Panzertruppen)
  25 Apr 1945 – 8 May 1945:   Führer Reserve
  Awards: *Knight's Cross with Oakleaves and Swords (4 November 1943), Knight's Cross with Oakleaves (17 May 1943), Knight's Cross (17 January 1942), 1939 Clasp*

to the 1914 Iron Cross (1st and 2nd Class), Tank Assault Badge, Afrika Cuff Title, 1914 Iron Cross (1st and 2nd Class)

Friedrich von **SCOTTI** (GdA) (3 May 1889 – ?)
1 Sep 1939 – 12 Apr 1941:	Corps Artillery Commander (Arko) 35
(1 Feb 1941:	Promoted to Generalleutnant)
12 Apr 1941 – 7 Jun 1943:	C.O. 227. Infantry Division
3 Jul 1943 – 10 Aug 1944:	Army Artillery Commander (Harko) 304
10 Aug 1944 – 13 Jan 1945:	Army Artillery Commander (Harko) 306
13 Jan 1945 – 8 May 1945:	Führer Reserve
(?:	Promoted to General der Artillerie)

Awards: Knight's Cross, German Cross in Gold, 1939 Iron Cross (1st and 2nd Class)

Fridolin von **SENGER und Etterlin** (GdPzTr.) (4 Sep 1891 – ?)
1 Sep 1939 – Nov 1939:	O.C. 3. Cavalry Regiment
Nov 1939 – 2 Feb 1940:	O.C. 22. Reserve Regiment
2 Feb 1940 – May 1940:	C.O. 2. Reserve Brigade
May 1940:	C.O. 1. Cavalry Brigade
May 1940 – Jul 1940:	C.O. Motorized Brigade von Senger
Jul 1940 – Jul 1942:	Chief of German Delegation to the French-Italian Armistice Commission, Turin
(1 Sep 1941:	Promoted to Generalmajor)
Jul 1942 – 10 Oct 1942:	C.O. 10. Panzer Grenadier Brigade
10 Oct 1942 – 16 Jun 1943:	C.O. 17. Panzer Division
(1 May 1943:	Promoted to Generalleutnant)
16 Jun 1943 – Aug 1943:	Military Commander, Sicily
Aug 1943 – 22 Oct 1943:	Military Commander, Sardinia and Corsica
22 Oct 1943 – 8 May 1945:	G.O.C. XIV. Panzer Corps
15 Oct 1944 – 24 Oct 1944:	Acting C-in-C, 14. Army
(1 Jan 1944:	Promoted to General der Panzertruppen)

Awards: Knight's Cross with Oakleaves (5 April 1944), Knight's Cross (8 February 1943), German Cross in Gold (11 October 1943), 1939 Clasp to the 1914 Iron Cross (1st and 2nd Class), Tank Assault Badge, 1914 Iron Cross (1st and 2nd Class)

Hans Freiherr **SEUTTER von Lötzen** (GdI) (20 Oct 1875 – ?)
Former Commander-in-Chief of Gruppenkommando 2. Retired in 1933, but was recalled in August 1938 to command 7. Army. Retired again in September 1938, but remained on the Army List. Held no active command during the war.
Awards: 1914 Iron Cross (1st and 2nd Class)

Walter von **SEYDLITZ-KURZBACH** (GdA) (22 Aug 1888 – ?)
1 Sep 1939 – 30 Sep 1939:	O.C. 22. Artillery Regiment
30 Sep 1939 – 10 Mar 1940:	Corps Artillery Commander (Arko) 102
(1 Dec 1939:	Promoted to Generalmajor)
10 Mar 1940 – 1 Jan 1942:	C.O. 12. Infantry Division
(1 Dec 1941:	Promoted to Generalleutnant)
3 Mar 1942 – 3 May 1942:	G.O.C. Special Corps for the Relief of the Demjansk Pocket

8 May 1942 – 31 Jan 1943: G.O.C. LI. Army Corps
(1 Jun 1942: Promoted to General der Artillerie)
31 Jan 1943: Captured at Stalingrad, POW
Awards: *Knight's Cross with Oakleaves (31 December 1941), Knight's Cross (15 August 1940), 1939 Iron Cross (1st and 2nd Class)*

Friedrich **SIEBERT** (GdI) (7 Jul 1888 – 1950)
1 Sep 1939 – 1 Oct 1939: O.C. 55. Infantry Regiment
1 Oct 1939 – 2 May 1942: C.O. 44. Infantry Division
(1 Apr 1941: Promoted to Generalleutnant)
10 Oct 1942 – 20 Feb 1943: C.O. 57. Infantry Division
20 Feb 1943 – 7 Sep 1943: G.O.C. XIII. Army Corps
(1 May 1943: Promoted to General der Infanterie)
1 Oct 1943 – 8 May 1945: Chief of Armed Forces Reconnaissance Service
Awards: *Knight's Cross (18 November 1941), German Cross in Gold (13 May 1944), 1939 Iron Cross (1st and 2nd Class)*

Johann **SINNHUBER** (GdA) (27 Mar 1887 – ?)
1 Sep 1939 – 21 May 1940: Corps Artillery Commander 9Arko) 18
21 May 1940 – 1 May 1943: C.O. 28. Infantry Division
(1 Apr 1941: Promoted to Generalleutnant)
10 Jul 1943 – 1 Sep 1944: G.O.C. LXXXII. Army Corps
(1 Oct 1943: Promoted to General der Artillerie)
1 Sep 1944 – 1 Apr 1945: Führer Reserve
1 Apr 1945 – 18 Apr 1945: G.O.C. Hamburg-Bremen Defense Zone
18 Apr 1945 – 8 May 1945: Führer Reserve
Awards: *Knight's Cross, German Cross in Gold, 1939 Iron Cross (1st and 2nd Class)*

Georg von **SODENSTERN** (GdI) (15 Nov 1889 – 1955)
1 Sep 1939 – 6 Feb 1940: Chief of Staff, Army Group C
(1 Feb 1940: Promoted to Generalleutnant)
6 Feb 1940 – 1 Oct 1940: Chief of Staff, Army Group A
(1 Aug 1940: Promoted to General der Infanterie)
1 Oct 1940 – 10 Jun 1941: Chief of Staff to the C-in-C, West
10 Jun 1941 – 13 Aug 1943: Chief of Staff, Army Group South
13 Aug 1943 – 1 Jun 1944: C-in-C, 19. Army
1 Jun 1944: Retired
Awards: *Knight's Cross (19 July 1940), German Cross in Gold (2 January 1943), 1939 Iron Cross (1st and 2nd Class)*

Karl Wilhelm **SPECHT** (GdI) (22 May 1894 – 1953)
1 Sep 1939 – 1 Nov 1939: O.C. I. Battalion, 110. Infantry Regiment
1 Nov 1939 – 15 Nov 1941: O.C. 55. Infantry Regiment
(1 Aug 1942: Promoted to Generalmajor)
10 Sep 1942 – 20 Nov 1943: Commandant, Döberitz Infantry School
(1 Aug 1943: Promoted to Generalleutnant)
1 Dec 1943 – 1 Mar 1944: Inspector of Army Replacement & Training
1 Mar 1944 – 1 Oct 1944: Inspector-General for Officer Replacement

(1 Dec 1944:   Promoted to General der Infanterie)
1 Dec 1944 – Jan 1945:   G.O.C. Military District (Wehrkreis) XX
16 Mar 1945 – 8 May 1945:   G.O.C. Corps Hela

Awards: *Knight's Cross with Oakleaves (16 January 1942), Knight's Cross (8 September 1941), 1939 Iron Cross (1st and 2nd Class)*

Hermann Ritter von **SPECK** (GdA) (8 Aug 1888 – 15 Jun 1940)
1 Sep 1939 – 27 Apr 1940:   C.O. 33. Infantry Division
1 May 1940 – 31 May 1940:   G.O.C. XXXXIII. Army Corps
5 Jun 1940 – 15 Jun 1940:   G.O.C. XVIII. Mountain Corps
15 Jun 1940:   Killed in action, France
(15 Dec 1944:   Promoted to General der Artillerie, posthumously, backdated to 1 June 1940)

Awards: *Knight's Cross (17 October 1940, posthumously), 1939 Clasp to the 1914 Iron Cross (1st and 2nd Class), 1939 Wound Badge in Gold, Knight's Cross of the Bavarian Military Max Joseph Order (7 September 1914), 1914 Iron Cross (1st and 2nd Class)*

Hans **SPETH** (GdA) (7 Oct 1897 – ?)
1 Sep 1939 – 30 Sep 1940:   Chief of Operations, XXVII. Army Corps
30 Sep 1940 – 1 Apr 1941:   Chief of Staff, German Mission to Romania
1 Apr 1941 – 1 Jun 1941:   German Liaison Officere, Albania
(1 Jun 1941:   Promoted to Oberst)
1 Jun 1941 – 23 Nov 1942:   Chief of Staff, LIV. Army Corps
23 Nov 1942 – 1 Dec 1943:   Chief of Staff, 18. Army
(1 Jan 1943:   Promoted to Generalmajor)
Jan 1944 – 28 Apr 1944:   C.O. 28. Infantry Division
(1 Jan 1944:   Promoted to Generalleutnant)
1 Jun 1944 – 8 May 1945:   Commandant, Military Academy
(1 Oct 1944:   Promoted to General der Artillerie)

Awards: *Knight's Cross, German Cross in Gold, 1939 Iron Cross (1st and 2nd Class)*

Otto **SPONHEIMER** (GdI) (19 Dec 1886 – ?)
1 Sep 1939 – 1 Nov 1939:   O.C. 24. Infantry Regiment
1 Nov 1939 – 10 Jan 1943:   C.O. 21. Infantry Division
(1 Jul 1941:   Promoted to Generalleutnant)
25 May 1943 – 1 Jul 1943:   Deputy G.O.C. XXVIII. Army Corps
1 Jul 1943 – 1 Aug 1943:   Deputy G.O.C. X. Army Corps
(1 Aug 1943:   Promoted to General der Infanterie)
1 Aug 1943 – 1 Jun 1944:   G.O.C. LIV. Army Corps
25 Jul 1944 – 17 Dec 1944:   G.O.C. LXVII. Army Corps
17 Dec 1944 – 8 May 1945:   Führer Reserve

Awards: *Knight's Cross, German Cross in Gold, 1939 Iron Cross (1st and 2nd Class)*

Otto **STAPF** (GdI) (13 Nov 1890 – ?)
1 Sep 1939 – 5 Nov 1940:   Deputy Chief of the Army General Staff (O.Qu.III)
5 Nov 1940 – 1 Jan 1942:   C.O. 111. Infantry Division
(1 Feb 1941:   Promoted to Generalleutnant)
1 Jan 1942 – 26 Jan 1942:   G.O.C. XXXXIV. Army Corps

25 Jul 1942 – Oct 1944: Chief of Armed Forces Economics Staff East
(1 Oct 1942: Promoted to General der Infanterie)
Oct 1944 – 8 May 1945: Führer Reserve
Awards: *Knight's Cross (31 August 1941), Knight's Cross of the War Merit Cross with Swords (9 September 1944), 1939 Clasp to the 1914 Iron Cross (1st and 2nd Class), War Merit Cross with Swords (1st and 2nd Class), 1914 Iron Cross (1st and 2nd Class)*

Wilhelm **STEMMERMANN** (GdA) (23 Oct 1888 – 18 Feb 1944)
1 Sep 1939 – 1 Jan 1941: Chief of Staff, XIII. Army Corps
1 Jan 1941 – 8 Jan 1942: C.O. 296. Infantry Division
(1 Aug 1941: Promoted to Generalleutnant)
(1 Dec 1942: Promoted to General der Artillerie)
5 Dec 1943 – 18 Feb 1944: G.O.C. XI. Army Corps
18 Feb 1944: Killed in action, Eastern Front
Awards: *Knight's Cross with Oakleaves (18 February 1944), Knight's Cross (7 February 1944), German Cross in Gold (11 January 1944), 1939 Iron Cross (1st and 2nd Class), 1939 Wound Badge in Gold*

Albrecht **STEPPUHN** (GdI) (15 Jul 1877 – 1955)
1 Sep 1939 – 30 Apr 1943: G.O.C. Military District (Wehrkreis) XII
(1 Dec 1940: Promoted to General der Infanterie)
30 Apr 1943: Retired
Awards: *1939 Clasp to the 1914 Iron Cross (1st and 2nd Class), Pour le Mérite, 1914 Iron Cross (1st and 2nd Class)*

Erich **STRAUBE** (GdI) (11 Dec 1887 – ?)
1 Sep 1939 – 6 Jan 1942: C.O. 268. Infantry Division
(1 Jun 1941: Promoted to Generalleutnant)
21 Apr 1942 – 20 Feb 1943: G.O.C. XIII. Army Corps
(1 Jun 1942: Promoted to General der Infanterie)
1 Aug 1943 – 15 Dec 1944: G.O.C. LXXIV. Army Corps
15 Dec 1944 – 8 May 1945: G.O.C. LXXXVI. Army Corps
28 Apr 1945 – 8 May 1945: Acting C-in-C, 1. Parachute Army
Awards: *Knight's Cross with Oakleaves (30 September 1944), Knight's Cross (19 July 1940), 1939 Iron Cross (1st and 2nd Class)*

Alfred **STRECCIUS** (GdI) (3 Jun 1874 – 1944)
1 Sep 1939 – 10 Jan 1940: Commandant, Tarnow
10 Jan 1940 – 10 Mar 1940: Chief of Administrative HQ (OFK) 672
10 Mar 1940 – 1 Jun 1940: Chief of Administrative HQ (OFK) 592
1 Jun 1940 – 27 Jun 1940: Commander of Troops, Netherlands
27 Jun 1940 – 25 Oct 1940: Chief of Military Administration, France
25 Oct 1940 – 21 Aug 1943: G.O.C. Military District (Wehrkreis) XVII
(1 Jul 1941: Promoted to General der Infanterie)
21 Aug 1943 – 31 Dec 1943: Führer Reserve
31 Dec 1943: Retired
Awards: *1939 Clasp to the 1914 Iron Cross (1st and 2nd Class), 1914 Iron Cross (1st and 2nd Class)*

Joachim von **STÜLPNAGEL** (GdI) (5 Mar 1880 – ?)
  1 Sep 1939:   C-in-C, Replacement Army (Ersatzheer)
  1 Sep 1939:   Retired
Awards: *1914 Iron Cross (1st and 2nd Class)*

Karl-Heinrich von **STÜLPNAGEL** (GdI) (2 Jan 1886 – 30 Aug 1944)
  1 Sep 1939 – 21 Oct 1939:   Deputy Chief of the Army General Staff (O.Qu.II)
  21 Oct 1939 – 10 Feb 1940:   Deputy Chief of the Army General Staff (O.Qu.I)
  30 Apr 1940 – 21 Jun 1940:   G.O.C. II. Army Corps
  21 Jun 1940 – 15 Feb 1941:   Chief of the Armistice Commission, France
  15 Feb 1941 – 25 Nov 1941:   C-in-C, 17. Army
  13 Feb 1942 – 20 Jul 1944:   Armed Forces Commander, France
  20 Jul 1944:   Dismissed for involvement in July 20 Plot to kill Hitler
  30 Aug 1944:   Executed for involvement in July 20 Plot to kill Hitler
Awards: *Knight's Cross (21 August 1941), 1939 Clasp to the 1914 Iron Cross (1st and 2nd Class), 1914 Iron Cross (1st and 2nd Class)*

Otto von **STÜLPNAGEL** (GdFlieger/GdI) (16 Jun 1878 – 6 Feb 1948)
  1 Sep 1939 – 24 Oct 1940:   G.O.C. Military District (Wehrkreis) XVII
  24 Oct 1940 – 14 Feb 1942:   Military Governor, France
  (1 Dec 1940:   Redesignated General der Infanterie, from General der Flieger)
  14 Feb 1942 – 31 Aug 1942:   Führer Reserve
  31 Aug 1942:   Retired
Awards: *Knight's Cross of the House Order of Hohenzollern with Swords, 1939 Clasp to the 1914 Iron Cross (1st and 2nd Class), 1914 Iron Cross (1st and 2nd Class)*

Georg **STUMME** (GdKav/GdPzTr.) (29 Jul 1886 – 24 Oct 1942)
  1 Sep 1939 – 18 Oct 1939:   C.O. 2. Light Division
  18 Oct 1939 – 5 Feb 1940:   C.O. 7. Panzer Division
  15 Feb 1940 – 20 Jul 1942:   G.O.C. XXXX. Panzer Corps
  (1 Jun 1940:   Promoted to General der Kavallerie)
  (4 Jun 1941:   Redesignated General der Panzertruppen)
  22 Sep 1942 – 24 Oct 1942:   C-in-C, Panzer Army Africa
  24 Oct 1942:   Killed in action, North Africa
Awards: *Knight's Cross (19 July 1940), 1939 Clasp to the 1914 Iron Cross (1st and 2nd Class), Tank Assault Badge, 1939 Wound Badge in Gold, 1914 Iron Cross (1st and 2nd Class)*

Horst **STUMPFF** (GdPzTr.) (20 Nov 1887 – 1958)
  1 Sep 1939 – 7 Oct 1939:   C.O. 3. Panzer Brigade
  7 Oct 1939 – 13 Nov 1940:   C.O. 3. Panzer Division
  13 Nov 1940 – 14 Oct 1941:   C.O. 20. Panzer Division
  (1 Feb 1941:   Promoted to Generalleutnant)
  1 Apr 1942 – 1944:   Inspector of Recruiting, Königsberg
  1944 – 8 May 1945:   Inspector-General of Panzer Troops of the Replacement Army

(9 Nov 1944:   Promoted to General der Panzertruppen)
Awards: *Knight's Cross, 1939 Clasp to the 1914 Iron Cross (1st and 2nd Class), 1914 Iron Cross (1st and 2nd Class)*

Hans Freiherr von **TETTAU** (GdI) (30 Nov 1888 – 1956)
1 Sep 1939 – 14 Jun 1940:	O.C. 101. Infantry Regiment
(1 Mar 1940:	Promoted to Generalmajor)
14 Jun 1940 – 23 Feb 1943:	C.O. 24. Infantry Division
(1 Mar 1942:	Promoted to Generalleutnant)
1 Sep 1943 – 16 Mar 1944:	Chief of Special Training Staff, Netherlands
16 Mar 1944 – Jan 1945:	Chief of Command Staff, Netherlands
Jan 1945 – 31 Mar 1945:	G.O.C. Corps Tettau
(16 Mar 1945:	Promoted to General der Infanterie)
31 Mar 1945 – 8 May 1945:	Führer Reserve

Awards: *Knight's Cross with Oakleaves, Knight's Cross, German Cross in Gold, 1939 Iron Cross (1st and 2nd Class)*

Edgar **THEIßEN** (GdA) (14 Feb 1890 – ?)
1 Sep 1939 – 15 Sep 1942:	C.O. 262. Infantry Division
(1 Oct 1939:	Promoted to Generalleutnant)
15 Sep 1942 – 21 Feb 1944:	G.O.C. LXI. Army Corps
(1 Oct 1942:	Promoted to General der Artillerie)
4 Apr 1944 – 14 Aug 1944:	Chief of Special Staff to the C-in-C, West
14 Aug 1944 – 26 Aug 1944:	Chief of Special Staff, Army Group G
26 Aug 1944 – 31 Dec 1944:	Führer Reserve
31 Dec 1944:	Retired

Awards: *German Cross in Gold, 1939 Iron Cross (1st and 2nd Class)*

Karl **THOHOLTE** (GdA) (14 Sep 1893 – 1954)
1 Sep 1939 – 1 Oct 1939:	Attached to Armed Forces High Command (OKW)
1 Oct 1939 – 20 Jan 1941:	Attached to General of Artillery, Army High Command (OKH)
(1 Oct 1940:	Promoted to Oberst)
20 Jan 1941 – 6 Mar 1942:	O.C. 36. Artillery Regiment
6 Mar 1942 – 16 Feb 1943:	Corps Artillery Commander (Arko) 101
16 Feb 1943 – 7 Sep 1943:	Army Artillery Commander (Harko) 301
(1 Apr 1943:	Promoted to Generalmajor)
7 Sep 1943 – 20 Jul 1944:	C.O. 18. Artillery Division
(1 Mar 1944:	Promoted to Generalleutnant)
11 Aug 1944 – 1 Nov 1944:	Army Artillery Commander (Harko) 307
20 Nov 1944 – 1945:	Chief of Special Artillery Staff 1
1945 – 8 May 1945:	Chief of Special Artillery Staff 2
(20 Apr 1945:	Promoted to General der Artillerie)

Awards: *German Cross in Gold, 1939 Iron Cross (1st and 2nd Class)*

Wilhelm Ritter von **THOMA** (GdPzTr.) (11 Sep 1891 – 30 Apr 1948)
1 Sep 1939 – 5 Mar 1940:	O.C. 3. Panzer Regiment
5 Mar 1940 – 16 Dec 1940:	General of Motorized Troops, Army High Command (OKH)

(1 Aug 1940:	Promoted to Generalmajor)
16 Dec 1940 – Jun 1941:	C.O. 17. Panzer Brigade
Jun 1941 – 15 Sep 1941:	C.O. 6. Panzer Division
14 Oct 1941 – 1 Jul 1942:	C.O. 20. Panzer Division
1 Jul 1942 – 2 Sep 1942:	General of Motorized Troops, Army High Command (OKH)
(1 Aug 1942:	Promoted to Generalleutnant)
2 Sep 1942 – 24 Oct 1942:	G.O.C. Africa Corps
24 Oct 1942 – 25 Oct 1942:	Acting C-in-C, Panzer Army Africa
25 Oct 1942 – 13 Nov 1942:	G.O.C. Africa Corps
(1 Nov 1942:	Promoted to General der Panzertruppen)
13 Nov 1942:	Captured in North Africa, POW

Awards: Knight's Cross (31 December 1941), 1939 Clasp to the 1914 Iron Cross (1st and 2nd Class), Tank Assault Badge of the Condor Legion in Gold, Spanish Cross in Gold with Swords, Military Medal (Spain), Campaign Medal (Spain), Knight's Cross of the Bavarian Military Max Joseph Order (5 July 1916), 1914 Iron Cross (1st and 2nd Class)

Georg **THOMAS** (GdI) (20 Feb 1890 – 1946)

1 Sep 1939 – 20 Nov 1942:	Chief of Armaments Office, Army High Command (OKH)
(1 Jan 1940:	Promoted to Generalleutnant)
(1 Aug 1940:	Promoted to General der Infanterie)
20 Nov 1942 – 1 Jan 1945:	Transferred to the Führer Reserve
1 Jan 1945:	Retired

Awards: 1939 Clasp to the 1914 Iron Cross (1st and 2nd Class), 1914 Iron Cross (1st and 2nd Class)

Siegfried **THOMASCHKI** (GdA) (20 Mar 1894 – ?)

1 Sep 1939 – 7 Aug 1941:	O.C. 3. Artillery Regiment
7 Aug 1941 – 26 Jan 1942:	Corps Artillery Commander (Arko) 123
26 Jan 1942 – 7 Sep 1943:	C.O. 11. Infantry Division
(1 Mar 1942:	Promoted to Generalmajor)
(1 Jan 1943:	Promoted to Generalleutnant)
10 Sep 1943 – 22 Nov 1944:	Army Artillery Commander (Harko) 308
22 Nov 1944 – 31 Dec 1944:	G.O.C. Corps Group Thomaschki
31 Dec 1944 – 8 May 1945:	G.O.C. X. Army Corps
(1 Mar 1945:	Promoted to General der Artillerie)

Awards: Knight's Cross with Oakleaves (11 September 1943), Knight's Cross (1 November 1942), German Cross in Gold (19 December 1941), 1939 Iron Cross (1st Class), 1939 Clasp to the 1914 Iron Cross (2nd Class), 1914 Iron Cross (2nd Class)

Helmuth **THUMM** (GdI) (25 Aug 1895 – ?)

1 Sep 1939 – 16 Mar 1940:	O.C. I. Battalion, 75. Infantry Regiment
16 Mar 1940 – 4 Jan 1943:	O.C. 56. Jäger Regiment
(1 Oct 1941:	Promoted to Oberst)
4 Jan 1943 – 1 Nov 1944:	C.O. 5. Jäger Division
(1 Mar 1943:	Promoted to Generalmajor)
(1 Sep 1943:	Promoted to Generalleutnant)

1 Nov 1944 – 20 Jan 1945: G.O.C. LXIV. Army Corps
(1 Jan 1945: Promoted to General der Infanterie)
20 Jan 1945 – 8 May 1945: Führer Reserve
Awards: Knight's Cross with Oakleaves (22 December 1942), Knight's Cross (30 June 1941), 1939 Clasp to the 1914 Iron Cross (1st and 2nd Class), 1914 Iron Cross (1st and 2nd Class)

Karl Freiherr von **THÜNGEN-ROSSBACK** (GdPzTr.) (26 Mar 1893 – 24 Oct 1944)
1 Sep 1939 – 12 Feb 1940: O.C. 254. Replacement Regiment
12 Feb 1940 – 22 May 1940: O.C. 22. Cavalry Regiment
22 May 1940 – Aug 1941: C.O. 1. Reserve Brigade
(1 Dec 1941: Promoted to Generalmajor)
26 Jan 1942 – 1 Apr 1943: C.O. 18. Panzer Division
(1 Jan 1943: Promoted to Generalleutnant)
1 Jun 1943 – 7 Aug 1944: Chief of Recruiting, Berlin
(1944?: Promoted to General der Panzertruppen)
7 Aug 1944: Dismissed
24 Oct 1944: Executed for involvement in the 20 July Plot to kill Hitler
Awards: Knight's Cross, German Cross in Gold, 1939 Iron Cross (1st and 2nd Class)

Otto **TIEMANN** (GdPi.) (12 Feb 1890 – 1952)
1 Sep 1939 – 1 Sep 1943: C.O. 93. Infantry Division
(1 Oct 1939: Promoted to Generalleutnant)
2 Feb 1944 – 12 Oct 1944: G.O.C. XXIII. Army Corps
(1 May 1944: Promoted to General der Pioniere)
28 Dec 1944 – 8 May 1945: G.O.C. XVII. Army Corps
Awards: Knight's Cross, German Cross in Gold, 1939 Iron Cross (1st and 2nd Class)

Kurt von **TIPPELSKIRCH** (GdI) (9 Oct 1891 – 1957)
1 Sep 1939 – 5 Jan 1941: Deputy Chief of the Army General Staff (O.Qu.IV)
(1 Jun 1940: Promoted to Generalleutnant)
1 Jan 1942 – 5 Jun 1942: C.O. 30. Infantry Division
(27 Aug 1942: Promoted to General der Infanterie)
27 Aug 1942 – 1 Feb 1943: German General attached to Italian 8. Army
18 Feb 1943 – 4 Jun 1944: G.O.C. XII. Army Corps
4 Jun 1944 – 18 Jul 1944: Acting C-in-C, 4. Army
31 Oct 1944 – 11 Nov 1944: Deputy C-in-C, 1. Army
12 Dec 1944 – 22 Feb 1945: Acting C-in-C, 14. Army
27 Apr 1945 – 8 May 1945: C-in-C, 21. Army
28 Apr 1945 – 29 Apr 1945: Acting C-in-C, Army Group Vistula
Awards: Knight's Cross with Oakleaves (30 July 1944), Knight's Cross (23 November 1941), 1939 Iron Cross (1st and 2nd Class)

Hermann **TITTEL** (GdA) (12 Nov 1888 – ?)
1 Sep 1939 – 29 Sep 1941: C.O. 69. Infantry Division
(1 Oct 1939: Promoted to Generalmajor)
(1 Sep 1941: Promoted to Generalleutnant)

29 Sep 1941 – 22 Jun 1943:   C.O. 169. Infantry Division
22 Jun 1943 – 8 May 1945:   G.O.C. LXX. Army Corps
(1 Sep 1943:   Promoted to General der Artillerie)
Awards: *German Cross in Gold (9 March 1945), 1939 Iron Cross (1st and 2nd Class)*

Rudolf **TOUSSAINT** (GdI) (2 May 1891 – ?)
1 Sep 1939 – Apr 1941:   Military Attache, Belgrade
(1 Oct 1941:   Promoted to Generalmajor)
Oct 1941 – Sep 1943:   Attached to Army High Command (OKH)
(1 Oct 1942:   Promoted to Generalleutnant)
(1 Sep 1943:   Promoted to General der Infanterie)
Sep 1943 – 26 Jul 1944:   Military Governor of Italy
26 Jul 1944 – 8 May 1945:   G.O.C. Military District (Wehrkreis) Bohemia-Moravia
Awards: *1939 Iron Cross (1st and 2nd Class)*

Erich von **TSCHISCHWITZ** (GdI) (17 May 1870 – 1958)
Former C-in-C, Gruppenkommando 2. Retired in 1929, but remained on the Army List. Held no active command during the war.
Awards: *Pour le Mérite with Oakleaves, 1914 Iron Cross (1st and 2nd Class)*

Wilhelm **ULEX** (GdA) (15 Jul 1880 – ?)
1 Sep 1939 – 15 Oct 1939:   G.O.C. X. Army Corps
15 Oct 1939 – 2 Jun 1940:   C-in-C, Frontier Sector South
2 Jun 1940 – 30 Apr 1941:   G.O.C. Military District (Wehrkreis) I
30 Apr 1941 – 31 Dec 1941:   Führer Reserve
31 Dec 1941:   Retired
Awards: *1939 Clasp to the 1914 Iron Cross (1st and 2nd Class), 1914 Iron Cross (1st and 2nd Class)*

Walter von **UNRUH** (GdI) (30 Dec 1877 – 1956)
1 Sep 1939 – 24 Jul 1941:   Retired
(24 Jul 1941:   Promoted to Generalleutnant)
24 Jul 1941 – 15 Sep 1941:   Commandant of Brest-Litovsk
15 Sep 1941 – Dec 1941:   Rear Area Commander, Smolensk
Dec 1941 – Jan 1942:   Commander of breach between 2. Army and 4. Army
Jan 1942 – 26 Apr 1942:   Rear Area Commander, Roslawl
26 Apr 1942 – 23 Jul 1944:   Chief of Unruh Commission
(11 Jul 1942:   Promoted to General der Infanterie)
23 Jul 1944:   Retired
Awards: *Knight's Cross of the War Merit Cross with Swords (1943), German Cross in Silver, War Merit Cross with Swords (1st and 2nd Class), Pour le Mérite, 1914 Iron Cross (1st and 2nd Class)*

Gustav Ritter von **VAERST** (GdPzTr.) (19 Apr 1894 – ?)
1 Sep 1939 – 9 Dec 1941:   C.O. 2. Schützen Brigade
(1 Sep 1941:   Promoted to Generalmajor)
9 Dec 1941 – 1 Sep 1942:   C.O. 15. Panzer Division

1 Sep 1942 – 2 Sep 1942:	Acting G.O.C. Africa Corps
2 Sep 1942 – 10 Nov 1942:	C.O. 15. Panzer Division
10 Nov 1942 – 28 Feb 1943:	Wounded, sick leave
(1 Dec 1942:	Promoted to Generalleutnant)
(1 Mar 1943:	Promoted to General der Panzertruppen)
28 Feb 1943 – 9 May 1943:	C-in-C, 5. Panzer Army
9 May 1943:	Captured in North Africa, POW

Awards: Knight's Cross (30 July 1940), 1939 Clasp to the 1914 Iron Cross (1st and 2nd Class), Tank Assault Badge, 1939 Wound Badge in Black, Knight's Cross of the Bavarian Military Max Joseph Order, 1914 Iron Cross (1st and 2nd Class)

Rudolf **VEIEL** (GdPzTr.) (10 Dec 1883 – 1956)

1 Sep 1939 – 17 Feb 1942:	C.O. 2. Panzer Division
19 Feb 1942 – 5 May 1942:	G.O.C. XXXXVIII. Panzer Corps
(1 Apr 1942:	Promoted to General der Panzertruppen)
5 May 1942 – 10 Jun 1943:	G.O.C. Replacement Staff Center
31 Aug 1943 – 20 Jul 1944:	G.O.C. Military District (Wehrkreis) V
20 Jul 1944:	Dismissed

Awards: 1939 Clasp to the 1914 Iron Cross (1st and 2nd Class), 1914 Iron Cross (1st and 2nd Class)

Kurt **VERSOCK** (GdGbgsTr.) (14 Feb 1895 – ?)

1 Sep 1939 – 1 Mar 1940:	O.C. I. Battalion, 138. Mountain Regiment
1 Mar 1940 – 1 Nov 1940:	Chief of Officer Training Course XVIII
(1 Nov 1940:	Promoted to Oberst)
1 Nov 1940 – 1 Mar 1943:	O.C. 31. Infantry Regiment
1 Mar 1943 – 18 Feb 1944:	C.O. 24. Infantry Division
(1 May 1943:	Promoted to Generalmajor)
(1 Nov 1943:	Promoted to Generalleutnant)
18 Feb 1944 – 3 Jun 1944:	Leave
3 Jun 1944 – 3 Sep 1944:	C.O. 24. Infantry Division
3 Sep 1944 – 20 Apr 1945:	G.O.C. XXXXIII. Army Corps
(1 Nov 1944:	Promoted to General der Gebirgstruppen)
20 Apr 1945 – 8 May 1945:	Führer Reserve

Awards: Knight's Cross, German Cross in Gold, 1939 Iron Cross (1st and 2nd Class)

Max von **VIEBAHN** (GdI) (27 Mar 1888 – ?)

1 Sep 1939 – 1 Mar 1941:	C.O. 257. Infantry Division
1 Mar 1941 – 1 Jan 1942:	G.O.C. LX. Army Corps
(1 Apr 1941:	Promoted to General der Infanterie)
1 Jan 1942 – 30 Sep 1942:	Führer Reserve
30 Sep 1942:	Retired

Awards: 1939 Clasp to the 1914 Iron Cross (1st and 2nd Class), 1914 Iron Cross (1st and 2nd Class)

Erwin **VIEROW** (GdI) (15 May 1890 – ?)

1 Sep 1939 – 15 Sep 1939:	Chief of Staff, XI. Army Corps
15 Sep 1939 – 1 Aug 1940:	C.O. 96. Infantry Division
(1 Aug 1940:	Promoted to Generalleutnant)

1 Aug 1940 – 1 Jan 1941: C.O. 9. Infantry Division
(1 Jan 1941: Promoted to General der Infanterie)
1 Jan 1941 – 14 Feb 1943: G.O.C. LV. Army Corps
14 Feb 1943 – 10 Mar 1943: G.O.C. XX. Army Corps
1 Jul 1943 – Jun 1944: Military Commander, Northwest France
Jun 1944 – 1 Sep 1944: G.O.C. Army Corps Somme
? 1944: Acting C-in-C, 7. Army
1 Sep 1944: Captured in France, POW

Awards: *1939 Clasp to the 1914 Iron Cross (1st and 2nd Class), 1914 Iron Cross (1st and 2nd Class)*

Emil **VOGEL** (GdGbgsTr.) (20 Jul 1894 – ?)
1 Sep 1939 – 23 Oct 1939: Chief of Operations, VII. Army Corps
23 Oct 1939 – 16 May 1940: Chief of Operations, Frontier Zone North
(1 Dec 1939: Promoted to Oberst)
16 May 1940 – 25 Oct 1940: Chief of Staff, Military District (Wehrkreis) I
25 Oct 1940 – 20 Jun 1942: Chief of Staff, XX. Army Corps
1 Sep 1942 – 12 Jul 1944: C.O. 101. Jäger Division
(1 Oct 1942: Promoted to Generalmajor)
(1 Apr 1943: Promoted to Generalleutnant)
10 Aug 1944 – 8 May 1945: G.O.C. XXXVI. Mountain Corps
(9 Nov 1944: Promoted to General der Gebirgstruppen)

Awards: *Knight's Cross with Oakleaves (14 May 1944), Knight's Cross (7 August 1943), German Cross in Gold (25 April 1942), 1939 Iron Cross (1st and 2nd Class)*

Oskar **VOGL** (GdA) (29 Apr 1881 – 1954)
1 Sep 1939 – 10 Jan 1940: Corps Artillery Commander (Arko) 7
10 Jan 1940 – 1 May 1940: C.O. 167. Infantry Division
1 May 1940 – 25 Jan 1941: Inspector of Army Control Inspectorate
25 Jan 1941 – 9 Feb 1941: Member, German Armistice Commission to France
9 Feb 1941 – 1942: President, German Armistice Commission to France
(1 Apr 1941: Promoted to General der Artillerie)
1942: Retired

Awards: *1939 Clasp to the 1914 Iron Cross (1st and 2nd Class), 1914 Iron Cross (1st and 2nd Class)*

Friedrich Jobst **VOLCKAMER von Kirchensittenbach** (GdGbgsTr.) (16 Apr 1894 – ?)
1 Sep 1939 – 30 Apr 1940: Attached to Military District (Wehrkreis) VII
(1 Feb 1940: Promoted to Oberst)
30 Apr 1940 – 19 Apr 1941: O.C. 141. Mountain Regiment
19 Apr 1941 – 1 May 1942: Chief of Staff to the Inspector of Training, Army High Command (OKH)
1 May 1942 – 1 Dec 1942: Deputy Inspector of Training, Army High Command (OKH)
(1 Sep 1942: Promoted to Generalmajor)
1 Dec 1942 – 1 Sep 1944: C.O. 8. Jäger Division
(1 Sep 1943: Promoted to Generalleutnant)
25 Oct 1944 – 12 Apr 1945: G.O.C. L. Army Corps
(1 Jan 1945: Promoted to General der Gebirgstruppen)

16 Mar 1945 – 8 May 1945:   C-in-C, 16. Army
Awards: *Knight's Cross, German Cross in Gold, 1939 Iron Cross (1st and 2nd Class)*

Paul **VÖLCKERS** (GdI) (15 Mar 1891 – 1946)
   1 Sep 1939 – 19 Oct 1940:   O.C. 115. Infantry Regiment
   19 Oct 1940 – 15 Apr 1941:   O.C. Schützen Brigade
   (1 Jan 1941:   Promoted to Generalmajor)
   15 Apr 1941 – 7 Jan 1942:   Liaisons General attached to Bulgarian High Command
   7 Jan 1942 – 1 Apr 1943:   C.O. 78. Assault Division
   (1 Sep 1942:   Promoted to Generalleutnant)
   8 Jun 1943 – 9 Jul 1944:   G.O.C. XXVII. Army Corps
   (1 Sep 1943:   Promoted to General der Infanterie)
   9 Jul 1944:   Captured on the Eastern Front, POW
Awards: *Knight's Cross (11 December 1942), German Cross in Gold (1 April 1942), 1939 Iron Cross (1st and 2nd Class)*

Helmuth **VOLKMANN** (GdFlieger/GdI) (28 Feb 1889 – 21 Aug 1940)
   1 Sep 1939 – 25 Sep 1939:   Commandant, Air Academy
   (25 Sep 1939:   Redesignated General der Infanterie, from General der Flieger)
   25 Sep 1939 – 21 Aug 1940:   C.O. 94. Infantry Division
   21 Aug 1940:   Killed in automobile accident
Awards: *1939 Clasp to the 1914 Iron Cross (1st and 2nd Class), 1914 Iron Cross (1st and 2nd Class)*

Alfred von **VOLLARD-BOCKELBERG** (GdA) (18 Jun 1874 – 1945)
   1 Sep 1939 – 6 Sep 1939:   Retired
   6 Sep 1939 – 26 Oct 1939:   Commandant, Poznan
   26 Oct 1939 – 5 Nov 1939:   C-in-C, Frontier Zone Center
   5 Nov 1939 – 14 May 1940:   G.O.C. Military District (Wehrkreis) I
   Jun 1940 – 1 Aug 1940:   Commandant of Greater Paris
   31 Aug 1940:   Retired
Awards: *1939 Clasp to the 1914 Iron Cross (1st and 2nd Class), Pour le Mérite, 1914 Iron Cross (1st and 2nd Class)*

Nikolaus von **VORMANN** (GdPzTr.) (24 Dec 1895 – ?)
   1 Sep 1939 – 1 Oct 1939:   Army Liaison Officer, Führer Headquarters
   1 Oct 1939 – 7 May 1940:   Chief of Staff, III. Army Corps
   1 Jun 1940 – 26 Feb 1942:   Chief of Staff, XXVIII. Army Corps
   (1 Sep 1940:   Promoted to Oberst)
   26 Dec 1942 – 25 Oct 1943:   C.O. 23. Panzer Division
   (1 Jan 1943:   Promoted to Generalmajor)
   (1 Jul 1943:   Promoted to Generalleutnant)
   31 Dec 1943 – 4 Mar 1944:   G.O.C. XXXXVII. Panzer Corps
   (27 Jun 1944:   Promoted to General der Panzertruppen)
   27 Jun 1944 – 21 Sep 1944:   C-in-C, 9. Army
   5 Oct 1944 – 4 May 1945:   C-in-C, Fortress Region Southeast

4 May 1945 – 8 May 1945:   Commander of Alpine Fortress
Awards: *Knight's Cross, 1939 Iron Cross (1st and 2nd Class)*

Edmund **WACHENFELD** (GdFlieger/GdA) (24 Nov 1878 – 4 Dec 1958)
1 Sep 1939 – 1 Mar 1943:   G.O.C. Military District (Wehrkreis) VII
(1 Apr 1940:   Redesignated General der Artillerie, from General der Flieger)
1 Mar 1943:   Retired
Awards: *1939 Clasp to the 1914 Iron Cross (1st and 2nd Class), 1914 Iron Cross (1st and 2nd Class)*

Dr. Kurt **WAEGER** (GdA) (6 Feb 1893 – 1952)
1 Sep 1939 – 15 Mar 1941:   Chief of Staff to the Chief of the Army Weapons Office
15 Mar 1941 – 25 Jan 1942:   Chief of Staff, LIII. Army Corps
25 Jan 1942 – 17 Nov 1942:   Chief of Staff, 18. Army
(1 Feb 1942:   Promoted to Generalmajor)
17 Nov 1942 – 8 May 1945:   Chief of Armaments Office, Ministry of Armaments & Munitions
(1 Jan 1943:   Promoted to Generalleutnant)
(1 Oct 1944:   Promoted to General der Artillerie)
Awards: *Knight's Cross of the War Merit Cross with Swords (27 November 1944), German Cross in Gold (29 October 1942), 1939 Clasp to the 1914 Iron Cross (1st and 2nd Class), War Merit Cross with Swords (1st and 2nd Class), 1914 Iron Cross (1st and 2nd Class), 1914 Wound Badge in Black*

Alfred **WÄGER** (GdI) (17 Aug 1883 – 1956)
1 Sep 1939 – 6 Nov 1939:   G.O.C. XXV. Army Corps
6 Nov 1939 – 23 Dec 1941:   G.O.C. XXXIV. Army Corps
23 Dec 1941 – 31 Aug 1942:   Führer Reserve
31 Aug 1942:   Retired
Awards: *1939 Clasp to the 1914 Iron Cross (1st and 2nd Class), 1914 Iron Cross (1st and 2nd Class)*

Eduard **WAGNER** (GdA) (1 Apr 1894 – 23 Jul 1944)
1 Sep 1939 – 1 Aug 1940:   Attached to Army General Staff
(1 Aug 1940:   Promoted to Generalmajor)
1 Aug 1940 – 23 Jul 1944:   Quartermaster-General of the Army
(1 Apr 1942:   Promoted to Generalleutnant)
(1 Aug 1943:   Promoted to General der Artillerie)
23 Jul 1944:   Committed suicide after implication in the July 20 Plot to kill Hitler
Awards: *1939 Iron Cross (1st and 2nd Class)*

Prof. Dr. **WALDMANN** (Gen.obst.arzt) (? – 26 Mar 1941)
1 Sep 1939 – 31 Dec 1940:   Inspector of Army Medical Service
31 Dec 1940 – 31 Jan 1941:   Führer Reserve
31 Jan 1941:   Retired
26 Mar 1941:   Died

Dr. Paul **WALTER** (Gen.obst.arzt) (21 Jun 1889 – ?)
1 Sep 1939 – 5 Feb 1940:	Chief Medical Officer, 6. Infantry Division
5 Feb 1940 – 20 Jun 1940:	Führer Reserve
20 Jun 1940 – 28 May 1942:	Chief Medical Officer, XVII. Army Corps
(1 Apr 1942:	Promoted to Generalarzt)
28 May 1942 – 21 Jan 1943:	Führer Reserve
21 Jan 1943 – 1 Sep 1944:	Chief Medical Officer, Military District (Wehrkreis) VIII
1 Sep 1944 – 8 May 1945:	Inspector of Army Medical Service
(9 Nov 1944:	Promoted to Generalstabsarzt)
(? 1945:	Promoted to Generaloberstabsarzt)

Awards: *Knight's Cross of the War Merit Cross (6 October 1944), War Merit Cross with Swords (1st and 2nd Class)*

Martin **WANDEL** (GdA) (15 Apr 1892 – 14 Jan 1943)
1 Sep 1939 – 1 Sep 1940:	Chief of Staff to the Inspector of Artillery
1 Sep 1940 – 8 Jul 1941:	Corps Artillery Commander (Arko) 105
(1 Apr 1941:	Promoted to Generalmajor)
8 Jul 1941 – 11 Nov 1942:	C.O. 121. Infantry Division
(1 Oct 1942:	Promoted to Generalleutnant)
30 Nov 1942 – 14 Jan 1943:	G.O.C. XXIV. Panzer Corps
(1 Jan 1943:	Promoted to General der Artillerie)
14 Jan 1943:	Missing in action, Eastern Front

Awards: *Knight's Cross, 1939 Iron Cross (1st and 2nd Class), 1939 Wound Badge in Gold*

Walter **WANDERSLEBEN** (Gen.obst.int.)
1 Sep 1939 – 8 May 1945:	Chief of Department VI, Army High Command (OKH)
(1 Apr 1940:	Promoted to Generalstabsintendant)
(?:	Promoted to Generaloberstabsintendant)

Walter **WARLIMONT** (GdA) (3 Oct 1894 – 9 Oct 1976)
1 Sep 1939 – Sep 1944:	Deputy Chief of Operations, Armed Forces High Command (OKW)
(1 Aug 1940:	Promoted to Generalmajor)
(1 Apr 1942:	Promoted to Generalleutnant)
(1 Apr 1944:	Promoted to General der Artillerie)
Sep 1944 – 8 May 1945:	Führer Reserve

Awards: *Knight's Cross, Knight's Cross of the War Merit Cross with Swords (15 February 1945), 1939 Iron Cross (1st an, War Merit Cross with Swords (1st and 2nd Class), Spanish Cross in Bronze with Swords, July 20 1944 Wound Badge in Black*

Wilhelm **WEGENER** (GdI) (29 Apr 1895 – 24 Sep 1944)
1 Sep 1939 – 1 Jul 1940:	Adjutant, II. Army Corps
1 Jul 1940 – 14 May 1942:	O.C. 94. Infantry Regiment
(1 Sep 1941:	Promoted to Oberst)
(1 Jun 1942:	Promoted to Generalmajor)

1 Jun 1942 – 12 Sep 1943:   C.O. 32. Infantry Division
(1 Mar 1943:   Promoted to Generalleutnant)
12 Sep 1943 – 24 Sep 1944:   G.O.C. L. Army Corps
(1 Dec 1943:   Promoted to General der Infanterie)
24 Sep 1944:   Killed in action, Eastern Front

Awards: Knight's Cross with Oakleaves and Swords (17 September 1944), Knight's Cross with Oakleaves (19 January 1942), Knight's Cross (27 October 1941), 1939 Iron Cross (1st and 2nd Class), 1939 Wound Badge in Gold, Demjansk Shield

Helmuth **WEIDLING** (GdA) (2 Nov 1891 – 1945)
1 Sep 1939 – 25 Oct 1939:   O.C. 56. Artillery Regiment
25 Oct 1939 – 15 Apr 1940:   O.C. 20. Artillery Regiment
15 Apr 1940 – 1 Jan 1942:   Corps Artillery Commander (Arko) 128
1 Jan 1942 – 15 Oct 1943:   C.O. 86. Infantry Division
(1 Feb 1942:   Promoted to Generalmajor)
(1 Jan 1943:   Promoted to Generalleutnant)
15 Oct 1943 – 10 Apr 1945:   G.O.C. XXXXI. Panzer Corps
(1 Jan 1944:   Promoted to General der Artillerie)
10 Apr 1945 – 3 May 1945:   G.O.C. LVI. Panzer Corps,
                              Battle Commander, Berlin
3 May 1945:   Missing in action, Berlin

Awards: Knight's Cross with Oakleaves and Swords (28 November 1944), Knight's Cross with Oakleaves (22 February 1944), Knight's Cross (15 January 1943), German Cross in Gold (23 June 1942), 1939 Clasp to the 1914 Iron Cross (1st and 2nd Class), 1914 Iron Cross (1st and 2nd Class)

Karl **WEISENBERGER** (GdI) (29 Sep 1890 – 1952)
1 Sep 1939 – 15 Oct 1939:   Commandant, Frontier Staff Wendel
15 Oct 1939 – 15 Feb 1941:   C.O. 71. Infantry Division
(1 Jan 1940:   Promoted to Generalleutnant)
15 Mar 1941 – 30 Nov 1941:   G.O.C. LIII. Army Corps
(1 Apr 1941:   Promoted to General der Infanterie)
30 Nov 1941 – 10 Aug 1944:   G.O.C. XXXVI. Mountain Corps
15 Aug 1944 – 8 May 1945:   G.O.C. Military District (Wehrkreis) XIII

Awards: Knight's Cross (29 June 1940), German Cross in Gold (13 August 1944), 1939 Iron Cross (1st and 2nd Class)

Walther **WENCK** (GdPzTr.) (18 Sep 1900 – 1 May 1982)
1 Sep 1939 – 4 Feb 1942:   Chief of Operations, 1. Panzer Division
(1 Dec 1940:   Promoted to Oberstleutnant)
4 Feb 1942 – 3 Sep 1942:   Instructor, Military Academy
(1 Jun 1942:   Promoted to Oberst)
3 Sep 1942 – 26 Nov 1942:   Chief of Staff, LVII. Panzer Corps
26 Nov 1942 – 27 Dec 1942:   Chief of Staff, 3. Romanian Army
27 Dec 1942 – 5 Mar 1943:   Chief of Staff, Army Detachment Hollidt
(1 Feb 1943:   Promoted to Generalmajor)
5 Mar 1943 – 11 Mar 1943:   Chief of Staff, 6. Army
11 Mar 1943 – 24 Mar 1944:   Chief of Staff, 1. Panzer Army
24 Mar 1944 – 22 Jul 1944:   Chief of Staff, Army Group South Ukraine

(1 Apr 1944: Promoted to Generalleutnant)
22 Jul 1944 – 17 Feb 1945: Deputy Chief of the Army General Staff (O.Qu.I)
(1 Apr 1945: Promoted to General der Panzertruppen)
10 Apr 1945 – 8 May 1945: C-in-C, 12. Army

Awards: *Knight's Cross (28 December 1942), German Cross in Gold (26 January 1942), 1939 Iron Cross (1st and 2nd Class), Tank Assault Badge*

Siegfried **WESTPHAL** (GdKav) (18 Mar 1902 – Jul 1982)
1 Sep 1939 – 5 Mar 1940: Chief of Operations, 58. Infantry Division
5 Mar 1940 – 1 Aug 1940: Chief of Operations, XXVII. Army Corps
1 Aug 1940 – 15 Jun 1941: Attached to Armistice Commission, France
(30 Jan 1941: Promoted to Oberstleutnant)
15 Jun 1941 – 6 Oct 1942: Chief of Operations, Panzer Group Africa
(1 Aug 1942: Promoted to Oberst)
6 Oct 1942 – 1 Feb 1943: Chief of Staff, German-Italian Panzer Army
1 Feb 1943 – 15 Jun 1943: Chief of Command Staff to the C-in-C, South
(1 Mar 1943: Promoted to Generalmajor)
15 Jun 1943 – 21 Nov 1943: Chief of Staff to the C-in-C, South
21 Nov 1943 – 5 Jun 1944: Chief of Staff to the C-in-C, Southwest
(1 Apr 1944: Promoted to Generalleutnant)
9 Sep 1944 – 8 May 1944: Chief of Staff to the C-in-C, West
(1 Feb 1945: Promoted to General der Kavallerie)
15 May 1945 – 19 May 1945: Acting C-in-C, West
19 May 1945 – 23 May 1945: Acting C-in-C, South

Awards: *Knight's Cross (29 November 1942), German Cross in Gold (19 December 1941), 1939 Iron Cross (1st and 2nd Class)*

Wilhelm **WETZEL** (GdI) (15 Jul 1888 – ?)
1 Sep 1939 – 12 Jan 1942: C.O. 255. Infantry Division
(1 Dec 1940: Promoted to Generalleutnant)
12 Jan 1942 – 1 Jul 1943: G.O.C. V. Army Corps
(1 Feb 1942: Promoted to General der Infanterie)
7 Sep 1943 – 1 Nov 1943: G.O.C. LXVI. Army Corps
1 Mar 1944 – 8 May 1945: G.O.C. Military District (Wehrkreis) X

Awards: *Knight's Cross (7 August 1942), German Cross in Gold (26 December 1941), 1939 Iron Cross (1st and 2nd Class)*

Peter **WEYER** (GdA) (30 Sep 1879 – 1947)
1 Sep 1939 – 15 Jun 1940: C.O. 14. Infantry Division
20 Jun 1940 – 26 Oct 1940: G.O.C. XXVIII. Army Corps
26 Oct 1940 – 1 May 1941: G.O.C. Military District (Wehrkreis) X
(1 Dec 1940: Promoted to General der Artillerie)
1 May 1941 – 31 Jan 1943: G.O.C. Military District (Wehrkreis) I
31 Mar 1943: Retired

Awards: *1939 Clasp to the 1914 Iron Cross (1st and 2nd Class), 1914 Iron Cross (1st and 2nd Class)*

Emil-Thomas von **WICKEDE** (GdI) (23 Apr 1893 – 23 Jun 1944)
　1 Sep 1939 – May 1940:　　　O.C. II. Battalion, 4. Infantry Regiment
　May 1940 – 5 Oct 1940:　　　O.C. 4. Infantry Regiment
　5 Oct 1940 – 30 Jan 1942:　　O.C. 409. Infantry Regiment
　(1 Feb 1941:　　　　　　　　Promoted to Oberst)
　(1 Jun 1942:　　　　　　　　Promoted to Generalmajor)
　5 Jun 1942 – 29 Oct 1943:　　C.O. 30. Infantry Division
　(1 Jan 1943:　　　　　　　　Promoted to Generalleutnant)
　4 Nov 1943 – 23 Jun 1944:　　G.O.C. X. Army Corps
　(1 Jan 1944:　　　　　　　　Promoted to General der Infanterie)
　23 Jun 1944:　　　　　　　　Killed in an air crash
　Awards: Knight's Cross, 1914 Iron Cross (1st and 2nd Class)

Friedrich **WIESE** (GdI) (5 Dec 1892 – ?)
　1 Sep 1939 – Dec 1940:　　　O.C. I. Battalion, 116. Infantry Regiment
　Dec 1940 – 15 Apr 1942:　　　O.C. 39. Infantry Regiment
　(1 Jun 1941:　　　　　　　　Promoted to Oberst)
　15 Apr 1942 – 5 Aug 1943:　　C.O. 26. Infantry Division
　(1 Sep 1942:　　　　　　　　Promoted to Generalmajor)
　(1 Jan 1943:　　　　　　　　Promoted to Generalleutnant)
　5 Aug 1943 – 25 Jun 1944:　　G.O.C. XXXV. Army Corps
　(1 Oct 1943:　　　　　　　　Promoted to General der Infanterie)
　29 Jun 1944 – 19 Dec 1944:　 C-in-C, 19. Army
　19 Dec 1944 – 8 May 1944:　　Führer Reserve
　Awards: Knight's Cross with Oakleaves (24 January 1944), Knight's Cross (14 February 1942), German Cross in Gold (16 February 1942), 1939 Clasp to the 1914 Iron Cross (1st and 2nd Class), 1914 Iron Cross (1st and 2nd Class)

Gustav Anton von **WIETERSHEIM** (GdI) (11 Feb 1884 – ?)
　1 Sep 1939 – 14 Sep 1942:　　G.O.C. XIV. Panzer Corps
　15 Sep 1942:　　　　　　　　Retired
　Awards: Knight's Cross, 1914 Clasp to the 1914 Iron Cross (1st and 2nd Class), 1914 Iron Cross (1st and 2nd Class)

Mauritz von **WIKTORIN** (GdI) (23 Aug 1883 – 1956)
　1 Sep 1939 – 10 Nov 1940:　　C.O. 20. Infantry Division
　(1 Nov 1940:　　　　　　　　Promoted to General der Infanterie)
　25 Nov 1940 – 27 Oct 1941:　 G.O.C. XXVIII. Army Corps
　30 Apr 1942 – 15 Aug 1944:　 G.O.C. Military District (Wehrkreis) XIII
　30 Nov 1944:　　　　　　　　Retired
　Awards: Knight's Cross, 1914 Clasp to the 1914 Iron Cross (1st and 2nd Class), 1914 Iron Cross (1st and 2nd Class)

August **WINTER** (GdGbgsTr.) (18 Jan 1897 – ?)
　1 Sep 1939 – 31 Oct 1940:　　Attached to Army General Staff
　31 Oct 1940 – 10 Jun 1941:　 Attached to staff of Army Group A
　10 Jun 1941 – 13 Jul 1942:　 Attached to staff of Army Group South
　(1 Oct 1941:　　　　　　　　Promoted to Oberst)
　13 Jul 1942 – ? 1942:　　　　Attached to staff of Army Group B

? 1942 – 1 Jan 1943:	O.C. 1. Panzer Regiment
1 Apr 1943 – 1 Aug 1943:	Chief of Staff, 2. Panzer Army
(1 Aug 1943:	Promoted to Generalmajor)
23 Aug 1943 – Mar 1944:	Chief of Staff, Army Group E
Mar 1944 – 1 Dec 1944:	Chief of Staff, Army Group F
(1 Aug 1944:	Promoted to Generalleutnant)
1 Dec 1944 – 8 May 1945:	Deputy Chief of Operations, Armed Forces High Command (OKW)
(1 May 1945:	Promoted to General der Gebirgstruppen)

Awards: *German Cross in Gold, 1939 Iron Cross (1st and 2nd Class)*

Joachim **WITTHÖFFT** (GdI) (23 Sep 1897 – ?)
1 Sep 1939 – 1 Jan 1942:	C.O. 86. Infantry Division
(1 Oct 1940:	Promoted to Generalleutnant)
13 Jan 1942 – 1 Jul 1942:	G.O.C. XXVII. Army Corps
(1 Mar 1942:	Promoted to General der Infanterie)
21 Jul 1943 – 1 Oct 1943:	Commander of Security Troops, Army Group B
1 Oct 1943 – 30 Oct 1943:	Commander of Security Troops, Lower Alps
30 Oct 1943 – 1 Sep 1944:	G.O.C. Corps Group Witthöfft
1 Sep 1944 – Apr 1945:	Führer Reserve
Apr 1945 – 8 May 1945:	G.O.C. Corps Group Witthöfft

Awards: *Knight's Cross, 1939 Iron Cross (1st and 2nd Class)*

Albert **WODRIG** (GdA) (16 Jul 1883 – ?)
1 Sep 1939 – 1 Oct 1942:	G.O.C. XXVI. Army Corps
(1 Oct 1939:	Promoted to General der Artillerie)
31 Jan 1943 – 1 Nov 1944:	G.O.C. Military District (Wehrkreis) I
1 Nov 1944 – 28 Feb 1945:	Führer Reserve
28 Feb 1945:	Retired

Awards: *Knight's Cross (19 July 1940), German Cross in Gold (22 April 1942), 1939 Iron Cross (1st and 2nd Class)*

Otto **WÖHLER** (GdI) (12 Jul 1894 – ?)
1 Sep 1939 – 18 Dec 1939:	Chief of Operations, 14. Army
18 Dec 1939 – 1 Oct 1940:	Chief of Staff, XVII. Army Corps
1 Oct 1940 – 1 Apr 1942:	Chief of Staff, 11. Army
(1 Jan 1942:	Promoted to Generalmajor)
1 Apr 1942 – 1 Mar 1943:	Chief of Staff, Army Group Center
(1 Oct 1942:	Promoted to Generalleutnant)
1 Apr 1943 – 15 Aug 1943:	G.O.C. I. Army Corps
(1 Jun 1943:	Promoted to General der Infanterie)
15 Aug 1943 – 28 Dec 1944:	C-in-C, 8. Army
28 Dec 1944 – 25 Mar 1945:	C-in-C, Army Group South
25 Mar 1945 – 8 May 1945:	Führer Reserve

Awards: *Knight's Cross with Oakleaves (28 November 1944), Knight's Cross (14 August 1943), German Cross in Gold (26 January 1942), 1939 Iron Cross (1st and 2nd Class)*

Ludwig **WOLFF** (GdI) (3 Apr 1893 – ?)
1 Sep 1939 – 10 Oct 1941:	O.C. 192. Infantry Regiment
(1 Sep 1941:	Promoted to Generalmajor)
10 Oct 1941 – 1 Aug 1942:	C.O. 22. Infantry Division
Sep 1942 – Nov 1943:	Inspector of Army Training
(1 Dec 1942:	Promoted to Generalleutnant)
25 Dec 1943 – Aug 1944:	G.O.C. XXXIII. Army Corps
(1 Jan 1944:	Promoted to General der Infanterie)
Jan 1944 – 8 May 1945:	Inspector of Hungarian Liaisons, Replacement Army

Awards: *Knight's Cross with Oakleaves, Knight's Cross, German Cross in Gold, 1939 Iron Cross (1st and 2nd Class)*

Erich **WÖLLWARTH** (GdI) (29 Apr 1872 – 1951)
1 Sep 1939 – 20 May 1940:	Retired
20 May 1940 – 30 Apr 1942:	G.O.C. Military District (Wehrkreis) IV
(1 Sep 1940:	Promoted to General der Infanterie z.V.)
30 Apr 1942:	Retired

Awards: *1939 Clasp to the 1914 Iron Cross (1st and 2nd Class), 1914 Iron Cross (1st and 2nd Class)*

Rolf **WUTHMANN** (GdA) (26 Aug 1893 – ?)
1 Sep 1939 – 15 Nov 1940:	Chief of Operations, 4. Army
15 Nov 1940 – 2 May 1942:	Chief of Staff, 16. Army
(1 Feb 1942:	Promoted to Generalmajor)
2 May 1942 – 16 Nov 1942:	C.O. 295. Infantry Division
16 Nov 1942 – 2 Apr 1943:	General of Transport, South Russia
(1 Mar 1943:	Promoted to Generalleutnant)
2 Apr 1943 – 20 Jun 1943:	Chief of Transport, Army High Command (OKH)
20 Jun 1943 – 3 Sep 1943:	C.O. 112. Infantry Division
5 Dec 1943 – 20 Apr 1945:	G.O.C. IX. Army Corps
(1 Feb 1944:	Promoted to General der Artillerie)
20 Apr 1945:	Captured by Russians, POW

Awards: *Knight's Cross, German Cross in Gold, 1939 Iron Cross (1st and 2nd Class)*

Gustav-Adolf von **ZANGEN** (GdI) (7 Nov 1892 – ?)
1 Sep 1939 – 25 Dec 1941:	O.C. 88. Infantry Regiment
25 Dec 1941 – 1 Apr 1943:	C.O. 17. Infantry Division
(1 Feb 1942:	Promoted to Generalmajor)
(1 Jan 1943:	Promoted to Generalleutnant)
1 Apr 1943 – 1 Aug 1943:	G.O.C. LXXXIV. Army Corps
(1 Jun 1943:	Promoted to General der Infanterie)
1 Aug 1943 – 8 Jul 1944:	G.O.C. LXXXVII. Army Corps
8 Jul 1944 – 25 Aug 1944:	C-in-C, Army Detachment Zangen, C-in-C, Lower Alps
25 Aug 1944 – Apr 1945:	C-in-C, 15. Army
Apr 1945:	Command destroyed in Ruhr Pocket

Awards: *Knight's Cross with Oakleaves (5 November 1944), Knight's Cross (15 January 1942), 1939 Iron Cross (1st and 2nd Class)*

Heinz **ZIEGLER** (GdA) (19 May 1894 – ?)
  1 Sep 1939 – 13 Sep 1939: Chief of Staff to the C-in-C Replacement Army
  13 Sep 1939 – 1 Feb 1940: Chief of Staff, Military District (Wehrkreis) IV
  1 Feb 1940 – 9 Dec 1941: Chief of Staff, XXXXII. Army Corps
  9 Dec 1941 – 1 Apr 1942: Chief of Staff, 15. Army
  (1 Jan 1942: Promoted to Generalmajor)
  1 Apr 1942 – 3 Dec 1942: Attached to the Chief of Military Armaments Office
  (3 Dec 1942: Promoted to Generalleutnant)
  3 Dec 1942 – 20 Feb 1943: Acting C-in-C, 5. Panzer Army
  20 Feb 1943 – 6 Mar 1943: Deputy G.O.C. Africa Corps
  6 Mar 1943 – 24 May 1943: Attached to staff of Army Group Africa
  24 May 1943 – ? May 1943: C.O. 334. Infantry Division
  21 Oct 1943 – 25 Nov 1943: Deputy G.O.C. III. Panzer Corps
  (1 Jan 1944: Promoted to General der Artillerie)
  24 Feb 1944 – 24 Oct 1944: Chief of Special Staff for the Unification of Military Economics Organizations
  24 Oct 1944 – 22 Nov 1944: Acting C-in-C, 14. Army
  22 Nov 1944 – 8 May 1945: Führer Reserve
Awards: Knight's Cross, German Cross in Gold, 1939 Iron Cross (1st and 2nd Class)

Hans **ZORN** (GdI) (27 Oct 1891 – 2 Aug 1943)
  1 Sep 1939 – 10 Nov 1940: Chief of Staff, XXVII. Army Corps
  (1 Jul 1940: Promoted to Generalmajor)
  10 Nov 1940 – 12 Jan 1942: C.O. 20. Infantry Division
  (15 Jan 1942: Promoted to Generalleutnant)
  15 Jan 1942 – 15 Feb 1942: G.O.C. XXXX. Panzer Corps
  (1 Jun 1942: Promoted to General der Infanterie)
  10 Jun 1942 – ? Jun 1942: G.O.C. XXXII. Army Corps
  1 Oct 1942 – 2 Aug 1943: G.O.C. XXXXVI. Panzer Corps
  2 Aug 1943: Killed in action, Eastern Front
Awards: Knight's Cross with Oakleaves (3 September 1943, posthumously), Knight's Cross (27 July 1941), German Cross in Gold (14 June 1942), 1939 Iron Cross (1st and 2nd Class), 1939 Wound Badge in Gold

APPENDICES

Wehrmacht Seniority List (1933 – 1945)

(*Note*: Dates shown are actual dates of seniority, not dates of promotion. 'Charakterisiert' ranks are also included.)

Generalfeldmarschall	Seniority	Generaloberst	Gen. der Inf.
1. Werner von Blomberg	20 Apr 1936	30 Aug 1933	1 Sep 1928
2. Walter von Brauchitsch	19 Jul 1940	4 Feb 1938	1 Oct 1935
3. Gerd von Rundstedt	19 Jul 1940	1 Mar 1938	1 Oct 1932
4. Fedor von Bock	19 Jul 1940	1 Mar 1938	1 Mar 1935
5. Wilhelm Ritter von Leeb	19 Jul 1940	1 Nov 1938	1 Jan 1934
6. Wilhelm Keitel	19 Jul 1940	1 Nov 1938	1 Aug 1937
7. Wilhelm List	19 Jul 1940	1 Apr 1939	1 Oct 1935
8. Günther von Kluge	19 Jul 1940	1 Oct 1939	1 Dec 1935
9. Erwin von Witzleben	19 Jul 1940	1 Nov 1939	1 Mar 1936
10. Walter von Reichenau	19 Jul 1940	1 Oct 1939	1 Oct 1936
11. Ewald von Kleist	5 Oct 1941	19 Jul 1940	1 Aug 1936
12. Erwin Rommel	22 Jun 1942	30 Jan 1942	1 Jul 1941
13. Georg von Küchler	30 Jun 1942	19 Jul 1940	1 Apr 1937
14. Erich von Manstein	1 Jul 1942	7 Mar 1942	1 Jun 1940
15. Friedrich Paulus	31 Jan 1943	30 Nov 1942	1 Jan 1942
16. Maximilian Freiherr von Weichs	1 Feb 1943	19 Jul 1940	1 Oct 1936
17. Ernst Busch	1 Feb 1943	19 Jul 1940	1 Feb 1938
18. Walter Model	1 Mar 1944	1 Feb 1942	1 Oct 1941
19. Ferdinand Schörner	5 Apr 1945	1 Apr 1944	1 Jun 1942

Generaloberst	Seniority	Gen. der Inf.	Generallt.
1. Wilhelm Heye	1 Jan 1930	1 Nov 1926	1 Apr 1922
2. Kurt Freiherr von Hammerstein-Equord	1 Feb 1934	1 Mar 1929	N/A
3. Werner Freiherr von Fritsch	1 Apr 1936	1 Sep 1932	1 Jun 1932
4. Ludwig Beck	1 Jan 1938	1 Oct 1935	1 Nov 1932
5. Wilhelm Adam	1 Jan 1939	1 Apr 1935	1 Dec 1931
6. Johannes Blaskowitz	1 Oct 1939	1 Dec 1935	1 Dec 1933
7. Friedrich Dollmann	19 Jul 1940	1 Apr 1936	1 Oct 1933
8. Franz Halder	19 Jul 1940	1 Feb 1938	1 Aug 1936
9. Eugen Ritter von Schobert	19 Jul 1940	1 Feb 1938	1 Jan 1937
10. Heinz Guderian	19 Jul 1940	1 Nov 1938	1 Feb 1938
11. Hermann Hoth	19 Jul 1940	1 Nov 1938	1 Oct 1936
12. Adolf Strauss	19 Jul 1940	1 Nov 1938	1 Oct 1936
13. Curt Haase	19 Jul 1940	1 Nov 1938	1 Aug 1937
14. Friedrich Fromm	19 Jul 1940	1 Apr 1939	1 Jan 1938
15. Erich Hoepner	19 Jul 1940	1 Apr 1939	30 Jan 1938

Generaloberst	Seniority	Gen. der Inf.	Generallt.
16. Nikolaus von Falkenhorst	19 Jul 1940	1 Oct 1939	1 Aug 1937
17. Rudolf Schmidt	1 Jan 1942	1 Jun 1940	1 Jun 1938
18. Hans-Georg Reinhardt	1 Jan 1942	1 Jun 1940	1 Oct 1939
19. Richard Ruoff	1 Apr 1942	1 May 1939	1 Mar 1938
20. Eduard Dietl	1 Jun 1942	19 Jul 1940	1 Apr 1940
21. Georg Lindemann	3 Jul 1942	1 Nov 1940	1 Apr 1938
22. Jürgen von Arnim	3 Dec 1942	1 Oct 1941	1 Dec 1939
23. Gotthard Heinrici	1 Jan 1943	20 Apr 1940	N/A
24. Hans von Salmuth	1 Jan 1943	1 Aug 1940	1 Aug 1939
25. Walter Heitz	30 Jan 1943	1 Apr 1937	1 Oct 1934
26. Karl Strecker	31 Jan 1943	1 Apr 1942	1 Jun 1940
27. Eberhard von Mackensen	6 Jul 1943	1 Aug 1940	1 Jan 1940
28. Heinrich von Viettinghoff	1 Sep 1943	1 Jun 1940	1 Mar 1938
29. Karl Hollidt	1 Sep 1943	1 Feb 1942	1 Apr 1940
30. Alfred Jodl	30 Jan 1944	19 Jul 1940	N/A
31. Kurt Zeitzler	30 Jan 1944	24 Sep 1942	N/A
32. Erwin Jaenecke	30 Jan 1944	1 Nov 1942	1 Nov 1941
33. Walter Weiss	1 Feb 1944	1 Sep 1942	1 Aug 1942
34. Dr. Lothar Rendulic	1 Apr 1944	1 Dec 1942	1 Dec 1941
35. Josef Harpe	20 Apr 1944	1 Jun 1942	1 Mar 1942
36. Hans Valentin Hube	20 Apr 1944	1 Oct 1942	1 Apr 1942
37. Johannes Frießner	1 Jul 1944	1 Apr 1943	1 Oct 1942
38. Eberhard Raus	15 Aug 1944	1 May 1943	1 Jan 1943
39. Carl Hilpert	1 May 1945	1 Sep 1942	1 Oct 1940

General der Infanterie, etc.	Seniority	Generallt.	Generalmajor
1. Erich Wöllwarth	1 Jan 1929	1 Nov 1925	1 Feb 1923
2. Karl Ritter von Prager	1 Feb 1931	1 Feb 1929	1 Feb 1927
3. Max Föhrenbach	1 May 1931	1 May 1927	1 Jan 1925
4. Rudolf Schniewindt	30 Sep 1931	1 Mar 1928	1 Jul 1926
5. Hans Freiherr Seutter von Lötzen	1 Dec 1931	1 Jul 1929	1 Jul 1927
6. Joachim von Stülpnagel	31 Dec 1931	?	?
7. Edmund Wachenfeld	30 Nov 1932	1 Apr 1931	1 Oct 1929
8. Curt Freiherr von Gienanth	30 Sep 1933	1 Feb 1931	1 Feb 1929
9. Erich von dem Bussche-Ippenburg	30 Sep 1933	1 Oct 1931	1 Oct 1929
10. Alfred von Vollard-Bockelberg	1 Oct 1933	1 Apr 1929	1 Nov 1927
11. Wolfgang Fleck	1 Oct 1934	1 Feb 1930	1 Feb 1929
12. Curt Liebmann	1 Apr 1935	1 Oct 1931	1 Oct 1929
13. Oswald Lutz	1 Nov 1935	1 Feb 1933	1 Apr 1931
14. Wilhelm Knockenhauer	1 Jan 1936	1 Oct 1933	1 Oct 1931
15. Hermann Geyer	1 Aug 1936	1 Jan 1934	1 Dec 1932
16. Otto Grün	1 Aug 1936?	1 Feb 1934	?
17. Dr. Karl Becker	1 Oct 1936	1 Oct 1934	1 Feb 1933
18. Franz Freiherr Kress von Kressenstein	1 Oct 1936	1 Apr 1935	1 Oct 1933
19. Günther von Pogrell	1 Oct 1936	1 Jun 1935	1 Oct 1933
20. Wilhelm Ulex	1 Oct 1936	1 Aug 1935	1 Oct 1933
21. Kurt Liese	1 Apr 1937	1 Jan 1936?	1 Mar 1934

General der Infanterie, etc.	*Seniority*	*Generallt.*	*Generalmajor*
22. Ernst Feßmann	30 Sep 1937	1 Oct 1935	1 Jan 1934
23. Konrad von Gossler	1 Feb 1938	1 Jan 1936	1 Apr 1934
24. Gustav von Wietersheim	1 Feb 1938	1 Apr 1936	1 Jul 1934
25. Walter Schroth	1 Feb 1938	1 Apr 1936	1 Aug 1934
26. Walter Kuntze	1 Feb 1938	1 Aug 1936	1 Jul 1934
27. Viktor von Schwedler	1 Feb 1938	1 Oct 1936	1 Oct 1934
28. Günther von Niebelschütz	28 Feb 1938	1 Oct 1935	1 Dec 1933
29. Wolfgang Muff	25 Mar 1938	1 Aug 1936	1 Oct 1931
30. Eugen Beyer	1 Apr 1938	22 Dec 1936	30 Sep 1931
31. Otto-Wilhelm Förster	1 Apr 1938	1 Jan 1937	1 Oct 1934
32. Werner Kienitz	1 Apr 1938	1 Apr 1937	1 Mar 1935
33. Friedrich Roese	1 May 1938	1 Apr 1937	1 Apr 1932
34. Alfred Wäger	1 Nov 1938	1 Mar 1936	1 Apr 1934
35. Erich Raschick	1 Apr 1939	1 Aug 1936	1 Sep 1934
36. Friedrich Karmann	1 Apr 1939	1 Oct 1936	1 Oct 1934
37. Emil Leeb	1 Apr 1939	1 Aug 1937	1 Jul 1935
38. Erich Friderici	1 Apr 1939	1 Oct 1937	1 Oct 1935
Karl-Heinrich von Stülpnagel	1 Apr 1939	1 Oct 1937	1 Oct 1935
39. Helmuth Volkmann	25 Aug 1939	1 Nov 1937	1 Oct 1936
40. Horst von Metzsch	26 Aug 1939	1 Feb 1927	1 Apr 1924
41. Ernst Kabisch	27 Aug 1939	1 Oct 1920	18 Jun 1917
42. Kurt von Greiff	27 Aug 1939	1 Jun 1929	1 Nov 1927
43. Albrecht Steppuhn	27 Aug 1939	1 Feb 1931	1 Feb 1930
44. Albert Wodrig	1 Oct 1939	1 Mar 1936	1 Apr 1934
45. Walter Petzel	1 Oct 1939	1 Jan 1938	1 Nov 1935
46. Edmund Wachenfeld	1 Apr 1940	1 Apr 1931	1 Oct 1929
47. Waldemar Erfurth	1 Apr 1940	1 May 1931	1 Oct 1929
48. Friedrich von Boetticher	1 Apr 1940	1 Oct 1933	1 Oct 1931
49. Leo Geyr von Schweppenburg	1 Apr 1940	1 Oct 1937	1 Sep 1935
50. Otto Hartmann	1 Apr 1940	1 Mar 1938	1 Apr 1936
51. Hans von Obstfelder	1 Jun 1940	1 Feb 1938	1 Jan 1936
52. Christian Hansen	1 Jun 1940	1 Mar 1938	1 Apr 1936
Alfred Jakob	1 Jun 1940	1 Mar 1938	1 Apr 1936
Albrecht Schubert	1 Jun 1940	1 Mar 1938	1 Apr 1936
53. Georg Stumme	1 Jun 1940	1 Apr 1938	1 Aug 1936
54. Kuno-Hans von Both	1 Jun 1940	1 Oct 1938	1 Jan 1937
55. Friedrich Olbricht	1 Jun 1940	1 Jan 1939	1 Apr 1937
56. Hermann Ritter von Speck	1 Jun 1940	1 Jun 1939	1 Aug 1937
57. Alfred Streccius	27 Jun 1940	31 Jan 1931	1 Feb 1930
58. Hans Halm	30 Jun 1940	1 Feb 1931	1 Oct 1929
59. Walter Graf von Brockdorff-Ahlefeldt	1 Aug 1940	1 Mar 1939	1 Apr 1937
60. Joachim Lemelsen	1 Aug 1940	1 Apr 1939	1 Apr 1937
61. Franz Böhme	1 Aug 1940	1 Jun 1939	24 Dec 1935
62. Joachim von Kortzfleisch	1 Aug 1940	1 Jun 1939	1 Aug 1937
63. Fritz Brand	1 Aug 1940	1 Aug 1939	1 Aug 1937
Kurt von Briesen	1 Aug 1940	1 Aug 1939	1 Aug 1937
Eric Hansen	1 Aug 1940	1 Aug 1939	1 Aug 1937

	General der Infanterie, etc.	Seniority	Generallt.	Generalmajor
64.	Hans Felber	1 Aug 1940	1 Oct 1939	1 Oct 1937
65.	Ludwig Kübler	1 Aug 1940	1 Dec 1939	1 Jan 1938
66.	Georg Thomas	1 Aug 1940	1 Jan 1940	1 Jan 1938
67.	Erich Fellgiebel	1 Aug 1940	1 Feb 1940	1 Mar 1938
	Georg von Sodenstern	1 Aug 1940	1 Feb 1940	1 Mar 1938
68.	Max von Schenckendorff	1 Sep 1940	1 Oct 1929	1 Nov 1928
69.	Alexander von Falkenhausen	1 Sep 1940	1 Nov 1929	1 Apr 1928
70.	Leonhard Kaupisch	1 Sep 1940	1 Mar 1932	1 Nov 1930
71.	Maximilian Schwandner	1 Sep 1940	1 May 1935	1 Oct 1933
72.	Erich Lüdke	1 Sep 1940	1 Nov 1935	1 Feb 1934
73.	Erwin Oßwald	1 Sep 1940	1 Apr 1936	1 May 1934
74.	Friedrich von Rabenau	1 Sep 1940	1 Jan 1937	1 Oct 1934
75.	Hubert Schaller-Kalide	1 Sep 1940	1 Apr 1937	1 Apr 1933
76.	Ernst Köstring	1 Oct 1940	1 Aug 1937	1 Apr 1933
77.	Wilhelm Fahrmbacher	1 Oct 1940	1 Jun 1939	1 Aug 1937
78.	Peter Weyer	1 Nov 1940	1 Aug 1937	1 Feb 1933
79.	Mauritz von Wiktorin	1 Nov 1940	2 Mar 1938	1932
80.	Friedrich Materna	1 Nov 1940	1 Jun 1939	25 Jun 1935
81.	Hans Wolfgang Reinhard	1 Nov 1940	1 Oct 1939	1 Oct 1937
82.	Georg Brandt	1 Dec 1940	31 Jan 1931	?
83.	Otto von Stülpnagel	1 Dec 1940	1 Feb 1931	1 Feb 1929
84.	Alfred Boehm-Tettelbach	1 Dec 1940	1 Oct 1932	1 Nov 1930
85.	Hans Feige	1 Dec 1940	1 Oct 1933	1 Oct 1931
86.	Franz Freiherr von Dalwigk zu Lichtenfels	1 Dec 1940	1 Oct 1934	1 Feb 1933
87.	Friedrich Cochenhausen	1 Dec 1940	1 Oct 1935	1 Mar 1930
88.	Gerhard Glokke	1 Dec 1940	1 Oct 1936	1 Oct 1934
89.	Paul Otto	1 Dec 1940	1 Jan 1937	1 Oct 1934
90.	Rudolf Koch-Erpach	1 Dec 1940	1 Apr 1937	1 Jan 1935
91.	Max Bock	1 Dec 1940	1 Feb 1938	1 Jan 1936
92.	Fritz Koch	1 Dec 1940	1 Aug 1938	1 Feb 1931
93.	Hermann Metz	1 Dec 1940	1 Mar 1940	1 Feb 1931
94.	Erwin Vierow	1 Jan 1941	1 Aug 1940	1 Jan 1938
95.	Oskar Vogl	1 Apr 1941	30 Nov 1931	1 Apr 1931
96.	Max von Viebahn	1 Apr 1941	1 Jan 1938	1 Jan 1935
97.	Karl Weisenberger	1 Apr 1941	1 Jan 1940	1 Jan 1938
98.	Friedrich-Wilhelm von Chappuis	1 Apr 1941	1 Jan 1940	1 Apr 1938
99.	Adolf Kuntzen	1 Apr 1941	1 Apr 1940	1 Mar 1938
101.	Werner Kempf	1 Apr 1941	31 Jul 1940	1 Aug 1938
102.	Bodewin Keitel	1 Apr 1941	1 Mar 1941	1 Mar 1938
103.	Franz von Roques	1 Jul 1941	1 Jan 1933	1 Feb 1931
104.	Karl von Roques	1 Jul 1941	31 Jan 1933	1 May 1931
105.	Rudolf Kaempfe	1 Jul 1941	1 Jan 1938	1 Oct 1935
106.	Paul Bader	1 Jul 1941	1 Jan 1938	1 Dec 1935
107.	Ferdinand Schaal	1 Oct 1941	1 Apr 1939	1 Jan 1938
108.	Hans Behlendorff	1 Oct 1941	1 Feb 1940	1 Mar 1938
	Franz Mattenklott	1 Oct 1941	1 Feb 1940	1 Mar 1938
109.	Bruno Bieler	1 Oct 1941	1 Mar 1940	1 Mar 1938

	General der Infanterie, etc.	Seniority	Generallt.	Generalmajor
	Herbert Loch	1 Oct 1941	1 Mar 1940	1 Mar 1938
	Eugen Ott	1 Oct 1941	1 Mar 1940	1 Mar 1938
110.	Valentin Feurstein	1 Nov 1941	1 Jun 1939	25 Jun 1935
111.	Theodor Geib	1 Dec 1941	1 Jan 1939	1 Apr 1937
112.	Walter Fischer von Weikersthal	1 Dec 1941	1 Apr 1940	1 Mar 1938
113.	Hermann von Hanneken	1 Dec 1941	1 Jul 1940	1 Feb 1938
114.	Ludwig Crüwell	1 Dec 1941	1 Sep 1941	1 Dec 1939
115.	Heinrich Clößner	1 Jan 1942	1 Oct 1939	1 Oct 1937
116.	Friedrich Kirchner	1 Feb 1942	1 Apr 1940	1 Mar 1938
117.	Ernst-Eberhard Hell	1 Feb 1942	1 Jul 1940	1 Jun 1938
118.	Kurt Brennecke	1 Feb 1942	1 Aug 1940	1 Aug 1938
119.	Hans Schmidt	1 Feb 1942	1 Sep 1940	1 Oct 1929
120.	Wilhelm Wetzel	1 Feb 1942	1 Dec 1940	1 Feb 1939
121.	Kurt von der Chevallerie	1 Feb 1942	1 Jan 1941	1 Mar 1939
122.	Maximilian de Angelis	1 Mar 1942	1 Jun 1940	1 Apr 1938
123.	Joachim Witthöfft	1 Mar 1942	1 Oct 1940	1 Oct 1938
124.	Rudolf Konrad	1 Mar 1942	1 Dec 1940	1 Apr 1939
125.	Philipp Kleffel	1 Mar 1942	1 Jun 1941	1 Jun 1939
126.	Rudolf Veiel	1 Apr 1942	1 Oct 1938	1 Jan 1937
127.	Siegfried Haenicke	1 Apr 1942	27 Aug 1939	1 Apr 1932
128.	Kurt Gallenkamp	1 Apr 1942	1 Apr 1940	1 Mar 1938
129.	Herbert von Böckmann	1 Apr 1942	1 Aug 1940	1 Aug 1938
130.	Rudolf Gercke	1 Apr 1942	1 Aug 1940	1 Oct 1939
131.	Hans Petri	1 Apr 1942	1 Feb 1941	1 Nov 1930
132.	Eugen Müller	1 Jun 1942	1 Aug 1940	1 Apr 1939
133.	Hermann Reinecke	1 Jun 1942	1 Aug 1940	1 Jan 1939
134.	Erich Straube	1 Jun 1942	1 Jun 1941	1 Jun 1939
135.	Walther Graeßner	1 Jun 1942	1 Oct 1941	1 Oct 1939
136.	Walter von Seydlitz-Kurzbach	1 Jun 1942	1 Dec 1941	1 Dec 1939
137.	Willibald Freiherr von Langermann und Erlencamp	1 Jun 1942	15 Jan 1942	1 Mar 1940
138.	Hans Zorn	1 Jun 1942	15 Jan 1942	1 Jul 1940
139.	Maximilian Fretter-Pico	1 Jun 1942	1 Feb 1942	1 Mar 1941
140.	Kurt Herzog	1 Jul 1942	1 Feb 1941	1 Mar 1939
141.	Enno von Rintelen	1 Jul 1942	1 Jun 1941	1 Jun 1939
142.	Walther Nehring	1 Jul 1942	1 Feb 1942	1 Aug 1940
143.	Walter von Unruh	11 Jul 1942	27 Aug 1939	28 Feb 1927
144.	Emmerich von Nagy	1 Aug 1942	1 Jun 1939	21 Dec 1934
145.	Otto von Knobelsdorff	1 Aug 1942	1 Feb 1940	1 Jan 1939
146.	Kurt von Tippelskirch	27 Aug 1942	1 Jun 1940	1 Apr 1938
147.	Erwin Engelbrecht	1 Sep 1942	1 Oct 1940	1 Jan 1939
148.	Walter Braemer	1 Sep 1942	1 Jul 1941	1 Oct 1932
149.	Karl Sachs	1 Oct 1942	1 Feb 1939	1 Apr 1937
150.	Edgar Theißen	1 Oct 1942	1 Oct 1939	1 Oct 1937
151.	Alfred Ritter von Hubicki	1 Oct 1942	1 Aug 1940	24 Dec 1935
152.	Ferdinand Neuling	1 Oct 1942	1 Dec 1940	1 Jan 1939
153.	Otto Stapf	1 Oct 1942	1 Feb 1941	1 Apr 1939
154.	Erich Marcks	1 Oct 1942	1 Mar 1941	1 Apr 1939

	General der Infanterie, etc.	Seniority	Generallt.	Generalmajor
155.	Gustav Fehn	1 Nov 1942	1 Aug 1942	1 Aug 1940
	Wilhelm Ritter von Thoma	1 Nov 1942	1 Aug 1942	1 Aug 1940
156.	Rudolf Freiherr von Roman	1 Nov 1942	1 Oct 1942	1 Sep 1941
157.	Hubert Gercke	1 Dec 1942	1 Apr 1935	1 Oct 1933
158.	Max Pfeffer	1 Dec 1942	1 Jun 1938	1 Oct 1936
159.	Walther Lichel	1 Dec 1942	1 Feb 1940	1 Feb 1938
160.	Baptist Kniess	1 Dec 1942	1 Jul 1940	1 Jun 1938
161.	Paul Laux	1 Dec 1942	1 Jan 1941	1 Apr 1938
162.	Wilhelm Stemmermann	1 Dec 1942	1 Aug 1941	1 Aug 1939
	Willi Moser	1 Dec 1942	1 Aug 1941	1 Aug 1939
163.	Ernst Dehner	1 Dec 1942	1 Oct 1942	1 Oct 1940
164.	Ernst von Leyser	1 Dec 1942	1 Oct 1942	1 Feb 1941
165.	Theodor Endres	1 Jan 1943	30 Sep 1931	1 Feb 1930
166.	Rudolf Lüters	1 Jan 1943	1 Oct 1937	1 Jul 1935
167.	Walter Keiner	1 Jan 1943	1 Sep 1940	1 Aug 1938
168.	Sigfrid Henrici	1 Jan 1943	1 Jun 1941	1 Jun 1939
169.	Robert Martinek	1 Jan 1943	1 Dec 1941	1 Jun 1941
170.	Martin Wandel	1 Jan 1943	1 Oct 1942	1 Apr 1941
171.	Hans Jordan	1 Jan 1943	1 Nov 1942	1 Oct 1941
172.	Karl Eibl	22 Jan 1943	19 Dec 1942	1 Feb 1942
173.	Alexander von Hartmann	24 Jan 1943	1 Sep 1942	1 Jan 1941
174.	Hubert Lanz	28 Jan 1943	1 Dec 1942	1 Nov 1940
175.	Diether von Boehm-Bezing	1 Feb 1943	1 Jan 1938	1 Oct 1933
176.	Wolfgang Fischer	1 Feb 1943	1 Nov 1942	1 Aug 1941
177.	Hermann Breith	1 Mar 1943	1 Nov 1942	1 Aug 1941
178.	Gustav von Vaerst	1 Mar 1943	1 Dec 1942	1 Sep 1941
179.	Karl Kriebel	1 Apr 1943	1 Aug 1940	1 Apr 1939
180.	Karl von Oven	1 Apr 1943	1 Jul 1941	31 May 1939
181.	Friedrich Kühn	1 Apr 1943	1 Jul 1942	1 Jul 1940
182.	Karl Allmendinger	1 Apr 1943	1 Aug 1942	1 Aug 1940
183.	Friedrich Mieth	20 Apr 1943	1 Mar 1940	1 Apr 1938
184.	Sigismund von Förster	1 May 1943	1 Apr 1938	1 Aug 1936
185.	Friedrich Siebert	1 May 1943	1 Apr 1941	1 Apr 1939
186.	Willi Schneckenburger	1 May 1943	1 Jul 1942	1 Jul 1940
187.	Gustav Hoehne	1 May 1943	1 Aug 1942	1 Aug 1940
188.	Eric Jaschke	1 May 1943	1 Jan 1943	1 Oct 1941
189.	Hans Cramer	1 May 1943	22 Jan 1943	1 Nov 1942
190.	Herbert Osterkamp	1 Jun 1943	20 Apr 1941	18 Sep 1939
191.	Otto Wöhler	1 Jun 1943	1 Oct 1942	1 Jan 1942
192.	Gustav-Adolf von Zangen	1 Jun 1943	1 Jan 1943	1 Feb 1942
193.	Franz Barckhausen	1 Jul 1943	1 Mar 1938	1 Apr 1936
194.	Otto Schellert	1 Jul 1943	1 Jan 1941	1 Mar 1939
195.	Werner Freiherr von und zu Gilsa	1 Jul 1943	1 Oct 1942	1 Feb 1941
196.	Otto Roettig	1 Aug 1943	1 Jun 1941	1 Jun 1939
197.	Otto Sponheimer	1 Aug 1943	1 Jul 1941	1 Jun 1939
198.	Eduard Wagner	1 Aug 1943	1 Apr 1942	1 Aug 1940
199.	Erich Brandenberger	1 Aug 1943	1 Aug 1942	1 Aug 1940

	General der Infanterie, etc.	Seniority	Generallt.	Generalmajor
200.	Anton Dostler	1 Aug 1943	1 Jan 1943	1 Sep 1941
201.	Heinrich Eberbach	1 Aug 1943	1 Jan 1943	1 Feb 1942
202.	Hermann Tittel	1 Sep 1943	1 Sep 1941	1 Oct 1939
203.	Paul Völckers	1 Sep 1943	1 Sep 1942	1 Jan 1941
204.	Rudolf Toussaint	1 Sep 1943	1 Oct 1942	1 Oct 1941
205.	Traugott Herr	1 Sep 1943	1 Dec 1942	1 Apr 1942
206.	Johann Sinnhuber	1 Oct 1943	1 Apr 1941	1 Apr 1939
207.	Walther Lucht	1 Oct 1943	1 Nov 1942	1 Aug 1940
208.	Hans Gollnick	1 Oct 1943	1 Jan 1943	1 Jun 1941
209.	Friedrich Wiese	1 Oct 1943	1 Jan 1943	1 Sep 1942
210.	Hans Kreysing	1 Nov 1943	1 Jul 1942	1 Jul 1940
211.	Friedrich Hossbach	1 Nov 1943	1 Aug 1942	1 Mar 1942
212.	Arthur Hauffe	1 Nov 1943	1 Jan 1943	1 Jun 1941
213.	Martin Grase	1 Nov 1943	1 Jan 1943	1 Oct 1941
214.	Hermann Balck	1 Nov 1943	1 Jan 1943	1 Aug 1942
215.	Helge Auleb	1 Dec 1943	1 Dec 1940	1 Feb 1939
216.	Friedrich Gollwitzer	1 Dec 1943	1 Oct 1941	1 Oct 1939
217.	Fritz Lindemann	1 Dec 1943	1 Jan 1943	1 Jan 1942
218.	Hans-Karl von Scheele	1 Dec 1943	1 Mar 1943	1 Oct 1941
219.	Wilhelm Wegener	1 Dec 1943	1 Mar 1943	1 Jun 1942
220.	Erich Heinemann	1 Jan 1944	1 Aug 1935	1 Dec 1933
221.	Edwin Graf von Rotkirch und Trach	1 Jan 1944	1 Mar 1942	1 Mar 1940
222.	Ludwig Wolff	1 Jan 1944	1 Dec 1942	1 Sep 1941
223.	Heinz Ziegler	1 Jan 1944	3 Dec 1942	1 Jan 1942
224.	Helmuth Weidling	1 Jan 1944	1 Jan 1943	1 Feb 1942
225.	Georg Ritter von Hengl	1 Jan 1944	1 Jan 1943	1 Apr 1942
226.	Emil-Thomas von Wickede	1 Jan 1944	1 Jan 1943	1 Jun 1942
227.	Erich Buschenhagen	1 Jan 1944	1 May 1943	1 Aug 1941
228.	Fridolin von Senger und Etterlin	1 Jan 1944	1 May 1943	1 Sep 1941
229.	Kurt Feldt	1 Feb 1944	1 Feb 1942	1 Feb 1940
230.	Friedrich Herrlein	1 Feb 1944	1 Sep 1942	1 Feb 1941
231.	Eugen Walther Krüger	1 Feb 1944	1 Oct 1942	1 Apr 1941
232.	Hans-Karl Frieherr von Esebeck	1 Feb 1944	1 Dec 1942	15 Apr 1941
234.	Friedrich Köchling	1 Feb 1944	1 Jan 1943	1 Apr 1942
235.	Rolf Wuthmann	1 Feb 1944	1 Mar 1943	1 Feb 1942
236.	Hans Freiherr von Funck	1 Mar 1944	1 Sep 1942	1 Jan 1941
237.	Karl Eglseer	1 Mar 1944	1 Feb 1943	1 Nov 1940
238.	Walter Buhle	1 Apr 1944	1 Apr 1942	1 Aug 1940
	Hans von Greiffenberg	1 Apr 1944	1 Apr 1942	1 Aug 1940
	Walter Warlimont	1 Apr 1944	1 Apr 1942	1 Aug 1940
239.	Günther Blumentritt	1 Apr 1944	1 Dec 1942	1 Nov 1941
240.	Friedrich Schulz	1 Apr 1944	1 Jul 1943	1 Jul 1942
241.	Otto Tiemann	1 May 1944	1 Oct 1939	1 Oct 1937
242.	Georg Pfeiffer	1 May 1944	1 Jun 1942	1 Jun 1940
243.	Rudolf von Bünau	1 May 1944	1 Sep 1942	1 Sep 1940
244.	Anton Grasser	1 May 1944	1 Jan 1943	1 Apr 1942
245.	Walter Hartmann	1 May 1944	1 Feb 1943	1 Oct 1941

General der Infanterie, etc.	Seniority	Generallt.	Generalmajor
246. Ludwig Müller	1 May 1944	1 Jul 1943	1 Oct 1942
247. Julius Ringel	1 Jun 1944	1 Dec 1942	1 Nov 1940
248. Ehrenfried Boege	1 Jun 1944	1 Jan 1943	1 Apr 1942
249. Nikolaus von Vormann	27 Jun 1944	1 Jul 1943	1 Jan 1943
250. Dr. Franz Beyer	1 Jul 1944	1 Jan 1943	1 Feb 1942
251. Johannes Block	1 Jul 1944	1 Jan 1943	1 Sep 1942
252. Hermann Recknagel	1 Jul 1944	1 Mar 1943	1 Mar 1942
253. Friedrich-Wilhelm Müller	1 Jul 1944	1 Apr 1943	1 Aug 1942
254. Wilhelm Hasse	1 Aug 1944	1 Jan 1943	1 Feb 1942
255. Dietrich von Choltitz	1 Aug 1944	1 Feb 1943	1 Sep 1942
256. Dietrich von Saucken	1 Aug 1944	1 Apr 1943	1 Jan 1942
257. Hans Krebs	1 Aug 1944	1 Apr 1943	1 Feb 1942
258. Fritz Hubert Graeser	1 Sep 1944	1 Mar 1943	1 Oct 1941
259. Gerhard Matzky	1 Sep 1944	1 Apr 1943	1 Apr 1941
260. Ulrich Kleemann	1 Sep 1944	1 Apr 1943	1 Nov 1941
261. Rudolf Schmundt	1 Sep 1944	1 Apr 1943	1 Jan 1942
262. Gustav Harteneck	1 Sep 1944	1 Apr 1943	1 Feb 1942
Edgar Röhricht	1 Sep 1944	1 Apr 1943	1 Feb 1942
263. Friedrich Hochbaum	1 Sep 1944	1 Jul 1943	1 Jan 1943
264. Ferdinand Jodl	1 Sep 1944	1 Sep 1943	1 Feb 1942
265. Smilo Freiherr von Lüttwitz	1 Sep 1944	1 Oct 1943	1 Sep 1942
266. Hasso von Manteuffel	1 Sep 1944	1 Feb 1944	1 May 1943
267. Curt Jahn	1 Oct 1944	1 Nov 1940	1 Jan 1939
268. Wilhelm Berlin	1 Oct 1944	1 Mar 1942	1 Mar 1940
269. Dr. Kurt Waeger	1 Oct 1944	1 Jan 1943	1 Feb 1942
270. Albert Praun	1 Oct 1944	1 Feb 1943	1 Aug 1942
271. Helmuth Priess	1 Oct 1944	1 Jul 1943	1 Jan 1943
272. Hans Speth	1 Oct 1944	1 Jan 1944	1 Jan 1943
273. Karl von Le Suire	1 Oct 1944	1 Jan 1944	1 May 1943
274. Kurt Röpke	15 Oct 1944	1 Feb 1944	1 Aug 1943
275. Hermann Foertsch	1 Nov 1944	1 Jan 1943	1 Feb 1942
276. Walter Hoernlein	1 Nov 1944	1 Jan 1943	1 Apr 1942
277. Carl Püchler	1 Nov 1944	1 Apr 1943	1 Jul 1942
278. Otto Lasch	1 Nov 1944	1 Apr 1943	1 Aug 1942
279. Heinrich Freiherr von Lüttwitz	1 Nov 1944	1 Jun 1943	1 Dec 1942
280. Theodor Busse	1 Nov 1944	1 Sep 1943	1 Mar 1943
281. Wilhelm Burgdorf	1 Nov 1944	1 Oct 1943	1 Oct 1942
282. Kurt Versock	1 Nov 1944	1 Nov 1943	1 May 1943
283. Horst Stumpff	9 Nov 1944	1 Feb 1941	1 Mar 1939
284. Horst Grossmann	9 Nov 1944	1 Jan 1943	1 Jan 1942
285. Hans Schlemmer	9 Nov 1944	1 Jan 1943	10 Mar 1942
286. Emil Vogel	9 Nov 1944	1 Apr 1943	1 Oct 1942
287. Karl-Erik Koehler	9 Nov 1944	1 Jun 1943	1 Apr 1942
288. Karl-Wilhelm Specht	1 Dec 1944	1 Aug 1943	1 Aug 1942
289. Walter Fries	1 Dec 1944	1 Jan 1944	1 Jun 1943
290. Max Freiherr von Edelsheim	1 Dec 1944	1 Mar 1944	1 Jun 1943
291. Siegfried Rasp	1 Dec 1944	1 Apr 1944	1 Nov 1943

General der Infanterie, etc.	Seniority	Generallt.	Generalmajor
292. Friedrich Jobst Volckamer von Kirchensittenbach	1 Jan 1945	1 Sep 1943	1 Sep 1942
293. Helmuth Thumm	1 Jan 1945	1 Sep 1943	1 Mar 1943
294. Maximilian Felzmann	1 Jan 1945	1 Dec 1943	1 Jun 1943
295. Karl Decker	1 Jan 1945	1 Jun 1944	1 Dec 1943
296. Werner von Erdmannsdorff	30 Jan 1945	1 Jan 1943	1 Mar 1942
297. Walther Hahm	30 Jan 1945	1 Jan 1943	1 Apr 1942
298. Walter Melzer	30 Jan 1945	1 Aug 1943	1 Feb 1943
299. Hans Röttiger	30 Jan 1945	1 Sep 1943	1 Feb 1942
300. Ernst-Anton von Krosigk	30 Jan 1945	1 May 1944	1 Sep 1943
301. Siegfried Westphal	1 Feb 1945	1 Apr 1944	1 Mar 1943
302. Theodor Petsch	1 Mar 1945	1 Nov 1942	1 Jun 1941
303. Siegfried Thomaschki	1 Mar 1945	1 Jan 1943	1 Mar 1942
304. Anton Reichard Freiherr von Mauchenheim genannt von Bechtoldsheim	1 Mar 1945	1 Jun 1943	1 Jun 1942
305. Felix Schwalbe	1 Mar 1945	1 Oct 1943	1 Oct 1942
306. Otto Hitzfeld	1 Mar 1945	1 Oct 1943	1 Apr 1943
307. Mortimer von Kessel	1 Mar 1945	1 Dec 1943	1 Nov 1942
308. Georg Jauer	15 Mar 1945	1 Oct 1943	1 Apr 1943
309. Hans Freiherr von Tettau	16 Mar 1945	1 Mar 1942	1 Mar 1940
310. Friedrich Fangohr	16 Mar 1945	1 Feb 1944	1 Feb 1943
311. Erich Abraham	16 Mar 1945	1 Apr 1944	1 Jun 1943
312. Horst von Mellenthin	16 Mar 1945	1 Jul 1944	1 Dec 1943
313. Dr. Karl Mauss	31 Mar 1945	1 Oct 1944	1 Apr 1944
314. Martin Gareis	1 Apr 1945	1 Jan 1943	1 Feb 1942
315. Dr. Johannes Mayer	1 Apr 1945	1 Feb 1943	1 Apr 1942
316. Max Grimmeiß	1 Apr 1945	1 Apr 1943	1 Feb 1942
317. Gerhard Graf von Schwerin	1 Apr 1945	1 Jun 1943	1 Oct 1942
318. Walther Wenck	1 Apr 1945	1 Apr 1944	1 Feb 1943
319. Hermann Niehoff	1 Apr 1945	1 Apr 1944	1 Jun 1943
320. Heinrich Meyer-Bürdorf	20 Apr 1945	1 Oct 1941	1 Oct 1939
321. Rudolf Hofmann	20 Apr 1945	1 Apr 1943	1 Apr 1942
322. Eberhard Kinzel	20 Apr 1945	1 Sep 1943	1 Jan 1943
323. Friedrich August Schack	20 Apr 1945	1 Jan 1944	1 Jul 1943
324. Karl Tholthe	20 Apr 1945	1 Mar 1944	1 Apr 1943
325. Friedrich Wilhelm Hauck	20 Apr 1945	1 Mar 1944	1 Jun 1943
326. August Winter	1 May 1945	1 Aug 1944	1 Aug 1943
327. Friedrich Scotti	?	1 Feb 1941	1 Mar 1939
328. Karl Freiherr von Thüngen-Rossback	?	1 Jan 1943	1 Dec 1941
329. Bruno Ritter von Hauenschild	?	1 Jan 1944	1 Apr 1942
330. Hartwig von Ludwiger	?	1 Jan 1944	1 May 1943

List of Sources

Title	Author
Abwehrkämpfe am Nordflügel der Ostfront, 1944-1945	Mil.Geschichtlichen Forschungsamt
The Breaking Wave (WWII in 1940)	Telford Taylor
Deutschlands Admirale 1849 – 1945	H. Hildebrand/E. Henriot
Encyclopedia of the Third Reich	Louis L. Snyder
Enemy at the Gates (The Battle for Stalingrad)	William Craig
The Fallen Generals	Andris J. Kursietis
Die Generale der Deutschen Luftwaffe 1935 – 1945	Karl-Friedrich Hildebrandt
Die Generale des Heeres 1921 – 1945	D. Bradley/K-F. Hildebrand/M. Rövekamp
Die Generale des Heeres	Wolf Keilig
Die Generale der Waffen SS	Nikolaus von Preradovich
German Army Order of Battle, 1939 – 1945	W. Victor Madej
German Army Order of Battle, 1942	Mil. Intelligence Service
German Army Order of Battle, 1944	Hippocrene Books Inc.
German Army Uniforms and Insignia, 1933 – 1945	Brian L. Davis
The German Generals Talk	B.H. Liddell Hart
German Generals of World War II	F.W. von Mellenthin
German World War II Organizational Series, Vol. 4/I	Leo Niehorster
Great Battles of World War II	John Macdonald
History of the German General Staff, 1657 – 1945	Walter Görlitz
Hitler's Elite Guards: Waffen SS, Parachutists, U-Boats	W. Victor Madej
Hitler's Field Marshals and Their Battles	Samuel W. Mitcham
Hitler's Generals	Correlli Barnett
Hitler's Greatest Defeat	Paul Adair
Hitler's Legions (German Army Order of Battle, WWII)	Samuel W. Mitcham
Hitler's Samurai (Waffen SS in Action)	Bruce Quarrie
Hitler's SS	Richard Grunberger
Hitler's Teutonic Knights (SS Panzers in Action)	Bruce Quarrie
The Iron Fist (History of SS Panzer Divisions)	Leo Kessler
The Kaminski Brigade	Antonio J. Munoz
Keitel, Verbrecher oder Offizier?	Walter Görlitz
Kesselring, The Making of the Luftwaffe	Kenneth Macksey
Knights of the Black Cross (Hitler's Panzerwaffe)	Bryan Perrett
Knights of the Reich	Günther Fraschka
The Last Battle	Cornelius Ryan
The Last Year of the German Army	James Lucas
Die Lettischen Divisionen	Hans Stöber
Lost Victories	Erich von Manstein

Luftwaffe	Harold Faber
Luftwaffe Field Divisions 1941 – 1945	Ruffner/Volstad
A Magyar Honvédség a Másodík Világháborubán	Gosztonyi Péter
Magyarország Honvédelme a II. Világháboru Elött és Alatt, 1920 – 1945 (I. – III. kötet)	Dálnoki Veres Lajos
Memoirs of Field Marshal Keitel	Walter Görlitz
Men of the Luftwaffe	Samuel W. Mitcham
Operationsgebiet Ostliche Ostsee, 1944	Mil.Geschichtlichen Forschungsamt
The Order of the Death's Head (History of the SS)	Heinz Höhne
Osterreichs Höhere SS-Führer	Nikolaus von Preradovich
Panzer Battles	F.W. von Mellenthin
Panzer Leader	Heinz Guderian
Panzertruppe, Uniforms, Organization & History	R.J. Bender/W.W. Odegard
Rangliste der Generale der Deutschen Luftwaffe	Rudolf Absolon
The Rise and Fall of the German Air Force 1939-1945	Arms and Armour Press
The Rise and Fall of the Luftwaffe (Life of Erhard Milch)	David Irving
Die Ritterkreuzträger des Kriegsverdienstkreuzes	Klaus D. Patzwall
Die Ritterkreuzträger der Waffen SS	Ernst-Günther Krätschmer
Rommel's Last Battle	Samuel W. Mitcham
Rundstedt (Biography of Gerd von Rundstedt)	John Keegan
SS Oberstgruppenführer Paul Hausser	Mark C. Yerger
Student (Biography of Kurt Student)	A.H. Farrar-Hockley
Sword and Swastika (Generals & Nazis in the 3rd Reich)	Telford Taylor
Die Träger des Deutschen Kreuzes in Gold	Horst Scheibert
Die Träger des Ritterkreuzes des Eisernen Kreuzes	Walther-Peer Fellgiebel
The Trail of the Fox (Biography of Erwin Rommel)	David Irving
Triumphant Fox (Erwin Rommel & the Afrika Korps)	Samuel W. Mitcham
23 Days: The Final Collapse of Nazi Germany	Marlis G. Steinert
Uniforms, Organization and History of the Waffen SS	R. James Bender & Hugh Page Taylor
Unternehmen Barbarossa	Paul Carell
Verbände und Truppen der Deutschen Wehrmacht und Waffen SS 1939 – 1945 (Band 1 – 14)	Georg Tessin
Von Kleist, From Hussar to Panzer Marshal	C.R. Davis
Wehrmacht Divisional Signs, 1938 – 1945	Theodor Hartmann
Die Wehrmacht Elite	Reinhard Stumpf
World War II Almanac, 1931 – 1945	Robert Goralski

PERRY PIERIK
Hungary 1944–1945
The Forgotten Tragedy

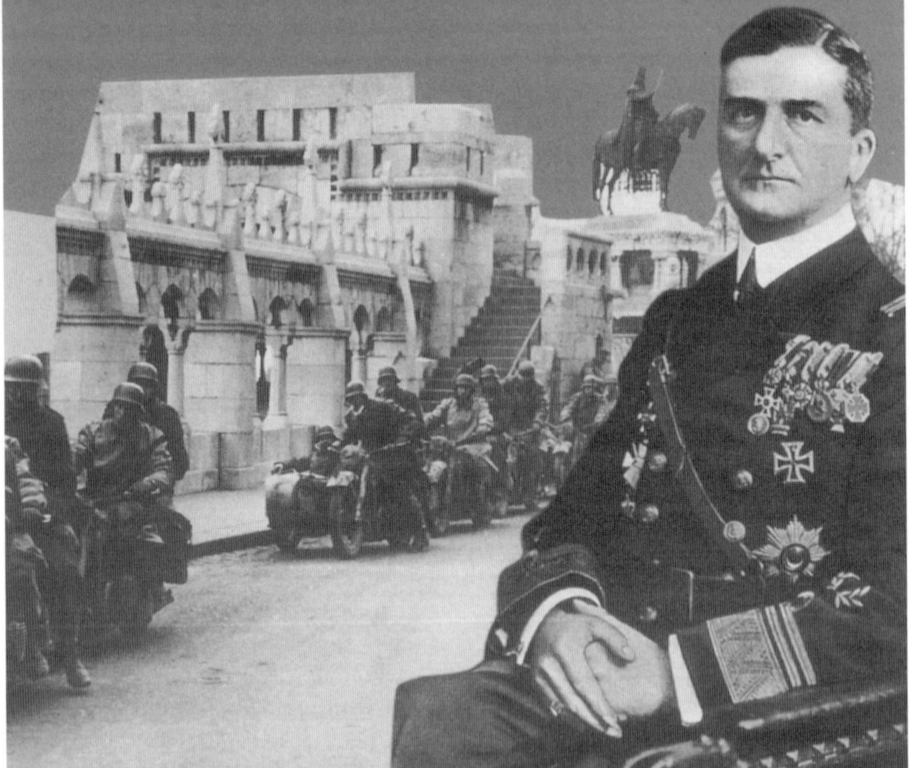

Germany's final offensives
during World War II

The destruction of Europe's last
remaining Jewish community

Hungary 1944-1945, The Forgotten Tragedy describes the fatal year in which Hungary fell victim to Adolf Hitler's political principles of 'Lebensraum' (Living space) and 'Endlösung der Judenfrage' (Solution of the Jewish Problem).

The author considers the Hungarian tragedy to be the final manifestation of a long and tragic policy in which Adolf Hitler was trying to secure territory and raw materials for the German people and the German political aspirations. At the end of the war Hitler was completely obsessed by the Hungarian oilfields near Nagykanisza, the last natural oil reserves of the Third Reich.
This obsession made Hungary to be one of the main battlefields in Europe during the last six months of World War II. In these six months Hungary became the theater of three major offensives by the Wehrmacht, involving enormous military effort. In January 1945, Army Group South started an offensive, known as the three Operations Konrad. These were followed by Operation Südwind in February 1945 and the large scale but mostly forgotten Operation Frühlingserwachen, also known as the Ardennes Offensive of the East, in the spring of 1945. These operations involved moving the 6th SS Panzer Army from the Belgian Ardennes to the Hungarian planes and the designation of Budapest as a 'Festung' (stronghold) which should be defended to the last man and the last bullet.
The aim of the operation was not only the preservation of the Hungarian oilfields, but also the recapture of the Rumanian oilfields. The operation ended in disaster. Only ten days after the beginning of Frühlingserwachen, the Red Army started the Vienna Operation and broke through the German frontlines. This made the German positions in Hungary indefensible and the German armies retreated to Austria or were destroyed by the Russians.

The other Hungarian tragedy of the last year of the war was the annihilation of the last remaining Jewish community in Europe. Under the command of Adolf Eichmann the Hungarian Jews were deported to the extermination camps in Poland over the periode of only a few months. Later Eichmann claimed that this was his succesfull campaign ever.
The author thoroughly investigated how this destructive operation could have taken place towards the end of the war. Even while th SS appeared to be prepared to come to an agreement to spare Jews in Western Europe, the Hungarian Jews died in Auschwitz or during death marches to Hegyeshalom. The dubious part played by the Hungarian authorities, Horthy and Szálasi, and the rescue attempts by Wallenberg, Kastner, Lutz and Perlasca, are also investigated.

This book is a thorough political and military study, focussing largely on the economic politics of th Third Reich, which have largely been neglected in historiography. The research is based on thousands of documents from German, American and Hungarian archives. The photographs in the book have never been used before.

Perry Pierik (1965) studied History at the University of Utrecht.
He frequently publishes articles on politics and history in Dutch journals.

How to order:

Aspekt
Amersfoortsestraat 27
3769 AD Soesterberg
The Netherlands

tel: (31) 346353895
fax: (31) 346350974
e-mail: aspekt@knoware.nl

or

Drake International Services
Market House, Market Place, Deddington
Oxford OX15 OSF

tel: (44) 1869338240
fax: (44) 1869338310
e-mail: drakeinternationalservices@ukbusiness.com

Also available:

Perry Pierik, *Hungary 1944-1945, The Forgotten Tragedy*
Germany's final offensives during World War II. The destruction of Europe's last remaining Jewish community.
ISBN 90-75323-10-7

Lászlo Marácz, *Hungarian Revival*
Political Reflections on Central Europe.
With a foreword by Lászlo Tökés.
ISBN 90-75323-11-5

Forthcoming (fall 1999):

Perry Pierik, *From Leningrad to Berlin*
Dutch volunteers in the German Waffen SS, 1941-1945.
ISBN: 90-75323-55-7